LA DIVISION WIKING

DU MÊME AUTEUR
À LA LIBRAIRIE ARTHÈME FAYARD

LA BRIGADE FRANKREICH
LA DIVISION CHARLEMAGNE
MOURIR À BERLIN
LES JEUNES FAUVES DU FÜHRER
L'ÉTÉ ROUGE DE PÉKIN
LA BATAILLE DE L'YSER
LA PANZERDIVISION WIKING
LES GRANDS AVENTURIERS DE L'HISTOIRE
LA DIVISION NORDLAND
RÖHM, L'HOMME QUI INVENTA HITLER
LES SS AU POING-DE-FER
PANZERS SS DANS L'ENFER NORMAND

En collaboration avec Eric Lefèvre

LA LVF-1941

AUX ÉDITIONS MARITIMES ET D'OUTRE-MER ET ARTHÈME FAYARD

« MOR BIHAN » AUTOUR DU MONDE

CHEZ D'AUTRES ÉDITEURS

DRIEU PARMI NOUS, *La Table Ronde*
COMMANDO DE CHASSE, *Presses de la Cité*
LES PANZERS DE LA GARDE NOIRE, *Presses de la Cité*
LES PARAS DU MATIN ROUGE, *Presses de la Cité*
LA CRÈTE, TOMBEAU DES PARAS ALLEMANDS, *Presses de la Cité*
CHASSEURS ALPINS DES VOSGES AUX DJEBELS, *Presses de la Cité*
LA BATAILLE DES ALPES, *Presses de la Cité*
LES GÉNÉRAUX DU DIABLE, *Jacques Grancher*
LA MARNE ET VERDUN, *Larousse*
UNGERN, LE DIEU DE LA GUERRE, *Art et Histoire d'Europe*
THULE, LE SOLEIL RETROUVÉ DES HYPERBORÉENS, *Le Trident*
LES VIKINGS, ROIS DES TEMPÊTES, *Versoix*
LES CONQUÉRANTS DES MERS POLAIRES, *Vernoy*
LES DIEUX MAUDITS, *Copernic*
LA SAGA DE GODEFROY LE BOITEUX, *Copernic*
PÊCHEURS DU COTENTIN, *Heimdal*
HISTOIRE SECRÈTE DE LA NORMANDIE, *Albin Michel*
LES DUCS DE NORMANDIE, *Lavauzelle*
GUILLAUME LE CONQUÉRANT, *Art et Histoire d'Europe*
LES PARAS PERDUS, roman *Presses de la Cité*

En collaboration avec Yves Bréhéret

LES SAMOURAÏ, *André Balland*

En collaboration avec Jean-Robert Ragache

HISTOIRE DE LA NORMANDIE, *France-Empire*

En collaboration avec Georges Bernage et Paul Fichet

VIKINGS EN NORMANDIE, *Copernic*

JEAN MABIRE

LA DIVISION WIKING

Dans l'enfer blanc 1941-1943

FAYARD

Première partie

LA DIVISION AUX HUIT NATIONALITES

Entourant l'emblème de la division *Wiking,* la roue solaire, huit insignes symbolisent les huit nationalités qui ont envoyé, entre 1940 et 1943, des volontaires dans cette unité « germanique » : 1. Aigle national du modèle SS (ALLEMAGNE). — 2. Écusson de la *National-Socialistiske Ungdom* (DANEMARK). — 3. Insigne de la *Rikshirden* du *Nasjonal Samling* (NORVEGE). — 4. Insigne du *Svensk Socialistisk Samling* (SUEDE). — 5. Écusson national porté par les volontaires finnois de la Waffen SS (FINLANDE). — 6. Insigne du Mouvement *DeVlag* (FLANDRE). — 7. Insigne de la Garde du *Nationaal-Socialistische Beweging* (HOLLANDE). — 8. Écusson du mouvement « frontiste » helvétique (SUISSE).

1.

— Ils arrivent!

Depuis des heures, terrés dans leurs abris, les mitrailleurs allemands attendaient l'assaut. Les obus des pièces de gros calibre avaient commencé pendant la nuit à labourer leurs positions, tournant et retournant une terre grasse, lourde de ferrailles et d'ossements. Chaque geyser d'acier, de boue et de feu envoyait vers le ciel sombre des mottes de glaise, des débris humains, des épaves du champ de bataille : boîtes de conserve rouillées, bottes où pourrissaient encore des fragments de pied, paquets de lettres brutalement volatilisées avec le vaguemestre et que le vent aigre baladait entre les lignes comme des feuilles mortes.

Les projectiles alliés avaient éclaté avec une monotone et redoutable efficacité pendant cette interminable préparation d'artillerie. Des éclats acérés et brûlants sifflaient dans tous les sens. Le ventre ouvert, un blessé appelait sa mère en essayant de retenir ses intestins entre des mains poissées de sang. Chaque coup faisait tressauter toute la terre qui semblait tanguer comme un paysage pris à l'épicentre d'un séisme. Tranchées, trous d'obus, boyaux, sapes, nids de mitrailleuses, tout cet enchevêtrement compliqué qui constituait les lignes disparaissait sous une fumée âcre qui prenait à la gorge. L'air puait la mort ce matin. Pourtant, à part les dernières recrues, gamins ahuris récoltés dans les collèges et les boutiques d'un empire à l'agonie, personne ne bronchait. On se contentait de rentrer un peu plus la tête entre les épaules, en relevant le col boueux de la capote feldgrau, comme si cette mauvaise étoffe en laine synthétique pouvait protéger de l'averse des éclats.

Qui se serait encore étonné d'un bombardement matinal en ce point avancé du front, entre Arras et Noyon? En cette année 1918, cela faisait déjà plus de quatre ans que les adversaires s'acharnaient sur cette terre de France où le bruit des pelles creusant les tranchées avait sonné, dès l'automne 1914, le glas de la guerre fraîche et joyeuse, celle qui devait conduire à Paris les armées du Kaiser. Depuis, la Somme respirait la monotonie haletante de l'horreur. Attaques, contre-attaques. Terrain perdu, regagné, reperdu. Des milliers d'hommes pour déplacer la ligne de front de quelques mètres.

Dès que les canons se turent, à l'aube grise de cette longue journée d'été, les fantassins d'en face sortirent de leurs trous. Ils bondissaient, se couchaient, rampaient, repartaient, petits points sombres qui surgissaient de la brume dont les dernières écharpes s'effilochaient aux fils de fer barbelé.

— Ils arrivent!

Peu à peu, les silhouettes s'affirmaient. On commençait à distinguer la couleur des uniformes. Dans ce secteur, le bleu horizon des Français le cédait souvent au kaki des Britanniques. Et puis, de plus en plus nombreux, arrivaient les Américains, avec leurs équipements de toile, leur chapeau pointu de cow-boys, leurs poches bourrées de paquets de chewing-gum et de boîtes de corned-beef. Armée riche, nombreuse, irrésistible par le poids des dollars et de l'acier.

Sur ce front de l'Ouest, qui était en train de crever sous les coups de boutoir des Alliés, les Allemands avaient de plus en plus l'impression de se battre seuls, acculés à la défaite ou à la mort.

Pourtant, il fallait tenir, à n'importe quel prix. Par discipline et par habitude. Désormais, le matériel imposait sa loi. La guerre se gagnait de l'autre côté de l'eau, très loin du front, sur les chaînes de montage des usines. Pourtant, les vieux généraux continuaient à se battre comme au siècle dernier, lançant dans la bataille vague d'assaut sur vague d'assaut, jeunes poitrines offertes aux mitrailleuses qui dévidaient bande après bande. L'acier déchirait toute cette chair fraîche qui déferlait vers les lignes ennemies, criant, tirant, hurlant.

Bientôt, ceux qui avaient réussi à franchir le barrage de feu arriveraient aux premières tranchées. Déjà, on entend l'explosion sourde des grenades. Maintenant on va se battre à la baïonnette, au corps à corps Tout se joue sur quelques mètres Pour l'ultime assaut, il n'y a plus que des hommes seuls, face à face. Pistolets ou poignards au poing, ils se défient et s'affrontent. Des adversaires, agrippés l'un à l'autre, roulent dans la boue.

Les fantassins, débordés, se replient. Les mitrailleurs entrent en action. Les bandes défilent. Les grosses Maxim, malgré leur refroidisseur à eau, chauffent à éclater. Dans la plaine, les petites silhouettes aux uniformes couleur moutarde sont couchées au sol comme par une faux gigantesque. Une fois encore, les armes automatiques vont bloquer l'assaut ennemi. La sueur ruisselle sous les casques d'acier, creusent ses rigoles dans les joues creuses rongées de barbe sale.

Après cette attaque, une autre suivra. Puis une autre. Qui pourrait croire que la ligne Hindenburg va tenir sous les coups de boutoir des Alliés? Pour les mitrailleurs, tout pourtant apparaît très simple : ils tirent.

Quand ils en recevront l'ordre, les survivants se replieront. Calmement, en emportant leur pièce, l'affût, les caissettes de métal avec les munitions. Et puis ce sera une autre tranchée qu'il faudra défendre à nouveau, en pataugeant dans la boue, avec tous les gestes des vieux combattants, mécaniques à force d'être répétés.

Le paysage devient de plus en plus étrange, bouleversé par l'artillerie. Par endroits, une silhouette d'arbre mort, au tronc criblé d'éclats, tend vers le ciel ses moignons de branches tranchées net. Des maisons, il ne reste que des murs noircis, des toits crevés, des gravats, des tuiles, toute une poussière qui pue la charogne. Les mitrailleurs n'imaginent plus qu'il puisse exister quelque part dans le monde un autre décor que cette terre de désolation. Quand ils se sentent envahis par un trop-plein de détresse, ils se tournent vers leur chef, par une sorte d'instinct de bête perdue.

L'Oberleutnant Felix Steiner a eu vingt-deux ans le 31 mai 1918. Mais comment donner un âge à ce garçon à la courte silhouette massive, dont les yeux, étrangement clairs, brillent sous la visière du casque, avec ce regard illuminé des hommes qui n'ont jamais connu une autre vie que celle de soldat, un autre paysage que celui tourné et retourné par les charrues de feu de la guerre? Jamais génération n'aura été tant marquée au fer rouge, après l'adolescence heureuse en ce qui fut naguère, des deux côtés du Rhin, la Belle époque.

Pour le lieutenant Steiner, la guerre, pour l'empereur et la patrie, a été finalement la seule réalité de la vie, le seul miroir terni où il a pu regarder son visage d'adolescent, promis dès l'école à la souffrance et à la mort.

Originaire d'une vieille famille de Salzbourg émigrée à Ebenrode, en Prusse-Orientale, Felix Steiner n'a jamais pensé à une autre carrière qu'à celle des armes. Après la fin de ses études, il est entré au service de l'empereur comme élève officier d'active, en mars 1914, alors qu'il n'avait même pas dix-huit ans. Son premier grade, comme celui de tous ses camarades de promotion qui ont choisi la carrière militaire, sera celui de « Fahnenjunker ».

Pour le jeune Felix, il ne saurait y avoir de plus belle arme que l'infanterie. L'unité où il s'engage monte la garde à la frontière russe, sur le Niémen. C'est dans une caserne de Tilsit que l'aspirant Steiner rejoint le régiment d'infanterie von Boyen, qui porte le numéro 41 et fait partie de l'élite de l'armée impériale, stationnée face à l'Est, en Prusse-Orientale.

La découverte de son nouveau métier, à l'âge des illusions, console vite le jeune élève officier de la monotonie du service de place. Tout lui semble merveilleux. Il trouverait même du charme à la vie de garnison et de la poésie à une cour de caserne entourée de bâtiments à l'architecture austère. Et puis, très vite, ce seront les manœuvres. Les fantassins gris s'avancent pendant des heures et des heures par les chemins sablonneux, dans ce paysage de lacs et d'étangs qui déroule son décor aux lointaines frontières de l'empire. Marches de jour. Marches de nuit. Bivouac sous les sapins. Odeur de fumée de la soupe qui mijote dans les gamelles. Nuit sous les étoiles, au milieu des camarades.

Felix Steiner se singularise dans ce milieu d'officiers où les aristocrates, en écrasante majorité, donnent le ton. Il est roturier et ne visse pas un monocle sous son arcade sourcilière. Il ne croit pas qu'on soit meilleur officier si l'on collectionne les quartiers de noblesse. Il est soldat de famille et prussien de naissance, cela devrait suffire. Et puis il appartient aux marches de l'Est. Solide, taciturne, coléreux, c'est sans conteste un garçon de mauvais caractère — donc de caractère tout court. Ambitieux aussi

Mais quel élève officier qui attend l'épaulette d'argent de sous-lieutenant ne serait pas ambitieux?

Très vite, en ce brûlant mois d'août 1914, les manœuvres ne seront plus un simulacre, mais une tragédie. La guerre éclate. Le feu tue.

Felix Steiner entend siffler les premières balles, il découvre les premiers morts. Avec tous les autres officiers, il chante *J'avais un camarade* au bord de tombes fraîches ouvertes, tandis que claquent les coups de fouet déchirants des salves d'honneur. Bientôt, après les escarmouches de la frontière, il va participer à une vraie bataille, qui est aussi une grande bataille. Elle porte un nom : Tannenberg.

Naguère, dans ce décor de lacs et de pins, les chevaliers teutoniques et leurs alliés les Porte-Glaive ont été vaincus par les Polonais et les Lituaniens. En cette fin du brûlant mois d'août 1914, Hindenburg et Ludendorff, après avoir reculé devant les Russes, choisissent le terrain où ils vont venger les âmes des cavaliers à la croix noire.

Victoire! Les régiments de Prusse-Orientale se sont battus chez eux et ils connaissent l'ivresse d'une joie barbare. Les Allemands se lancent à la poursuite des troupes du tsar. Les voici foulant en vainqueurs les chemins de Masurie et de Lituanie. L'automne allume des reflets de sang sur l'eau sombre des lacs immobiles.

En novembre 1914, après trois mois de guerre, le « Fahnenjunker » Felix Steiner est très grièvement blessé. Évacuation. Hôpital. Convalescence.

Le 27 janvier 1915, il n'a pas encore dix-neuf ans. Mais il est nommé Leutnant (sous-lieutenant) et porte sur sa vareuse grise, à côté de l'insigne des blessés, le ruban noir et blanc de la Croix de fer de 2e classe. Il va traîner de garnison en infirmerie pendant un an. Il marche mal, s'essouffle, désespère de reprendre sa place dans une compagnie d'assaut. Pourtant, le jeune officier veut rester dans l'infanterie. Il choisit — à moins qu'on ne choisisse pour lui, peu importe — de servir dans les mitrailleuses lourdes. Il participera aux combats, juste derrière les premières lignes, en soutien direct de ses camarades fantassins. Le voici enfin envoyé au front de Courlande, au printemps 1916. Pendant que le monde entier a les yeux fixés sur Verdun, une autre lutte, tout aussi impitoyable, se livre non loin des rivages de la mer Baltique. Les Germains et les Russes s'affrontent en une lutte à mort sur la terre où l'ordre des Teutoniques étendit naguère son pouvoir, imposant la loi de son glaive brandi par une main de fer

Le lieutenant Steiner commande une compagnie de mitrailleuses dans un bataillon de tireurs d'élite. Il apprend sur le terrain l'impitoyable loi de la puissance de feu. La guerre n'est pas seulement une ruée folle, mais une science exacte. A vingt ans, voici Steiner devenu une sorte de scientifique de la mort, subjugué par la guerre moderne, celle qui se mène et se gagne sur le terrain, loin des états-majors. Le jeune Prussien devient jusqu'au fond de lui-même, par toutes ses fibres, un véritable officier de troupe. Il vit avec ses mitrailleurs dont il partage les souffrances, les angoisses, les espérances. Etre un chef ce n'est plus la caserne et la parade. Il ne les a guère connues. Mais le froid et la neige, la boue, le ravitaillement qui n'arrive plus, les munitions qui manquent, les mauvaises nouvelles que charrient tous les nuages bas qui viennent crever sur les tranchées du front de l'Est, dans ce secteur de la Duna.

Parfois, le front s'enflamme. D'un seul coup. Comme un brasier. C'est l'assaut. Impitoyable et victorieux. Le lieutenant Steiner participe à l'attaque et à la prise de Riga. Voici la capitale de la Lettonie aux mains des Allemands. La guerre sur le front de l'Est semble gagnée. D'ailleurs la Russie s'écroule et se désagrège. La révolution a triomphé à Saint-Pétersbourg. Il n'y a plus d'armée tsariste et pas encore d'armée rouge.

Les mitrailleurs ont rudement contribué à la victoire de Riga. Le chef de compagnie Steiner est décoré de la Croix de fer de 1re classe. Avec ses hommes, il reçoit l'ordre de gagner le front de l'Ouest. Ils vont traverser une Allemagne crispée dans une épreuve de plus en plus insurmontable. La guerre sur deux fronts saigne à blanc l'armée impériale Les civils souffrent du froid et de la faim. Parfois, la révolte gronde. Toute la vieille puissance militaire impériale vacille.

Bientôt, dans la Somme, ce sera le grand combat. L'ultime offensive. Gigantesque partie de tout ou rien. Jamais les Allemands n'auront montré autant de sombre courage. Après quatre années de guerre, ce dernier sursaut fait trembler l'Europe. Bien vite, pourtant, le matériel va peser de son poids d'acier dans la balance. Les Américains débarquent de plus en plus nombreux. Les Français montrent une incroyable ténacité; eux que l'on disait si légers, comme leur courage pèse lourd! Et ils ont tant de terre à reprendre, tant de morts à venger, tant de gloire à inscrire sur les vieux drapeaux de 70! Les Britanniques, les dents serrées, poursuivent le match engagé depuis le coup d'envoi du corps expéditionnaire dans les Flandres. Ces volontaires s'accrochent durement. Et avec les Anglais, les Écossais, les Gallois, les Irlandais, se battent ceux venus de tout l'Empire. Les mitrailleuses du lieutenent Steiner peuvent bien moudre leurs grains de mort, les balles finissent par se perdre dans tant de poitrines. Et voici les Canadiens qui ont franchi l'Atlantique pour mourir au mont Kemmel. On se bat à nouveau près d'Ypres. Les blessés de 1918 agonisent dans les cimetières de 1914.

La contre-offensive alliée balaie l'ultime espoir de l'armée impériale. Les Allemands perdent tout le terrain conquis. L'empire s'effondre. Les soldats vaincus qui se croient trahis regagnent la patrie, anesthésiée par la défaite. Pour les officiers plus de fleurs, des crachats. Le capitaine Steiner sera démobilisé à Dantzig.

2.

Officier d'instinct autant que de métier, le capitaine Felix Steiner s'engage dans le corps des volontaires de Prusse-Orientale, où il commande une compagnie au début de l'année 1919. C'est l'époque des corps francs et des dernières illusions. Pour quelques obstinés, il restera encore une chance de servir sous la république de Weimar. Dans la minuscule Reichswehr de cent mille hommes que tolère le traité de Versailles, peuvent encore porter les armes quelques officiers de carrière, des spécialistes qui ne s'attachent pas trop à l'avancement ni à l'aisance. Service ingrat dans une armée de métier, qui continue à inquiéter les Alliés et où les Allemands ne se reconnaissent guère, qu'ils soient républicains ou monarchistes. Dans cette Reichswehr, un seul mot d'ordre : pas de politique. La hiérarchie accepte de lutter avec les ministres socialistes contre les communistes, mais pourchasse les cellules clandestines d'officiers séduits par un nouveau parti qui s'intitule « national-socialiste » et vient d'échouer dans un putsch insensé à Munich, le 9 novembre 1923.

Le capitaine Steiner, qui sert dans le 1er régiment d'infanterie de la Reichswehr en garnison à Kœnigsberg en Prusse-Orientale, ne s'intéresse qu'à une seule chose : son métier. Et, dans son métier, à une spécialité : l'instruction. De son expérience d'officier du front pendant la Grande Guerre, tant à l'Est qu'à l'Ouest, il a ramené des idées précises. Elles se résument à quelques principes simples. En résumé : attaquer, mais ne pas se faire tuer. Bref, audace et prudence. Cela exige beaucoup d'initiative, de pugnacité individuelle, de jugement. C'est l'esprit des corps francs bien plus que des gros bataillons.

La Grande Guerre a d'ailleurs vu jaillir des formations spéciales : les troupes d'assaut ou *Stosstruppen*. Ces trompe-la-mort ont d'ailleurs trouvé leur chantre : l'ancien capitaine Ernst Jünger qui fut l'un d'eux et a raconté son expérience dans un célèbre témoignage : *Orages d'acier*. Rien de commun avec la rigidité et la discipline « à la prussienne ». Steiner n'aime pas les soldats de plomb. Un combattant, pour lui, ce n'est pas un robot. Mais un être de chair et de sang qui risque sa peau et dont la plus grande victoire est de s'en sortir vivant — et vainqueur.

Dur, lucide, ne cherchant pas à cacher l'enthousiasme qu'il éprouve pour un métier décrié, mais qu'il croit plus que jamais nécessaire, le capitaine Steiner s'efforce de remplir parfaitement son étrange contrat, celui d'être un guerrier en temps de paix. Le 31 décembre 1933, il quitte quand même le service actif. Il n'a que trente-sept ans et vient d'être promu major, c'est-à-dire chef de bataillon.

Depuis près d'un an, Adolf Hitler a été appelé par le vieux maréchal Hindenburg comme chancelier du Reich. L'histoire va désormais avancer à pas de géant, dans le grand roulement des canons. Le major Steiner ne s'est jamais intéressé à la politique. Mais il est naturellement nationaliste et « revanchard », comme la plupart des officiers de sa génération. Il a même participé à la résistance contre les Alliés en s'occupant de la formation militaire de la police d'État dans la zone alors démilitarisée de la Rhénanie.

Toujours passionné par les problèmes d'instruction où il brûle d'enseigner des méthodes révolutionnaires pour former rapidement les soldats des troupes d'assaut, le commandant Steiner rejoint à Berlin comme « conseiller civil » *(sic)* le ministère de la Reichswehr, où il va devenir responsable de ce que l'on nomme alors la section « Instruction » : *Ausbildungsabteilung*.

Il s'agit là d'un travail très bureaucratique, assez peu de nature à combler la soif d'action de l'ancien chef de compagnie de mitrailleuses qui approche de la quarantaine et rêve de reprendre un commandement actif comme officier de troupe.

Les événements vont vite en Allemagne. Le 30 juin 1934, Adolf Hitler prend prétexte d'un éventuel complot de ses miliciens des troupes d'assaut, les S.A., pour décapiter l'état-major des Chemises brunes et faire exécuter un certain nombre de ceux qui à son gré parlaient trop de « seconde révolution » et rêvaient d'une prolétarienne Armée brune, sur le modèle de l'Armée rouge soviétique.

En refusant de créer une armée politique nationale-socialiste, le Führer s'est assuré la neutralité bienveillante des généraux de la Reichswehr, dont les opinions réactionnaires n'ont jamais admis les prétentions de l'ex-capitaine Röhm et de ses turbulents S.A. En noyant dans le sang la « grogne » de quelques-uns de ses plus vieux partisans, Adolf Hitler a reconnu que seule l'armée, dans le IIIe Reich, aurait le droit de porter les armes.

Comme une conséquence inéluctable, le chancelier décide alors de rétablir le service militaire obligatoire. Le Wehrmacht remplace la Reichswehr. Il n'est plus question d'une petite armée de cent mille hommes. Désormais, ce sera la nation allemande tout entière qui va être appelée au service militaire obligatoire.

Le département ministériel dont faisait partie le commandant Steiner est alors dissous et ses employés sont répartis dans différents corps de troupe.

La nouvelle Wehrmacht, entièrement encadrée par le corps d'officiers de l'ancienne Reichswehr, semble obligatoirement destinée à être instruite dans la tradition militaire allemande la plus classique, La doctrine officielle reste assez figée et continue à faire appel aux « masses » comme durant le précédent conflit. Moins que jamais, Felix Steiner croit que les vieilles formules peuvent continuer à se perpétuer. Sans être plus national-socialiste que la plupart de ses camarades — ni moins, d'ailleurs, en cette époque où le nouveau régime ne cesse de marquer des points —, il rêve d'une armée révolutionnaire, où il pourrait librement appliquer ses idées sur l'instruction. Ce cadre novateur, il va le trouver dans la *S.S. Verfügunstruppe*.

Le jour même du 16 mars 1935 où il a rétabli le service militaire obligatoire, donnant ainsi satisfaction au très réactionnaire corps des officiers, Adolf Hitler a institué, contrairement à sa promesse, une autre formation armée. Elle échappe totalement à la Wehrmacht et dépend directement du parti national-socialiste.

La *S.S. Verfügungstruppe,* ou troupe S.S. « à la disposition », est la branche permanente, armée et encasernée des S.S., les *Schutzstaffeln,* ou « Échelons de protection », qui viennent de prendre leur totale indépendance par rapport aux S.A. et que dirige en maître absolu le Reichsführer Heinrich Himmler. Les idées de cet ancien ingénieur agronome sont connues. La S.S. doit être la garde du IIIe Reich et créer un nouveau type de combattant : le soldat politique. Le rêve d'une Armée brune S.A. va donc être repris par l'Ordre noir S.S. Mais, pour Himmler, il ne s'agit pas de transformer deux ou trois millions de chômeurs, habitués aux seuls combats de rue, en soldats du nouveau régime. Au contraire de Röhm, il veut commencer par former seulement quelques milliers d'hommes, soigneusement sélectionnés. Ils pourront devenir par la suite les cadres d'une armée plus vaste. Au début, peu importe le nombre. Les seules exigences seront le fanatisme et la volonté, le courage et l'endurance. La *S.S. Verfügungstruppe* recrute surtout de jeunes volontaires dans les milieux ruraux. Elle recherche des hommes jeunes, robustes, prêts à consentir à tous les sacrifices pour devenir des soldats d'élite.

Le seul problème est d'éliminer tous ceux qui ne correspondent pas aux critères des recruteurs. Pas d'engagé qui mesure moins d'un mètre soixante-quinze ou qui possède une seule dent cariée... Les conditions d'engagement sont draconiennes. Les volontaires s'engagent à servir pendant au moins quatre ans pour les hommes de troupe, douze ans pour les sous-officiers (Unterführers) ou même vingt-cinq ans pour les officiers (Führers). Comme de toute façon le service militaire obligatoire a été rétabli, de nombreux jeunes gens estiment qu'il vaut mieux porter les armes dans une unité d'élite, dont l'uniforme noir exerce une sorte de fascination sur les civils allemands, à commencer par les jeunes filles...

Très rapidement, en plus de la garde personnelle du Führer, la *Leibstandarte Adolf Hitler,* sont mis sur pied six bataillons d'infanterie, d'un millier d'hommes chacun. Ils formeront bientôt deux régiments : le premier à Munich, qui prend le nom de *Deutschland,* et le second à Hambourg, qui sera nommé *Germania.*

Le major Felix Steiner entre dans les S.S. en armes dès leur création officielle en 1935. Nommé Sturmbannführer, il commande un bataillon du régiment *Deutschland,* puis, au bout d'un an, le régiment entier. Il va rapidement devenir Standartenführer, ce qui correspond à colonel.

Servant dans une formation militarisée du parti national-socialiste dont le but avoué est la sécurité *intérieure* de l'État, Steiner, comme la plupart de ses camarades officiers, estime que la création de cette police d'élite s'inscrit finalement dans le cadre de la politique *extérieure* du IIIe Reich : le vrai but de la *S.S. Verfügungstruppe,* c'est de constituer une troupe capable d'affronter n'importe quel ennemi sur n'importe quel terrain, à n'importe quel moment. C'est si vrai que la plupart des cadres sont des officiers de carrière, et non pas des militants nazis. Ils sortent presque tous de la Reichswehr et leur seule activité de soldats politiques a été naguère de participer à la lutte des corps francs, sur la Baltique ou en Silésie.

Pour accentuer encore le caractère militaire des formations de S.S. en armes, Heinrich Himmler nomme, au mois d'octobre 1936, un inspecteur général de la *S.S. Verfügungstruppe :* Paul Hausser.

Cet officier de cinquante-six ans, originaire de Brandenburg, est un vieux soldat de métier qui a servi dans l'armée impériale, puis dans la Reichswehr. Il a pris sa retraite comme général de division, en 1932, et sa seule action politique a été de s'inscrire à la très conservatrice association d'anciens combattants du *Stahlhelm,* le « Casque d'acier ». Il n'a pas la réputation d'être spécialement national-socialiste, mais accepte, après la nomination d'Adolf Hitler comme chancelier, d'être intégré dans la S.A., où ce général devient... colonel. De la S.A., il passe à la S.S., dont l'esprit rigide convient mieux à son tempérament. Il va diriger la formation des élèves officiers, les Junkers, au château de Brunswick. Il retrouve tout naturellement les vieilles méthodes de la formation des célèbres cadets prussiens, cette rude école qu'il a connue dans sa lointaine jeunesse, à la fin du siècle précédent.

L'important dans la nomination du Brigadeführer Paul Hausser comme inspecteur général de la *S.S. Verfügungstruppe,* c'est qu'elle semble favoriser un certain état d'esprit : la formation militaire prend le pas sur l'endoctrinement politique. Tout naturellement, Felix Steiner, chef du régiment *Deutschland,* va être soutenu par Hausser, qui sait reconnaître les qualités de ce spécialiste de l'instruction des troupes d'élite.

Dès 1937, les hommes des régiments *Deutschland* et *Germania*, tout comme ceux de la section de transmissions et de la compagnie du génie qui viennent d'être créés, adoptent l'uniforme gris pour le service en campagne. Ils portent l'aigle sur la manche gauche de leur vareuse pour se distinguer des unités de la Wehrmacht, mais tiennent à s'affirmer comme de véritables soldats, dont toute l'instruction s'inspire des leçons de la Grande Guerre.

Cette armée, qui est en train de naître et qui correspond encore à peine à une brigade d'infanterie, s'inspire d'un esprit totalement nouveau, qu'elle doit en grande partie à Felix Steiner. Pour lui, il n'est d'autre unité possible qu'une troupe de choc, légère, puissante, rapide. Le commandeur du régiment *Deutschland* déteste la caserne — même si les bâtiments construits à Munich - Freimann pour abriter ses hommes sont une des plus prestigieuses réussites d'architecture militaire du nouveau régime — et croit que les recrues doivent vivre en plein air.

Steiner sait que la bataille se gagne d'abord par la forme physique. Le sport joue donc un rôle essentiel. C'est sur le stade et à la piscine que s'affrontent, en de perpétuels tournois, les compagnies de son régiment. Puis viennent les marches. D'interminables marches dans la campagne bavaroise, au son des fifres et des tambours plats. Les S.S. en armes traversent les villages de montagne en chantant à pleine gorge. Leur Commandeur ne souffre que des soldats joyeux. Il veut n'avoir sous ses ordres que des athlètes et des croyants. Son enthousiasme est communicatif. Son exigence aussi. Car, pour lui, il n'y a pas de détail. Tout, dans la guerre inéluctable, aura son importance. Il ne manque pas un clou aux semelles de bottes.

Quand arrive le temps de l'instruction proprement militaire, les méthodes de Steiner vont apparaître très révolutionnaires. Les manœuvres ne sont pas un jeu, mais une épreuve. Le principe est simple : « La sueur épargne le sang. » Plus l'entraînement sera impitoyable et moins les pertes seront lourdes sur le champ de bataille. S'en sortir alors vivant devient l'obsession de chaque instant. Aussi, Steiner s'attache au camouflage. Les fusiliers et les mitrailleurs doivent se fondre dans le terrain, faire intégralement partie du paysage. Ils vont devenir les hommes invisibles, mais redoutables, du champ de bataille.

Alors va être inventée une tenue qui fera par la suite fureur dans toutes les armées du monde : c'est une blouse de camouflage en grosse toile imperméable dont les formes et les couleurs reproduisent les nuances de la nature avec le talent de quelque peintre impressionniste. Raffinement suprême : cette blouse est réversible. A l'endroit, elle reproduit les teintes vertes du printemps; à l'envers, les couleurs brunes de l'automne. Un lacet ferme ce survêtement au col et des élastiques le serrent aux poignets et sur la taille. Dans la même étoffe, Steiner fait fabriquer des couvre-casques qui achèvent la silhouette, lui donnant un style très caractéristique dont vont s'inspirer aussi bien les marines américains que les paras britanniques ou français.

Cette tenue de camouflage apparaît vite comme une idée fantastique : elle distingue le S.S. des autres combattants du IIIe Reich et contribue à créer l'indispensable esprit de corps.

Les méthodes de combat enseignées par le Standartenführer Steiner vont apparaître tout aussi révolutionnaires que la tenue de ses hommes. Pour lui, le but ultime reste le choc final. Quelle que soit l'efficacité des bombardements de l'aviation ou de l'artillerie et le soutien des armes lourdes d'infanterie, mortiers ou mitrailleuses, le moment arrive où le fantassin doit emporter la décision finale au corps à corps. Alors la formation individuelle apparaît capitale. Pugnacité et initiative en sont les lois essentielles. Les techniques d'assaut exigent des armes de combat rapproché : grenades à manche et pistolets mitrailleurs. Tout l'entraînement en arrive à privilégier les dernières secondes, où s'emporte l'ultime décision.

Pour Steiner, les maîtres du futur champ de bataille seront ceux qui sauront être les plus rapides et les plus durs, les plus audacieux et les plus tenaces, les plus brutaux et les plus vifs.

De telles méthodes, profondément « scandaleuses » par rapport à la vieille tradition rigide de l'armée impériale, ne sont pas pour déplaire à Paul Hausser qui, comme le fait remarquer Henri Landemer, « appartient à la caste rarissime des officiers prussiens révoltés contre une certaine mécanique bien huilée en temps de paix et vite rouillée en temps de guerre [1] ».

1. Henri Landemer : *La Waffen S.S. (Coll. « Corps d'élite »)*, André Balland, 1972.

Au régiment *Deutschland,* les épreuves sportives se succèdent. Toutes les compagnies de combat doivent être capables de parcourir trois kilomètres en moins de vingt minutes, d'escalader des murs abrupts, de traverser des rivières, de passer des jours et des nuits dehors, par tous les temps, de se priver de sommeil et de nourriture, de rester camouflés, immobiles, sans boire et sans bouger. Puis de bondir brusquement, affrontant le tir des armes qui les accueillent à balles réelles. Les S.S. sont en train d'inventer ce qu'on nommera un jour l'esprit des commandos.

Steiner fait école. Son camarade Demelhuber, à *Germania,* ou Keppler, chef du nouveau régiment *Der Führer,* ne peuvent qu'imiter ses méthodes. L'inspecteur général Paul Hausser ne cache guère sa satisfaction, tandis que les officiers sont formés à un rythme accéléré dans les deux écoles de Junkers de Brunswick et de Bad Tölz.

La S.S. en armes est en train de devenir une véritable armée en réduction, même si seul le régiment *Deutschland* de Steiner est totalement apte à partir en campagne. Le Reichsführer Himmler déclare à Munich, le 8 novembre 1938, à la veille de la prestation de serment des nouveaux engagés :

— La S.S. *Verfügungstruppe* est organisée pour prendre part à la guerre et combattre sur les champs de bataille. En versant son sang sur le front, elle gagnera le droit moral d'abattre les saboteurs et les lâches de l'intérieur.

Le maître de l'Ordre noir n'oublie pas le rôle répressif qu'il a donné à cette insolite formation. Mais il ne peut et ne veut empêcher sa vocation militaire de s'affirmer. Adolf Hitler lui-même, dont cette troupe constitue, avec la *Leibstandarte,* la garde prétorienne, ne manquera pas de déclarer à son tour, quelques années plus tard :

— Certes, la S.S. est avant tout une police d'élite, capable d'écraser n'importe quel adversaire. Mais il était nécessaire qu'elle fît la guerre, sinon son prestige aurait été certainement diminué.

Pour Felix Steiner, l'essentiel est de former une troupe apte au combat. Et ce combat, ce sera, d'abord, la Pologne.

Au cours du brûlant été 1939, le régiment *Deutschland* quitte son cantonnement de Munich pour gagner le nord de l'Allemagne et la région des bouches de l'Oder. Le Standartenführer Steiner et ses hommes s'embarquent à Stettin. La destination que doit prendre le navire est un secret militaire, mais tous devinent que ce ne peut être que la Prusse-Orientale. Le commandeur va retrouver les paysages de sa jeunesse où il apprit en 1914 le rude métier de soldat.

Dans les rues de Koenigsberg, les fantassins S.S. profitent de leur dernière permission avant de gagner les cantonnements de campagne sur la frontière polonaise. Toute l'Europe vit dans une grande veillée d'armes. Dans quelques heures, le conflit va éclater. Inéluctable. Cette fois, les dés sont jetés. Ce n'est plus du bluff, mais la guerre. Le jeu tragique a mal tourné. Tandis que les diplomates bouclent leurs valises, les soldats se préparent. Dans un dernier geste, ils serrent la jugulaire de leur casque.

A l'aube du 1er septembre, les forces du Reich attaquent. Sans déclaration de guerre. Seule compte l'offensive, la terrible brutalité des troupes d'assaut. Le régiment *Deutschland* est rattaché à la 4e Panzerdivision du général Kempf. Pour des raisons stratégiques, les hommes de la S.S. en armes se trouvent directement placés sous les ordres d'un général de la Wehrmacht. Pour un officier comme Steiner, rompu à la hiérarchie de la vieille armée impériale, cela ne pose aucun problème. Désormais il se veut soldat et rien que soldat. Il va se battre non pour un régime, mais pour sa patrie. Il ne connaît certes aucun conflit de conscience en donnant à ses chefs de bataillon ses dernières instructions avant l'assaut. Il s'agit de porter les frontières de l'Allemagne plus à l'Est. Ce n'est, pour lui, qu'un nouvel épisode de la lutte millénaire, jadis entamée par les chevaliers teutoniques.

Les S.S. attaquent dans le brouillard. Il faut franchir un réseau de fils de fer barbelé, donner l'assaut aux postes de la frontière. Les premiers éclatements de grenade déchirent le silence. Puis on entend de brèves et sèches rafales de pistolet mitrailleur. Le Seconde Guerre mondiale est commencée.

Le régiment *Deutschland* fait sauter le verrou des positions frontalières de Mlava. Les lignes de défense crevées, il faut aussitôt lancer la poursuite. Les motocyclistes font hurler leurs machines, tandis que les pièces des automitrailleuses soutiennent l'action des fantassins qui courent dans les fossés. Le régiment de Steiner est engagé dans la région de Praschnitz et franchit de vive force, sous le feu de l'ennemi, le Narew, puis le Bug. Entassés dans les canots pneumatiques, les S.S. voient l'eau fouettée par les rafales des mitrailleuses ennemies. Des obus soulèvent de grosses colonnes liquides qui retombent sur la rivière en mille et mille gouttelettes. Les balles déchiquètent les branches des arbres plantés sur la berge. Des feuilles, tranchées net, dérivent au fil du courant.

Sur la rive ennemie, les hommes des groupes d'assaut réduisent les ultimes résistances polonaises. Comme ils l'ont tant et tant de fois répété depuis des années lors des exercices. Tout semble si simple à ces soldats surentraînés. Mais la découverte des premiers morts et la souffrance des premiers blessés changent soudain tout le décor. La guerre est là. Terrible. Les S.S. ont attaqué avec un tel fanatisme qu'ils ont subi des pertes sérieuses, surtout parmi les cadres.

Une nouvelle opération attend le régiment. La plus dure de toutes celles qu'il a connues jusqu'ici et qui semblent maintenant des escarmouches comparées à la tâche qui attend désormais Steiner et ses hommes. Le général Kempf lui a donné un ordre d'une terrible simplicité :

— Vous prendrez la forteresse de Modlin.

Bien défendue, cette redoute sera un « gros morceau », dont les S.S. ne pourront s'emparer qu'au prix de lourdes pertes. Malgré tout l'entraînement des années de paix, l'épreuve de la guerre coûte cher : quinze tués, dont deux officiers, et trente-cinq blessés.

Un Hauptsturmführer de vingt-sept ans, August Dieckmann, s'est fait remarquer à la tête de sa compagnie. On retrouvera ce capitaine dans tous les assauts de la future division *Wiking*...

Le Standartenführer Steiner reçoit, pour sa part, les Croix de fer de 2e et de 1re classe, modèle 1939. Le voici autant décoré en quatre semaines de campagne qu'en quatre ans de l'autre guerre.

Le régiment *Deutschland*, sitôt le sort de la Pologne réglé, fait mouvement vers l'Ouest. Il doit former une division S.S., la *Verfügungsdivision*, qui deviendra par la suite *Reich*, puis *Das Reich*, sous le commandement du Gruppenführer Paul Hausser. En font partie, outre *Deutschland*, les régiments *Germania* et

Der Führer, ainsi que des unités divisionnaires : un régiment d'artillerie, un bataillon de transmissions, un groupe de reconnaissance, un bataillon du génie, des unités de PAK (canons antichars) et de FLAK (canons antiaériens).

Dans les camps d'Allemagne, l'entraînement a repris. Les leçons de la première campagne à l'Est portent. Toute témérité inutile est bannie. La prudence doit devenir l'inlassable compagne de l'audace.

Le 10 mai 1940, commence l'offensive. Après des mois et des mois de « drôle de guerre » à l'Ouest, Adolf Hitler est résolu de mener la *Blitzkrieg.* Les Panzers grondent de tous leurs moteurs et attaquent un ennemi vite démoralisé par les stridents bombardements en piqué des Stukas. Les fantassins jaillissent dans l'aurore et abattent les premiers gardes-frontières de Hollande et de Belgique. Le IIIe Reich se soucie peu de la neutralité. Un seul mot d'ordre : la victoire à n'importe quel prix.

Le régiment *Deutschland* attaque au sud de la Meuse, à partir du bas Rhin. Il fait partie d'un *Kampfgruppe* [1] dont il est la seule unité d'infanterie. L'ordre que reçoit Steiner est de foncer droit devant lui vers l'Ouest, en direction des îles de Zélande, sur la mer du Nord, qui sont tenues par des détachements néerlandais et français.

Dans ce paysage semi-aquatique de terres basses zébrées de canaux et de bras de mer, les Panzers ne peuvent guère appuyer l'attaque. Ce sont les Stukas qui interviennent pour briser toutes les résistances. Tout le succès de l'offensive repose sur Steiner. Le colonel dirige lui-même ses colonnes d'assaut le long du canal de Beveland et sur la digue qui mène à Walcheren. Une semaine après le début de la campagne, au terme de trois jours de durs combats, les S.S. du régiment *Deutschland* patrouillent dans les rues de Vlissingen — que les Français nomment Flessingue depuis Louis XIV — et qui est le port le plus important de Zélande. Désormais, devant eux, il n'y a plus que la mer du Nord.

1. Littéralement « Groupe de combat. » Il s'agit d'une unité formée pour une circonstance opérationnelle donnée et comportant en général des hommes appartenant à plusieurs armes : infanterie, blindés, artillerie, génie, etc. Les Américains nommeront ce genre de formation *Combat Team* et les Français « Groupement tactique. » En général, le *Kampfgruppe* porte le nom de l'officier qui le commande. Ses effectifs sont très variables et se situent en général entre mille et trois ou quatre mille hommes.

Et, au-delà de ses flots gris, l'Angleterre.

Grâce à la prise des îles de Zélande, l'offensive allemande sur Anvers se termine par un total succès. Mais la guerre n'est pas finie. On se bat dans les Flandres. Le commandement de la Wehrmacht a décidé de prendre au piège les forces anglaises et françaises qui se replient de Belgique. Commence une gigantesque course à la mer qui se terminera par la constitution d'une immense poche sur le rivage dans les environs de Dunkerque.

Le régiment *Deutschland* quitte la Zélande pour la Flandre. Les hommes du Standartenführer Steiner se battent sur la Lys, sur le canal de la Bassée et près de Cassel.

Le Commandeur retrouve les paysages qu'il a connus en 1918, à la tête de sa compagnie de mitrailleuses. Mais, cette fois, l'offensive allemande semble irrésistible et balaie tout le pays. Quelques soldats alliés courageux acceptent de se faire tuer sur place quand leurs camarades jettent leurs armes et se débandent; ils essaient de constituer quelques obstacles. Jamais des guerriers n'auront été plus solitaires sous le grand soleil noir d'une défaite qui s'annonce de jour en jour plus totale. Les S.S. attaquent la ligne Weygand, ils traversent la Somme et parviennent à tourner leurs adversaires dans la région de l'Avre.

Le régiment *Deutschland* reçoit alors l'ordre de faire mouvement sur Soissons. Les paysages de la Grande Guerre défilent à nouveau dans les communiqués. Steiner et ses hommes franchissent la Marne, puis la Seine. Les voici à Troyes.

L'armée française semble blessée à mort. On ne trouve plus en face que les derniers obstinés, héros abandonnés de tous, qui tentent d'arrêter la ruée avec une vieille mitrailleuse enrayée et quelques mousquetons.

Les Panzerdivisions déferlent vers le Sud. Les fantassins poursuivent la marche dans leur sillage. Les S.S. essaient, comme leurs camarades de la Wehrmacht, de tenir ce rythme infernal. Les colonnes s'étirent sur les routes. Les hommes titubent de fatigue et de sommeil. Parfois, éclatent quelques coups de feu. Il faut s'arrêter, déborder les résistances, réduire les derniers adversaires. On pousse vers l'arrière quelques prisonniers en loques, les bras en l'air, sanglants et apeurés. Mais ils ont osé affronter cette force qui de tout le poids de ses chenilles écrase leur pays vaincu.

Voici maintenant les S.S. du régiment *Deutschland* arrivés sur le plateau de Langres, où ils vont violemment se heurter avec des troupes françaises. En face d'eux, cette fois, des soldats bien armés et bien équipés qui décrochent de la fameuse ligne Maginot et essaient en bon ordre de percer vers l'Ouest. Les mitrailleuses les fauchent par colonnes entières sous le brûlant soleil de juin.

La poursuite continue. Voici *Deutschland* à Orléans, puis c'est la ruée vers l'océan Atlantique. Les S.S. parviennent au sud de Bordeaux et vont suivre le rivage jusqu'à la frontière espagnole. Le Standartenführer Steiner, qui a commencé la campagne à l'Ouest sur le Rhin, la termine sur l'Adour. Jamais une opération n'aura été menée à une telle allure. Cette fois, les battus de 1918 tiennent leur revanche. L'ancien capitaine vaincu est devenu un colonel vainqueur. Il a d'ailleurs été promu au grade supérieur et porte le titre d'Oberführer [1].

Le 15 août 1940, l'Oberführer Steiner reçoit la cravate de chevalier de la Croix de fer. Depuis trois jours, la division *Das Reich* a quitté la frontière espagnole pour rejoindre les côtes hollandaises. Les S.S. des régiments *Deutschland, Germania* et *Der Führer* s'installent dans leurs cantonnements d'occupation aux Pays-Bas. On parle beaucoup de la prochaine invasion de l'Angleterre, et des troupes allemandes se massent sur les rivages de la Manche et de la mer du Nord.

Le Brigadeführer Steiner, dont le poste de commandement se trouve à Hilversum, au sud du Zuidersee, organise des exercices de débarquement. Mènera-t-il ses hommes à l'assaut des hautes falaises crayeuses d'Angleterre, cette ultime citadelle de la mer à défier le continent soumis à la volonté du Reich?

Dans un décor paisible de canaux et de moulins, les S.S. s'entraînent avec des canots en caoutchouc et des barques. En ces premiers jours de l'automne, personne ne croit vraiment au succès de cette opération navale. Mais le commandeur de l'unité d'élite *Deutschland* a toujours été si fanatique de l'instruction que tous les fusiliers, mitrailleurs ou motocyclistes de son régiment vivent dans une atmosphère survoltée.

1. Grade qui n'existe que dans les formations du parti national-socialiste et constitue un grade intermédiaire entre celui de colonel (Standartenführer) et celui de général de brigade (Brigadeführer).

Le 1er novembre, Steiner apprend qu'il est nommé Brigadeführer et qu'il va désormais prendre le commandement d'une nouvelle division de la Waffen S.S., dont la création vient d'être décidée. Il ne sait rien d'autre, si ce n'est que devront servir dans ses rangs des « volontaires germaniques », notamment des Norvégiens et des Danois, des Hollandais et des Flamands, et même des Suédois et des Suisses.

Cette unité sera une division d'infanterie à trois régiments. Le plus solide est sans aucun doute *Germania*, transféré de la *Verfugungsdivision* à la nouvelle division de la Waffen S.S. Les deux autres régiments se nomment *Westland*, actuellement à Munich, et *Nordland*, réparti entre Vienne et Klagenfurt en Autriche.

L'état-major et les services divisionnaires doivent s'installer à Munich. Le nouveau général part aussitôt pour la capitale bavaroise, qu'il connaît d'autant mieux qu'il y tenait garnison avec le régiment *Deutschland* à la veille de la guerre.

3.

Des volontaires germaniques — qui ne sont même pas citoyens allemands — dans la Waffen S.S., c'est une véritable lézarde dans le mur d'acier et de granit du vieux nationalisme allemand. Cette révolution ne peut se comprendre que par l'idéologie même dont se réclame l'Ordre noir S.S.

Avant même la déclaration de guerre, avant même la prise du pouvoir, avant même son adhésion au parti national-socialiste, Heinrich Himmler a été hanté par l'idée de fonder un ordre politico-militaire, qui rassemblerait une élite d'hommes appartenant tous à « la race nordique ». Dès l'automne de l'année 1940, il est revenu sur cette idée, lors d'une réunion des officiers de la *Leibstandarte S.S. Adolf Hitler,* alors en garnison à Metz. Il annonce l'incessante création d'une division de volontaires germaniques :

— Je veux construire un Ordre qui exprime et développe la conception contenue dans le sang nordique, afin d'attirer à nous tout le sang nordique du monde, le retirer à nos adversaires, et nous l'amener, afin que dans la grande politique envisagée nous n'ayons jamais plus à lutter contre des grandes quantités de ce sang ni contre les valeurs qu'il représente. Nous devons attirer à nous ce sang nordique, et les autres ne doivent pas en avoir.

De tels propos mystico-scientifiques doivent paraître quand même assez étonnants aux cadres de la Waffen S.S., qui sont, avant tout, des officiers du front. Aussi, Himmler éprouve-t-il le besoin de préciser plus avant sa pensée :

— Cette idée et ce but existent depuis des années et n'ont jamais été abandonnés. Tout ce que nous avons fait nous a fait faire un pas en direction de notre objectif. De même, tout ce que nous ferons encore nous fera avancer dans la même direction. Mais ce but ne peut être atteint que si chacun de nous ne s'arrête pas à ce qu'il aime, à son activité, à sa compagnie, à son régiment, qu'il doit aimer et dont il doit être fier, mais va jusqu'au grand tout, la S.S., qui n'est elle-même qu'un moyen pour arriver au but éternel : le Reich, l'idéologie créée par le Führer, le Reich qu'il a fondé, le Reich de tous les Germains.

Heinrich Himmler ne semble guère percevoir la contradiction interne de ses propos. Car cette idée de « race nordique », à laquelle il s'attache, avec une passion fanatique et minutieuse, ne se recoupe pas obligatoirement avec celle, moins révolutionnaire mais plus immédiatement perceptible, de « nation allemande ».

Tous les Allemands ne sont pas des « Nordiques ». Inversement, hors des frontières du Reich, il existe des « Germains » qui peuvent se réclamer de cette origine septentrionale. Paradoxalement, on pourrait même dire que les Suédois ou les Hollandais sont sans conteste plus nordiques que les Allemands eux-mêmes. Si l'on admet les théories développées par les vulgarisateurs de la théorie raciste, il est bien certain que « le sang » compte infiniment plus que l'appartenance nationale, les contingences historiques ou les réalités de langue et de culture.

Comme la nuée porte l'orage, le racisme porte donc en lui-même la négation des frontières et la croyance en une communauté internationale ou supranationale. Pour un S.S. logique avec lui-même, un Norvégien de type — physique et moral, les deux vont ensemble selon les préjugés racistes — nordique est plus « germain » qu'un Bavarois de race alpine. C'est une première lézarde dans le système nationaliste allemand. Hitler, en bon Autrichien, n'y croira jamais beaucoup lui-même et laissera ce genre de songeries à des idéologues, d'ailleurs ennemis et tous les deux qualifiés de « fumeux » ou de « rêveurs » comme Rosenberg ou Himmler.

Cette idée nordique, doctrine officielle de la S.S., ne plaît pas du tout aux bonzes du parti dont beaucoup sont des méridionaux. Pour les Gauleiters, au patriotisme prolétarien, cette idéologie n'est que la projection, en plein XXe siècle, des « marottes » d'anthropologues, de linguistes, d'archéologues ou de folkloristes qui forment une véritable cour d'érudits germanisants autour du Reichsführer S.S. dont ils flattent toutes les hantises préhistoriques.

Le grand rêve qui anime Heinrich Himmler provoque d'ailleurs le scepticisme ironique de la plupart des chefs de la S.S. en armes, qui n'ont bien souvent rejoint l'Ordre noir que pour un jour commander au feu des unités d'élite et dont les préoccupations sont avant tout militaires.

Seulement, que cela plaise ou non à ses subordonnés, Heinrich Himmler a toujours poursuivi la réalisation de ses plans avec une volonté inflexible. Dès avant la guerre, il a ouvert les rangs de l'Ordre noir à des étrangers. Ils ont été rapidement une cinquantaine, dont l'adhésion à la S.S. est d'ailleurs restée, la plupart du temps, fort discrète. Il est des domaines où la publicité n'est certes pas souhaitable. Parmi ces étrangers, on compte notamment cinq Américains, trois Suédois et surtout plus de quarante Suisses alémaniques.

Pour certains Suisses, tel Hektor Ammann, l'archiviste cantonal du canton d'Argovie, qui a eu des rapports avec Hitler dès 1920, alors que celui-ci n'était encore qu'un agitateur sans avenir, l'appartenance à la communauté allemande, ce que les nationaux-socialistes appellent le *deutsches Volkstum,* ne fait aucun doute. A la veille de la guerre, certains de ces sympathisants de l'idée germanique restent loyaux à l'égard de l'État fédéral, dont ils sont citoyens et dont ils entendent protéger la liberté et l'indépendance. D'autres rêvent tout simplement d'*Anschluss* et de réunion pure et simple à la Grande Allemagne.

Tout commence au printemps 1938 à Munich. L'ancien conseiller fédéral Jean-Marie Musy se rend dans la capitale bavaroise pour une singulière entreprise. Président d'un groupement qui s'intitule *Action suisse contre le communisme,* il est venu en Allemagne pour y tourner un film destiné à illustrer ses tournées de conférences à travers les cantons helvétiques. Bénéficie-t-il de fonds secrets de l'État ou du parti national-socialiste, est-il seulement subventionné par quelques personnes privées? Peu importe.

Ce qui est intéressant, c'est la personnalité du secrétaire de Musy. Originaire de Lucerne, Franz Riedweg est médecin. Mais la passion politique le démange et son opposition au communisme est aussi viscérale qu'inextinguible. Il rencontre un certain nombre de représentants de la S.S., se laisse entraîner dans des conversations où l'Ordre noir est présenté comme une aristocratie destinée à faire équilibre aux tendances prolétariennes du parti. Riedweg qui n'aime pas la bureaucratie, la vulgarité, le chauvinisme, se laisse circonvenir assez facilement.

Les S.S. parlent d'un Reich germanique qui serait bien davantage que la nation allemande. On pourrait envisager une sorte de fédération. Et pourquoi pas sur le modèle helvétique? Il n'en faut pas plus pour séduire le Dr Riedweg qui se voit aussitôt promis à un grand avenir. Il a constaté en Allemagne la force irrésistible du national-socialisme et il croit que l'Europe se trouve à la veille de profonds bouleversements. L'*Anschluss*, qui se produit précisément à cette époque, en mars 1938, n'est que le premier pas vers un nouvel ordre européen où l'hégémonie allemande apparaît inévitable. Pourquoi ne pas s'en rendre compte et essayer — éventuellement — de modifier le régime de l'intérieur? Il faut être naïf pour le croire, mais Riedweg a trouvé des interlocuteurs qui savent comment le prendre. Il accepte alors d'entrer dans la S.S. Il sera un des premiers étrangers à faire partie de l'Ordre noir. Il s'installe d'ailleurs en Allemagne et devient même le gendre du maréchal von Blomberg, pourtant éliminé brutalement par Hitler, en cette même année 1938, de son poste de commandant en chef de la Wehrmacht.

Le geste de son secrétaire n'est pas tellement du goût de l'honorable Musy qui regagne la Suisse avec son film dans sa valise. La première projection aura lieu à Fribourg en octobre 1938. Le titre est sans nuance : *La Peste rouge*. Il est vrai que le metteur en scène camoufle toute allusion trop voyante au national-socialisme et rend assez hommage à la démocratie pour plaire au public helvétique.

Le Dr Riedweg s'est installé à Munich. Il a choisi son camp. Il ne va plus y échapper. En 1939, il s'engage et on le retrouve lors de la campagne de France comme médecin militaire dans une unité de la Waffen S.S. Ses supérieurs, sans indulgence — mais il n'aura pas toujours que des amis même au sein de la S.S. — diront qu'il était sans doute plus doué pour la politique que pour la chirurgie. C'est en effet un remarquable propagandiste et il s'est pris de passion pour l'idée des « volontaires germaniques » dont il va se faire le chantre inlassable. Voici le Dr Riedweg promu Sturmbannführer et chef d'état-major de la *Germanische*

Leitstelle, l'organisme qui va coiffer tous les problèmes de recrutement et d'endoctrinement des volontaires de la Norvège à la Flandre, sans oublier sa Suisse natale où seront recrutés les premiers engagés S.S. qui ne sont pas de nationalité allemande.

Au moment où toute l'Europe subissait la contagion fasciste, les Suisses n'y avaient pas échappé. On vit éclore une multitude de groupements. Certains n'étaient qu'une copie, comme le *Schweizer Faschismus* du colonel Fonjallaz. D'autres ne rayonnaient guère hors de leur canton et se réduisaient à quelques militants groupés autour d'un « chef » comme Georges Oltramare à Genève, Marcel Regamay dans le Valais ou le pasteur antisémite Lugrin dans le Vaudois. 1933, qui vit la prise du pouvoir en Allemagne par le national-socialisme, fut pour la Suisse l'année du « printemps des Fronts »; ils parvinrent à récolter d'importants succès électoraux avant de perdre une clientèle animée par des motifs plus économiques qu'idéologiques.

De tous ces fronts, les plus résolus se trouvaient en Suisse alémanique. Mais ils se divisent en groupuscules souvent opposés pour des questions de personnes. Ainsi le *Volksbund* de Hans Oehler, le *Nationale Front* de Rolf Henne et même *Die nationalsozialistischen Eidgenossen* (« les nationaux-socialistes confédérés ») de l'architecte zurichois Theodor Fischer. Un des agitateurs les plus notoires est Hans Burri, qui a émigré en Autriche à dix-huit ans et s'est inscrit au parti nazi; expulsé, il s'est réfugié à Lucerne, où il fonde une agence de presse : *International Press Agentur*, qui sera interdite par les autorités fédérales. Burri regagne alors l'Autriche après l'*Anschluss* et fait équipe avec le major Leonhardt qui a créé le *National-sozialistische Schweirische Arbeiter Partei* (N.S.S.A.P.), copie pure et simple du N.S.D.A.P. allemand. S'agite aussi beaucoup le poète et écrivain Jacob Schaffner, qui ne cache pas ses sympathies pour le national-socialisme et finira par donner des articles, pendant la guerre, au journal du Dr Goebbels : *Das Reich*.

I'échec électoral des fronts provoque des scissions. Robert Tobler prend en main le *Nationale Front* en 1938 et en chasse

Rolf Henne, jugé trop favorable à l'Allemagne. Les plus engagés s'en vont pour fonder le *Bund treuer Eidgenossen nationalsozialistischer Weltanschauung* ou B.T.E. avec Alfred Zander, Benno Schappi et Hans Oehler. Ils n'hésitent pas à exalter « la conscience de la même appartenance culturelle et raciale de l'Allemagne et de la Suisse allemande ». Zander se retrouve en prison.

Un nouveau groupuscule apparaît, qui porte le nom de *Eidgenössisch Soziale Arbeiter Partei* ou E.S.A.P., dirigé par Ernst Hoffmann. Tout aussi ultra sera l'*Union nationale* du Dr Walter Michel.

Le journaliste Max Leo Keller, ancien frontiste et président du conseil d'administration du journal *Neue Basler Zeitung*, décide, à la veille de la guerre, de réunir un certain nombre de chefs des mouvements suisses, favorables au national-socialisme, en un cercle, le *Führerkreis*. Son objectif avoué est la constitution d'un « grand » parti, qui verra le jour en juin 40, au moment où les armées allemandes déferlent sur la France. Ce sera le *Nationale Bewegung der Schweiz* ou N.B.S. qui se targue de réunir quinze mille membres, mais ne possède sans doute que deux à trois mille militants. Le N.B.S. prétend être fidèle « aussi bien à la patrie suisse qu'à la race allemande », mais ses sentiments profonds ne font aucun doute : Max Leo Keller rencontre, en octobre 1940, à Munich, Rudolf Hess. Le processus est irréversible. Il est décidé que le groupement sportif de la N.B.S. constituera le noyau d'une S.S. suisse. Le gouvernement fédéral réagit et interdit la N.B.S. ainsi que divers mouvements et journaux. Les nationaux-socialistes suisses entrent dans la clandestinité.

Si le recrutement de volontaires germaniques va être systématiquement entrepris dès 1940, ce n'est pas uniquement pour des raisons idéologiques. Le mythe d'une « communauté des peuples germaniques », plus romantique que réaliste, se recoupe avec une préoccupation constante de l'état-major de la Waffen S.S. : celle de trouver des effectifs.

Les deux raisons s'imbriquent profondément dans l'esprit des responsables qui veulent, il ne faut pas l'oublier, constituer une armée de « soldats politiques ». De tous les généraux S.S., celui qui se trouve au centre même du problème, c'est l'Obergruppenführer Gottlob Berger, chef du *S.S. Hauptamt,* ce que l'on pourrait traduire par « Office central », et qui est, avant tout, un gigantesque bureau de recrutement. Tout repose sur les épaules de ce colosse qui est à la fois un partisan convaincu de l'idée germanique (puis européenne, prétendra-t-il) et un organisateur prodigieux, totalement dénué de scrupules d'ailleurs quand il s'agit de recruter des « volontaires » par n'importe quels moyens et n'importe quelles promesses.

Gottlob Berger est un Souabe. Il a la brutalité et la ruse d'un paysan. Une énergie tenace, véritablement rurale, anime cet entêté qui mourra à quatre-vingts ans dans son petit village natal de Gerstetten, dans le Wurtemberg, affirmant n'avoir jamais été autre chose qu'un soldat... Comme tant d'autres généraux de la Waffen S.S., il a dix-huit ans en 1914. Il fera la guerre au front dans les troupes d'assaut. Rapidement, le jeune officier ne compte plus ses citations et ses blessures. Troué comme une passoire, il est de ceux qui refusent la défaite de 1918 et se lance à corps perdu dans l'aventure des corps francs. Puis il s'occupera d'organiser des dépôts d'armes clandestins et deviendra un des responsables de la très mystérieuse Reichswehr noire.

La carrière de Berger ressemble à celle des héros du roman de von Salomon : *Les Réprouvés.* Il sera aussi quelque temps instituteur dans son village souabe. Il ambitionne aussi de devenir directeur de l'école d'éducation physique de Stuttgart. Car c'est un sportif accompli, champion de course à pied, de boxe, de natation. La S.S. comble son fantastique besoin d'activités, et il devient inspecteur général de l'éducation sportive au sein de l'Ordre noir. Son ascension commence. Il grimpe de grade en grade. Au mois d'avril 1940, il est nommé chef du *S.S. Hauptamt* et chargé tout particulièrement des problèmes de recrutement pour la Waffen S.S. L'aventure des volontaires germaniques, ce sera incontestablement son affaire. L'idée vient de lui et il va s'appliquer à la mettre en œuvre avec le caractère abrupt, mais enthousiaste, d'un ancien officier de troupe de choc de la Grande Guerre.

En 1940, les recrues du IIIe Reich sont réparties entre les trois armes de la Wehrmacht : *Heer* (armée de terre),

Kriegsmarine et *Luftwaffe*. Il n'est même pas prévu d'affecter un contingent à la Waffen S.S. Il faut donc faire appel à de jeunes Allemands volontaires de dix-huit et dix-neuf ans que n'a pas encore touché la conscription. Gottlob Berger commence par établir à travers tout le Reich des bureaux de recrutement strictement concurrents de ceux de la Wehrmacht avec laquelle il ne peut, tôt ou tard, qu'entrer en conflit, d'autant qu'il ne cache guère son ambition de faire un jour de la Waffen S.S. la quatrième branche de la Wehrmacht.

Les réserves en hommes sont loin d'être inépuisables et plutôt que de se livrer à une petite guerre avec les états-majors de l'armée régulière pour leur arracher des recrues, le chef du *S.S. Hauptamt* va recruter, hors du Reich, des volontaires qui ne sont même pas citoyens allemands...

Cette notion de *Volksdeutsche* est capitale et explique le caractère très rapidement international de la Waffen S.S. Depuis parfois des siècles, des populations d'origine allemande vivent dans des pays étrangers. Mais ils ont très souvent gardé leur langue, leurs coutumes, souvent leur religion protestante et un attachement sentimental à la « mère patrie » qu'ils essaient tant bien que mal de concilier avec la fidélité qu'ils doivent aux États dont ils sont les citoyens. C'est une situation très particulière, mal connue en Europe occidentale.

Depuis le XIIe siècle, des Allemands de Basse-Saxe ont ainsi émigré des plats rivages de la mer du Nord pour coloniser des terres dans le royaume hongrois. Au XIIIe siècle, des Alsaciens les rejoignent. Aux XVIIe et XVIIIe siècles, des Souabes émigrent dans les Balkans. On en trouvera en Slavonie, en Croatie, dans le Banat, en Transylvanie, en Bessarabie, en Volhynie. On trouve même des colonies allemandes en Russie, sur la Volga.

Il existe en Europe centrale et balkanique des villages entiers où se maintiennent, au milieu de populations étrangères, la culture et les traditions germaniques. Parce qu'ils se sentent isolés, ces Allemands d'origine s'estiment peut-être encore plus allemands que leurs compatriotes du Reich, même s'ils sont citoyens d'une autre nation. Le soir, ils se réunissent pour chanter en chœur dans la langue de leurs pères ou écouter la musique de Bach ou de Haydn. Pasteurs et maîtres d'école font équipe pour maintenir ce que les spécialistes nomment le *Volkstum* et qui pourrait se traduire tout simplement par l'âme germanique. Cela n'a que peu de rapport avec le national-socialisme, dont ils ne connaissent pas grand-chose — à l'inverse de leurs compatriotes des Sudètes ou de Pologne. Ils se sentent simplement liés à une Allemagne « éternelle », sans se soucier du régime politique qui y règne. C'est dans ce milieu *volksdeutsche* que vont désormais opérer les recruteurs du *S.S. Hauptamt* de Gottlob Berger. La diplomatie ou la force militaire, selon les cas, ont rendu ce recrutement possible. Il n'y a plus de Tchécoslovaquie. Bientôt, il n'y aura plus de Yougoslavie. La Hongrie, la Roumanie ou la Bulgarie succombent à l'attraction germanique.

Peu nombreux, mais d'autant plus résolus et fanatiques, sont les Allemands des pays baltes qui ont réussi à fuir la Lituanie, la Lettonie et l'Estonie, avant d'être submergés par l'Union soviétique au début de l'été 1940. Ceux-là se veulent les plus authentiques descendants des chevaliers teutoniques et ont tendance à se considérer comme l'aristocratie naturelle des marches de l'Est. Servir dans la Waffen S.S. leur paraît la suite logique de l'aventure naguère vécue dans les corps francs aux temps épiques du *Baltikum*.

Tous ces Allemands de l'étranger, qui forment, sans souci des frontières, la grande communauté *volksdeutsche* éparpillée notamment à travers l'Europe centrale, vont devenir les victimes — souvent consentantes — des recruteurs de Gottlob Berger. Pour eux, une fois dégagés des obligations nationales des pays dont ils étaient jusqu'alors citoyens, il n'existe aucun contingentement ni aucune limite d'âge. C'est pourquoi ils seront trois cent mille à servir tout au long de la guerre dans la Waffen S.S., presque aussi nombreux que les Allemands du Reich eux-mêmes. Malgré l'annexion depuis 1938 des Autrichiens et des Sudètes, ceux-ci ne dépasseront guère quatre cent mille volontaires. La crise de recrutement sera même si grave en Allemagne que certains conscrits seront versés d'office dans la Waffen S.S. à partir de la fin de 1943.

Le recrutement *volksdeutsche* apparaît donc, pour Gottlob Berger et ses services, comme essentiel. Il sera mené en parallèle de l'offensive de propagande en direction des pays qualifiés pour la circonstance de « germaniques », c'est-à-dire avant tout les pays occupés par les forces allemandes en 1940 : d'abord le Danemark et la Norvège, puis les Pays-Bas et la Belgique, où sera faite d'emblée une séparation radicale entre les Flamands et les Wallons.

Pour inciter des volontaires à rejoindre les forces armées d'un État à la présence militaire envahissante dans leur propre patrie, il faut proposer une idée nouvelle qui ne peut certes se réduire au nationalisme allemand. La S.S. développe alors le mythe d'un nouvel empire, un Reich, de tous les peuples germaniques. Cette idée, profondément révolutionnaire et volontairement « choquante », sera à plusieurs reprises exposée par l'Obergruppenführer Gottlob Berger. Un de ses discours du 8 octobre 1942 apparaît particulièrement significatif :

— Il est donc de notre devoir d'ouvrir au Führer la voie qui lui permettra de réunir plus tard les pays germaniques au sein d'un Reich germanique. Sans abandonner leur identité nationale et leur culture, ces pays devront entrer dans notre Reich germanique. Dans la mesure du possible, nous voulons réaliser du vivant du Führer l'union étroite de tous les pays germaniques et nous assurer ainsi, déjà maintenant, encore pendant la guerre, un prodigieux résultat politique. Il ne faut perdre de vue non plus le travail en Suède et en Suisse. Ce travail est tout naturellement du ressort de la S.S. [1].

Berger ne fait que de répercuter les consignes édictées par le Reichsführer S.S. Heinrich Himmler lui-même. Un discours prononcé au printemps 1943 à Kharkov, devant les cadres des trois divisions S.S. qui viennent de reprendre la ville, est très significatif et montre bien l'obstination avec laquelle le maître de l'Ordre noir répétait inlassablement ses idées :

— J'ai aussi averti les S.S. [germaniques] dès le commencement. Nous n'attendons pas que vous reniiez votre nation, ou que vous fassiez quoi que ce soit qu'un homme fier muni d'amour-propre, et aimant son pays, ne puisse faire. Nous n'attendons pas de vous que vous deveniez des Allemands par opportunisme. En revanche, nous attendons de vous que vous

1. Sans renier ses propos, l'ancien chef du *S.S. Hauptamt*, lors d'un entretien avec l'auteur de ce livre, à Gerstetten, en 1974, quelques mois avant sa mort, ne voulut faire aucune allusion à cette idéologie « germanique » et essaya de présenter la Waffen S.S. comme une chevalerie *(Ritterschaft)* européenne, réunissant les fils des combattants de 14-18. Singulière évolution à laquelle il tenait avec l'obstination d'un vieillard de quatre-vingts ans qui devait mourir peu après.

vous subordonniez à l'idéal du Reich germanique, un idéal fondé sur un sentiment racial et historique.

Après la guerre, le Dr Franz Riedweg, ancien Obersturmbannführer et chef d'état-major de la *Germanische Leitstelle*, prétendra que la politique de Berger — et par conséquent de Himmler, dont le chef du *S.S. Hauptamt* n'était que le porte-parole — visait seulement « au rassemblement des États européens, sur la base de l'égalité, en une fédération des États européens avant tout germaniques, dans le sens d'une confédération [1] ».

Ce sont là des subtilités de droit international dont il n'était guère question en 1940. Il est vrai que la Waffen S.S. ne devait cesser d'évoluer en intégrant de plus en plus d'étrangers à la communauté germanique. En acceptant plus de trois cent mille volontaires venus de plus de trente pays, de l'Atlantique au Caucase, la S.S. en armes devenait très différente de ce qu'elle était avant la guerre, ou même en 1940 quand fut constituée la première division germanique, dite « des Huit Nations ».

En portant la guerre dans le nord de l'Europe, Adolf Hitler ne pouvait certes prétendre qu'il poursuivait sa politique de réunir tous les Allemands en une même nation... Il appliquait une autre de ses théories, assez contradictoire, celle de l'espace vital, le *Lebensraum*. L'idée germanique allait vainement essayer après coup de lui donner un fondement idéologique.

1. Déposition devant le Tribunal international de Nuremberg lors du procès de Gottlob Berger le 1er décembre 1947.

4.

Le 9 avril 1940, à cinq heures du matin, l'ambassadeur du Reich à Copenhague, Renthe-Finck, communique un message de son gouvernement au ministre des Affaires étrangères du royaume de Danemark, Munch. C'est tout simplement l'annonce que les troupes allemandes, massées depuis plusieurs jours dans le Schlesvig-Holstein, viennent de franchir la frontière danoise. Déclaration de guerre? Certes pas, affirme le diplomate allemand, mais « simple mesure de protection » contre une intervention éventuelle des Alliés. Bref, les Allemands violent la neutralité danoise pour éviter qu'elle ne soit violée par leurs adversaires...

Pendant deux heures, quelques escarmouches opposent les troupes à la frontière. Une douzaine de soldats danois sont tués, puis leurs camarades sont obligés de s'incliner devant la force. Ils prennent acte du fait que le gouvernement allemand, selon une note officielle, « n'a pas l'intention d'attenter à l'intégrité territoriale et à l'indépendance politique du royaume de Danemark ».

Donc, malgré la présence d'une forte minorité de langue allemande dans le nord du Schlesvig, il n'est pas question de modifier le tracé de la frontière. Quant au roi, il peut garder sa couronne...

Christian X est alors âgé de soixante-dix ans. Quand il reçoit à son tour l'ambassadeur Renthe-Finck et le général Himer, qui commande les troupes du Reich, il reste calme et digne. Mais il est brisé de chagrin et rempli de colère. Il promet de maintenir la paix et l'ordre dans son royaume, « pour épargner tout autre malheur aux Danois ». Mais qu'on ne lui en demande pas plus. Il refuse — d'avance — toute collaboration.

Selon le génétral Himer, le roi lui aurait cependant confié à la fin de l'entretien :

— Général, puis-je, en vieux soldat, vous dire quelque chose? Vous, Allemands, avez une fois de plus accompli l'incroyable!

Et le souverain aurait même ajouté, à en croire ce témoignage dont l'objectivité est peut-être douteuse :

— Il faut admettre que c'est un travail magnifique!

Une semaine plus tard, une conférence réunit Allemands et Danois. Le roi Christian X y assiste. Il déclare, avec une tristesse glaciale :

— Je souhaite que les relations de la Wehrmacht et de la population danoise se développent de façon satisfaisante par des concessions réciproques.

Ni plus ni moins. Il s'en tiendra pendant toute la guerre à cette attitude. Il n'est pas tout à fait un prisonnier, mais il n'est plus un souverain. L'armée danoise est réduite à 5 300 hommes, puis à 2 200 soldats et 1 100 supplétifs. Elle n'a plus qu'un rôle symbolique, et ce sont partout les soldats de la Wehrmacht qui contrôlent le pays. La Luftwaffe occupe les aéroports, la Kriegsmarine contrôle les ports et les arsenaux.

Cinq jours après cette réunion, le 20 avril 1940, alors que l'Allemagne poursuit la guerre en territoire norvégien et se heurte à la riposte alliée, un communiqué invite les volontaires danois à entrer dans la S.S. Il n'a pas fallu deux semaines pour que les sergents recruteurs de Heinrich Himmler et de Gottlob Berger opèrent au grand jour. Et ce ne sont pas des volontaires d'origine allemande qui sont ainsi conviés à rejoindre l'Ordre noir, mais des citoyens d'un pays jusqu'ici étranger — et de surcroît occupé par la force.

Devant cette incroyable mesure, Munch, le ministre danois des Affaires étrangères, décide de se retirer. Il sera remplacé dès le début de juillet par un homme politique partisan d'une entente avec le Reich : Erik Scavenius.

Dès le 8 juillet 1940, moins d'un mois après l'invasion allemande, le gouvernement de coalition, que préside le social-démocrate Thorvald Stauning, fait voter par le *Folkething*, le Parlement danois, qui n'a pas été dissous, un texte sans équivoque, inspiré par Scavenius, qui proclame « le souhait et la volonté du Danemark de collaborer de la manière la plus positive et la plus loyale, à la constitution de cette Europe continentale dirigée par l'Allemagne, dont les événements politiques de ces dernières années et les décisions militaires des dix derniers mois ont posé les fondements ».

Cette déclaration essaie de prendre de vitesse l'agitation qu'entretiennent les nationaux-socialistes danois. Car le pays, qui possédait depuis 1922 un mouvement fasciste, le *National Korpset*, fondé par Thomas Dansgaard Schmidt, un transfuge de parti social-démocrate, a vu aussi se créer un parti nazi vers 1930. Son premier chef, le capitaine de cavalerie Lembcke, jugé trop conservateur et trop modéré, a été remplacé en 1933, l'année même de l'accession d'Adolf Hitler à la chancellerie du Reich, par un extrémiste, le Dr Fritz Clausen. C'est un médecin de la province de Jutland, gros homme au visage massif et à l'œil atone d'alcoolique.

Clausen n'a pas fait de gros efforts d'imagination. Son mouvement s'appelle le D.N.S.A.P. ou *Danmarks National-Socialistiske Arbejder Parti,* ce qui est une démarcation pure et simple du sigle N.S.D.A.P. Comme insigne : la croix gammée. Comme troupe de choc : les *Storm-Afdelinger,* une copie des S.A. portant comme eux la chemise brune et chantant comme hymne « national » la traduction en danois du *Horst Wessel Lied...*

Déjà âgé de quarante-sept ans au moment où les forces du Reich occupent son pays, Clausen croit son heure arrivée. Il est naturellement proallemand. Né sur un territoire qui était annexé à l'empire avant 1918, il a servi dans l'armée impériale pendant la Première Guerre mondiale et a fait ses études de médecine à Heidelberg. Ce passé ne l'empêche pas de faire de la surenchère nationaliste et de se proclamer « Danois à 101 % ». Coléreux, intolérant, sectaire, le Dr Clausen aime à se parer de son titre de *Förer* qui rime avec Führer... Mais son parti n'est qu'un parti parmi d'autres et même un des moins importants. Il n'a eu que seize mille électeurs en 1935 et n'a pas obtenu alors un seul siège au *Folkething.* Cependant, les élections de 1939 ont vu doubler les suffrages du D.N.S.A.P., qui possède alors trois députés dont Clausen lui-même.

Son parti reste cependant terriblement minoritaire et très

isolé. Avant la guerre, les défilés paramilitaires de ses S.A., qui n'étaient alors qu'un millier d'hommes, ont beaucoup choqué leurs compatriotes danois, dont le tempérament pacifique s'accommode fort mal de telles manifestations.

Le mouvement national-socialiste du Dr Clausen doit par ailleurs subir la concurrence de multiples groupuscules se réclamant de la même idéologie. Les partis politiques sont autorisés sous l'occupation militaire allemande et fleurissent alors des formations rivales exaltant aussi le national-socialisme ou prônant le corporatisme, le fascisme à l'italienne, si ce n'est le pangermanisme paganisant. On ne compte pas moins, en 1940, d'une quinzaine de ces mouvements totalitaires aspirant au pouvoir. Tous ces petits partis aiment à s'intituler « front » ou « bloc », même s'ils ne représentent que quelques dizaines de militants et n'ont guère d'influence sur la vie politique danoise.

Seulement, les événements d'avril 1940 sont venus bousculer toutes les illusions du neutralisme. Le roi, solitaire, se tait. Le Parlement prêche une coexistence résignée des occupés et des occupants. Au choc de la présence allemande, qui trouble les Danois comme une impeccable démonstration de force, s'ajoute toute une propagande sur la communauté de destin des peuples germaniques. Avec quelques photos de propagande exaltant la musculature d'athlètes blonds, des airs folkloriques et des chants de lansquenets, une ambiance romantique est vite créée dans les bureaux de recrutement de cette mystérieuse unité *Nordzee* (Mer du Nord) de la S.S. On rappelle aux Danois qu'ils sont les fils — lointains — des Vikings et qu'est revenu sur l'Europe le printemps guerrier des peuples. En bref, on promet à la jeunesse l'aventure de la horde. Matelots, soldats au chômage, étudiants, fanatiques d'un nazisme à la danoise, admirateurs de l'Allemagne et de sa force, il ne manque pas de curieux pour aller goûter la soupe S.S. On recrute les volontaires de dix-sept à quarante ans. La durée de l'engagement peut se limiter à un contrat de deux ans. Servir dans une armée qui est en train de devenir une des plus prestigieuses du monde a de quoi faire rêver. Ceux qui s'engagent en ce printemps 1940 sont tous des naïfs, qu'ils soient aventuriers ou idéalistes, et parfois les deux à la fois.

Si l'occupation du Danemark s'est déroulée sans heurt capital, celle de la Norvège va provoquer un sanglant conflit armé et le roi Haakon VI parviendra à s'enfuir en Angleterre pour y prêcher la résistance

Dès la fin de l'année 1939. les Britanniques ont songé à occuper des bases en Norvège. et les Allemands sont décidés à les prendre de vitesse. La situation stratégique de ce pays à la fragile neutralité en fait un objectif tout désigné pour les deux adversaires s'affrontant en mer du Nord.

Le 9 avril 1940. après l'attaque allemande contre le Danemark. le roi de Norvège « prend le maquis » avec son gouvernement et quitte sa capitale pour n'y être point capturé. C'est le moment que choisit Vidkun Quisling, le chef du *Nasjonal Samling*, pour lancer un appel à la radio et annoncer qu'il prend le pouvoir « afin de défendre les intérêts vitaux du peuple norvégien et de sauver l'indépendance du pays ». Il s'intitule, par ce putsch, Premier ministre et ministre des Affaires étrangères. Il envoie même un messager au roi pour lui demander son investiture. Mais le souverain refuse en se réfugiant derrière le *Storting* ou Parlement..., qu'il ne peut réunir. Un envoyé du gouvernement allemand échoue lui aussi. Le roi ne veut pas entendre parler de la « solution Quisling »; il considère ce pseudo-Premier ministre comme un traître. Qui est donc cet homme dont le nom même va devenir synonyme de « collaborateur »?

Fils d'un pasteur luthérien, il est déjà âgé de cinquante-trois ans quand il essaie de prendre le pouvoir à Oslo, au milieu de l'inquiétude et de la confusion. Officier de carrière depuis 1905, spécialiste des questions russes, il est attaché militaire à Saint-Pétersbourg quand éclate la révolution de 1917, dont il sera un des rares témoins étrangers. En 1921, il devient le secrétaire du célèbre explorateur norvégien Fridtjof Nansen, envoyé par la Société des Nations en Russie pour s'y occuper des affamés et des réfugiés. Quisling passera deux ans en Ukraine et épousera même une Russe. Il deviendra ensuite attaché de la légation de Norvège à Moscou et ne retournera dans son pays qu'en 1927. Il a le grade de major et passe pour un « sympathisant » de la révolution rouge. Mais il se brouille avec les socialistes norvégiens et fonde un parti de « réveil du peuple nordique » · *Den Nordiske Folkereisning*. Il rêve alors d'une alliance de l'Angleterre et de l'Allemagne avec les pays scandinaves, pour constituer dans le monde une sorte de bloc de défense de la culture nordique. On retrouve toutes les hantises d'un homme enthousiasmé dans son adolescence par les exploits des Vikings.

Ce colosse blond à la lourde silhouette se révèle furieusement romantique. Il est nationaliste avec une passion qui touche à la démesure. Il écrit dès 1930 : « Le peuple norvégien doit apprendre à se comprendre lui-même et à avoir une vision claire de son caractère distinctif et de sa mission dans le monde. Nous devons comprendre que nous ne sommes pas seuls et que nous constituons avec les autres pays scandinaves une des principales branches de la grande famille des nations qui ont donné les races les plus valeureuses de l'histoire. La race nordique a été et reste l'élément créateur le plus important de toute la civilisation mondiale, celui auquel la Grèce et Rome, aussi bien que l'Europe et l'Amérique du Nord doivent leur grandeur. »

Certes, de tels propos rejoignent les rêveries d'un Rosenberg ou d'un Himmler. Mais, à cette époque, Quisling est sans doute plus attiré par l'Angleterre que par l'Allemagne. Et puis il n'est pas devenu un homme politique... Il le sera en 1932, en acceptant le portefeuille de ministre de la Défense nationale que lui offre le chef du parti agrarien. Devenu ministre, il ne tarde pas à donner sa démission, son caractère s'accommodant fort peu du climat démocratique qui prévaut alors dans le royaume de Norvège.

C'est en mai 1933, quelques semaines après la prise du pouvoir par Adolf Hitler — étrange coïncidence —, qu'il va créer son propre parti : le *Nasjonal Samling* ou Union nationale. C'est un mouvement de tendance fasciste qui cultive le chauvinisme norvégien au point de reprendre le vieux drapeau du roi saint Olaf, rouge à croix jaune, et de dater sa fondation du 17 mai, jour de la fête nationale. Quisling s'en intitule bien entendu le *Förer* et encourage à son bénéfice le culte du chef providentiel. Le N.S. propage parmi ses partisans la haine du parlementarisme, jugé incapable de s'opposer à la « menace bolchevique ». Sur le plan intérieur, Quisling prône le corporatisme. Sur le plan extérieur, le fédéralisme européen, avec des sympathies pour les régimes autoritaires plus que pour les démocraties. Il ne manque à son parti qu'une troupe de choc. Ce sera la *Hird*, un nom qui évoque la garde des rois au temps des tumultueux ancêtres vikings et dont les trois cents membres paradent à la manière fasciste. Avant la guerre, Quisling répugne à se dire national-socialiste et il laisse le terme à un groupuscule directement décalqué du N.S.D.A.P., le N.N.S.A.P.

Aux élections de 1933, le N.S. n'a eu que 2 % des suffrages. Mais cela représente quand même un électorat de près de trente mille sympathisants et il devance les communistes. Trois ans plus tard, il n'aura pas amélioré son score et même perdu un millier de voix. Cependant, Quisling possède des partisans : officiers de carrière, éducateurs, fonctionnaires, petits fermiers, pasteurs de campagne, écrivains. Le plus célèbre de tous les romanciers norvégiens, Knut Hamsun, se montre certainement la plus germanophile de tous.

A la veille de la guerre, le *Nasjonal Samling* de Quisling représente en Norvège une force, réduite mais effective, sur laquelle vont miser certains services allemands, à commencer par ceux qui se sont fait un cheval de bataille de l'idée nordique. L'adjoint du *Förer,* Hagelin, a des amitiés en Allemagne. Il se fonde une *Nordische Gesellschaft* dont le siège est à Lübeck et qui encourage tout ce qui est germanique. Quisling rencontrera Rosenberg. Plutôt que de parler de culture, celui-ci va le présenter à... l'amiral Raeder. La Krigesmarine envisage une opération sur la Norvège, et les hommes de la *Hird* pourraient peut-être prêter leur concours à leurs « frères de race » le jour où une intervention militaire allemande sera devenue inévitable? Voici Quisling pris dans un engrenage dont il ne sortira plus jamais, jusqu'au poteau d'exécution...

Le gouvernement légal, réfugié autour du roi Haakon VII, dans la montagne, déclare la guerre à l'Allemagne le 13 avril 1940. Curieusement, Hitler ne va pas soutenir Quisling qui, selon lui, ne représente rien. Il remet la solution politique à plus tard et ne se préoccupe que de l'évolution de la situation militaire en Norvège. Quisling est donc « mis sur la touche », malgré les services qu'il a rendus lors de l'attaque allemande où certains de ses partisans ont militairement collaboré avec les troupes allemandes.

La vérité est que le Führer ne désespère pas de réussir en Norvège ce qu'il a réalisé au Danemark : la neutralité du roi et le maintien en place d'un gouvernement légal. Comme toujours dans le domaine de la politique étrangère, Adolf Hitler va jouer les pouvoirs traditionalistes, de préférence réactionnaires, contre les minorités révolutionnaires. Le « traître » Quisling est trahi à son tour. Au moins abandonné. Le 15 avril, il démissionne, et un conseil administratif de notables est constitué, qui s'empresse d'affirmer sa fidélité au roi.

Cinq jours plus tard, le 20 avril, alors que la guerre fait encore rage dans le nord du pays où l'on se battra encore à Narvik jusqu'au 7 juin, un texte allemand officiel annonce que les Norvégiens peuvent, comme les Danois, s'engager dans la S.S. Ils rejoindront une unité en formation qui prend le nom de *Nordland.* Le lendemain, un Gauleiter du parti national-socialiste, Jozef Terboven, est nommé Reichskommissar. Trois cent mille hommes de la Wehrmacht vont occuper le pays.

Peu à peu, Quisling et le *Nasjonal Samling* reprennent de l'importance. Le 9 juin, le roi a quitté son pays pour l'Angleterre, et les Allemands imposent un *Riksraad* ou Conseil d'État à qui ils cherchent à donner une apparence de légalité. Quisling contre-attaque et parvient à se faire admettre, avec quelques-uns de ses partisans, pour constituer un nouveau Conseil chargé du gouvernement de la Norvège sous l'occupation allemande. Neuf de ses membres appartiennent au N.S. et les autres sont des techniciens apolitiques. Quisling peut se croire le seul maître et déclare, le 26 septembre : « Nous nous associerons aux Allemands, nos frères de race, et, dans le cadre de la grande union germanique, nous aurons un rôle prépondérant dans le nouvel ordre européen. »

La victoire allemande, après la défaite des Alliés sur le front de l'Ouest, apparaît certaine, et le *Nasjonal Samling* recrute trente à quarante mille adhérents, ce qui n'est pas négligeable pour un pays qui compte trois millions d'habitants.

Mais les pouvoirs de Quisling sont illusoires. Les Norvégiens qui s'engagent à la S.S. sont peut-être ceux qui lui échappent le plus. Un premier contingent quitte Oslo pour rejoindre l'Allemagne. Parmi eux, deux des « ministres » de Quisling, Jonas Lie et Axel Stang, qui combattront dans les Balkans au sein d'une unité de la Waffen S.S. et ne cesseront par la suite de faire de la surenchère sur la politique collaboratrice de leur Förer

Les volontaires norvégiens qui se sont engagés dans la S.S., dès le 20 avril 1940, alors qu'une partie de leurs compatriotes continuent à se battre contre les Allemands aux côtés des troupes du corps expéditionnaire allié, sont sans doute plus « politisés » que les Danois. Ce sont des révolutionnaires qui ont rompu avec la légalité et refusent l'autorité du roi exilé Haakon VII Parmi eux, beaucoup de vieux militants de la *Hird* de Quisling. Mais aussi des jeunes se sentant plus attirés par l'aventure du service dans la S.S. que par cette irréalisable tentative de conquête de l'opinion norvégienne, que va maintenant tenter le *Nasjonal Samling,* parti solidement implanté désormais, mais dont les militants seront de plus en plus isolés et haïs.

Le 30 janvier 1941, Heinrich Himmler se rend en personne à Oslo pour inspecter les volontaires S.S. norvégiens. Quisling est relégué en cette affaire au rôle de simple sergent recruteur.

Près de trois cents Norvégiens et plus de deux cent cinquante Danois ont été finalement acceptés par les conseils de révision de la Waffen S.S. et gagnent les deux garnisons du régiment *Nordland* en voie de constitution. Elles se trouvent, l'une comme l'autre, en Autriche : à Vienne, capitale de l'ancien empire, et à Klagenfurt, chef-lieu de la Carinthie.

La première réaction est sans doute la surprise. Les Norvégiens, presque tous d'origine rurale, découvrent à Vienne la plus prestigieuse des grandes villes européennes. Se trouver ainsi transplantés d'un village perdu au fond d'un fjord brumeux au milieu des palais naguère bâti au temps des splendeurs de la dynastie des Habsbourg a de quoi émerveiller ces volontaires venus du plus lointain septentrion. Souvent un peu renfermés sur eux-mêmes, ils apparaissent à leurs instructeurs à la fois très sérieux et très prudents, longtemps rétifs à donner leur confiance à des hommes qui sont encore des étrangers. Les Norvégiens se révèlent méfiants comme leurs lointains descendants les Normands, parfois taciturnes et susceptibles. Mais ils sont solides et rugueux comme les sapins du Grand Nord.

Les Danois, qui pour la plupart n'ont jamais vu de montagnes, se trouvent un peu écrasés par les cimes neigeuses qui dominent Klagenfurt. Leur caractère enjoué reprend vite le dessus. Ce sont presque tous de bons vivants, aimant la table et courant le jupon. Peu habitués à la vie rude des camps et des casernes, ils se fatiguent assez vite et multiplient les critiques. Ils vont gagner une réputation de « râleurs » et les sous-officiers vont devoir « serrer la vis » pour leur inculquer des habitudes de discipline et de camaraderie. Quand le pli sera pris, rien ne va les distinguer des autres volontaires germaniques, même s'ils passent un peu, aux yeux de Norvégiens, pour des méridionaux.

Une vie nouvelle commence dans les trois bataillons du régiment *Nordland* que commande le Standartenführer Fritz von Scholz.

Agé de quarante-quatre ans, cet homme de petite taille, aux traits burinés et au crâne très dégarni, est un vrai montagnard et un entraîneur d'hommes fantastique. Bientôt, son régiment ne l'appellera plus que « *Alte Fritz* », le « Vieux Fritz » — ce qui était le surnom du fameux monarque prussien Frédéric II. Von Scholz est de quelques mois seulement le cadet de Steiner, le Commandeur de la division *Wiking*. Il a fêté ses dix-huit ans au front, à la fin de l'année 1914. Originaire de Pilsen, dans le territoire des Sudètes, il a tout naturellement servi dans l'armée austro-hongroise.

Officier d'artillerie, von Scholz a reçu, en 1918, la plus haute décoration de la double monarchie : la médaille d'or du Courage. Démobilisé comme lieutenant, il a combattu en 1921 en Silésie avec le corps franc *Oberland* contre les Polonais. Ingénieur chimiste et militant du parti nazi clandestin, il doit franchir la frontière en 1934 et s'engage alors dans la Légion autrichienne, formée par le gouvernement allemand comme un véritable défi aux autorités de Vienne et dont le but avoué est d'intervenir militairement lors de l'*Anschluss*. Entré dans la *S.S. Verfügungstruppe* dès 1935, il se voue depuis à une carrière uniquement militaire. Commandant de compagnie, puis chef de bataillon, cet Autrichien combat en Pologne, en Hollande et en France à la tête d'une unité du régiment *Der Führer*, où ses compatriotes sont la majorité. Il reçoit les Croix de fer de 2ᵉ et de 1ʳᵉ classe, avant d'être nommé colonel et de prendre la tête du nouveau régiment *Nordland*.

Avec ses trois chefs de bataillon : Polewacz, Stoffers et Plöw, le Standartenführer von Scholz a d'abord la mission d'intégrer les volontaires scandinaves dans une unité où les Allemands du Reich sont assez minoritaires par rapport à ceux qui appartiennent à la communauté *volksdeutsche* ou à la famille germanique. Aux Norvégiens et aux Danois, doivent venir s'ajouter dans les mois à venir des Suédois et surtout des Finlandais qui donneront à *Nordland* son visage très particulier et en feront une véritable création originale, dominée par la forte personnalité de son chef.

L'instruction commence pour les volontaires scandinaves rassemblés en Autriche, tout comme pour leurs camarades néerlandais qui viennent de rejoindre la Bavière où ils ont été incorporés dans le régiment *Westland*.

5.

Un mois après l'invasion du Danemark et l'attaque contre la Norvège, Adolf Hitler décide de porter la guerre sur le front de l'Ouest et de tourner les forces alliées franco-britanniques par les Pays-Bas et la Belgique. A l'issue de cette *Blitzkrieg* foudroyante qui ne dure que quelques jours, sous l'assaut des Panzers et des Stukas, de nouveaux pays sont soumis à l'autorité du Reich. En Hollande comme en Flandre, les sergents recruteurs de la Waffen S.S. vont se mettre rapidement à l'œuvre.

Tout comme en Norvège, il existe aux Pays-Bas un mouvement favorable à une politique de collaboration, le N.S.B. ou *Nationaal Socialistische Beweging der Nederlander*. A sa tête depuis 1931, date de la fondation du parti, un ingénieur, alors âgé de trente-sept ans, Anton Adriaan Mussert, spécialiste du problème des canaux et des écluses, responsable du système des eaux de toute la province d'Utrecht. Cet homme de faible stature, à l'embonpoint prononcé, n'est pas, malgré le nom de son mouvement et son titre de *Leider,* un national-socialiste convaincu. Il a adopté le style fasciste pour suivre une certaine mode de l'entre-deux-guerres. Mais, au fond de lui-même, jusqu'à l'agression allemande, et peut-être même au-delà, il reste très attaché à la maison royale d'Orange, aux valeurs chrétiennes — catholiques et protestants se disputent à peu près également les âmes néerlandaises —, à un certain ordre moral, très éloigné du paganisme hitlérien. Mussert a pour second un homme beaucoup plus engagé, un ultra du fascisme lui, Van Geelkerken. Tous deux vont animer le N.S.B. qui atteindra vingt mille inscrits dès 1934 et obtiendra trois cent mille suffrages l'année suivante, lors d'élections provinciales. Le nombre d'adhérents monte alors jusqu'à une cinquantaine de mille, pour progressivement décroître à la veille de la guerre, ce qui n'empêche pas les membres des sections d'assaut, les *Weer Afdeelingen,* de parader en uniforme paramilitaire, jusqu'à leur interdiction par les autorités royales. Le N.S.B. se partage, à la veille de la guerre, en modérés et en ultras. Ces derniers sont animés par un haut fonctionnaire farouchement germanophile, Rost von Tonningen, ancien commissaire néerlandais à la Société des Nations. Il a organisé, dès 1936, un entretien entre Mussert et Hitler.

Le chef du N.S.B. se trouve désormais pris, comme le sera Quisling en Norvège, dans un engrenage fatal qui se terminera, là encore, au poteau d'exécution. Rejeté par une majorité de la population, il est sans cesse menacé d'être débordé par les extrémistes de son propre parti, qui ne compte plus que trente mille membres à la veille de la guerre.

Le 10 mai 1940, les forces du Reich envahissent les Pays-Bas pour des raisons uniquement stratégiques. Il n'est pas encore question de la « communauté germanique » entre Allemands et Hollandais. Mussert a défendu depuis le début de la guerre une politique de neutralité, estimant que ses compatriotes devaient accueillir toute attaque allemande « les bras croisés ». Mais, comme Quisling, il rêve de prendre le pouvoir, une fois la victoire des envahisseurs acquise. Il veut éliminer un de ses concurrents, le petit N.S.N.A.P. de Ridder Van Rappard, décalque néerlandais du parti national-socialiste allemand, qui groupe une dizaine de milliers de fanatiques. Ces partisans de l'*Anschluss* ont choisi tout simplement pour emblème... la croix gammée.

Quelques jours avant l'agression allemande, Rost von Tonningen est arrêté, tandis que son chef se cache dans la ferme d'un militant à la campagne. Le jour même de l'attaque, il y aura aux Pays-Bas plusieurs milliers d'arrestations de membres éventuels d'une « cinquième colonne ». Certains seront même exécutés sommairement par leurs gardiens dans les premières heures de la guerre.

Certes, comme au Danemark ou en Norvège, Hitler voudrait traiter avec le gouvernement légitime et interdire au souverain de se réfugier à l'étranger — c'est-à-dire en Angleterre. Il ne peut pourtant empêcher la reine Wilhelmine de partir pour

Londres au matin du 13 mai. Deux jours plus tard, les forces armées du royaume capitulent. Mussert croit son heure arrivée, d'autant que son propre frère, commandant dans l'armée néerlandaise, a été assassiné par ses officiers, « par mesure de précaution ». Mais les Allemands, après l'expérience norvégienne, n'autorisent même pas le *Leider* du N.S.B. à prononcer un discours à la radio.

Le 19 mai, le Dr Seyss-Inquart est nommé commissaire du Reich pour les Territoires néerlandais occupés. Il va jouer le même rôle à La Haye que Terboven à Oslo. Il rédige un appel à la population néerlandaise, directement inspiré par Hitler lui-même, qui voudrait voir les Pays-Bas « réintégrer la communauté germanique », sans faire pourtant appel aux politiciens locaux du N.S.B., mouvement qu'il juge « trop voyant et compromis ». C'est plutôt dans les classes bourgeoises traditionnelles que les Allemands espèrent trouver des collaborateurs — surtout économiques, d'ailleurs. Seiss-Inquart ne désespère même pas de rallier les six partis politiques parlementaires..., en leur promettant de ne pas faire appel à Mussert. On va voir se créer une éphémère « Union néerlandaise », qui regroupera près d'un million d'adhérents, s'opposera rapidement à toute tentative de germanisation, et sera dissoute.

Le 5 juin 1940, Mussert parvient enfin à rencontrer Seyss-Inquart. Le commisaire du Reich le juge comme un « nationaliste libéral », qui se méfie de l'Allemagne; il jouera donc le rôle de potiche. On commence donc à recruter des S.S. hollandais sans lui demander son avis. Le 9 juin, l'Obergruppenführer Gottlob Berger, grand sergent recruteur de la Waffen S.S., se rend lui-même aux Pays-Bas. Il n'a pas de mal à trouver quelques centaines de volontaires, dont le propre chef de la garde personnelle de Mussert : Heindrik Feldmeyer.

Le chef du N.S.B., ne pouvant empêcher ses militants de s'engager dans la S.S., feint de les approuver. En revanche, il espère être reconnu comme chef d'un quelconque « Conseil d'État » qui pourrait discuter avec les Allemands. Accompagné de Van Geelkerken et de Van Tonningen, les deux ultras de son mouvement, il se rend à Berlin le 22 septembre 1940 où une entrevue avec Adolf Hitler ne donne pas grand-chose. Le Führer déclare simplement aux trois Néerlandais :

— C'est en Hollande comme en Norvège que vivent les meilleurs représentants de la race germanique.

Paroles qui ne l'engagent pas à beaucoup, même pas à garantir l'autonomie néerlandaise. Désormais, aux Pays-Bas, dans le N.S.B. enfin promu parti unique, ne vont cesser de s'opposer modérés et extrémistes, c'est-à-dire fascistes bourgeois hollandais et nationaux-socialistes germaniques. Mussert sera un jour nommé « *Leider* du peuple hollandais », mais sans aucun pouvoir réel.

Dès le 25 mai, la création du régiment *Westland* a été décidée. La campagne de recrutement ne commence vraiment qu'une quinzaine de jours plus tard, après la visite de Berger. Tandis que se poursuivent les hostilités contre la France, les premiers volontaires se présentent dans les bureaux d'engagement.

Tout apparaît assez flou dans ce recrutement. En cette époque du pacte germano-soviétique, il n'est certes pas encore question de lutter contre le bolchevisme. Les jeunes Hollandais qui s'engagent dans la S.S. croient qu'ils vont faire un stage sportif ou rejoindre une formation policière. Certains considèrent leur incorporation comme une occasion de faire un voyage touristique, de porter un uniforme seyant, de séduire les filles... C'est du moins ce que leur ont promis les premiers recruteurs, leurs compatriotes Spreij et Köhler, qui animent une section sportive du N.S.B. et n'ont pas hésité à employer les arguments les plus démagogiques pour séduire les éventuels candidats à la Waffen S.S.

Les volontaires hollandais sont dirigés, au nombre de plusieurs centaines, vers la caserne Freimann, à Munich, où ils doivent être incorporés dans le même régiment que leurs camarades flamands.

Si la reine Wilhelmine a réussi à gagner l'Angleterre, le roi des Belges Léopold III est resté sur le territoire national, après avoir ordonné à ses troupes de déposer les armes, le 28 mai 1940, après moins de trois semaines de combat. Ce geste scandalise les Alliés franco-britanniques, mais le souverain n'adopte pas une attitude collaborationniste pour autant. Il s'enferme dans la solitude de son château de Laeken, se considérant comme prisonnier de guerre. Ce qui ne l'empêchera pas de se remarier à l'automne 1941.

Ce roi sans couronne n'est même plus un symbole pour un

pays profondément divisé entre deux communautés. Les Allemands n'ont certes pas provoqué le fossé qui se creuse alors plus que jamais entre Flamands et Wallons. Ils ne font que de le constater et d'en tirer parti pour essayer de gagner à la « communauté germanique » la population de langue néerlandaise.

Les francophones ne savent pas trop quel sort leur sera réservé dans la nouvelle Europe, dominée par l'hégémonie allemande. Et le chef du mouvement *rexiste*, Léon Degrelle, miraculeusement rescapé des prisons françaises après avoir été le plus jeune dirigeant fasciste d'Europe, hésite encore à se lancer dans une politique de collaboration.

La captivité volontaire et orgueilleuse du souverain laisse le champ libre aux Flamands pour se détacher du royaume et prendre une revanche historique qu'ils ont certes méritée.

De leur ressentiment contre l'État belge unitaire, de leur tradition militante de combat pour leur langue, leur peuple et leur patrie, va naître, dès le mois de mai 1940, un état d'esprit favorable à une entente avec la puissance victorieuse. Le problème a été le même dans d'autres « nations en devenir », elles aussi farouchement catholiques, où les curés de campagne ont été les guides du sursaut national. Dans la Slovaquie de Mgr Tiso, les Allemands sont devenus les alliés objectifs, comme le seront les Italiens pour la Croatie du Dr Ante Pavelitch. Il y a une opportunité historique à saisir selon le vieux principe : « Les ennemis de nos ennemis sont nos amis. » Les Irlandais l'avaient compris avant tout le monde en se soulevant en pleine guerre 14-18 contre l'oppresseur anglais, tandis qu'à la même époque les Tchèques formaient une légion en France pour lutter contre la monarchie austro-hongroise.

Les Allemands sont donc, pour certains Flamands, des alliés naturels. Dès l'autre guerre, le vieux Pr Borms a conseillé un éphémère Conseil des Flandres, ce qui lui a valu d'être condamné à mort. Gracié, il a été triomphalement élu député d'Anvers alors qu'il se trouvait encore en prison. Du « traître », ses compatriotes ont fait un « martyr ». Comme lui, beaucoup d'intellectuels flamands avant la guerre ne cachent pas leur sympathie pour l'Allemagne, qu'elle soit ou non nationale-socialiste. C'est le cas de Ward Hermans le député de Malines, de l'abbé Cyriel Verschaeve, grand poète lyrique et curé de campagne, du professeur de philologie Jef Van de Wiele, qui anime une revue : *De Vlag,* ce qui veut dire en néerlandais « Le Drapeau », mais est aussi les initiales de *Duitschen-Vlaamsche Arbeidgemeenschap,* « Communauté de travail germano-flamande ».

Dès le lendemain de la Grande Guerre, il s'est créé en Flandre un mouvement *frontiste* qui regroupe les anciens soldats flamands révoltés contre la francophonie officielle de l'État belge.

Du mouvement frontiste, va naître tout naturellement le V.N.V. ou *Vlaamse Nationaal Verbond,* Union nationale flamande, qu'anime l'instituteur Staf de Clercq. Cet homme de petite taille à la barbe en broussaille et au verbe haut jouit d'une incontestable popularité en Flandre, où plus de douze pour cent du corps électoral vont envoyer à la Chambre belge dix-sept députés V.N.V. à la veille de la guerre.

Pour Staf de Clercq et ses compagnons, il n'y a pas d'autre alternative que la destruction de l'État unitaire belge et la création d'une nation, dite « thioise », de langue néerlandaise, regroupant, en un même État, la Flandre et la Hollande. Le mouvement possède son journal : *Volk en Staat,* sa milice en chemise grise, son cri de guerre *Houzee!* (« Tiens la mer! »), emprunté au temps de la résistance contre les Espagnols, et un drapeau orange avec un cercle blanc où un triangle bleu symbolise le delta des trois fleuves de l'Escaut, de la Meuse et du Rhin. Le *Leider* Staf de Clercq est trop traditionaliste pour être véritablement tenté par le national-socialisme, mais il accepte que ses partisans le saluent bras tendu et il n'hésite pas à déclarer en public, lors d'un des innombrables rassemblements de masse du V.N.V., où les prêtres et les instituteurs de campagne sont nombreux :

— Nous autres Flamands, nous appartenons au front germanique... Et nous devons plus que tout espérer le soutien de l'Allemagne.

Très différent du populaire V.N.V., apparaît un mouvement concurrent qui a été fondé dès 1931 et prétend recréer une aristocratie politique capable de restaurer les anciennes dix-sept provinces des Pays-Bas — comprenant non seulement les pays de langue néerlandaise, de la Frise au Westoek, mais aussi ceux de langue française, comme la Wallonie, ou de langue allemande, comme le Luxembourg. Ce mouvement se nomme le *Verbond van Dietsche Nationaal-Solidaristen,* « Union des nationaux-solidaristes thiois », en abrégé *Verdinaso.* Son *Leider* est Joris Van Severen.

Cet homme brun, au visage émacié et aux cheveux ras qui lui donnent l'allure d'un moine inquisiteur, est un ancien officier de l'armée belge en 14-18. Il a milité dans le parti frontiste et a même été élu député. Mais il se détache du combat parlementaire démocratique pour créer le *Verdinaso,* rejetant le nationalisme flamand pour une sorte d'impérialisme thiois, ce qui l'oppose presque automatiquement à toutes les prétentions allemandes et germaniques. Son étrange mouvement évoque l'ordre de chevalerie plus que le parti politique, et ses militants vont accomplir à travers toute la Flandre d'innombrables marches paramilitaires au son de hauts tambours de lansquenets. Malgré sa milice, ses chemises vertes, son style fasciste avec défilés, congrès « de masse », prestation de serment, malgré son nom même, le *Verdinaso* n'a que peu d'affinité avec le national-socialisme.

Pourtant, Joris Van Severen sera arrêté avec plusieurs de ses compagnons et sommairement abattu par des soldats français dans le centre d'Abbeville, le 20 mai 1940. Après cette tragique disparition, les anciens *Verdinasos* se sépareront entre collaborateurs, attentistes et résistants.

Le V.N.V., au contraire, fait bloc et Staf de Clercq prétend même que certains de ses membres, formant le groupe clandestin de la *Militaire Organisatie,* ont travaillé l'armée belge en faveur des Allemands. Il revendique ce titre de collaborateur et peut faire état de l'arrestation par les autorités belges d'un certain nombre de nationalistes flamands qui, livrés aux Français, ont été internés au camp du Vernet, dans le Midi. Dès le 9 juin, une douzaine de jours après la capitulation de l'armée belge, Staf de Clercq prend contact avec les Allemands et annonce qu'il met les trente mille membres du V.N.V. à la disposition du Reich germanique. Il ne veut pas être débordé par plus nazi que lui. Et il n'en manque pas en Flandre. A commencer par Jef Van de Wiele et ses amis de *De Vlag,* ou par les ultras de la *Zwarte Brigade,* la milice du V.N.V., conduite par le député Reimund Tollenaere.

Plus que tout, Staf de Clercq craint la concurrence de la S.S., que ce soit dans sa branche politique ou sous sa forme militaire de Waffen S.S. Il n'a pas tellement tort de se méfier...

Dès le 25 septembre 1940, un avocat d'Anvers, René Lagrou, qui vient de sortir du camp d'internement du Vernet, réunit quelques amis dans la salle *Elckerlyc* à Gand et s'affirme comme le premier sergent recruteur flamand pour la Waffen S.S. Il n'a pas choisi Gand par hasard. La vieille ville, dominée par la sombre silhouette massive du château des comtes de Flandre, a toujours été un bastion de l'activisme thiois. Et Lagrou sait pouvoir compter sur l'appui de Jef François, ancien officier de marine marchande, chef de la milice du *Verdinaso*, qui a choisi la voie de la collaboration depuis l'assassinat de son chef. Son apport sera encore fort utile pour organiser une réunion à la salle *Gruter* à Anvers.

Plus de quatre cent cinquante Flamands acceptent de s'engager dans la Waffen S.S. Les conseils de révision, particulièrement exigeants, n'en retiendront que quarante-cinq. Même pas dix pour cent...

Cette sévérité des bureaux d'engagement S.S. peut s'interpréter comme une marque de défiance envers les Flamands, jugés peut-être trop « méridionaux » ou surtout trop nationalistes et trop catholiques. Peu d'entre eux sont disposés, comme leur maître spirituel, l'abbé Verschaeve, à voir « la Flandre germanique féconder de son riche héritage la communauté de la Grande Allemagne ». Les volontaires flamands sont peut-être plus réservés que ce prêtre qui ne cache pas sa préférence pour la solution de l'annexion pure et simple. De nouveaux volontaires parviennent pourtant à franchir le barrage des commissions de recrutement.

Le 27 septembre 1940, les premiers engagés flamands de la Waffen S.S. se rendent à La Haye, aux Pays-Bas, où ils vont rencontrer leur compatriote Ward Hermans, l'ancien député de Malines, lui aussi interné naguère au camp du Vernet, avec René Lagrou auquel il est d'ailleurs apparenté.

Les Flamands souhaitent former une unité « thioise » avec leurs camarades hollandais, d'ailleurs beaucoup plus nombreux qu'eux.

Les deux contingents sont aussitôt dirigés vers Munich, où ils doivent rejoindre le régiment *Westland*, alors en formation.

Les Flamands sont de loin les moins nombreux et ont conscience de faire partie d'un peuple qui n'est pas encore une nation. Plus de la moitié d'entre eux sont des étudiants et des collégiens, très marqués par les mouvements de jeunesse dont ils ont fait partie. Ils semblent ne pas s'accommoder des ambiguïtés de la politique allemande en Belgique, dont le flou autorise toutes les illusions et toutes les rancœurs. Ce sont de rudes gaillards, d'une brutalité et d'une truculence inchangées depuis les siècles d'or de Tyl Ulenspiegel. Ce qui ne les empêche pas d'être peut-être les plus idéalistes, donc les plus exigeants, parmi tous les volontaires germaniques.

Malgré la parenté thioise, les Flamands se découvrent assez différents de leurs « frères de race » hollandais, qui sont près d'un millier et se font d'emblée remarquer par un particularisme national poussé jusqu'au chauvinisme le plus excessif.

Égalitaires, chicaniers, rouspéteurs, ils vont stupéfier leurs instructeurs allemands, abasourdis de découvrir des Germains aussi différents des citoyens du Reich.

Beaucoup ne sont même pas membres du N.S.B. de Mussert et n'ont aucun idéal politique. Ils s'aperçoivent vite qu'ils se sont trompés en venant chercher « la belle vie » dans la Waffen S.S. et demandent à résilier leur engagement. Plus d'une centaine partiront ainsi, sans vouloir pousser plus loin l'expérience. Quelques-uns dissimulent leur déception derrière des prétextes politiques. Il n'est de secret pour personne que leur *Leider* n'approuve pas tellement le geste de ses compatriotes engagés ainsi dans la Waffen S.S. Ceux qui restent, conformistes dans le meilleur comme pour le pire, se donneront d'un bloc au camp choisi. Au combat, leurs défauts vont se muer en qualités farouches.

Tout comme Anton Mussert, Staf de Clercq craint de voir ses Flamands perdre leur personnalité nationale thioise. Il n'a pas tellement tort de s'inquiéter. Beaucoup d'instructeurs allemands de la caserne Freimann n'ont aucune expérience de la psychologie des volontaires germaniques. Plus encore que les Hollandais, les Flamands sont traités avec une brutalité qu'ils tolèrent mal et un mépris qu'ils ne tolèrent pas du tout.

Aussi est-ce avec un véritable soulagement qu'ils voient arriver deux visiteurs de marque. Le vieux professeur activiste Borms, avec sa barbiche, ses lorgnons et sa calotte de serge noire, est flanqué de son disciple le plus extrémiste, l'avocat Lagrou. Les volontaires vont pouvoir se plaindre à des compatriotes de la morgue méprisante de trop d'instructeurs allemands.

— Obtenez au moins qu'on ne nous traite plus jamais de Bohémiens...

Le Pr Borms et Me Lagrou obtiendront plus : le renvoi dans leurs foyers de quelques volontaires qui n'étaient venus à la Waffen S.S. que pour y faire de la politique et surtout la mutation des instructeurs les plus obtus.

Désormais, les Flamands, regroupés dans le 3e bataillon du Sturmbannführer Steinert, qui commande les 9e, 10e 11e et 12e compagnies du régiment *Westland,* n'auront plus de problème d'intégration.

Le commandeur du régiment, qui comprend également les bataillons Van Hadeln et Koeller, y veille particulièrement, selon les ordres reçus de l'état-major de la division *Wiking.* Ce colonel, Hialmar Wackerle, est le plus jeune des chefs de régiment et il n'a participé aux derniers combats de la Grande Guerre que de justesse, puisqu'il était encore, en 1917, jeune cadet bavarois. Il s'est rattrapé dans les corps francs. Plus qu'un officier de carrière, c'est, lui, un militant national-socialiste, qui a commandé dans le Wurtemberg une compagnie de S.S., peu après la prise du pouvoir. On le retrouvera chef de bataillon au régiment *Germania* à Hambourg, puis toujours chef de bataillon au régiment *Der Führer* à Klagenfurt. C'est à la tête de cette unité qu'il a été blessé, au mois de mai 1940, lors de l'attaque et de la rupture de la ligne fortifiée Grebbe. Son premier souci est d'opérer l'amalgame des Allemands, des Flamands et des Hollandais qui se trouvent sous ses ordres et de faire de *Westland* une solide unité de combat.

L'instruction politique des volontaires de la division *Wiking* consiste surtout à exalter la « fraternité germanique », notion quand même nouvelle pour des Hollandais ou des Flamands, dont le chauvinisme souvent ombrageux, se crispe, à toute idée d'annexion de leur patrie à la nation allemande. Pour donner plus de poids à leurs théories, les responsables S.S. ont l'idée de faire venir à la caserne Freimann de Munich un invité de marque. N'est-il pas citoyen d'un pays neutre et, de plus, mondialement connu? C'est l'explorateur suédois Sven Hedin.

En cette année 1940, il est déjà âgé de soixante-quinze ans, mais reste très alerte et plus fidèle que jamais aux convictions pangermanistes qu'il avait déjà manifestées lors de la Première Guerre mondiale. Pour cet homme qui a voyagé naguère dans les déserts de l'Asie, au Turkestan comme au Tibet, il existe dans le monde une communauté nordique de peuples aventureux, héritiers des Vikings, et dont les Allemands ne sauraient être les seuls héritiers, même s'ils sont les plus nombreux. Le grand savant suédois, au regard très clair derrière son lorgnon démodé, fait une grande impression sur les volontaires néerlandais. Même s'ils ne comprennent pas beaucoup les détails de son discours, ils se sentent flattés d'une telle visite.

La présence de Sven Hedin dans la caserne munichoise de la Waffen S.S. annonce-t-elle l'engagement de quelques-uns de ses compatriotes? Les Allemands l'espèrent sans trop y compter. Dans le nord de l'Europe, la Suède a réussi à préserver sa neutralité dans ce conflit. L'opinion publique reste, dans son ensemble, favorable à l'Angleterre et les partisans de l'Allemagne ont beaucoup de mal à se faire entendre en cette année 1940. Hitler n'a-t-il pas signé avec Staline un pacte de non-agression qui a favorisé l'attaque contre la Finlande? Et les Suédois ont été totalement de cœur avec les Finlandais pendant la guerre d'hiver. Il leur ont même envoyé des volontaires qui se sont battus sur le front de Carélie. Aussi, les germanophiles doivent-ils se contenter de couplets neutralistes assez lénifiants.

Quant aux partis nationaux-socialistes, ils sont d'autant plus rejetés par les citoyens d'un très démocratique royaume qu'ils sont au nombre de deux dont la principale caractéristique est de se livrer une guerre sans merci. Rivalité de personnes : Birger Furugard a créé le *Svenska National Socialistika Partiet* (S.N.S.P.), tandis que Sven Olov Lindholm anime le *National Socialistika Arbeitar Partiet* (N.S.A.P.). Les deux mouvements, très groupusculaires, vont de scissions en réconciliations.

A la veille de la guerre, Lindholm anime le S.S.S. ou *Svensk Socialistisk Samling* qui regroupe quelques milliers de partisans qui ont adopté comme insigne la gerbe de Vasa et la croix gammée.

Ces militants qui paradent à la manière fasciste ne représentent pas grand-chose et le recrutement suédois pour la Waffen S.S. ne peut se faire que dans la clandestinité. Autant les volontaires ont été nombreux pour se battre en Finlande, autant ils ne seront cette fois que quelques dizaines, entraînés par le capitaine Schmiterlew. Ils rejoignent le régiment *Nord-*

land, et la propagande se gardera de trop attirer l'attention sur leur cas, pour ne pas provoquer de réactions du gouvernement suédois qui tolère de moins en moins les activités semi-clandestines du S.S.S. de Sven Olov Lindholm.

Plus nombreux sont les volontaires qui vont venir de la Suisse alémanique. La Confédération helvétique est certes un pays neutre, mais le mouvement de fidélité au *Volkstum* germanique y a rencontré certains échos. Sans souci des droits constitutionnels, les autorités ont prononcé la dissolution de la N.B.S. ou *Nationale Bewegung der Schweiz*, le 19 novembre 1940. Ses dirigeants ont été imprudents et ont parfois préféré l'agitation à l'organisation. On les a accusés d'espionnage. Tout au moins d'atteinte à la sacro-sainte neutralité suisse. Il est vrai que des hommes comme Oehler, le major Leonhardt, Max Leo Keller ou le Dr Michel n'ont jamais caché leurs sentiments en faveur de l'*Anschluss*. Le mouvement ne tarde pas à se reconstituer clandestinement, sous le couvert d'une société d'escrime, dont quelques membres vont se rendre en Allemagne, à Feldkirch, du 15 au 21 mars 1941, soi-disant pour participer à une rencontre sportive. En réalité, leurs chefs, l'avocat Büeler et le lieutenant Maag, vont surtout présenter leurs hommes à leur compatriote le Dr Franz Riedweg, premier S.S. suisse et chef d'état-major de la *Germanische Leitstelle*.

On convient de faire passer la frontière à un certain nombre de volontaires suisses. Ceux qui arriveront à rejoindre l'Allemagne seront hébergés à la *Panoramaheim*, un centre d'accueil de Stuttgart, puis dirigés vers une formation combattante de la Waffen S.S.

Les disputes n'ont pas cessé pour autant entre les dirigeants de ce qu'on appelle en Suisse le mouvement « réformateur » pour ne pas dire « national-socialiste ». Si Max Leo Keller considère la Suisse alémanique comme un pays germanique qui doit conserver sa personnalité au sein du Reich, son rival Franz Burri, plus raciste que les S.S. eux-mêmes, qui soutiennent que la Suisse n'est pas un pays allemand, mais seulement germanique, proclame : « La population suisse de langue allemande n'est pas une nation, elle n'est qu'une partie du peuple allemand. »

Burri fonde alors clandestinement le N.S.B.S., *National-*

Sozialistische Bewegung in der Schweiz, rival de la non moins clandestine N.B.S. Avec son camarade le major Leonhardt, il espère former une légion suisse de la Waffen S.S. Seulement, Adolf Hitler ne veut pas de problème avec la Suisse, dont la neutralité entre dans ses vues. Alors, Heinrich Himmler a l ordre d'annuler le projet. Les Suisses alémaniques serviront dans la Waffen S.S. à titre individuel, répartis par petits groupes dans diverses unités comme la division *Totenkopf* ou la division *Wiking* [1].

Le 10 juin 1941, une vague d'arrestations va s'abattre sur les nationaux-socialistes suisses. On en comptera une centaine dont celles de cinq Allemands, en général diplomates, et tous accusés d'avoir encouragé les activités subversives des organisations suisses illégales. Ceux qui seront mis par la suite en liberté provisoire vont passer clandestinement en Allemagne.

Le communiqué officiel annonçant le « coup de filet » contre les nationaux-socialistes suisses fera d'autant moins de bruit qu'il sera publié le 22 juin 1941, jour même de l'entrée en guerre de l'Allemagne contre l'Union soviétique.

1. L'Obersturmbannführer Hersche et l'Obersturmführer Büeler, tous deux de nationalité suisse, serviront dans la division française *Charlemagne.*

6.

« Organisez une division de haute valeur militaire. Et rendez-la opérationnelle dans les meilleurs délais. » Telle est pratiquement la seule consigne que reçoit le Brigadeführer Felix Steiner en cette fin d'année 1940. Il apprend en même temps que la nouvelle division de la Waffen S.S. sera ouverte aux « volontaires germaniques » et qu'il est prévu de faire appel à des engagés appartenant à huit nationalités. Cette division prendra le nom de *Wiking* — après s'être appelée quelques semaines *Germania* — et choisit comme insigne la roue solaire à quatre branches — motif figurant sur les pierres runiques de Scandinavie. Les volontaires sont des Allemands, des Danois, des Norvégiens, des Suédois, des Hollandais, des Flamands, des Suisses alémaniques et bientôt des Finlandais. Les Allemands, par ailleurs, ne sont pas tous citoyens du Reich, mais proviennent en grand nombre des minorités de Yougoslavie, de Roumanie, de Hongrie ou de Pologne. Certains volontaires de cette communauté *volksdeutsche* ne parlent même plus couramment la langue de leurs ancêtres.

Chaque contingent national est d'importance très variable, qualitativement et numériquement [1]. Aussi n'est-il pas question

1. Il n'existe en ce domaine que des statistiques partielles, d'autant plus difficiles à établir que certains volontaires, notamment ceux des pays neutres, ne font pas état de leur nationalité d'origine. En septembre 1941, après les combats de l'été ukrainien et les lourdes pertes déjà subies par la division *Wiking*, on compte parmi l'effectif combattant : 821 Hollandais, 291 Norvégiens, 251 Danois, 45 Flamands et 8 Suédois. Les Suisses alémaniques ont été recensés comme Allemands, ainsi que tous les volontaires qui appartiennent à la communauté *volksdeutsche*.

de constituer des unités nationales. Simplement, les Scandinaves sont dirigés sur le régiment *Nordland* et les Néerlandais, qui se nomment aussi « Thiois », sur le régiment *Westland.* Aux commandeurs de ces unités de se débrouiller.

Le jeu des mutations ne fera qu'accroître par la suite le caractère international totalement « intégré » de la division *Wiking.* Les volontaires s'engagent bien plus à titre individuel que comme délégués de tel ou tel État qualifié de germanique. Pour Felix Steiner, sa division aux huit nationalités forme une unité. Indissoluble. Et non pas un rassemblement de petites légions nationales [1].

Cela pose d'abord un problème linguistique. Ces Germains parlent une demi-douzaine de langues différentes. Ils continueront librement à les employer entre eux, mais la langue de communication et de commandement sera l'allemand. Le premier obstacle à vaincre est d'ailleurs de nature plus scolaire que sentimentale : qu'il faille employer la même langue au combat apparaît si évident qu'aucun étranger ne saurait y voir quelque manœuvre politique. Comprendre l'allemand dans les tranchées du front sera tout simplement, un jour, une question de vie ou de mort.

En prenant le commandement de la division *Wiking,* le Brigadeführer Steiner récupère un régiment d'infanterie qui est détaché de la *Verfügungsdivision.* Caserné avant la guerre en Allemagne du Nord, à Hambourg, c'est avec le régiment *Deutschland,* qu'a commandé naguère Steiner lui-même, une des plus vieilles et des plus solides unités de la S.S. en armes. Certains de ses soldats et de ses cadres y servent depuis déjà une demi-douzaine d'années. Ils sont formés à la rude école du temps de paix et ils ont subi l'épreuve de la guerre.

Le régiment *Germania,* en réserve pendant la campagne de Pologne, se trouve en pointe lors de la bataille de mai et de

1. Cette disposition initiale sera modifiée par la suite, notamment pour des raisons linguistiques. Le IIIe bataillon de *Nordland* sera entièrement finlandais, avec des cadres mixtes finno-allemands. Il en sera de même pour le bataillon balte *Narwa,* composé de volontaires estoniens. Quant à la brigade d'assaut *S.S. Wallonie,* elle sera intégrée en 1943 à la division *Wiking,* en gardant son encadrement belge et sa totale autonomie.

juin 1940, qui l'a mené des canaux de Hollande à la frontière espagnole. Ce sera l'unité sur laquelle va s'appuyer Steiner et qui servira de modèle aux deux autres régiments d'infanterie de la division. Sans cesse, pour l'instruction comme au combat, *Nordland* et *Westland*, auront à suivre l'exemple de *Germania*.

Le régiment est commandé par le Standartenführer von Oberkamp, qui appartient à la noblesse et porte le titre de Reichsritter ou chevalier d'Empire. C'est un homme au visage massif et à la lourde stature. Pourtant, il fut hussard pendant la Première Guerre mondiale, puis commandant d'une compagnie de chasseurs de montagne dans la Reichswehr, avant d'entrer dans la *S.S. Verfügungstruppe*, comme beaucoup d'officiers de carrière. Sportif, infatigable marcheur, énergique, c'est un bon fantassin. Il hérite du seul régiment de la division qui ait déjà subi l'épreuve du feu et il a bien l'intention de mener énergiquement ses trois chefs de bataillon : Dieckmann, Jörchel et Braun.

On trouve aussi à *Germania* des Scandinaves et des Néerlandais, un peu isolés au milieu des Allemands de la seule unité dont les traditions remontent à la période d'avant-guerre.

Très rapidement, les trois régiments d'infanterie de la division *Wiking* doivent se ressembler, tant par le recrutement que par la valeur militaire. A *Germania*, les anciens seront de moins en moins nombreux et remplacés par de très jeunes engagés volontaires allemands, que rien ne distingue de leurs camarades germaniques.

Nordland, *Westland* et *Germania* ont exactement la même structure : un état-major, trois bataillons, à quatre compagnies de combat chacun [1], et trois compagnies régimentaires. La 13e est celle des canons légers d'infanterie, la 14e des canons antichars PAK et la 15e des chasseurs motocyclistes. La 4e compagnie de chaque bataillon (4e, 8e et 12e) est une compagnie lourde de mortiers et de mitrailleuses.

Chaque régiment d'infanterie regroupe environ trois mille hommes et représente une puissance de feu considérable. Le seul problème sérieux de cette infanterie motorisée reste justement la motorisation. On manque de camions, et il faudra que les

1. Les bataillons sont numérotés I, II et III. Les numéros de compagnies se suivent de l'un à l'autre. Au I : 1re, 2e, 3e et 4e. Au II : 5e, 6e, 7e et 8e. Au III : 9e, 10e, 11e et 12e.

fantassins de la division *Wiking* comptent beaucoup sur leurs jambes... Aussi la marche constitue le « pain quotidien » de l'entraînement des fusiliers et des mitrailleurs.

Fidèle à ses conceptions sur l'instruction militaire, Felix Steiner veut d'abord réunir des sportifs. Il attache une importance capitale à la formation individuelle du soldat. Moins que jamais, le Commandeur croit qu'on peut appliquer à une troupe aussi hétérogène — et dont la première qualité est le volontariat — les vieilles méthodes du dressage « à la prussienne ».

Dès le début de l'année 1941, le Commandeur s'est installé avec son état-major à Munich. Il retrouve, non sans plaisir, la cité bavaroise où il a vécu avant la guerre. C'est toujours la capitale du mouvement national-socialiste. Les souvenirs politiques s'estompent d'ailleurs de plus en plus devant les nécessités militaires. La première tâche du Brigadeführer Steiner est de mettre sur pied une grande unité opérationnelle de près de vingt mille hommes. Son premier chef d'état-major sera un chef de bataillon, le Sturmbannführer Ecke, qui a été auparavant officier de liaison de la Waffen S.S. au quartier général du Führer.

Très rapidement les différents services s'installent et s'organisent. Les unités sont dispersées entre les cantonnements de plusieurs grandes villes allemandes : Munich, Vienne, Klagenfurt, Dresde, Nuremberg et même Berlin. Chaque bataillon vit d'une manière un peu autonome et les commandeurs de régiments ont fort à faire pour inspecter les troupes placées sous leurs ordres. Le matériel lourd manque, surtout les canons et les camions. Mais, dans une atmosphère d'improvisation et d'enthousiasme, la première unité de volontaires germaniques se constitue.

L'infanterie ne pourrait briser la résistance ennemie sans le soutien de l'artillerie. Le quatrième régiment de la division *Wiking* n'est pas le moins important ni son chef le moins populaire. Le Standartenführer Herbert Otto Gille est de la même génération que les autres colonels de la division. Né à Gadersheim, dans la région du Harz, il n'avait que dix-huit ans en 1915, quand il se battait déjà comme officier d'artillerie dans une batterie de l'armée impériale. Il a fait partie de cette équipe d'officiers d'active entraînés dans les *S.S. Verfügungstruppe* par l'exemple d'un Hausser ou d'un Steiner. Cet artilleur est alors devenu fantassin — une expérience qui lui servira. Chef de compagnie, puis de bataillon, il a retrouvé des canons dès qu'un régiment d'artillerie S.S. a été constitué. Un des rares officiers de la division *Wiking* à porter des lunettes, il garde une allure un peu surprenante qui évoque l'officier « polytechnicien », avec un crâne dégarni, un regard de myope, un nez pointu et des lèvres minces. On apprendra vite à connaître son inflexible volonté et un sens militaire qui font de lui tout autant un officier de troupe, partageant la vie quotidienne de ses canonniers, qu'un cerveau d'état-major, un homme de chiffres et de calcul. Dans cette division d'infanterie, le Standartenführer Gille va vite apparaître comme l'homme indispensable, celui que tout semble désigné pour succéder un jour à son Commandeur. Son régiment d'artillerie comprend quatre groupes de douze pièces de 105 ou de 150.

Aucune des autres unités de la division ne dépasse l'importance d'un bataillon. La plus célèbre sera vite le groupe de reconnaissance, placé sous les ordres d'un simple capitaine, Le Hauptsturmführer Freiherr (baron) Hans Albin von Reitzenstein. Cet aristocrate à la silhouette d'officier de cavalerie commande une impressionnante armada de motocyclettes, de side-cars, de voitures tout-terrain, d'automitrailleuses qui constituent pour le moment la seule force un peu blindée de la division. Von Reitzenstein sert depuis 1933 dans la S.S. où il a été un des premiers engagés de la célèbre *Leibstandarte Adolf Hitler*. Il sera l'œil et le poing de la division *Wiking*. De quoi remplir d'une sauvage ivresse ce commandant qui n'a pas trente ans et représente la jeune génération des officiers S.S., élevés dans le sérail de l'Ordre noir. Il n'a jamais connu d'autres horizons que la caserne, le champ de manœuvre et la guerre.

Plus âgé est le Sturmbannführer Maack, chef du bataillon de PAK, à qui incombe la dure mission de lutter contre les chars. C'est un ancien combattant de la Grande Guerre qui ne s'est jamais satisfait de la vie civile et a repris du service à la première occasion.

Le bataillon du génie est commandé par le Sturmbannführer Klein, lui aussi ancien de l'armée impériale pendant la Première

Guerre mondiale et ancien de la Reichswehr au temps de la république de Weimar.

Le Sturmbannführer Kemper a sous ses ordres le bataillon de transmissions. Le caractère particulier de la division germanique exige que parmi les hommes de la radio et du téléphone servent des interprètes de toutes les langues parlées par les volontaires. L'unité évoque un peu les couloirs de l'école Berlitz. Et les transmetteurs vont vite devenir les plus débrouillards de toute la division.

Quant aux services médicaux, ils sont sous les ordres du Sturmbannführer Dr Unbehaun. Il sait que dans les mois à venir médecins et infirmiers auront la plus lourde des besognes.

L'entraînement commence aussitôt, dans les casernes de Munich, de Klagenfurt ou de Vienne, sur un rythme qui serait insoutenable par d'autres que par des volontaires, obsédés par l'idée de « tenir le coup », quelle que soit la fatigue.

Le premier visage de la Waffen S.S., pour tous les engagés de la division *Wiking*, c'est avant tout celui de leur *Spiess*, ainsi que l'on nomme en argot militaire allemand ce personnage, indispensable et parfois pittoresque, qu'est le tout-puissant adjudant de compagnie.

Leur carnet à couverture de moleskine noire glissé réglementairement entre deux boutons de la vareuse feldgrau, ces *Spiess* portent en général le grade d'Oberscharführer ou de Hauptscharführer. Ils savent que l'efficacité de toute armée se mesure à la valeur de son corps de sous-officiers et mènent les volontaires à un train d'enfer. Ils ont l'expérience du feu et portent souvent, à côté du ruban de la Croix de fer, la médaille des blessés ou l'insigne d'assaut de l'infanterie. N'avoir guère plus de vingt ans et être déjà un ancien combattant de Pologne, de Hollande ou de France, voilà qui les remplit d'une joie sauvage. Ils se veulent les plus fiers d'un peuple fier et les plus durs d'une dure armée. Jamais on ne vit soldats porter plus haut leur orgueil.

Admettre des « étrangers » dans une telle cohorte est une faveur réservée aux plus braves et aux plus fidèles. Cela, on le fait sentir d'emblée aux volontaires — ne serait-ce qu'en refusant la moitié lors de l'incorporation et en pratiquant une impitoyable sélection par la suite. En échange, la camaraderie la plus absolue devient la règle d'acier de cette étrange communauté de guerriers surgie de huit nations.

Il fait encore nuit quand le coup de sifflet du rassemblement déchire l'air dans la cour déserte. Les recrues dégringolent en trombe les escaliers et s'alignent aussitôt.

— Pas assez vite. On recommence, dit seulement le sous-officier de jour.

Il faut remonter aussi vite les marches qu'elles ont été descendues. Nouveau coup de sifflet, nouveau rassemblement. Et ça recommence. Deux fois, trois fois...

— Rien de meilleur pour le souffle, constate simplement le gradé de service. Et maintenant on va passer aux choses sérieuses.

Au début, l'entraînement des régiments *Westland* et *Nordland* n'a rien de très militaire. Sports, marche, école de chant, piscine. Il règne une atmosphère de colonie de vacances à la discipline féroce. Pendant des heures, se déroulent les manœuvres en ordre serré. Obtenir le parfait automatisme des réflexes devient une hantise.

Une seule recherche : la réaction au quart de seconde. Le souci de la perfection aussi. Rien n'est jamais assez bien pour l'adjudant de compagnie, le *Spiess*. Chaque inspection de chambrée se termine par des lits basculés et des armoires vidées. Et, dans tout ce désordre, il faut vite récupérer son bien pour présenter quelques minutes plus tard tout son matériel, voué sans doute à nouveau au même cyclone dévastateur.

Les journées se passent vite, à un rythme qui semble chaque jour un peu plus accéléré. Les repas, d'une rare frugalité, font vite tomber les kilos. Le soir, épuisés, les volontaires germaniques se laissent tomber sur leur matelas de paille. A peine endormis, des coups de sifflet les réveillent. Marche de nuit!

Après quelques heures de sommeil, c'est le vrai réveil et une nouvelle journée qui commence. Rassemblement. Pas assez rapide. On remet ça. Ça va mieux. On y va. En route pour le terrain d'exercice.

Les compagnies traversent au pas cadencé des faubourgs endormis. Les lourdes bottes sonnent sur les pavés. Volets clos. Odeur de ferme paisible. Dans la campagne, à l'approche de l'aurore, des écharpes de brume s'effilochent aux branches des arbres. L'hiver n'est pas fini. Il fait très froid. Les talons ferrés cassent la glace dans les ornières. Les chants résonnent loin dans tout ce silence campagnard.

Voici les champs couverts de gelée blanche. Apprendre à se servir du moindre repli de terrain. Courir, se jeter à terre, bondir, reprendre la course pour quelques mètres. Les instructeurs donnent la cadence, de plus en plus accélérée :

— Couché, debout, couché, debout...

Comme le froid pince en ce mois de février! Quelques plaques de neige sale luisent encore dans les champs. C'est sûrement là où l'instructeur emmènera ramper les élèves soldats.

Monotonie des exercices. De plus en plus durs. Et puis vient le moment où le corps se plie à la seule volonté. Tout devient habitude. Réflexe.

Arrive bientôt le moment où seront distribués les fusils. Désormais le pas est franchi. C'est peut-être à cet instant précis que l'on devient soldat, en tendant la main vers l'armurier de la compagnie qui vous confie le Mauser K. 98 k.

— Le fusil, c'est la « fiancée » du soldat, ricane le *Spiess*.

Une fiancée qu'il faut entretenir, démonter, nettoyer, graisser, entourer de mille soins affectueux. Bien se persuader que sa vie un jour tiendra à son arme.

Vient le matin où, au chant du coq, les volontaires germaniques se rendent enfin au stand de tir. Pour la première fois, ils vont ouvrir le feu. D'abord sur des cibles, puis sur des silhouettes de carton dispersées dans la campagne.

Les Allemands, qui ont tous servi dans la Jeunesse hitlérienne, se sont déjà entraînés avec des fusils de petit calibre à air comprimé, mais, pour les Scandinaves ou les Néerlandais, c'est une révélation. Le tir devient l'image même de la guerre. Quelle guerre? Quel adversaire? En cette approche du printemps 1941, ils n'en savent rien et ne s'en soucient pas. La lutte se poursuit entre l'Allemagne et l'Angleterre; cependant, il semble de moins en moins probable que les forces du Reich parviennent à franchir la Manche. On parle d'opérations dans les Balkans. Mais la division *Wiking* n'est certes pas encore en état d'y participer. Alors l'adversaire contre lequel on se prépare frénétiquement doit être ailleurs. Peut-être plus loin vers l'Est...

Les semaines d'instruction se poursuivent. De nouveaux volontaires arrivent. Les premiers engagés des régiments *Westland* et *Nordland* font figure d'anciens. Maintenant que tout le monde a reçu l'instruction de fusilier, on commence à former des spécialistes, agents de liaison, transmetteurs, chasseurs motocyclistes, servants de mitrailleuses lourdes et de mortiers, chasseurs de chars, sapeurs. Les compagnies prennent un peu chacune leur visage particulier, à l'image de leur chef. Obersturmführer ou Hauptsturmführer, chaque lieutenant ou capitaine impose son style propre. Il y a les souriants et les fonceurs, les impassibles et les bouillants. Tous ont combattu en Pologne, en Hollande ou en France, aucun n'a plus de vingt-cinq ans, mais ils collectionnent déjà décorations et blessures. Peu à peu, ils se prennent au jeu de commander des volontaires germaniques et savent qu'ils peuvent tout demander à ces Scandinaves ou à ces Néerlandais. Après les frictions des premiers jours et quelques départs, tout maintenant « tourne rond ».

La division est entièrement motorisée. C'est dire que l'infanterie sera transportée en camions. Les véhicules seront précédés et guidés par des chasseurs motocyclistes, à bord de solos ou de side-cars : spécialité prestigieuse qui fait de ces garçons les « hussards » de la division et suscite bien des envieux. D'autant que lorsqu'ils stationnent à un carrefour, ils trouvent quand même le temps de bavarder avec quelque fille venue voir passer les colonnes de soldats.

Dans les compagnies de fusiliers, le service est certes plus ingrat et plus obscur. Les sous-officiers répètent toujours « La sueur épargne le sang » et à la fin des exercices, les hommes n'ont plus « un poil de sec ». Mais le dur métier rentre. Une seconde de retard, une tache de rouille, un bouton pas fermé, et ce sont des heures de « couché-debout » dans la poussière. Ordre de prendre les punitions avec le sourire. Et de revenir en chantant des corvées supplémentaires, tandis que l'on croise les camarades qui ont quartier libre.

Les semaines se passent. Chaque volontaire, formé comme un combattant individuel, a désormais appris à travailler en équipe. Il connaît la manœuvre de section ou de compagnie.

Dans ces mois d'instruction et d'attente, la division *Wiking* devient peu à peu un redoutable instrument militaire. Mais personne ne sait encore quel ennemi elle doit affronter. On peut dire que les volontaires sont instruits pour se battre « dans l'absolu », contre un adversaire qui n'est pas désigné autrement que par ce nom totalement abstrait : l'Ennemi.

C'est une atmosphère un peu étrange, un peu brumeuse, qui rend cette expérience singulière entre toutes. Aussi, la propagande insiste bien plus sur « la fraternité des peuples germaniques », « la communauté de destin nordique » ou « l'esprit guerrier de l'Europe », que sur la lutte à mener contre un adversaire grossièrement caricaturé. Il faudra attendre encore six mois, en juin 1941, pour que se développent tous les thèmes de « la croisade anti-bolchevique ». Ces slogans n'ont pas — et pour cause — été déterminants dans le mouvement qui a porté les volontaires germaniques à rejoindre la Waffen S.S.

Le Commandeur de la division en est d'autant plus conscient que son seul mot d'ordre politique est d'insister sans cesse sur l'esprit de communauté internationale de l'unité qu'il commande. Felix Steiner sait que c'est là l'originalité profonde, on pourrait dire le halo romantique, dont s'entoure la constitution d'une troupe de près de vingt mille combattants qui ne sera pas seulement un redoutable outil militaire. Le Commandeur de la division *Wiking*, qui n'est pas un littéraire, mais un officier choisi pour sa haute compétence technique, a pourtant compris quel puissant ressort moral pouvait tendre tant de jeunes énergies. Ce qu'il va donc développer, totalement, ce sera un fantastique esprit de corps. Les hommes qui servent dans la division sont désormais, avant d'être allemands, scandinaves ou néerlandais, des *Wikinger*... Il n'est peut-être que dans la Légion étrangère où le régiment puisse à ce point devenir une patrie. Mais les légionnaires ne sont en rien des « soldats politiques », alors que les volontaires germaniques le furent par la force des choses, pour le meilleur comme pour le pire.

Une telle intégration ne peut aller sans heurts. On peut appartenir à des pays qualifiés de « nordiques » et n'en avoir pas moins des tempéraments fort différents.

Les volontaires qui se sont engagés à la division *Wiking* sont d'origines diverses. Beaucoup ne sont même pas partisans du national-socialisme, dont ils ne connaissent pas grand-chose. Les Norvégiens, par exemple, ont signé un contrat de deux ans, et beaucoup de ceux qui ne seront pas tués au combat repartiront chez eux, au bout de leurs vingt-quatre mois. toute curiosité satisfaite et au-delà.

Certains ne sont que des aventuriers en quête d'émotions et d'exotisme, d'autres des combinards qui n'imaginent pas que leur engagement puisse un jour les conduire à affronter les dangers du front.

Ceux qui sont politisés sont souvent les plus réticents, dans la mesure où ils restent attachés à leurs chefs nationaux comme le *Förer* Quisling ou le *Leider* Mussert. Quelques-uns, séduits par l'idée du Grand Reich, se veulent plus Allemands que les Allemands. Ces partisans acharnés de l'*Anschluss* estiment que le Danemark comme la Hollande doivent être intégrés au Reich et devenir un simple *Gau* comme les autres. D'autres, les plus nombreux, tiennent à conserver leur particularisme. Ils acceptent l'idée d'un Reich — un empire — de tous les Germains, une sorte de grande fédération continentale, mais ils refusent la boulimie de la nation allemande.

Tout naturellement, par simple réalisme, les volontaires sont convaincus des différences historiques accumulées par les siècles entre tous les Germains, même s'ils ne nient pas une lointaine origine commune. Pour un Norvégien et même pour un Hollandais, un Allemand fait partie d'une communauté nationale très différente dont le séparent la langue, l'évolution historique, le tempérament, le récent passé politique et tant d'autres réalités. Le souvenir de l'empire de Charles Quint ou du monde des Vikings ne peuvent pas grand-chose contre cette constatation, même si l'idéologie nordique reste un des thèmes constants de la propagande S.S., mise à la mode du jour dans des journaux en langues étrangères : *De S.S. Man* pour les Flamands, *Germaneren* pour les Norvégiens, ou *Storm S.S.* pour les Hollandais...

Ce qui va compter beaucoup plus — et cela Felix Steiner l'a tout de suite compris —, c'est l'éternelle réalité guerrière de la fraternité d'armes. Ce que le Commandeur de la division *Wiking* peut résumer en une formule simple qu'il aime à répéter aux officiers de son état-major :

– Ce n'est pas parce qu'ils ont les mêmes idées qu'ils se

battront ensemble; c'est parce qu'ils se battront ensemble qu'ils auront les mêmes idées.

Ces idées ne vont d'ailleurs guère au-delà d'un réflexe instinctif de camaraderie, dans une unité d'élite où tous vont prêter ensemble le serment d'être « fidèles et braves ».

Même si beaucoup de volontaires sont des étudiants et, dirait-on, des intellectuels, il n'y aura rapidement plus de romantisme dans la division. Mais une volonté farouche de se battre dans un monde où le courage a été élevé — comme dans tous les camps ennemis, d'ailleurs — à la hauteur de valeur suprême.

Issus pour beaucoup des mouvements de jeunesse de leurs pays, les volontaires germaniques se sont sans doute engagés dans la Waffen S.S. avant tout par une réaction anticonformiste et antibourgeoise. A une époque où l'on ne parle pas encore de lutte contre le bolchevisme, ce qui importe pour eux, c'est la rupture avec le vieux monde de la démocratie parlementaire établie dans leurs royaumes respectifs. Ils sont certes, pour la plupart, nationalistes, mais ils sont totalement détachés de la couronne légitime de leur dynastie et pourrait-on dire de la légalité. Le roi de Danemark et le roi des Belges, virtuellement prisonniers dans leur château, la reine des Pays-Bas et le roi de Norvège, réfugiés en Angleterre, ne signifient plus rien pour eux. Ces souverains leur paraissent tombés dans quelque trappe de l'histoire, avec les régimes politiques qui avaient vécu à l'ombre de leurs trônes. Vieux partis et vieux monarques apparaissent, pour les jeunes volontaires de la S.S., les grands perdants de la terrible secousse d'avril ou de mai 1940.

Leur immense naïveté est de croire cette situation de l'Europe irréversible et de considérer la victoire allemande à l'Ouest comme définitivement acquise. Quand ils s'engagent, beaucoup ne sont pas loin de croire que la guerre est finie... Or, elle ne fait que commencer et les volontaires germaniques vont combattre pendant près de quatre ans sur le front de l'Est, contre un ennemi gigantesque qu'ils n'avaient sans doute pas même imaginé en signant leur bulletin d'engagement. Cette mésaventure tragique, c'est aussi l'histoire de la division *Wiking* et elle dépasse de beaucoup toutes les déclarations de la propagande de l'époque.

Le Brigadeführer Steiner, pas plus qu'aucun des officiers de la division dont il est le Commandeur, ne peut répondre aux multiples questions des volontaires sur le sort réservé à leur patrie à l'issue de cette guerre.

De toute façon, les duretés de l'instruction, puis les horreurs du combat vont peu à peu « gommer » des soucis qui appartiennent à un monde lointain, celui des civils. Les volontaires de la division *Wiking* se soucient de moins en moins du jeu subtil qu'essaient de mener, avec une marge de manœuvre terriblement étroite, un Vidkun Quisling ou un Anton Mussert. Ils ne se rendent même pas compte, eux qui sont partis les premiers, dès 1940, qu'un terrible fossé est en train de se creuser dans leur patrie entre « collaborateurs » et « résistants ». Ce ne sera que plus tard, lors d'une permission, ou même pour certains après la fin de la guerre, qu'ils prendront conscience de s'être conduits en « réprouvés » — donc en révolutionnaires.

La plupart des volontaires sont très jeunes, beaucoup découvrent un monde nouveau avec l'enthousiasme propre à leur âge et sont décidés, avec une volonté fanatique, à devenir des soldats d'élite. C'est en insistant sur le haut niveau militaire qu'il veut donner à son unité, en répétant sans cesse que la division *Wiking* sera une troupe de choc, que son Commandeur est en train de lui donner un esprit de corps, sans lequel il ne saurait y avoir de combattants de grand style. Qu'Adolf Hitler soit, selon la formule du serment, « chancelier du Reich allemand » ou « Führer de tous les Germains » importe finalement assez peu aux volontaires venus de huit nations. Le seul chef qu'ils voient, qu'ils estiment et qu'ils suivent est Felix Steiner. Et en dessous de lui les commandeurs des régiments et des bataillons, tous soigneusement sélectionnés parmi les meilleurs officiers de la Waffen S.S.

Une seule chose est certaine : la plupart des cadres allemands se sentent peu à peu gagnés par cette idée d'une union des peuples libres, qui reste tout naturellement l'idéal des volontaires. Le vieux pangermanisme du début du siècle recule, même si les Scandinaves ou les Néerlandais portent l'uniforme de la Waffen S.S. sans aucun insigne distinctif et sont commandés en langue allemande.

La seule solution que voient Steiner et les officiers supérieurs de la division pour se sortir de cette sorte d'impasse, c'est de forcer sur le dynamisme et l'esprit militaire. La sévérité de l'instruction remet de plus en plus les discussions à plus tard. Le grand mot d'ordre devient vite :

— On verra cela quand on aura gagné la guerre.

Car, au fur et à mesure que s'avance l'année 1941, il apparaît bien certain que la victoire à l'Ouest ne marque pas finalement la fin du conflit. La lutte contre l'Angleterre sera plus longue que prévu. On le voit bien en Afrique. Et puis autre chose se prépare. Quoi? Personne n'en sait rien et les bruits les plus fous circulent. Une seule prévision semble certaine : le pacte de non-agression germano-soviétique ne sera pas éternel.

Le grand problème de la nouvelle division est celui des cadres. Il n'est guère possible d'intégrer des officiers de carrière étrangers avec leurs grades, tant ils sont peu formés aux méthodes allemandes. D'ailleurs, très peu d'entre eux se sont portés volontaires et la plupart des recrues sont de très jeunes gens, parfois des écoliers, n'ayant aucune expérience militaire. Aussi, Steiner n'hésite pas à imposer des cadres allemands, officiers comme sous-officiers. Les problèmes linguistiques seront résolus en trois mois. Les réactions nulles, car tous comprennent la nécessité d'une langue unique d'instruction et de combat.

Ces cadres, il faut les trouver parmi les officiers et les sous-officiers des unités ayant déjà participé aux batailles de Pologne, de Hollande, de Belgique ou de France. Quelques-uns — très peu — viendront de la *Leibstandarte S.S. Adolf Hitler,* qui tient jalousement à conserver les hommes de la garde personnelle du Führer groupés au sein d'une même unité de combat. Alors, ce sera la division *Das Reich,* que commande le Gruppenführer Paul Hausser, qui va fournir une bonne partie de l'encadrement en personnel hautement qualifié. Ces départs de quelques-uns des meilleurs éléments des régiments d'infanterie *Deutschland* et *Der Führer* n'a pas été sans provoquer quelques grincements de dents. On ne quitte pas sans regret des camarades de combat pour venir commander des inconnus, étrangers de surcroît.

Pourtant, par la force des choses, par la nature même des volontaires qu'ils ont à commander, très rapidement, les cadres de la division *Wiking* vont s'éloigner des unités où ils ont fait leurs classes et vécu les premiers mois de la guerre. Désormais, ils savent que la formation internationale de volontaires germaniques où ils servent n'est certes pas une troupe comme une autre. Elle va forger son propre style. A l'entraînement, d'abord. Au combat, ensuite.

Le fait que tout le personnel d'encadrement soit d'origine allemande pose quand même des problèmes psychologiques. Aussi, le Commandeur de la division *Wiking* n'est pas tellement surpris quand on l'informe que le Hauptsturmführer von Schalburg sollicite un entretien. Felix Steiner le lui accorde d'autant plus volontiers que ce capitaine, volontaire dès la première heure, est un personnage hors du commun.

Le comte Frederik Christian von Schalburg n'a pas encore trente-cinq ans et a déjà une longue histoire aventureuse derrière lui... Il est né en 1906, à Smiernogorsk, en Sibérie. Son père est un Balte d'origine allemande et sa mère une Russe, elle aussi de famille noble. A la révolution, la famille von Schalburg parvient à émigrer au Danemark. Frederik Christian n'a qu'une douzaine d'années, mais il n'oubliera jamais ce qu'il a vu alors pendant la guerre civile des Rouges et des Blancs. L'adolescent décide de faire une carrière militaire et s'engage dans l'armée danoise. Particulièrement remarqué de ses chefs, il est nommé lieutenant dans la garde royale, élite des forces armées du royaume. L'action politique l'attire autant que la vie militaire et il milite dans le mouvement national-socialiste du Dr Clausen. Il devient le chef de l'organisation de jeunesse du parti, la *National-Socialistiske Ungdom.* Il participe à la guerre d'hiver de Finlande avec les volontaires du bataillon danois engagé contre les forces de l'Union soviétique. Il sera tout naturellement ensuite un des premiers à rejoindre le régiment *Nordland*, entraînant avec lui beaucoup de ses garçons en chemise noire et calot à pompon de la *N.S. Ungdom.* Peu après son arrivée à la division des volontaires germaniques, von Schalburg, ne cache pas son inquiétude et même sa mauvaise humeur. Il demande d'emblée au Commandeur :

— Pourquoi les Danois ne constituent-ils pas une unité spéciale et sont-ils répartis dans différentes compagnies du régiment *Nordland*, Brigadeführer?

— Parce que je dois former une unité opérationnelle en mélangeant des anciens qui se sont battus en Pologne, en

Hollande ou en France, avec de jeunes volontaires qui n'ont aucune expérience militaire. Les grouper serait les envoyer au massacre.

— Et pourquoi sont-ils commandés par des Allemands?

— Parce que je n'ai pas d'officiers et de sous-officiers danois formés au service dans une division moderne d'infanterie motorisée. De toute façon, il n'y a pas eu chez vous assez de cadres de carrière volontaires.

— Et s'il y en avait, Brigadeführer?

— Après un stage indispensable, ils seraient intégrés dans la division avec leur ancien grade s'ils sont jugés capables de tenir leur place au combat.

Le Hauptsturmführer von Schalburg ne semble pas tellement convaincu. Pendant tout un après-midi, il va discuter avec son chef, multipliant les objections, tant il craint que ses compatriotes soient l'objet de quelques discriminations. Volontaire pour la Waffen S.S., cet aristocrate balto-danois ne se veut pas allemand et se laisse volontiers emporter par des réflexes nationalistes. Il ne se sent en rien l'âme d'un mercenaire. Mais plutôt d'un soldat de fortune, qui met librement son épée au service de la cause qu'il a choisie.

— Et si ces officiers danois retrouvaient leur grade dans la Waffen S.S., seraient-ils autorisés à commander des Allemands?

— Évidemment, Schalburg, grogne Steiner. Je vous répète que c'est un problème technique. Je n'ai qu'un seul but : former une division opérationnelle.

Et le Commandeur ajoute :

— Tout cadre manquant d'expérience nous ferait courir des risques inutiles et serait la cause involontaire de pertes sérieuses. Les conditions du combat moderne sont terribles.

Et Felix Steiner ajoute :

— Etre soldat, c'est aussi un métier.

— Évidemment, Brigadeführer. Mais s'engager dans l'armée de gens qui sont arrivés chez vous les armes à la main, c'est quand même une aventure.

Le capitaine danois réfléchit quelques instants, puis ajoute :

— Je crois même que c'est une révolution.

— C'est pour cela, Schalburg, que je veux que la division soit d'abord un parfait outil militaire. Ce que nous représentons est trop important pour nous ridiculiser sur le front. Et si l'ennemi

— quel qu'il soit — parvenait à nous anéantir, tout cela ne signifierait plus rien.

Le Commandeur de la division *Wiking* a un geste pour bien montrer que l'entretien est terminé. Au moment où von Schalburg va le quitter, il lui annonce :

— Vous resterez à mon état-major comme officier d'ordonnance. Vous me trouverez toujours pour me parler de vos Danois. Et de tous les volontaires germaniques d'ailleurs.

Pour un peu, le Hauptsturmführer von Schalburg deviendrait quelque chose comme le « commissaire politique » de la division *Wiking*.

Le Brigadeführer Steiner se rend bien compte que l'effort psychologique pour constituer une grande unité internationale, totalement « intégrée », pose des problèmes aux volontaires étrangers, certes, mais aussi aux cadres allemands. Beaucoup, formés à la rude école de la Jeunesse hitlérienne, puis de la S.S. en armes n'ont aucune idée des habitudes et des réactions de ces étrangers, grandis sous un régime démocratique, dans l'atmosphère confortable de royaumes paisibles. Aussi, les Allemands ont-ils souvent tendance à manifester une supériorité, dont ils sont d'autant plus imbus que le régime national-socialiste, depuis une bonne demi-douzaine d'années, exalte l'orgueil national jusqu'à la démesure. Tout un héritage pangermaniste amène beaucoup de cadres à prendre de haut ces originaux qui prétendent faire partie d'une formation qui se veut l'élite des forces armées du Reich.

Aussi, le Brigadeführer Steiner ne doit pas hésiter à taper des deux côtés à la fois. Il brise impitoyablement toute crise de nationalisme des volontaires germaniques, qui détruirait l'unité de la division. Mais c'est tout aussi impitoyablement qu'il exige que les nouveaux venus soient traités comme des camarades, et non comme des mercenaires. Ceux qui ne veulent pas le comprendre, chefs de section ou de compagnie, sont mutés et repris en main. Au fond, toutes ces difficultés, le Commandeur ne les redoute pas. On dirait même qu'il s'en réjouit, tant la passion de sa vie entière n'a eu que le but de transformer des jeunes gens en combattants. Que ces hommes soient hollandais ou norvégiens n'a pas, pour lui, plus d'importance que s'ils étaient bavarois ou hanovriens. Le Commandeur de la division *Wiking* croit, dur comme fer, qu'une idée nouvelle d'empire est en train de naître. Il pense que si cette communauté germanique, dont parle la propagande, a des chances de se faire, ce sera au front et nulle part ailleurs. Steiner ne croit pas à une quelconque fraternité des industriels ou des politiciens. Seuls, des soldats pourront, à ses yeux, briser les frontières et réaliser quelque chose de très neuf et de plus grand, qui, il le sent bien, ne sera pas l'Allemagne impériale qu'il a connue dans sa jeunesse. Ni même ce IIIe Reich auquel il s'est rallié comme tant d'officiers de carrière en 1933.

Comme tous ses hommes, Felix Steiner, au fond, est un naïf C'est aussi un chef. Autoritaire et brutal quand il le faut. Il a prévenu ses cadres une fois pour toutes :

— Qu'est-ce que j'exige de vous? D'abord le cœur, car sans lui vous ne réussirez pas. Ensuite l'enthousiasme pour une tâche, sans doute difficile, mais exceptionnelle. Puis l'exemple de chaque instant. Que vos hommes ne songent qu'à vous imiter. Enfin, j'aimerai l'intuition, qui compte peut-être plus que l'intelligence. Nos volontaires germaniques ont tous de la bonne volonté. Ne les décevez pas. Messieurs, c'est tout.

Un ordre du jour du 22 janvier 1941 a confirmé ses propos. On y lit, entre autres :

« Chaque chef doit obtenir que ses subordonnés lui fassent entière confiance et sachent exactement qu'il est leur meilleur camarade. Les commandants de compagnie et de section doivent être toujours parmi leurs hommes, comme un exemple et un soutien. Aucun des subordonnés ne doit être tenu à l'écart. Le comportement de la troupe au combat dépend de l'attitude de ses chefs. Et cela est particulièrement vrai pour les volontaires germaniques. »

Et Felix Steiner ajoute en conclusion :

« Le travail de tous, responsables comme subalternes, doit être mené dans la joie. »

Le « travail » dans la division *Wiking*, c'est pour l'heure de s'instruire, à Munich, à Klagenfurt ou à Vienne. Ce sera bientôt de se battre.

7.

Au printemps 1941, toutes les unités de la division *Wiking* jusqu'alors dispersées dans diverses garnisons d'Allemagne méridionale rejoignent le grand terrain de manœuvre de Heuberg, dans le Jura souabe.

Les exercices de jour et de nuit se succèdent. Désormais, on s'entraîne par bataillons et par régiments. Et la nouvelle division de la Waffen S.S. doit participer à des manœuvres avec des unités de la Wehrmacht. Felix Steiner, nommé Gruppenführer, tient jalousement à ce que ses volontaires germaniques fassent bonne figure. Moins que jamais, il est question de ralentir le rythme de l'instruction. En rase campagne, les gradés s'efforcent de simuler toutes les conditions du combat. Les exercices ont lieu à balles réelles. Cette fois, les fusiliers bondissent sous le tir des rafales de mitrailleuses et voient éclater à leurs pieds les grenades à manche. Le camouflage fait des progrès étonnants. Toute la division semble se fondre dans la nature en attendant l'ordre de bondir à l'assaut de positions tenues par les camarades qui figurent l'ennemi. Dans les deux camps, on ne se fait pas de cadeau.

Une compagnie avance à l'attaque. Les fusiliers se précipitent vers l'objectif : quelques maisons au-delà d'une petite vallée, sur la contre-pente. Les mitrailleurs doivent les soutenir de leur feu. Le chef de la section lourde, les yeux rivés à ses jumelles, observe la progression des fantassins des trois autres unités de la compagnie. Sans même se retourner, il demande à voix très haute :

— Premier groupe de mitrailleuses, prêt?

— Prêt, Untersturmführer.

— Deuxième groupe?

— Prêt!

Quelques secondes se passent. Puis brusquement l'officier commande :

— Pour toute la section, ouvrez le feu!

Les quatre mitrailleuses se mettent à aboyer d'un seul coup comme des chiens enragés. Elles tirent de courtes rafales, bien précises. Les balles traçantes filent au-dessus de la tête des camarades des sections de fusiliers qui descendent à toute allure dans la vallée. Rapidement, ils traversent un ruisseau, escaladent la contre-pente, arrivent vers la hauteur. Avec leurs blouses de camouflage, on distingue mal leurs silhouettes. Moins que jamais, le chef de la section lourde quitte ses jumelles. Enfin, voici les premiers hommes du groupe d'assaut arrivés à quelques mètres de l'objectif.

— Halte au feu!

L'exercice terminé, fusiliers et mitrailleurs sont très contents d'eux. Le commandeur du régiment qui a suivi toute la manœuvre réunit ses chefs de compagnie. Les officiers s'attendent peut-être à se voir féliciter.

Mais le Standartenführer a sa tête des mauvais jours. Lui non plus, comme n'importe quel *Spiess* de compagnie, il n'est jamais content.

— Vous avez manœuvré comme des cochons! hurle le colonel. Au combat, vous seriez déjà tous morts. Et je n'aurais pas à vous engueuler.

Et c'est la sanction, la même que pour une revue d'armes ou de paquetage :

— On recommence.

Ces manœuvres dans la région de Heuberg, qui succèdent à huit semaines d'instruction individuelles des combattants, permettent de transformer la division *Wiking* en une unité opérationnelle, dont la mobilité et la puissance de feu apparaissent assez redoutables. La troupe est inspectée par un vieil officier de la Wehrmacht, spécialiste des troupes blindées, le général baron Geyr von Schweppenburg. Pas de censeur plus sévère que ce vieux militaire prussien, vieilli sous le harnais. Il ne trouve rien à redire et doit avouer que la division S.S. de volontaires germaniques manœuvre au moins aussi bien que la division de fantassins wurtembergeois de la Wehrmacht qu'il tient également sous son autorité.

Il ne veut pas croire, en ce mois d'avril, que beaucoup de fusiliers des régiments *Nordland* et *Westland* n'ont que deux mois d'instruction, car ils semblent se débrouiller à l'exercice aussi bien que les anciens de *Germania* où, à côté de très jeunes engagés, pour la plupart d'origine allemande, servent de nombreux vétérans de deux ou trois campagnes. Le général baron Geyr von Schweppenburg est surtout stupéfait d'apprendre que les hommes qu'il a vu manœuvrer dans les bois et les champs de Heuberg appartiennent à huit nationalités différentes et qu'ils proviennent des origines les plus diverses. Le tireur d'une mitrailleuse est un vieux soldat norvégien, qui compte plus de quinze ans de service, son chargeur un écolier danois de seize ans et les pourvoyeurs des volontaires thiois.

A l'issue de l'inspection, la division *Wiking* est déclarée opérationnelle et va quitter Heuberg « pour une destination inconnue ».

Deux des plus notables volontaires norvégiens sont déjà partis. Nommés Untersturmführers, Jonas Lie, chef de la police de son pays, et Axel Stang, « ministre » des sports et chef de la *Hird*, la milice du *Nasjonal Samling*, se trouvent dans les Balkans, où ils participent aux combats de Macédoine dans le cadre de la division *Reich*. Ces deux sous-lieutenants ne reviendront plus parmi leurs compatriotes du régiment *Nordland* et rejoindront leur pays, décorés de la Croix de fer, pour y remplir leurs fonctions ministérielles dans le Conseil que préside Quisling.

Aussitôt après ces manœuvres dans le Jura souabe, arrivent les premiers volontaires finlandais de la division *Wiking*. Ils sont près de quatre cents, tous anciens combattants de la guerre d'hiver 39-40 contre les Soviétiques. Le Standartenführer von Scholz les incorpore aussitôt, individuellement, dans les compagnies de combat du 3e bataillon de son régiment *Nordland*.

Ces Finlandais ne sont que l'avant-garde de huit cents de leurs compatriotes qui doivent subir un complément d'instruction avant d'être totalement prêts au combat. Avec ces volontaires venus du Grand Nord, c'est une nouvelle nationalité qui s'intègre dans les rangs de la division *Wiking*. Leur venue ne s'est pas faite sans mal.

En raison de leurs préjugés racistes, les responsables de la S.S. ont envisagé, au début uniquement la possibilité d'incorporer des citoyens finlandais d'origine suédoise, aussi « germaniques » que leurs cousins habitant de l'autre côté du golfe de Botnie. Mais très rapidement cette distinction ethnique sera négligée et les volontaires S.S. vont appartenir également au groupe racial finnois, proportionnellement plus nombreux et certes tout aussi combatif. Rapidement, il n'y aura plus de distinction entre les deux communautés de Finlande [1].

Après l'armistice de mars 1940, qui met fin à la guerre avec l'Union soviétique, au prix d'importantes cessions territoriales, la Finlande essaie de conserver sa neutralité et envisage une union avec la Suède, avec un même souverain, le roi de Suède Gustave V, et un même généralissime, le Finlandais Mannerheim. Mais ce projet va avorter, en raison de l'opposition tant de l'Union soviétique que du IIIe Reich, alors alliés à la fin de l'année 1940. Cela n'empêche pas des recruteurs clandestins de la Waffen S.S. de chercher à séduire des volontaires suédois et finlandais. Sans beaucoup de succès d'ailleurs, vu l'ambiance de neutralité qui règne dans les deux pays. Dès janvier 1941, un homme d'affaires suédois, Ola Vinberg, sympathisant national-socialiste, s'agite beaucoup à Helsinki, en se gardant d'ailleurs de prévenir de ses activités l'ambassade d'Allemagne. Dans une communication au Gruppenführer Gottlob Berger, il affirme avoir réuni les noms de plusieurs centaines d'hommes, mais il sera finalement arrêté par la police suédoise à Malmö.

Dès le début de l'année 1941, les relations se tendent à nouveau entre la Finlande et l'Union soviétique au sujet des

1. Il est d'usage en France de nommer « Finlandais » les habitants d'origine suédoise et « Finnois » ceux qui appartiennent à la souche dite « finno-ougrienne » et s'apparentent aux Hongrois. Il n'existe qu'un seul mot *Finnen* dans la langue allemande pour désigner les deux communautés. Aussi, dans ce récit, sera-t-il question tour à tour de Finlandais ou de Finnois sans faire de distinction.

mines de nickel de Petsamo, qui intéressent tous les belligérants. On parle de concentrations de troupes russes à la frontière. Le gouvernement finlandais pense alors qu'il lui est possible uniquement de s'appuyer sur l'Allemagne puisque l'Angleterre, isolée dans son île, semble définitivement hors de jeu.

Or, c'est exactement à cette époque, le 1er mars 1941, que Gottlob Berger rencontre à Berlin l'ambassadeur finnois Kivimäki et lui propose de recruter un contingent de ses compatriotes dans la Waffen S.S. Le gouvernement finlandais va saisir la balle au bond et voir dans ce geste un moyen de s'assurer l'appui éventuel de l'Allemagne, en cas de nouvelle crise avec l'Union soviétique.

A Helsinki, le gouvernement refuse de patronner officiellement l'opération, qui doit rester une initiative privée. Elle sera animée par le conseiller d'État Rieki, qui a servi naguère contre les Russes, de 1914 à 1919, dans les rangs du bataillon de chasseurs « prussiens » nº 27, entièrement composé de volontaires finlandais dont l'engagement n'avait d'autre but que de libérer leur patrie de l'occupation des armées tsaristes.

Rieki, militaire de tradition n'est certes pas national-socialiste. Et, par surcroît de précaution neutraliste, le ministère finlandais des Affaires étrangères assure qu'il n'est officiellement au courant de rien. Les militaires sont aussi en retrait que les diplomates et les officiers de carrière doivent démissionner avant de pouvoir s'engager dans l'unité S.S. Les Allemands doivent, en outre, prendre l'engagement de ne pas faire combattre les volontaires contre les puissances occidentales — ce qui est assez paradoxal puisqu'ils ne sont alors en guerre avec personne d'autre... Rieki obtient surtout que les Finlandais ne soient pas mélangés avec les volontaires de pays occupés par l'Allemagne.

Tout cela va prendre du temps et l'office de recrutement ne sera formé que le 4 avril 1941. Il ne semble pas être question de verser les Finlandais dans la division *Wiking,* qui a pratiquement terminé son entraînement militaire. Mais une chose est certaine : ils seront incorporés dans la Waffen S.S. et non dans la Wehrmacht, comme le souhaitaient pourtant certains éléments modérés des deux pays.

Cependant, Rieki obtient que la troupe soit totalement

apolitique. Les nationaux-socialistes finnois en sont écartés tout autant que les communistes et le « filtrage » est assuré par la police d'État. Les Finlandais veulent envoyer dans la Waffen S.S. des soldats, non des partisans.

Pendant le mois de mai 1941, des bruits courent à Helsinki qu'une guerre entre le IIIe Reich et l'Union soviétique est devenue inévitable. Cela ne freine pas — bien au contraire — le recrutement des volontaires S.S. Ils sont plus de mille [1] qui partent par bateau vers l'Allemagne du 6 mai au 5 juin, par cinq convois différents. Seuls les premiers engagés, les anciens de la guerre d'hiver 39-40, vont rejoindre la division *Wiking* en Silésie. Tous les autres doivent être instruits à Vienne — Schönbrunn.

Au début de juin 1941, la division *Wiking*, jugée opérationnelle, quitte par chemin de fer le Wurtemberg et traverse la Bohême-Moravie, pour rejoindre la région de Breslau en Silésie. Elle va prendre ses cantonnements entre Oels, Militisch et Wohlau.

Le Gruppenführer Steiner reçoit ses ordres. L'unité qu'il commande dépend désormais de la Ire armée blindée du Generaloberst von Kleist.

Agé de soixante ans, ce Hessois, ancien officier de cavalerie, est un des créateurs de l'arme Panzer, après avoir fait la guerre de 14-18 comme capitaine de hussards. Il a commandé, ici même, à Breslau, avant la guerre. Mais il a quitté l'armée en 1938, car il ne cachait guère sa réserve si ce n'est son hostilité au Führer-chancelier. Seulement, ses qualités militaires sont si évidentes qu'Adolf Hitler le rappellera au service pour lui confier, après ses succès de la campagne de Pologne, le commandement des cinq divisions blindées qui vont réaliser la percée autour de Sedan en mai 1940. Parti de la forêt des Ardennes, il se retrouve après un fantastique raid mené de bout en bout « à la hussarde » sur les rivages de la Manche, au sud de Dunkerque.

Fait curieux, ce général qui ne cache pas son opposition

1. Sur 1 326 volontaires, 1 084 seront déclarés « Bon pour le service » (125 officiers, 109 sous-officiers et 850 hommes de troupe).

foncière au régime national-socialiste a eu sous ses ordres les unités S.S. en armes de la *Verfügungsdivision* pendant la campagne de France et en a gardé une grande estime pour la Waffen S.S. Il considère Steiner comme un officier de carrière et non pas comme un militant nazi, ce qu'il n'a d'ailleurs jamais été. Von Kleist décide alors de rattacher la division *Wiking* au corps d'armée blindé du général d'infanterie von Wietershein. Lui aussi a connu la Waffen S.S. pendant la campagne de France. Mieux encore, il s'est trouvé avec Felix Steiner lui-même lorsque le régiment *Deutschland* menait des raids à Poitiers et à Angoulême. Il se montre donc assez satisfait d'intégrer la division *Wiking* dans son corps d'armée. Une chose quand même tourmente ce vieil officier allemand de tradition : qu'est-ce que c'est que cette histoire de volontaires germaniques? Il voudrait avoir sous ses ordres des combattants, et non pas des mercenaires plus ou moins politisés. Steiner tient à le rassurer.

— Ce sont des soldats. D'abord et avant tout. Même s'ils appartiennent à huit nationalités.

Le séjour en Silésie promet de n'être pas très long. Les régiments et les bataillons se trouvent dispersés dans des villages où ils poursuivent l'instruction. Ils perçoivent le complément en armes, en munitions, en équipements. Les véhicules ne cessent d'arriver, qui vont permettre de rendre la division réellement motorisée et totalement autonome.

Les conférences d'état-major se multiplient. Les gradés font des cours à la troupe où il est question, sans grande précision, de la situation générale et de l'évolution de la guerre. Il fait un temps splendide. Jamais mois de juin n'aura paru si beau. A l'ombre des arbres, les volontaires germaniques profitent des moments de repos que leur laisse une instruction menée sur un rythme un peu moins infernal.

Les bruits les plus invraisemblables se propagent d'une unité à l'autre de la division *Wiking*. C'est certain. On va se battre bientôt. Mais où et contre qui?

Le pacte de non-agression entre le IIIe Reich et l'Union soviétique est toujours en vigueur. Théoriquement, l'immense Empire russe est un pays neutre, si ce n'est un allié. Aussi, la rumeur qui court paraît encore vraisemblable :

— Les Soviétiques vont nous laisser traverser leur pays. Les Turcs feront de même et par le Proche-Orient nous déboulerons dans le dos des Britanniques qui se battent contre l'*Afrikakorps* en Égypte.

Stratégiquement — et même politiquement —, cela ne paraît pas stupide. Les volontaires S.S. germaniques se voient déjà dans les sables du désert. Ils rêvent d'oasis et de minarets.

Seulement, le ton des gradés change. Il n'est plus du tout question de ce fameux pacte de non-agression. On distribue des brochures de propagande sur la situation en Union soviétique. Les hommes doivent apprendre à reconnaître les uniformes de l'Armée rouge. Des conférences les instruisent de l'organisation et de la mentalité des troupes russes. L'adversaire prend peu à peu son visage...

Les patrouilles et les exercices de combat se multiplient dans ce paysage vallonné de la Silésie où les habitants à la mentalité frontalière accueillent assez bien les soldats qui cantonnent dans leurs fermes. L'instruction militaire porte maintenant sur la sécurité des transports routiers. Cela sent le départ. L'ordre de marche arrive enfin.

C'est l'Est.

— Embarquement dans les camions.

Le 18 juin 1941, la division *Wiking* franchit la frontière polonaise près de Gross Wartenberg. Il fait une chaleur épouvantable, une vraie température tropicale. Ce ne pourra être pire en Afrique...

Pendant trois jours, les véhicules de la division des volontaires germaniques vont rouler sur des pistes sablonneuses de la Pologne occidentale. A partir de Parsov, la marche vers l'Est continue, à faible allure, de nuit et sans lumière. Tout annonce l'imminence de « quelque chose ».

Dans la nuit du 20 au 21 juin, une des plus courtes nuits de l'année, celle où l'on allume, de la Norvège à la Flandre, les bûchers du solstice d'été, la division *Wiking* arrive enfin à son point de rassemblement et prend ses cantonnements dans les villages et les petits bois au sud-est de Lublin, entre la Vistule et le Boug, non loin de la ligne de démarcation établie en 1939 entre les Allemands et les Soviétiques, lors de leur commune invasion de la Pologne.

Le lendemain à l'aube, tandis que la division *Wiking* attend son ordre de marche. les forces du Reich et leurs alliés hongrois et roumains attaquent l'Union soviétique La guerre est commencée sur le front de l'Est. Désormais, le conflit change de visage. Les Allemands vont trouver un nouveau mythe pour alimenter leur propagande : celui de la croisade des peuples européens contre le bolchevisme.

Sous une telle enseigne, de nouvelles formations de volontaires vont être levées : celles des pays considérés comme germaniques dépendront de la Waffen S.S. et les autres de la Wehrmacht.

La première unité à participer à cette immense lutte contre le monde communiste est déjà à l'entraînement. C'est le bataillon des volontaires venus de Finlande entre le 6 mai et le 5 juin 1941. Devant l'imminence de la guerre. le gouvernement finlandais voudrait bien récupérer ces soldats d'élite. Mais il est trop tard. Quatre cents d'entre eux sont déjà dans les rangs de la division *Wiking*, les huit cents autres sont regroupés à Vienne-Schönbrunn où ils découvrent avec étonnement la capitale de l'ancien empire d'Autriche-Hongrie.

Les deux tiers arrivent des petites villes et de la campagne et la plupart n'ont jamais quitté la Finlande auparavant. Presque tous sont très jeunes et n'ont comme seule profession que celle d'écoliers... Les Finlandais d'origine suédoise ne sont guère finalement plus de dix pour cent et la grande majorité des volontaires ne parle que le finnois. Les seuls un peu politisés appartiennent tout naturellement au parti des paysans : les ruraux constituent avec les ouvriers la moitié d'un recrutement très populaire. Les plus âgés ont combattu contre les Russes en 39-40 et pour eux il ne fait pas de doute qu'ils vont reprendre, tout simplement, la lutte contre « l'ennemi héréditaire » du peuple finnois.

Les volontaires finlandais sont alors inspectés par le conseiller d'État Rieki et ses collaborateurs. Il est d'ailleurs bien trop tard pour modifier quoi que ce soit à l'esprit et aux méthodes d'entraînement. Le bataillon finnois se nomme alors *Nordost* depuis le 15 juin 1941. Quelques jours plus tard, après le début de la guerre sur le front de l'Est, il est dirigé sur Stralsund, port allemand de la mer Baltique, non loin de Rostock.

Un chef de bataillon est désigné pour commander les Finlandais. C'est le Hauptsturmführer Hans Collani, qui sera bientôt promu Sturmbannführer. Né à Stettin en Poméranie, il est âgé de vingt-cinq ans au moment de la prise du pouvoir de 1933. Il s'engage dans la *Leibstandarte S.S. Adolf Hitler,* la garde personnelle du nouveau chancelier, où il devient rapidement officier d'ordonnance de son chef, le célèbre lansquenet bavarois Sepp Dietrich.

Avec Collani, arrive au bataillon *Nordost* tout un cadre de jeunes officiers allemands sortis de l'école de Junkers de Bad Tölz et des sous-officiers S.S. qui viennent de Lauenburg.

L'unité finlandaise est ensuite dirigée, le 25 août 1941, sur Gross Born, en Poméranie, où doit commencer sérieusement l'instruction militaire. Les difficultés linguistiques sont considérables, même si dans chaque groupe on s'efforce de placer un volontaire finnois qui possède quelques rudiments d'allemand. Alors les instructeurs prennent l'habitude de se faire comprendre par signes... Cela n'empêche pas l'instruction de suivre un schéma rigoureux.

Innovation : on va créer dans chaque compagnie une section spéciale de chasseurs, dont la plupart des soldats sont équipés d'une arme redoutable : le célèbre pistolet mitrailleur « Suomi », qui a fait ses preuves pendant la guerre d'hiver 39-40. A la tête de ces sections, de véritables coureurs des bois comme l'Untersturmführer Toivo Vaaramo, un forestier de la Carélie septentrionale.

Le colonel Levälahti, blessé de guerre et amputé d'un bras, est attaché à l'état-major du bataillon comme officier de liaison. Il ne manque pas de travail pour régler d'innombrables problèmes, provoqués entre autres par la barrière linguistique.

Le bataillon *Nordost,* entièrement motorisé, va prêter serment le 15 octobre 1941 et recevoir son drapeau des mains du colonel Horn, un officier de l'armée finlandaise, attaché militaire de son pays à Berlin, et ancien combattant du bataillon de chasseurs « prussiens » n° 27, unité formée de ses compatriotes. Horn et Collani prononceront des discours, qui seront traduits dans les deux langues. Ils évoquent la tradition des Finlandais volontaires en 14-18.

— Une tradition ne s'achète pas, affirme Collani. Elle doit s'acquérir par l'engagement de sa propre vie.

Le drapeau blanc qui reproduit la croix bleue de Finlande, au centre de laquelle se trouve le lion héraldique aux deux sabres et aux neuf roses, est confié à un sous-officier.

Vient l'heure de la prestation de serment. Le Sturmbannführer Collani reprend la parole :

— Le serment n'est pas la fin d'une période d'instruction, mais le véritable fondement religieux de votre éthique de soldat. L'honneur du soldat réside dans son engagement sans condition pour la communauté de combat. Il exige une camaraderie qui sera mise à l'épreuve du danger. Soyez fidèles comme les chasseurs finlandais de la Grande Guerre. Vous allez vous battre désormais pour votre patrie finlandaise et pour le nouvel ordre de l'Europe.

Hymnes nationaux, revue, défilé. Huit cents S.S. finlandais passent devant la tribune. Au mois de janvier 1942, après encore trois mois d'instruction et de manœuvre, ils rejoindront la division *Wiking,* où ils formeront le 3e bataillon du régiment *Nordland,* retrouvant ceux de leurs compatriotes engagés dans les combats depuis le début de la guerre à l'Est et rescapés des premières batailles.

Si les Finlandais, au bout de six mois, se retrouveront entre compatriotes, au sein d'un bataillon autonome, il n'en sera pas de même pour les autres volontaires germaniques, désormais séparés pendant plusieurs années. Tandis que la division *Wiking* ne quittera pas le front Sud et se battra de l'Ukraine au Caucase, puis du Caucase à l'Ukraine, de 1941 à 1943, les compatriotes danois, norvégiens, hollandais et flamands des volontaires germaniques seront engagés, en unités nationales, dans le nord de l'immense front.

Cette séparation, durement ressentie, institue deux catégories de volontaires germaniques. Il faudra la suite de la guerre et l'approche de la défaite pour gommer définitivement cette différence. L'épuration ultérieure ne fera d'ailleurs guère de distinction entre les diverses origines des combattants du front de l'Est.

Sous l'impulsion du ministre danois des Affaires étrangères, Erik Scavenius, et avec la permission du ministre de la Guerre — ce qui suppose au moins l'accord tacite du roi Christian X — un *Frikorps* (corps franc) *Danmark* est levé à la fin de juin 1941.

Il regroupe d'abord d'anciens volontaires de la guerre de Finlande. D'autres Danois les rejoignent et ils seront plus d'un millier avant la fin de l'année 1941, sous les ordres de l'Obersturmbannführer Kryssing. un officier artilleur de l'armée royale danoise. Celui-ci sera vite remplacé par Frederik Christian von Schalburg, muté de la division *Wiking*. Transporté par avion dans la région de Demyansk, le *Frikorps Danmark* perdra aussitôt son chef, tué le 2 juin 1942. Tout le bataillon danois subira d'ailleurs de lourdes pertes; il sera retiré du front le 5 août 1942, comptant soixante-quinze pour cent de son effectif en tués et blessés. L'unité rejoint alors Copenhague, où un défilé sous les ordres du Sturmbannführer danois Martinsen est marqué par des applaudissements et... des cris hostiles. Retourné en Biélorussie à l'automne 1942, l'unité danoise se battra durement aux approches de Noël, dans la région de Velikie Luki. Après un dernier combat à Taidy, les six cent cinquante survivants sont retirés du front. Certains sont alors démobilisés, tandis que d'autres retrouvent leurs compatriotes mutés de la division *Wiking* à la nouvelle division *Nordland* où ils vont former le régiment *Danmark* au printemps 1943.

C'est également sous le prétexte d'aider les Finlandais que des volontaires sont recrutés en Norvège. Ils sont bientôt deux mille hommes qui servent dans la *Norske Legion*, sous les ordres de leur compatriote, le Sturmbannführer Arthur Quist. Au début de février 1942, la Légion combat dans le secteur de Leningrad, dans une région de marécages et de forêts où les Norvégiens vont subir de lourdes pertes. On fera appel à de nouveaux volontaires et il s'en présentera un millier. En février 1943, quand la *Norske Legion* sera retirée du front, elle ne compte plus que huit cents hommes encore valides. Les trois quarts d'entre eux seront alors volontaires pour entrer dans le régiment *Norge* de la nouvelle division *Nordland*, où ils retrouveront leurs compatriotes rescapés des combats d'Ukraine de la division *Wiking*.

Aux Pays-Bas, l'ancien chef d'état-major de l'armée royale néerlandaise, le général Seyffardt, prend l'initiative d'organiser une *Vrijwilligers Legioen Nederland*, uniquement anticommuniste et qu'il voudrait tenir à l'abri des intrigues politiques de Mussert du N.S.B. et de son rival Van Rappard du N.S.N.A.P. De nombreuses difficultés politiques amènent le départ du colonel hollandais Stroink et de quelques-uns des officiers. La

Légion qui devait former une division à deux régiments n atteint pas trois mille hommes. Ces Néerlandais seront engagés, dès janvier 1942, dans le secteur Nord, devant Leningrad. Ils se battront sur le fleuve Volkhov, au nord du lac Ilmen, et subiront quatre-vingts pour cent de pertes. La *Legioen Nederland* se battra encore à Karsnoje-Selo, non loin de Leningrad, pendant l'été 1942. Tandis que le général Seyffardt est abattu par la Résistance hollandaise, le Sturmmann Gerardus Mooyman, chef de pièce d'un canon de PAK, est le premier volontaire germanique décoré de la croix de chevalier de la Croix de fer. La Légion hollandaise, qui avait été commandée par les Standartenführers Otto Reich, puis Jozef Fitzhum, sera dissoute en 1943. Il sera alors créé une division *Nederland*, la 23ᵉ de la Waffen S.S.

En Flandre, il se forme aussi une *Freiwilligen Legioen Flandern* qui part à l'entraînement en Prusse-Orientale à l'automne 1941 et comprend environ un millier d'hommes. Engagée sur le Volkhov, la Légion subit de fortes contre-attaques soviétiques au début de l'année 1942, au nord de Novgorod. Une attaque de six jours, menée en mars, provoque des pertes terribles dans les rangs flamands. On compte parmi les morts l'ancien député V.N.V. Reimund Tollenaere. Le premier commandeur, Michael Lippert, est grièvement blessé et sera remplacé par le Sturmbannführer Conrad Schellong. L'hiver 1942-1943 sur le front de Leningrad est particulièrement terrible pour le *Legioen Flandern*. Quand l'unité descend des lignes, en mars 1943, elle ne comprend même pas une centaine de combattants valides. A la dissolution de leur Légion, les Flamands volontaires pour continuer le combat vont constituer une brigade d'assaut qui deviendra la 27ᵉ division de la Waffen S.S. *Langemarck*.

Les deux divisions *Nederland* et *Langemarck* pourront, lors de leur constitution, récupérer comme personnel d'encadrement une partie des volontaires hollandais et flamands servant dans le régiment *Westland* de la division *Wiking*. Ils en formeront l'armature la plus solide et se battront dans leurs rangs jusqu'à la fin de la guerre en Poméranie.

Pour le moment, en cette journée du 21 juin 1941, les Thiois de la division *Wiking* se trouvent encore avec les autres volontaires germaniques, attendant l'ordre de marche qui va les envoyer vers les espaces infinis de l'Est européen.

Ils sont terrés sous les couverts des forêts, au sud-est de Lublin. Interdiction de fumer, d'allumer du feu, de bouger. Toutes les troupes en alerte doivent se fondre dans la nature, disparaître dans cet immense paysage polonais, hérissé de quelques rares villages misérables. Les S.S. de la division *Wiking,* immobiles, attendent l'ordre de marche. Les fauves se ramassent ainsi au creux des tanières avant de bondir sur leurs proies.

Deuxième partie

UKRAINE
Rovno
Kiev
Jitomir
Lvov (Lemberg)
Bielatserkov
Taratcha
Tcherkassy
Dniepr
Smela
Krementchouy
Bielgorod
Kharkov
Poltava
Isjoum
Donetz
Dniestr
Ouman
Kirovograd
Boug
Dniepropetrovsk
Krasnoarmeiskoje
Stalino
Mius
Zaporoje
Nikopol
Taganrog
Rostov
Don
Nikolaiev
Melitopol
Odessa
Kherson
MER
D'AZOV
CRIMÉE
Kertch
Krasnodar
Novorossik
Sébastopol
MER
NOIRE
Touapse
été 1941
hiver 1941-1942

8.

— La guerre finira-t-elle sans nous?

Tel est l'unique sujet de conversation dans les cantonnements polonais de la division *Wiking,* depuis l'aube du 22 juin 1941 et la brutale attaque allemande contre l'Union soviétique. Pourquoi les unités de la cinquième division S.S. — la « division aux huit nationalités » à l'entraînement depuis six mois — n'ont-elles pas été engagées les premières? Les volontaires germaniques auraient considéré ce périlleux honneur comme un droit. Et ils piétinent sous le couvert des forêts, par une chaleur abrutissante. Des moustiques vrombissent. Le soleil joue dans les hautes branches des arbres. Il fait très chaud. On étouffe. Sans arrêt, s'entend les moteurs des avions allemands qui volent vers l'Est. Le canon roule dans le lointain. C'est la guerre. La grande. Celle où tout va se jouer. Et les S.S. sont là comme des bêtes au piquet, à tirer sur leurs chaînes en grondant, montrant les crocs.

Les premières nouvelles arrivent du front. Les troupes de choc de fantassins et de sapeurs d'assaut ont fait sauter les verrous de la frontière. La piste s'enfonce vers l'Est. Libre. Mais qu'attend-on dans ces tanières, écrasées de torpeur moite, au sud-est de Lemberg, la première ville ennemie?

Les jours se passent. Deux, puis trois. Ce n'est pas possible de rester ainsi l'arme au pied! Tous croient que la campagne contre la Russie ne durera guère plus que toutes les autres. La Pologne. La Hollande. La Belgique. La France. La Macédoine. La Grèce... A en croire les anciens, qui se sont alors battus avec les premières unités de la Waffen S.S. tout allait si vite, dans la poussière et le grondement des moteurs!

Le Commandeur de la division, le Gruppenführer Steiner se trouve chez le généraloberst von Kleist, commandant la Ire armée blindée dont il dépend. Dans la salle de réunion où les officiers de la Wehrmacht se sont un peu tassés pour faire place à leurs camarades de la Waffen S.S., il règne une chaleur étouffante. La sueur ruisselle sur les visages et tombe goutte à goutte, tachant l'immense carte d'état-major étalée sur une table de bois, sur laquelle ils se penchent tous.

— Regardez cette carte, Steiner, lance von Kleist en se redressant, tout en rajustant d'un geste machinal son monocle sous son sourcil gris. Qu'est-ce que vous en pensez?

Les officiers de renseignements ont porté au crayon de couleur rouge les emplacements des unités soviétiques repérées. Le chef de la division *Wiking* n'a pas de doute :

— Ils devaient préparer quelque chose au sud et au nord des marais du Pripet. Maintenant, il faut aller plus vite qu'eux.

Les Allemands, dont les forces blindées et motorisées doivent emporter la décision, ne peuvent progresser en Ukraine que sur deux grands axes. Le plus méridional passe par Lemberg, Tarnopol, Proskourov et Vinnitsa, au sud-ouest de Kiev.

L'objectif est évident : le grand fleuve Dniepr, qui forme une immense boucle où vont s'engouffrer les unités du IIIe Reich du front Sud. Déjà, ont commencé les premiers combats de blindés. Un immense mouvement de tenaille se dessine sur les espaces infinis de la steppe ukrainienne.

Il n'est pas question de laisser la division *Wiking* plus longtemps en alerte. Von Kleist la lance en avant.

Le dimanche 29 juin, une semaine après le début de l'offensive, commence pour les volontaires germaniques la guerre sur le front de l'Est. Ils sont engagés sur un front qu'il ne vont jamais plus quitter désormais, jusqu'au 8 mai 1945, pendant près de quatre terribles années.

Les colonnes s'avancent au milieu d'épais nuages de poussière, où scintillent les rayons du soleil très haut dans le ciel de ce début d'été. C'est un paysage sablonneux, que les bois de sapins ponctuent de grosses taches sombres.

— Voici la frontière!

Les hommes du groupe de reconnaissance de la division *Wiking,* qui roulent en avant du gros des troupes, avec leurs motocyclettes, leurs automitrailleuses et leurs voitures tout-terrain, reçoivent l'ordre de faire halte quelques instants. Le Hauptsturmführer baron von Reitzenstein veut faire un petit discours à ses soldats.

— Désormais, commence le pays ennemi! lance le chef en uniforme noir. Soyez sur vos gardes. Et une balle dans le canon!

On entend dans l'air chaud le bruit sec des culasses qui se verrouillent.

— Maintenant, c'est sérieux! annonce un chef de section à ses hommes. Ouvrez l'œil!

Lui, il a connu la Pologne, la Hollande, tout le reste... Alors il sait bien que la guerre n'est par cette chevauchée héroïque que s'imaginent les adolescents de dix-huit ans qui forment l'immense majorité des volontaires de la division.

Les moteurs repartent. La colonne s'ébranle dans un nuage gris. Bien vite, les jeunes S.S. découvrent les premières épaves de la guerre : des armes brisées, des casques, un masque à gaz insolite au milieu de la piste, près de sa boîte de fer-blanc cabossée. Et le premier cadavre. Revêtu de grosse toile kaki, il semble dormir au creux du fossé, mais sa posture garde quelque chose de définitif et de grotesque; son visage aux cheveux ras est couvert de sang séché. Déjà, de grosses mouches bleues tournent autour, insistantes et affreuses.

La division *Wiking* a franchi la frontière près de Rawa-Ruska. Elle a traversé Lemberg l'arme à la bretelle, comme pour quelque dérisoire parade dans le silence et la chaleur. Ville déserte. Paysage vide. Les régiments se succèdent : après *Westland,* du Standartenführer Wäckerle, c'est maintenant *Nordland,* de son camarade von Scholz qui ouvre la marche. Le colonel autrichien a reçu l'ordre de protéger le flanc de la division d'éventuelles contre-attaques de blindés. Une batterie du régiment d'artillerie progresse avec ses compagnies d'infanterie. Les tracteurs qui traînent les pièces de campagne et les caissons de munitions se glissent entre les colonnes de fantassins. Cette fois, ce n'est plus une manœuvre, mais la guerre. Ambiance de confusion et d'angoisse. Les chars soviétiques peuvent surgir d'un instant à l'autre. Déjà. on entend des bruits de fusillade, tout proches. Une automitrailleuse à huit roues du groupe de reconnaissance a pris à partie un adversaire invisible. Quelques coups de canon ponctuent les rafales d'arme automatique.

Dans l'ombre d'un arbre près d'une lisière, le Standartenführer von Scholz essaie de distinguer quelque chose dans ses jumelles. Il a rejeté en arrière sa casquette de montagnard tyrolien, dont il ne se sépare jamais; on voit luire son crâne chauve couvert de sueur. Tête nue, il paraît toujours plus vieux que ses quarante-cinq ans. L'officier artilleur l'a rejoint tandis que ses hommes mettent leurs pièces en batterie.

Enfin, on aperçoit les premiers blindés soviétiques. Les chars sont suivis de quelques véhicules. Les commandements fusent en tête de la division *Wiking :*

— Droit devant. Blindés ennemis. Distance 2 200 mètres. Attention. Feu!

Tout cela a été très vite. Le premier obus part avec une détonation sèche et explose au milieu de la colonne ennemie. Les Russes sautent des camions et cherchent un repli de terrain pour s'abriter.

Les obus se succèdent. Perforants et fusants. Tous aussi meurtriers. Sur cette concentration motorisée, qui ne peut riposter et essaie courageusement de poursuivre sa marche, c'est du massacre. On comptera une centaine de camions et une cinquantaine de blindés détruits en quelques minutes. Au-dessus de cette boucherie, des fumées noires se tordent vers un ciel sans nuages.

La marche reprend vers Tarnopol.

En tête de la division, roule maintenant la 15e compagnie du régiment *Nordland.* C'est l'unité de reconnaissance, dont les motos vrombissent comme des machines piaffants d'impatience avant une course. Un groupe de pointe, monté sur side-cars a disparu, très loin vers l'avant.

Tout le paysage semble brûlé par le soleil. La poussière prend à la gorge. Dans sa voiture tout-terrain, le chef de section, l'Oberscharführer Goerling, a baissé le pare-brise vers l'avant pour mieux y voir. A la tête des véhicules de sa colonne, il roule sur une piste escaladant une petite hauteur.

Arrivé en haut de la colline, l'adjudant découvre une route droite et sans arbres qui s'enfonce dans une vallée. On aperçoit un village et un petit bois. Sont-ils déserts? Toute la compagnie rejoint et s'arrête en position de combat.

Une patrouille motorisée est envoyée en éclaireur.

Dès que les premiers véhicules des S.S. arrivent au fond de la vallée, des coups de feu claquent. Les hommes sautent dans le fossé. On aperçoit la lueur des coups de départ aux fenêtres des maisons. Les assaillants sont cloués au sol, à quelques dizaines de mètres de leur objectif. Leurs camarades ne vont pas tarder à réagir.

Déjà, les télémétristes calculent la distance exacte pour les mitrailleuses lourdes.

— Vite! La distance! s'impatiente le chef de section, tandis que des projectiles sifflent dans tous les sens.

Le jeune volontaire s'affole un peu. C'est son premier combat. Il tremble. Il s'énerve. C'est la peur qui lui noue les doigts. Enfin, il arrive à calculer, et très vite les mitrailleuses tirent.

Couverts par ce feu bien ajusté, les hommes de la patrouille se relèvent, puis bondissent vers leurs voitures et leurs motos pour reprendre la marche. Ils déboulent sur le village. Les autres sections suivent. Quelques coups de feu sporadiques.

Les Soviétiques se sont réfugiés dans le bois, mais on compte quelques prisonniers, hagards, la blouse couverte de poussière et de sang.

— En avant! La marche continue! ordonne le chef de la compagnie de reconnaissance, le Hauptsturmführer Cesper.

Maintenant, il faut aborder les couverts. Le soudain silence semble encore plus menaçant que la fusillade de tout à l'heure.

Le cœur battant, tapis dans leurs véhicules découverts qui roulent très lentement, les volontaires germaniques progressent. En tête, on tiraille à nouveau. La route apparaît assez encaissée. Voitures et motos cahotent sur des pierres et patinent dans les ornières. Maintenant, la section de tête s'est arrêtée et les hommes se sont dispersés, en position de combat. Soudain, on tire sur la gauche. La compagnie est prise de flanc. Les mitrailleuses ripostent. On ne voit rien. Un jeune agent de liaison, le nez dans un fossé plein d'eau puante, croit sa dernière heure arrivée. Soudain, il entend crier près de lui. Puis une mitrailleuse tire rafale sur rafale : la compagnie de reconnaissance riposte, musèle l'adversaire et reprend la marche.

Les S.S. traversent un village. Quelques civils terrorisés se tiennent devant leurs maisons. Des toitures brûlent. L'air sent la fumée. Après le hameau, une autre vallée. Des groupes de soldats soviétiques s'enfuient. Les volontaires germaniques sautent à terre et commencent à mettre leurs mitrailleuses lourdes en position, pour prendre leurs adversaires à partie avant qu'ils n'atteignent le couvert des bois.

Partout, des hommes de la division se mettent en position. Voici les chasseurs de chars avec leurs pièces qui arrivent en renfort. Puis un officier observateur d'artillerie surgit jusqu'aux premières lignes avec son camion radio. Il fait ses calculs à toute allure. Quelques instants plus tard, tombent les premiers obus allemands. Tout s'est déroulé comme un gigantesque mécanisme d'horlogerie.

Les Russes ripostent. Un chef de compagnie tombe à la tête de ses hommes. Un obus percute le bouclier d'un canon antichar et tue net deux servants. Le Rottenführer Lorenz, chef de pièce, grièvement blessé, sert lui-même le canon qui peut encore tirer. Il repousse ceux qui veulent lui apporter des pansements.

— Envoyez plutôt des munitions!

Le caporal-chef expédie encore quelques obus, puis s'écroule, ruisselant de sang.

Des projectiles explosifs ont mis le feu au village. Partout brûlent des toitures. Les Russes quittent l'abri des maisons pour se réfugier dans les bois.

Une estafette motocycliste arrive en plein milieu de l'accrochage :

— Le chef de compagnie demande le rapport quotidien.

— C'est bien le moment! explose le chef de section Görling. Mon agent de liaison s'y mettra quand le combat sera fini.

La paperasse ne perd jamais ses droits, même en ces premiers jours de guerre.

Dans le crépuscule, les volontaires germaniques du régiment *Nordland,* en traversant une forêt, découvrent, au milieu d'une clairière, les restes d'un convoi allemand qui a été attaqué peu auparavant. Partout, des véhicules incendiés, des casques, des étuis de masques à gaz. Mais ni armes ni cadavres.

Ils poursuivent leur route à la recherche des patrouilles d'une Panzerdivision de la Wehrmacht avec laquelle ils doivent établir la liaison. Ils se rencontreront dans le crépuscule, en plein sous-bois, à l'heure des méprises.

On passera la nuit dans la forêt, sur le qui-vive. Allemands, Finlandais, Danois ou Norvégiens, qui ont reçu le baptême du feu ce jour-là, ont de la peine à s'endormir. Les sous-officiers répètent aux jeunes :

— Vous avez remarqué combien peu de balles touchent leur but!

Mais les volontaires germaniques ont découvert les premiers morts. Cadavres d'hommes et de chevaux. Odeur infecte de charnier sous la morsure du soleil implacable. Leurs camarades qui ont traversé Lemberg leur ont raconté que les couloirs, les caves et même les cours de la prison étaient pleine de corps entassés. Les Soviétiques ont réglé leurs comptes avant de partir. Dans l'atmosphère de déroute, toutes les horreurs deviennent banales.

Est-ce la guerre de francs-tireurs qui commence? Le groupe de commandement de *Westland* a été pris par-derrière sous un feu nourri, alors que l'état-major du régiment inspectait les armes prises à l'ennemi. Parmi les tués, le commandant de l'unité, le Standartenführer Wäckerle. Le plus jeune des colonels n'aura pas survécu à son premier combat. Le Standartenführer Diebitsch prend provisoirement sa place et l'avance continue.

Nordland roule toujours en tête.

Le plus dur, dans cette longue marche en pays ennemi, c'est de garder la liaison avec les voisins. Personne ne sait très bien qui progresse à droite et à gauche. Seule certitude : l'ennemi est en face. Et seul espoir : les camarades suivent.

Dans les champs de graminés, dissimulés par les hautes tiges, se trouvent des petits groupes de soldats soviétiques. Certains ne pensent qu'à se cacher, mais d'autres lancent de brèves attaques contre les colonnes allemandes. La division *Wiking* approche maintenant de Tarnopol, au milieu des cratères de bombes. Les Stukas ont frappé. Véhicules détruits et cadavres disloqués à perte de vue. Horrible odeur sous le soleil.

Les colonnes s'étirent. Le ravitaillement suit mal. Alors, très vite, entre deux escarmouches, les S.S., comme tous les soldats du monde, ne pensent plus qu'à la bouffe. C'est à qui plumera le plus de poulets ou réussira la plus gigantesque omelette. Le pillage commence dans les moindres hameaux. Les paysans baissent les bras. Furieux et soumis. *Karacho.* Jamais ils n'ont attendu quelque bien des étrangers qui surgissent dans les masures d'Ukraine, l'arme au poing, le visage dur sous le casque d'acier.

Très vite, le paysage change. Après le bois qui couvrent les confins polonais, voici maintenant des champs de céréales. Immenses. Dorés sous le soleil. Pas un seul moissonneur pour tout ce blé mur. Abrutis par la chaleur, par les ventrées de l'étape et par toute cette poussière qui leur colle au visage, les hommes s'endorment dans les véhicules, secoués par les cahots d'une piste infecte.

Le peloton de tête de la compagnie de reconnaissance s'arrête, observant un village. On le décrète suspect. Des chasseurs de chars arrivent avec leur pièce de 37. Un blindé russe surgit comme par enchantement d'un repli de terrain. Deux coups de canon. Un seul aurait suffi : le char, touché, s'immobilise et s'enflamme. Les survivants de l'équipage sautent à terre et se replient vers l'abri d'un champ de blé. Maintenant la nuit arrive vite. Il fait rapidement très sombre. Tout le paysage respire le danger. Mais il n'est pas encore question de s'arrêter. Il faut continuer, traverser un village mort, poursuivre la longue marche vers l'Est.

Des camions russes abandonnés barrent l'étroite piste qui serpente entre les masures. Le chef de section Görling ordonne de rouler lentement et de les contourner. Les véhicules de la section de mitrailleuses lourdes s'engagent dans une véritable chicane. Le chef a l'air préoccupé. Ce village abandonné ne lui dit rien du tout.

— Attention! lance-t-il au conducteur et à l'agent de liaison installé sur le siège arrière de la voiture tout-terrain.

Comme à un signal, des coups de feu claquent de tous les côtés. Le village est occupé par les Russes!

— A terre!

Les volontaires germaniques sautent des voitures d'un bond. Ils ne comprennent rien à ce qui se passe. Une seule chose certaine : on leur tire dessus. Chauffeurs et fantassins rampent dans la boue, au milieu des ordures du village. Les S.S. n'arrivent même pas à localiser leurs adversaires. La nuit se fait de plus en plus noire.

Un canon de PAK se trouve en batterie au milieu de la rue. Le chef de pièce ordonne de pointer l'arme contre la porte d'une maison, à une vingtaine de pas devant. Soudain, la porte s'ouvre et des soldats soviétiques jaillissent.

— Feu!

Le canon de 37 aboie furieusement. A moins de quinze mètres, un malheureux Russe reçoit l'obus en pleine poitrine et s'écroule, déchiqueté par les éclats. Ses camarades disparaissent dans la nuit.

Le chef de compagnie, le Hauptsturmführer Cesper, a réuni ses cadres :

— Rien de clair dans ce village. Il faut le dépasser et nous établir sur les hauteurs au-delà. Ne faites pas de bruit.

Le village est vite dépassé et les S.S. s'installent en point d'appui sur des positions organisées à toute allure. Après le jour accablant de chaleur, la nuit paraît soudain assez fraîche. Cesper va de l'un à l'autre. Personne ne dort. Le capitaine se sent aussi nerveux que ses hommes. Que peuvent préparer les Russes? Dans la vallée, au-devant de la compagnie, on entend des bruits de moteurs dans les ténèbres.

La nuit paraît interminable. Avec l'aube, arrivent des renforts. Des obusiers de 105 prennent position, juste derrière les premières lignes. Dès qu'il fait jour, on distingue en face un rassemblement de véhicules soviétiques. L'artillerie ouvre un feu d'enfer. Les obus éclatent au milieu de l'ennemi. Comme tout paraît facile.

Les Russes, sévèrement touchés, ripostent. Eux aussi ont des canons. Trois artilleurs S.S. sont mis hors de combat d'un seul obus. L'accrochage continue. Voici qu'arrivent les camions chargés de munitions. On fait la chaîne jusqu'aux pièces de 105. Motocyclistes et artilleurs se donnent la main pour aller plus vite. Le paysage semble labouré par les obus.

Enfin, tout se tait. Aux premières heures de la matinée, les fantassins du régiment *Nordland* s'avancent dans la vallée pour constater les résultats du bombardement. Partout des cadavres et des blessés. Quelques prisonniers, hébétés, sont conduits vers l'arrière.

Le 3 juillet, une des colonnes de la division *Wiking* se heurte à une formation soviétique. Les Russes lancent aussitôt dans la bataille de nombreux blindés. Les volontaires germaniques risquent d'être submergés. Leur chef demande une aide urgente. La survie de ses hommes n'est plus qu'une question de minutes. Il n'a presque rien à opposer aux blindés qui se ruent à la curée, certains d'anéantir la colonne ennemie. Tout va se décider en quelques instants.

Intervient alors un Sturmbannführer de vingt-neuf ans originaire de Sankt Andreasberg, dans le Hanovre. Karl Schlamelcher commande un groupe d'artillerie et il ordonne aussitôt à ses batteries d'intervenir. Jamais les artilleurs n'auront bondi aussi vite à leurs obusiers. Les chefs de pièce, les uns après les autres, annoncent qu'ils sont prêts à ouvrir le feu. Schlamelcher est décidé à briser net l'attaque soviétique par le plus fantastique tir de barrage jamais encore mis en place par la division *Wiking*. Les obusiers de 105 ouvrent le feu au bout de quelques secondes. Et le déluge d'obus ne va pas arrêter.

Quand les pièces se taisent et que vient l'heure du bilan, il est absolument fantastique.

— C'est incroyable, ne peut que répéter Schlamelcher qui n'aurait jamais pensé causer de telles pertes à l'ennemi.

Mais les chiffres sont là, irréfutables : dix-sept chars soviétiques hors de combat et cent quarante-quatre camions. Quant aux Russes, morts ou blessés, on en comptera plus de six cents! Jamais quelques batteries d'artillerie n'auront semé une telle terreur. Toute une colonne soviétique a ainsi disparu au milieu des éclats, comme avalée par le sol qui s'ouvrait sous les éclatements des obus.

Sur toute la région, c'est un spectacle d'horreur absolue. Partout, des épaves de véhicules et des cadavres, à perte de vue. Ferrailles tordues et membres arrachés. Du sang que boit avidement la terre desséchée par l'implacable soleil de cet été terrible.

Encouragés par la riposte des artilleurs, les fantassins S.S.

passent à la contre-attaque. Ils parviennent facilement à ébranler un ennemi déjà terriblement « sonné » par le barrage d'artillerie. Alors, là aussi, le bilan sera considérable. Les volontaires germaniques parviennent à s'emparer de vingt-sept chars en parfait état et dont les équipages ont été massacrés par les éclats d'acier. Les servants d'une batterie de canons de 120 gisent également, déchiquetés, au milieu de leurs pièces muettes qui dressent vers le ciel leurs tubes inutiles. Il n'y a plus qu'à trouver des tracteurs pour les expédier sur la base arrière de la division.

Le Sturmbannführer Schlamelcher devient célèbre en quelques heures et c'est à qui espère être appuyé par les artilleurs de son groupe.

Le 4 juillet, l'état-major de la division *Wiking* se trouve à Tarnopol. Le Gruppenführer Steiner a reçu l'ordre de rejeter l'ennemi à l'Est de la « ligne Staline » et d'essayer de le repousser au-delà du Dniepr.

Arrive alors à la division un ordre du commandement en chef de l'armée de terre : « Aucun soldat allemand ne pourra être poursuivi pour des mauvais traitements envers la population civile. »

— Cela concerne peut-être la Wehrmacht, mais pas la Waffen S.S.! s'exclame Steiner, furieux. S'il n'y a plus de discipline, il n'y a plus d'armée. Je ne commande pas une bande de sauvages. Aussi, je garde le droit de punir qui je juge coupable.

Ce n'est certes pas la première fois que le Commandeur de le division *Wiking* montre quelque réticence à obéir à certains ordres. Et ce ne sera pas la dernière. Le Reichsführer Heinrich Himmler ira jusqu'à dire de lui qu'il est le général le plus indiscipliné de la Waffen S.S... Mais il est aussi, sans conteste, un des plus capables.

Dans la plaine ukrainienne, en ces premiers jours de juillet, il n'a qu'une seule idée : poursuivre l'offensive.

Le temps a brusquement changé. Maintenant, il pleut à torrents. Les pistes ne sont plus, en quelques heures, que des torrrents de boue. Au-delà de Tarnopol, les unités qui ont pris la ville éclatent dans diverses directions. La division *Wiking* occupe toujours le secteur le plus méridional.

Steiner a reçu l'ordre de forcer le passage de la rivière Sloutch et de s'emparer de Proskourov.

A l'aube du 5 juillet, le Commandeur lance le régiment *Westland* en avant. L'unité est commandée par un nouveau chef, le Standartenführer Artur Phleps. Pour des raisons faciles à comprendre, ce colonel sert sous le nom d'emprunt de Stolz. Il n'est pas, en effet, citoyen allemand et a rejoint quasi clandestinement la division *Wiking*.

Né à Birthälm, dans les Siebenbürgen, le nouveau commandeur de *Westland* appartient par toutes ses fibres à la communauté *volksdeutsche* dispersée à travers l'Europe. Sa terre natale, intégrée à l'Autriche-Hongrie, est devenue roumaine en 1919. Cela n'empêche pas Phleps de se sentir d'abord lié au Reich et il est lié au mouvement des Allemands de Roumanie qu'anime Andreas Schmidt, le gendre de Gottlob Berger.

Toute la vie de Phleps-Stolz est celle d'un soldat. Officier de carrière, déjà âgé de trente-trois ans en 1914, il a servi dans l'armée austro-hongroise comme officier de troupe, puis dans un service d'état-major. Couvert de décorations, il n'a pas voulu abandonner le métier militaire quand son pays d'origine a été annexé par la Roumanie. Il a demandé à servir dans l'armée royale, où l'on ne pouvait qu'apprécier ses compétences. Organisateur des troupes de montagne roumaines, Phleps est instructeur à l'académie militaire de Bucarest, puis il gravit tous les échelons de la hiérarchie jusqu'au grade de général de division. A la veille de la guerre, sentant que ses origines germaniques le rendent suspect, il sollicite une mise en congé qui lui est aussitôt accordée. Sur les conseils d'Andreas Schmidt, il se rend à Berlin en 1940. Berger le reçoit à bras ouverts. C'est exactement le type d'homme dont a besoin le grand sergent recruteur du *S.S. Hauptamt*. Général de division, Phleps est disposé à commander une unité bien en dessous de ses capacités, même un régiment si nécessaire. Il est alors affecté à la division *Wiking* comme officier en surplus.

Quand le Standartenführer Wäckerle est tué par un tireur d'élite soviétique, Phleps-Stolz sollicite tout de suite de prendre sa succession à la tête du régiment *Westland*.

Le Gruppenführer Steiner ne peut qu'accéder à une telle demande. Il a reconnu la valeur de son subordonné, mais il se trouve dans une position un peu difficile envers lui. Phleps a maintenant soixante ans. Quinze de plus que Steiner. Et il a derrière lui un passé militaire remarquable. Steiner le jalouse un peu. Et puis Phleps n'est certes pas un caractère commode.

Le visage taillé à coups de serpe, ce général roumain qui accepte de servir comme colonel allemand, à condition que ce soit dans la Waffen S.S., arbore une trogne de soudard aux traits burinés. Son visage, avec les yeux tombants, le nez pointu et la moustache sombre en balai-brosse, évoque irrésistiblement celui d'Adolf Hitler lui-même. Phleps-Stolz cultive la ressemblance et accentue son allure d'ancien baroudeur de la Grande Guerre.

Ce sexagénaire, montagnard dans l'âme, va se révéler sur le terrain bon fantassin et fin manœuvrier. Nul plus que lui n'est capable de mener cette opération vers Proskourov que lui confie le Commandeur de la division *Wiking*. Il donne immédiatement ses ordres à ses chefs de bataillon.

Le 1er bataillon de von Hadeln doit franchir la rivière Sloutch sous le feu et établir une tête de pont sur l'autre rive. Allemands et Néerlandais se jettent à travers un village en feu pour essayer de s'emparer de l'unique pont. Les Russes ont compris le danger et lancent des contre-attaques sur les flancs. Le 2e bataillon de Kummer suit les compagnies de tête dans la foulée. Quant à la protection des flancs, elle sera assurée par le 3e bataillon de Steinert, où servent les volontaires flamands.

Très vite, les combats deviennent sévères. Un nouveau chef de compagnie tombe dans la mêlée. Sans arrêt, les Russes venus du Sud lancent assaut sur assaut pour essayer de retarder la progression du régiment *Westland*. Le pont sur la Sloutch devient l'enjeu de cette bataille qui se durcit de minute en minute. Il pleut toujours.

Cette journée du 7 juillet 1941 marque pour la division *Wiking* le vrai début des combats en Ukraine. Les trois bataillons de *Westland* veulent à tout prix forcer le passage. Le Standartenführer Phleps sait qu'il peut tout demander à ses volontaires. Dans le régiment de l'ancien général de l'armée roumaine, les *Volksdeutsche* de Roumanie ou de Hongrie veulent en remontrer aux Allemands « de l'intérieur du Reich ». Quant aux volontaires occidentaux, c'est leur premier grand combat et les Néerlandais, si placides à l'entraînement, semblent soudain comme enragés.

Des chasseurs de montagne de la Wehrmacht viennent renforcer les hommes de la Waffen S.S. Devant ces nouveaux venus, les Germaniques sont décidés à montrer de quoi ils sont capables. Le bataillon von Hadeln rejette les Russes vers le sud-est. Au bout de deux jours de combat, l'avant-garde s'empare de Proskourov.

Ces combats sur la Sloutch mettent en œuvre les trois régiments d'infanterie de la division. Sous les ordres du Standartenführer von Oberkamp, l'ancien hussard, les trois bataillons de *Germania* entrent à leur tour dans la fournaise. On se bat dans la région de Satanov. A la pluie des derniers jours, succède maintenant un épais brouillard. Amis et ennemis sont confondus dans la même fumée bleuâtre et opaque qui colle à la peau.

Le Sturmbannführer Jörchel, qui commande le 2e bataillon, a pris la tête du régiment. Avec son unité, progressent des artilleurs et des pontonniers. Le commandeur Steiner tient beaucoup à ce que se constituent ainsi, quand la situation l'exige, des petits *Kampfgruppen,* où se trouvent côte à côte toutes les armes de la division.

Les Soviétiques tiennent encore la rive orientale de la Sloutch.

— Où en est le pont? demande Jörchel.

— Intact, Sturmbannführer.

— Alors, on fonce!

Quand arrivent les premiers éclaireurs de la compagnie de pointe, les Russes font tout sauter; des morceaux de ferraille et des corps disloqués voltigent vers le ciel. Il en faut plus pour arrêter Jörchel. Il lance dans la rivière des sapeurs et des fantassins qui utilisent des sacs flottants bourrés de paille. Les S.S. débarquent de vive force sur la rive ennemie. Tout le reste du bataillon suit. Seulement, il faut très vite élargir la tête de pont. Dans cette grosse bourgade, on va se battre de maison en maison pour atteindre les lisières orientales de Satanov, tandis que les canons des artilleurs de la division appuient les groupes de choc.

Certes, les S.S. ont atteint les lisières orientales de Satanov, mais les Russes ne s'avouent pas battus. Ils creusent en hâte des tranchées et s'efforcent d'encercler les volontaires germaniques de la tête de pont.

En face d'eux, le 2e bataillon de *Germania* s'enterre aussi. Jörchel tient tête à l'ennemi et ordonne en même temps aux pontonniers de lancer une passerelle à la place du pont détruit.

La nuit ne va pas tarder à tomber mais des renforts S.S. continuent à arriver. Derrière le régiment de von Oberkamp, déboule maintenant celui de von Scholz. Allemands et Scandinaves de *Nordland* attendent le moment de franchir à leur tour le cours d'eau et de renforcer l'avant-garde.

Le Gruppenführer Steiner est bien décidé à « donner de l'air » à ses régiments d'infanterie engagés dans la bataille pour Satanov et fait occuper vallons et forêts de chaque côté de la tête de pont.

On va travailler et combattre toute la nuit. A l'aube, les S.S. sont survolés par des avions russes qui tournent au-dessus de la bourgade pour essayer de repérer les positions occupées par la division *Wiking*. Ils pourront annoncer que des renforts continuent à arriver.

Après les appareils d'observation, voici les chasseurs-bombardiers russes. Ils attaquent aussitôt. Mais au sol les hommes de Steiner se sont bien camouflés et enterrés.

Dans les premières heures du 7 juillet, appuyés par les artilleurs du Standartenführer Gille, les fantassins de *Germania* continuent à desserrer l'étreinte au-delà de Satanov. Quelques avions de combat allemands arrivent en renfort. La défense soviétique semble brisée autour de la tête de pont. On peut envisager de lancer une formation motorisée vers l'Est.

Sous le commandement du Hauptsturmführer Kreuzer, se forme une colonne rapide, avec deux compagnies motocyclistes de *Germania* et de *Nordland*, une compagnie de chasseurs de chars, une batterie d'artillerie de campagne et quelques pièces de FLAK.

Kreuzer reçoit l'ordre de poursuivre l'ennemi en direction de Kouzmine. Sa colonne doit franchir la passerelle, lancée par les pionniers de la division sous le feu de l'ennemi, après que le pont a sauté, dès le début du combat pour Satanov.

Le capitaine rassemble son *Kampfgruppe* et s'apprête à lancer la poursuite.

La compagnie de chasseurs motocyclistes du régiment *Nordland* arrive à Satanov pour participer au raid avec les camarades de *Germania*. Le soleil a reparu, dissipant la brume. Maintenant, il fait à nouveau une chaleur épouvantable. Il est près de midi. Les hommes se planquent sous les arbres et près des murs, tant pour se protéger des balles que pour trouver des coins d'ombre.

Avec des chasseurs de chars et des pionniers, les motocyclistes franchissent le pont de Satanov et roulent vers l'Est. Avec eux, se trouvent les servants de quelques canons d'infanterie et un camion radio, qui doit assurer la liaison avec les batteries d'artillerie de la division.

Arrivés dans la tête de pont, les volontaires germaniques se sentent un peu isolés. Ils savent qu'en cas d'attaque russe, leurs camarades feront sauter la passerelle dans leur dos et qu'ils seront alors isolés sur la rive orientale. Les S.S. traversent la bourgade, gagnent les faubourgs, roulent à travers la campagne. Ils ont l'ordre de faire une quinzaine de kilomètres vers l'Est, avant de s'établir en défensive.

La colonne motorisée progresse assez vite dans la plaine. Les hauteurs de chaque côté de la route sont sans doute aux mains des Soviétiques qui doivent surveiller son avance. Les motos roulent sur un chemin de campagne bordé de haies. La terre semble étrangement noire. « On voit la même chez les fleuristes », pense machinalement un des jeunes volontaires, au moment même où les premiers obus russes arrivent sur la colonne!

— En avant! On ne s'arrête pas! lance le chef de compagnie Cesper.

Les S.S. traversent un village vide et sinistre. Personne aux fenêtres, personne derrière les haies et les arbres. Étrange impression de tomber dans un piège.

Enfin — c'est presque un soulagement —, les premiers coups de feu claquent à la hauteur du groupe de tête. Les véhicules s'arrêtent. Les hommes sautent à terre. Les chasseurs abandonnent leurs motos pour foncer vers l'avant, fusil au poing. En tête, cela bagarre dur.

Les mitrailleurs, traînant leurs pièces, foncent vers l'avant pour aider leurs camarades rudement accrochés.

L'Unterscharführer Karl, un des sous-officiers de la section de fusiliers, s'empare d'une mitrailleuse et tire tranquillement, comme à l'exercice, le casque sur la nuque et un cigare planté dans le bec, il vide tranquillement ses bandes à petites rafales précises, comme le prescrit le règlement.

Une estafette motocycliste soudain surgit de l'arrière, se laisse tomber de sa moto au milieu de la route et se coule dans le fossé près de ses camarades de l'avant-garde.

— Qu'est-ce qui se passe? demande l'Untersturmführer Pauli qui commande la section de tête.

— Ça va mal. Les Russes attaquent le gros de la colonne.

— Où est le commandant de compagnie?

— L'Obersturmführer Cesper vient d'être tué. Nous allons être encerclés.

Le sous-lieutenant devant ces mauvaises nouvelles n'hésite pas. Il ordonne un repli rapide avant qu'il ne soit trop tard, lançant des petits groupes en contre-attaques pour couvrir sa retraite.

— Retour au village! ordonne-t-il.

Motocyclistes et mitrailleurs décrochent. D'abord en ordre Puis, très vite, c'est la pagaille. Dans le village, ceux qui se replient se heurtent à ceux qui arrivent de l'arrière et veulent continuer la progression. Des embouteillages de véhicules se forment. La mort du capitaine a totalement désorganisé sa compagnie. Des cris fusent.

— Le chef est tué! On est foutus!

C'est leur premier « vrai » combat après les escarmouches des jours précédents. La guerre se révèle dans la souffrance et le désordre. Les Russes vont surgir et liquider ces hommes hébétés par la brusque résistance de l'ennemi qu'ils découvrent.

L'Untersturmführer Pauli prend le commandement :

— Un peu d'ordre!

Il dirige les rescapés de la compagnie sur une hauteur et se forme en hérisson. Quelques véhicules sont au centre. Les hommes installent fébrilement des emplacements de combat. Les mitrailleurs repèrent des champs de tir. Mais plus rien ne semble se passer. Les Russes se sont évanouis dans le paysage. Le crépuscule arrive dans un calme impressionnant. C'est le grand silence, à peine troublé par les gémissements des blessés que l'on a installés tant bien que mal sur les voitures tout-terrain. Sur le capot d'un véhicule, une vieille porte arrachée à une masure sert de civière à un blessé grave.

Le nouveau chef de la compagnie ordonne à un infirmier et à un chauffeur de foncer vers l'arrière pour essayer de sauver le blessé. La voiture démarre en trombe. Mais elle revient peu après.

— Untersturmführer, on ne peut plus passer. Les Russes sont partout.

Pauli organise la résistance. Vers minuit, l'adversaire vient tâter ses positions. Les hommes encerclés entendent leurs camarades de l'avant-poste qui ripostent : rafales de mitrailleuse, coups de fusil, éclatements de grenade. Puis à nouveau le calme et la nuit.

Dans les ténèbres, tous les nerfs sont tendus. Personne n'oserait sommeiller. On sent des présences invisibles. Les mitrailleuses lourdes tirent quelques rafales, un peu au hasard. En face, on répond. Puis tout se calme à nouveau.

Maintenant, la nuit s'avance. Il fait un beau clair de lune. Tout le paysage prend une allure fantasmagorique. Les hommes ouvrent leurs vivres de réserve, biscuits secs et boîtes de conserve. Ils grignotent pour tromper leur peur plus que leur faim.

Tous s'attendent à être attaqués à l'aube. Alors, ce sera le dernier carré. Se faire tuer sur place. Succomber sous le nombre. Malgré la terreur qui leur noue les tripes, ils essaient d'imaginer quelques images héroïques. C'est pour cela qu'ils se sont engagés à la S.S., Allemands ou Germaniques. Mais, à l'aube, le paysage reste vide. Plus personne : les Russes ont décroché silencieusement.

Un bruit de moteur. C'est une auto-mitrailleuse de la division qui arrive en liaison. Il est sept heures du matin. Les encerclés reprennent courage et descendent vers le village où ils ont failli être anéantis. Ils retrouvent leurs véhicules. Les Russes ont tiré quelques balles dans la caisse avant des voitures tout-terrain, mais le moteur se trouve à l'arrière! Alors on peut les faire démarrer et repartir vers l'arrière et Satanov.

Le Sturmbannführer baron von Reitzenstein, qui commande le groupe de reconnaissance de la division *Wiking*, reçoit l'ordre de constituer un *Kampfgruppe*. Il se lance aussitôt à la poursuite des Russes en retraite. Direction : Proskourov.

Soudain, des coups de feu claquent et une résistance s'amorce. Aussitôt, deux régiments d'infanterie sont lancés dans la bataille. *Germania* et *Westland* attaquent. Les hommes de von Oberkamp et de Phleps avancent avec tant d'impétuosité et d'imprudence qu'ils s'aperçoivent — un peu tardivement — qu'ils sont en train de se battre... les uns contre les autres, trompés par le crépuscule et le manque de liaisons. On se partage le terrain conquis et on attend la nuit.

Un officier a été envoyé à l'état-major de la division pour rendre compte de ce combat fratricide au Commandeur. Cela donne l'occasion au Gruppenführer Steiner de piquer une colère mémorable. Et puis, dans les ténèbres, tout retrouve son calme. L'Ukraine, assoupie, cède à ses vainqueurs.

Subitement, c'est la nature qui se fâche et prend la relève de l'armée défaite, pour entraver la marche vers l'Est des conquérants germaniques. Vers minuit, dans la nuit du 8 au 9 juillet, un terrible orage éclate. La pluie tombe à torrents, noyant tout le paysage. En quelques heures, les routes ne sont plus que des fondrières impraticables. L'aube se lève dans une ambiance de désolation. Il faudra des tracteurs pour sortir les véhicules de ce cloaque.

Les combats de la frontière se terminent dans la boue. La division *Wiking* reprend son souffle avant d'attaquer la ligne Staline.

9.

Les soldats soviétiques se battent avec l'énergie et le courage du désespoir pour essayer d'arrêter l'envahisseur. Ils lancent de furieuses contre-offensives pour essayer de couper les colonnes allemandes qui s'enfoncent vers le sud-est, comme des flèches dans la terre noire d'Ukraine.

Pour couvrir l'autoroute de Kiev, le général von Mackensen demande à la division *Wiking* de lui envoyer des renforts. Le commandeur de la division désigne le régiment *Nordland* de von Scholz.

Le colonel autrichien réagit avec son impétuosité habituelle et lance en avant, pour éclairer son unité qui a été sérieusement renforcée, sa 15e compagnie de motocyclistes. Après la mort de l'Obersturmführer Cesper, son successeur l'Obersturmführer Klapdor, reçoit des ordres simples :

— Éclairez le flanc nord et essayez d'établir une liaison avec des éléments amis du côté de Jitomir.

— Quelle est la situation général, Standartenführer?

— Très mouvante... Vous n'avez qu'à foncer dans le brouillard.

Voilà une mission de hussards!

Quelle surprise de trouver une route asphaltée. C'est bien la première que les S.S. découvrent en Union soviétique depuis qu'ils ont franchi la frontière. Les motos et les voitures tout-terrain roulent rapidement. Paysage monotone de bois et de sables. Poussière. Sur ces grandes distances, on s'oriente à la boussole, comme dans le désert. La colonne dépasse des épaves de véhicules allemands détruits. On s'est battus dans ce secteur. Tout a brûlé. Les S.S. continuent la marche vers le nord. Le terrain est vallonné. Parfois, on découvre de vastes pans de paysage. Les villages sont traversés en trombe.

L'Obersturmführer Klapdor a l'ordre de harceler l'ennemi, mais de ne pas l'attaquer, tant la disproportion des forces est grande. Son chef le lui a bien dit : « Pour vous, c'est une bataille à coups d'épingle... » Un avion de reconnaissance allemand largue un message. Maintenant, le lieutenant sait où sont les Russes.

— Dispositions de combat. Ne tirez que sur mes ordres.

Les volontaires germaniques sautent à terre et partent prendre position en courant. Les mitrailleurs occupent une crête et les artilleurs installent leurs canons en arrière. Le chef de compagnie observe à la jumelle la route en contrebas où l'avion lui a signalé une colonne ennemie. La voici! A un kilomètre à peine, deux cavaliers débouchent d'un bois. Puis apparaissent les premiers éléments. Il y a au moins un bataillon.

Les Russes s'avancent, sans paraître se méfier. Ils vont tomber dans l'embuscade. Il faut les laisser entrer dans la nasse. Quand ils seront tout proches, il sera trop tard pour eux. Toutes les armes sont braquées. Lourd silence sous la morsure du soleil, très haut dans le ciel. Il est près de quatre heures de l'après-midi.

— Feu!

Toutes les armes se déchaînent à la même fraction de seconde. Fusils, mitrailleuses, canons d'infanterie, pièces de PAK.

La colonne ennemie se fige sous cet orage de feu et de fer. Les hommes essaient de se disperser, mais ils sont vite rattrapés par les balles et les éclats. Il faudra une bonne vingtaine de minutes pour que les Soviétiques, terriblement surpris et sonnés, parviennent à esquisser une contre-attaque.

— On détale! ordonne Klapdor.

Les S.S. germaniques se replient sur la contre-pente et retrouvent leurs motos. Quand les premiers fusiliers russes vont arriver sur la crête, ils ne verront qu'un nuage de poussière!

La compagnie de reconnaissance du régiment *Nordland* reçoit, dès son retour vers l'arrière, une nouvelle mission. Cette fois, il faut aller voir ce qui se passe près de Radomysl.

— Essayez d'y arriver avant les Russes, dit seulement von Scholz.

On aperçoit les premières maisons tard dans l'après-midi. La partie principale de la ville se trouve sur les pentes nord de la vallée du Terterov. Il faut commencer par s'emparer de la partie sud. Ce ne sera pas tellement difficile, car les jardins, les haies et les cabanes offrent de bons couverts. Les S.S. bondissent d'abri en abri. Ils ne rencontrent aucune résistance. Tout est désert. Les voici sur la berge méridionale de la rivière. Cela paraît calme, trop calme. Un vieux pont de bois franchit le cours d'eau.

Klapdor décide d'envoyer une patrouille de l'autre côté, pour reconnaître la rive septentrionale.

— Inutile d'exposer quelques hommes, déclare l'Untersturmführer Pauli. J'y vais avec un agent de liaison.

— Je viens avec vous! lance Klapdor.

Le chef de la compagnie de reconnaissance semble de plus en plus décidé à faire la guerre comme un hussard! Les trois hommes bondissent vers le pont. Dès qu'ils arrivent aux premières planches, un feu d'enfer se déchaîne. Impossible de revenir en arrière. Les S.S. se laissent tomber sous le pont. Les voici coincés.

Les mitrailleurs ont vu leur chef et ses deux compagnons pris sous le feu. Ils se mettent à leur tour à tirer et essaient de faire taire les Russes de l'autre rive. Couverts par leur feu d'enfer, les deux officiers et l'agent de liaison regagnent les lignes allemandes en rampant dans la boue. Jamais ils n'ont été aussi crottés.

— Vite! On décroche! ordonne Klapdor.

Il obéit strictement aux ordres : des coups d'épingle. Pas autre chose.

Mais décrocher sous le feu ennemi n'est pas si facile. Des estafettes parcourent la colonne en criant :

— Demi-tour. On s'en va!

Les moteurs s'emballent, les freins hurlent, les chauffeurs s'énervent. Les petites Volkswagen tournent presque sur place sans difficulté. Mais c'est bien autre chose pour les lourds tracteurs de canon « Steyr » qui ont trois essieux. D'autant que l'artillerie russe s'en mêle. Les premiers obus tombent sur la colonne, accentuant encore le désordre. Des véhicules s'ensablent. Il faut sauter à terre, pousser au cul, jurer.

Les voitures tout-terrain escaladent l'une après l'autre la crête et échappent aux coups de l'ennemi. Mais les gros tracteurs peinent de plus en plus. Un chauffeur est tué. Un de ses camarades le remplace et arrache le véhicule à la piste sablonneuse. Enfin, toute la compagnie Klapdor réussit à franchir la crête et à s'enfuir du piège de Radomysl.

L'Obersturmführer ordonne de faire l'appel. On n'a perdu qu'un tué. Et la mission de reconnaissance confiée au lieutenant est accomplie.

Le lendemain, il faudra à nouveau repartir pour « tâter le terrain ». Maintenant, les S.S. connaissent bien la manœuvre. Aux premiers coups de feu, ils sautent des motos ou des véhicules, livrent un bref combat d'infanterie, puis se replient sous la protection des armes lourdes. Ce genre de combat devient de la routine.

Ces raids à la recherche de l'ennemi permettent au Standartenführer von Scholz d'établir ses points de résistance pour couvrir l'indispensable autoroute de Kiev.

On trouvera une lettre du général soviétique Artamenko dans la sacoche d'un officier de liaison ennemi : « Il faut espérer que ces S.S. de la division *Wiking* seront enfin relevés. Leur puissance de combat est fabuleuse. »

Tandis que le régiment *Nordland* de von Scholz se battait dans la région de Jitomir, les S.S. du régiment *Germania* de von Oberkamp constituaient l'avant-garde du gros de la division *Wiking*.

Le beau temps, en cette mi-juillet, est devenu caniculaire. C'est par un climat tropical, couverts de sueur et de poussière, que les volontaires germaniques s'avancent dans la région de Skvira. Puis ils poursuivent vers Biala-Zerkiev.

Des avions russes surgissent au-dessus de la colonne.

L'attaque a lieu en plein champ, après un passage dans les bois, où l'on a enfin trouvé un peu de fraîcheur. Sur la route, maintenant, il n'y a plus un seul arbre. Ni ombre ni abri.

— Avions ennemis en rase-mottes!

Les guetteurs hurlent et désignent du doigt trois appareils russes qui arrivent, en plein dans l'axe de la route. Les hommes se dispersent à la recherche d'un improbable refuge. Ils s'applatissent le nez dans les champs de pommes de terre, la peur au ventre. Des bombes tombent. Les explosions se succèdent. Un camion est touché et flambe avec un gros panache de fumée noire. Les mitrailleuses des avions tirent sur tout ce qui bouge.

Soudain, une arme automatique allemande, solitaire, riposte. C'est un simple Sturmmann qui a refusé de fuir et fait front, avec une calme obstination de paysan de la Prusse-Orientale. Taciturne et timide, il semblait jusque-là soucieux de ne pas se faire remarquer. Il tire posément sut les avions qui s'éloignent en faisant hurler leurs moteurs. Un panache de fumée noire. Un des appareils est touché.

— Bravo, Ewald! lancent ses camarades au silencieux caporal dont le courage tranquille leur fait un peu honte.

La colonne repart. Parfois, un camion s'enlise dans une fondrière. Il faut se mettre à une vingtaine d'hommes pour le tirer avec une longue corde, tandis que le chauffeur, cramponné au volant, fait hurler son moteur comme une bête blessée.

Le Standartenführer von Oberkamp conduit le régiment *Germania* à l'avant-garde. Il bouscule quelques éléments ennemis et croit que la route vers Tarachtcha va être ouverte sans difficulté. Brusquement, les éléments de pointe se heurtent à une forte résistance. Les Russes ne l'ont laissé prendre un village étendu le long de la route que pour contre-attaquer avec une violence redoutable.

En quelques minutes, toute la tête de la colonne se trouve en mauvaise posture. C'est alors qu'intervient le Ier bataillon sous le commandement du Sturmbannführer August Dieckmann, un officier qui vient d'avoir vingt-neuf ans et n'a pas quitté le régiment *Germania* depuis sa fondation.

Sans perdre de temps, il commence par installer solidement ses compagnies de combat sur des hauteurs, afin de dominer le terrain. Ses S.S. s'enterrent fébrilement. En quelques dizaines de minutes, ils doivent constituer une solide position défensive.

L'attaque russe ne tarde pas à augmenter d'intensité. Le

Commandeur Steiner voit sa division sévèrement accrochée et fait le gros dos.

Il se met à pleuvoir, comme il peut pleuvoir en Ukraine un 18 juillet. Les chemins sont transformés en patinoires et les tranchées deviennent des bourbiers. Tous les véhicules sont immobilisés en quelques heures et aucun renfort motorisé ne peut parvenir aux premières lignes. Seuls, quelques tracteurs de la PAK parviennent à se sortir de ce piège. Avec eux, les automitrailleuses et les voitures amphibies du groupe de reconnaissance. Tout le paysage est noyé de pluie. On se bat sous un véritable déluge qui transforme chaque soldat en statue de boue. Les fusiliers de Dieckmann reçoivent enfin le renfort des chasseurs de chars et des motocyclistes de von Reitzenstein.

Les averses orageuses ne cessent pas avec le crépuscule. L'angoisse accompagne ces ténèbres gluantes. Trempés et transis, les hommes des premières lignes claquent des dents. Pour le moment, seul le régiment *Germania* a réussi à faire front et à établir un barrage improvisé. Von Oberkamp s'impatiente. Où est donc son camarade Phleps avec *Westland?* Il est en route, affirme par radio l'état-major de la division. Mais comment progresser en pleine nuit, par ces pistes impossibles où les voitures s'embourbent jusqu'aux essieux? Quant à von Scholz avec *Nordland,* il a été mis à la disposition d'une unité voisine de la Wehrmacht et ne pourra pas retrouver le reste de la division avant deux ou même trois jours.

Germania reste seul pour tenir. Et, dans ce régiment, tout repose sur Diekmann. Le chef de bataillon, ancré sur la terre ukrainienne, semble un roc sous la pluie incessante. Pendant toute la journée du 19 juillet, il va contenir les attaques de deux régiments soviétiques qui ne manquent pas de mordant. Mais ils se heurtent à forte partie. Le Ier bataillon de *Germania* réunit des vétérans allemands qui se battent depuis 1939. Cette troupe a été formée à la rude école de la *Verfügungstruppe* du vieux « papa Hausser »!

Et voici les renforts. Ce sont les hommes du bataillon Steinert, le 3e de *Westland,* où les S.S. thiois sont nombreux. Ils découvrent la guerre depuis quelques semaines seulement, mais leur chef est réputé pour être « un homme de fer ». Flamands et Hollandais rivalisent de courage et cherchent à « épater » les autres volontaires germaniques.

A ce jeu terrible et sanglant, les Russes ne vont pas tarder à se lasser. Ils décrochent et se replient vers l'est. Il était temps. Les deux régiments S.S. sont eux aussi épuisés. Depuis le début de l'engagement, chaque bataillon a été séparé de ses voisins et s'est battu pour son propre compte. Chez Dieckmann comme chez Steinert, on éprouve le besoin de souffler un peu...

Maintenant, les forces allemandes d'Ukraine sont engagées dans un grand combat pour Ouman. La division *Wiking,* qui n'est encore qu'une division d'infanterie motorisée, met chaque jour davantage au point la tactique de coopération avec les Panzers et les Stukas.

Les avions en piqué attaquent les concentrations de troupes soviétiques qui doivent se réfugier dans les bois. Dès qu'un blindé à étoile rouge montre la bouche de son canon, il se voit pris à partie jusqu'à ce que mort s'ensuive. Les chars brûlent avec de grands panaches de fumée. Les blindés allemands surgissent des couverts et s'élancent en grondant pour faire sauter les derniers verrous.

Les S.S. germaniques suivent dans la foulée. Le Standartenführer Phleps attaque avec *Westland* dans la région de Potoki. Des patrouilles motocyclistes éclairent les ailes des troupes en marche.

Dans son poste de commandement mobile, le Gruppenführer Steiner rédige ses ordres pour le 22 juillet 1941. Cela fait juste un mois que les forces du Reich ont attaqué l'Union soviétique.

Tout commence par deux attaques de Stukas qui vont occuper la matinée et seront suivis avec passion par les fantassins. Chaque coup au but les rassure sur ce qu'ils vont devoir affronter. Puis les Panzers de la Wehrmacht attaquent.

Dans leur sillage, s'élancent les S.S. du régiment Phleps. Tout le front s'ébranle. Matraqués par l'aviation et les blindés, les Soviétiques ne peuvent que refluer, après avoir durement souffert. Mais ils se retournent souvent, s'accrochent, se font tuer héroïquement.

Peu après midi, les fantassins de la division *Wiking* rencontrent une dure résistance. Pour la briser, le bataillon Braun, le 3e de *Germania,* s'empare de Lukjanovka, tandis que le bataillon Kummer, le 2e de *Westland,* attaque par-dessus la route de Tarachtcha.

Les volontaires germaniques progressent dans un bois. Un simple adjudant, l'Oberscharführer Peters, surgit soudain en plein milieu d'une position d'artillerie soviétique. Il s'installe « en hérisson » sur l'emplacement même de la batterie, dont il vient de mettre hors de combat les servants. La nuit tombe.

Un peu plus loin, au creux d'une épaisse forêt, se bat le bataillon von Hadeln, le 1er de *Westland*. Un des chefs de compagnies, le Hauptsturmführer Adams, est frappé à mort. Mais, dans la nuit, les S.S. s'installent en plein bois. L'Oberscharführer Misling, du bataillon Kummer, le 2e de *Westland*, part sous les couverts pour essayer de débusquer l'ennemi. La patrouille tombe sur des centaines de cavaliers et de fantassins russes. L'adjudant réussit à éviter l'accrochage et revient rendre compte.

L'affaire est sérieuse. A l'aube, on poursuit jusqu'à une rivière dont la berge septentrionale est occupée par les Russes. Partout, l'ennemi semble s'être fortifié. Il faudra employer l'artillerie pour le réduire. Le Standartenführer Gille désigne pour mener l'attaque un de ses chefs de groupe, le Sturmbannführer Schalmelcher. Il s'agit de prendre l'ennemi de vitesse. Les artilleurs se trouvent vite en première ligne, juste derrière les fantassins qu'ils doivent appuyer. Ils se mettent en batterie sans se soucier du combat d'infanterie qui fait rage tout autour d'eux. On entend, toutes proches, des explosions de grenades et des rafales de pistolets mitrailleurs. Schlamelcher veille lui-même à la mise en place de ses batteries. Il active tout le monde, presse les officiers de tir, houspille les servants qui ne portent pas assez vite les obus des caissons jusqu'aux pièces. Un tir d'artillerie doit ressembler à un ballet bien réglé où chacun trouve sa place exacte. Les gestes s'enchaînent, de plus en plus rapides. Il fait une chaleur épouvantable; les canonniers ont tombé la blouse de camouflage et même la veste d'uniforme. Ils se battent en chemise. La sueur dessine de grands cernes sombres sous les bretelles. La bataille se transforme vite en duel d'artillerie. En face, les artilleurs soviétiques tiennent à se montrer à la hauteur de leur réputation. Au-dessus de la tête des fantassins plaqués au sol, les obus passent en chuintant. Cinq batteries ennemies vont ainsi être réduites au silence l'une après l'autre. Les artilleurs de la division *Wiking* ont ouvert le feu en tir direct. Schlamelcher veut à tout prix soutenir l'assaut des fantassins qui vont essayer de s'emparer d'une tête de pont.

Une fois encore, ses artilleurs arrivent à museler leurs adversaires. Le centre de communication est pris. Le Sturmbannführer Schlamelcher sera un des premiers officiers de la division *Wiking* à recevoir la croix de chevalier de la Croix de fer.

Le Standartenführer Phelps qui aura la soixantaine dans quelques jours, est un vieux renard. Il sent qu'il a en face de lui un front mouvant Après s'être battu avec acharnement, les Russes peuvent décrocher d'un moment à l'autre. Il faudra aussitôt en profiter pour occuper le terrain abandonné, les rejoindre et les bousculer.

Soudain, Phleps renifle qu'il peut y aller. Il lance les compagnies de combat de son régiment en avant.

Pendant l'attaque, les mitrailleurs d'une section de la 12ᵉ compagnie de *Westland* se laissent tellement emporter par leur élan qu'ils rattrapent les fusiliers dont ils devraient appuyer la progression de leur feu. Les S.S. sont assez dispersés sur le terrain et ils n'aperçoivent pas leurs camarades. Ils vont alors les dépasser. Voici les mitrailleurs, avec leurs pièces lourdes en tête de l'attaque. Lourdement chargés, ils continuent à progresser, impeccablement, comme sur un terrain de manœuvre, sans se soucier des obus qui éclatent de temps à autre ou des rafales de mitrailleuse qui ne freinent même pas leur élan.

Quand le chef de section se rend compte que son unité se trouve sans liaison avec les autres, il est trop tard : les mitrailleurs sont perdus, totalement isolés de leurs camarades néerlandais et allemands qui ont disparu derrière des replis de terrain. On entend des bruits de combat de tous les côtés. Impossible de se repérer. Il n'est même plus possible de savoir où se trouvent les amis et les ennemis. Ou plutôt, très vite, il n'y a plus, soudain, que des ennemis.

Les Russes ont compris que l'unité de mitrailleuses lourdes s'est trop avancée et ils lancent une brutale contre-attaque. Le chef de section n'a que le temps de faire mettre ses quatre pièces en batterie tant bien que mal et s'apprête à se défendre contre des fantassins russes déboulant de tous les côtés. Ce sont des masses d'hommes qui surgissent soudain de tous les couverts et se ruent à l'assaut.

Tout de suite, même si les mitrailleuses font de terribles ravages et fauchent les assaillants par rangs entiers, les volontaires germaniques sont submergés. On ne compte plus les hommes hors de combat. Parmi les tués, dès le début de l'engagement, le chef de section. Les Russes lancent attaque sur attaque. Bientôt, il n'y a même plus un seul sous-officier pour rassembler les quelques survivants accrochés à leurs pièces, sans autre perspective que de se faire tuer, après avoir tiré leurs dernières bandes de cartouches. Sans chef, les hommes sont perdus. Vont-ils lever les bras et se rendre?

— Je prends le commandement.

Celui qui vient de parler est un volontaire flamand, Theo Pasques, un des premiers engagés de la division *Wiking*. Depuis le début de la campagne à l'Est, il a été de tous les combats avec sa section de mitrailleuses lourdes. Il ne s'est jamais fait remarquer. Mais maintenant, en plein combat et quand ses camarades semblent emportés par le désespoir, il s'impose.

Ils ne sont plus que quelques-uns. Non seulement Pasques commande, mais il sert lui-même une mitrailleuse. Le Flamand doit remplir le double rôle du chargeur et du tireur, tous deux hors de combat. Très rapidement, il est blessé lui aussi. Mais il sait que s'il s'arrête de tirer, c'en est fait des derniers survivants de sa section. Il étanche le sang tant bien que mal avec son pansement individuel et recommence à tirer, par très, très courtes rafales pour ne pas gaspiller les munitions. Pasques ne cesse de tourner la tête : un œil sur l'ennemi dont il parvient à bloquer tous les assauts, un œil sur ses camarades qu'il surveille. Il n'est pas question qu'un seul flanche. Blessé ou pas. Allemands, Hollandais ou Flamands, ils sont tous dans la merde ce jour-là. Alors, ils s'en sortiront tous ensemble ou pas du tout. Il suffit de tenir. Tenir le plus longtemps possible. La 12e compagnie ou une autre finira bien par venir les dégager. Les mitrailleurs doivent quand même être repérable avec tout ce bruit qu'ils font.

Jamais les minutes n'ont semblé si longues à Theo. Sa blessure ne le fait même pas souffrir. Il ne pense qu'à cette lutte à mort, qu'à ce petit groupe de camarades dont il s'est imposé comme le chef et qu'il veut tirer de ce mauvais pas. Le Flamand ne se demande pas s'ils ont encore une chance de s'en sortir. Bien trop occupé par les gestes machinaux. Engager une nouvelle bande, viser, tirer, surtout ne pas se laisser emporter par le feu et le bruit. Économiser les munitions. Chaque cartouche est précieuse. Nouveau coup d'œil sur les voisins. Ils tiennent. On va peut-être s'en sortir.

Pasques et ses camarades entendent enfin des coups de feu et des rafales qui se dirigent vers eux. Ils sont repérés. On vient les dégager. En face, les Soviétiques sont pris à leur tour à partie par d'autres armes. Une contre-attaque s'organise qui rejoint les mitrailleurs, les dépasse, repousse les lignes un peu plus loin.

Ce sont les chasseurs motocyclistes de *Westland* qui ont réussi à rétablir le front. Theo Pasques et les autres blessés sont dirigés vers l'infirmerie de campagne de leur bataillon. Le mitrailleur sera le premier volontaire flamand décoré de la Croix de fer.

La bataille d'Ouman se termine. Elle a duré huit jours. Huit jours de fatigue et de combat pour assurer la sécurité de tout le flanc droit du groupement blindé des forces allemandes d'Ukraine. Pendant ces huit jours, cinq divisions soviétiques se sont mesurées à la *Wiking.* Mais le sort des armes a parlé. On compte chez les Russes plus de deux mille prisonniers et d'innombrables tués.

C'est le *Kampfgruppe* du Standartenführer Phleps qui a supporté le plus dur de l'offensive. Pour son seul régiment *Westland,* on compte près de cent tués et plus de trois cent cinquante blessés en une semaine de combat.

Le long de la route de Biala-Zerkiev, on creuse des tombes. Il faut se dépêcher d'enterrer les morts par cette terrible chaleur qui pourrit tout. Déjà, ceux qui sont tombés sont méconnaissables. On casse les plaques d'identité. Quelques pelletées de terre noire. A côté des Allemands, reposent des Hollandais et des Flamands. Les volontaires germaniques ont payé un lourd tribut pour Ouman.

A la fin du mois de juillet 1941, la division *Wiking* se dirige vers le sud-est. Ses unités s'étendent sur une centaine de kilomètres; progressent avec elles, une division blindée et une division motorisée de la Wehrmacht. Le Gruppenführer

Steiner a reçu l'ordre d'interdire les rives du Dniepr aux forces soviétiques qui essaient d'échapper à l'encerclement d'Ouman. Il s'est séparé à regret du régiment *Westland*, mis à la disposition d'un autre corps qui a besoin d'infanterie. Phleps rejoindra la division « plus tard ».

Il faut arriver à s'emparer de Dniepropetrovsk. Et si possible établir une solide tête de pont sur l'autre rive du grand fleuve.

Dès les premiers jours d'août, il fait un temps curieux : de gros orages crèvent dans le ciel torride. L'azur soudain devient noir. Il semble que la nuit arrive. Les premières gouttes de pluie tombent sur les carrosseries des véhicules, dont la peinture s'écaille sous les griffes du soleil. Et puis, très vite, c'est l'averse. Énorme. Le ciel se vide d'un seul coup. Les routes deviennent torrents de boue. Alors l'orage s'arrête aussi rapidement qu'il a éclaté. Le soleil, à nouveau brillant dans le ciel redevenu bleu, sèche à grandes lampées tout le paysage. En quelques heures, la pousssière redevient souveraine.

Les régiments *Nordland* et *Germania* bivouaquent dans les régions de Korsoum et de Goroditche, près de Tcherkassy, où une terrible tragédie attend la division au début de l'année 1944... Mais, pour l'instant, c'est encore le temps des grandes chevauchées et des victoires moissonnées.

Le plus célèbre capitaine de *Germania* est peut-être le Hauptsturmführer Helmut Pförder qui commande la 6e compagnie et appartient au 2e bataillon Jörchel. Il se trouve alors devant Smela à la tête de l'avant-garde. Pour essayer de défendre cette ville de quatre-vingt mille habitants, les Soviétiques se battent avec acharnement et sont parvenus à bloquer les éléments de pointe des deux régiments de la division *Wiking*. Les volontaires germaniques se trouvent cloués au sol, incapables de progresser.

Avec vingt-deux hommes seulement, Pförder entame un vaste mouvement tournant et parvient jusque dans le centre de la ville après avoir surpris dans le dos ses défenseurs. Voici ce petit groupe de *Germania* totalement isolés. Le capitaine et ses hommes tiendront une journée et une nuit avant d'être dégagés.

Alors interviennent les fantassins du bataillon Dieckmann. Les Allemands de *Germania* sont décidés à ouvrir la route coûte que coûte. Un grand vrombissement remplit le ciel. Les

Stukas arrivent en renfort et pilonnent tout le nord de la ville encerclée.

Au matin du 4 août, vers quatre heures, l'état-major de la division quitte son cantonnement pour se diriger vers Kamenka. Comme seule escorte, un peloton de motocyclistes, les opérateurs radio ou fil du service des transmissions, et quelques artilleurs de la FLAK divisionnaire. Les artilleurs du régiment Gille doivent suivre un peu plus tard et se préparent dans la diffuse clarté qui précède l'aube de ce beau jour d'été.

Au moment de quitter la ville où il avait installé son état-major, le Gruppenführer Steiner remarque quelque chose de suspect à quelques centaines de mètres, à l'est de la route. On distingue mal. Mais cette sorte de grouillement ne lui dit rien qui vaille. Tout le paysage semble soudain hostile.

Quelques minutes plus tard, l'enfer se déchaîne. Les Russes attaquent en masses compactes.

— Tout le monde tourne sur la gauche! hurle Steiner, debout dans sa voiture de commandement, sa grande capote de cuir gris à demi boutonnée.

Seul continue de foncer droit devant lui son chef d'état-major, le Sturmbannführer Ecke. Il est précédé par quelques motocyclistes du groupe de protection.

Sans même attendre les ordres, les chefs de pièce de deux canons de 37 de la FLAK se sont mis en batterie sur le bord de la route et ont ouvert le feu, à vue, sur les adversaires qui déboulent en rangs serrés. Le Commandeur, d'un coup d'œil, n'a pu s'empêcher d'admirer la manœuvre. Ces canons sont servis par des volontaires venant d'une demi-douzaine de pays européens. Cela ne les empêche pas de manœuvrer ensemble comme de vieux soldats. Et ils tirent à une cadence infernale.

Le peloton des motards réussit à atteindre un bois et cherche un refuge, mais la voiture tout-terrain du chef d'état-major vient d'être touchée par un obus. Ses occupants sautent sur la route d'un bond et essaient de rejoindre Smela à travers les champs de maïs. Leur chef, déjà blessé, perd la liaison et disparaît après un bref corps à corps. Günther Ecke tué, le combat continue. Deux officiers et trois soldats vont encore tomber, mais, dans toute la colonne d'état-major, les S.S. germaniques se sont ressaisis. Les Soviétiques disparaissent.

Vers le soir, le régiment d'artillerie rejoint l'état-major qui s'installe dans Smela avec l'unité de transmissions, une batterie de FLAK et un bataillon d'infanterie du régiment *Germania.*

Par radio, Steiner ordonne à von Oberkamp d'établir la liaison avec lui du côté de Kamenka. Mais l'artillerie soviétique, qui tire depuis les environs de Tcherkassy, rend la vie intenable à l'état-major, qui est obligé de déménager à la nuit tombante. Vers dix heures du soir, le Standartenführer von Scholz, établi à Orlowez, avec le régiment *Nordland,* vient aux nouvelles.

— Tout va bien, lui répond Steiner. Sans ces maudits canons russes, nous serions même tranquilles.

Mais peu avant l'aube un véhicule de liaison arrive en trombe à Smela.

— Les Russes nous ont tiré dessus. Ils sont à moins de deux kilomètres d'ici!

Le lieutenant allemand Wolf et l'aumônier finlandais Pikkala, officier de liaison, ont été tués, ainsi qu'un interprète et deux feldgendarmes.

Ainsi commence le combat de Smela. Les Soviétiques attaquent à nouveau l'état-major. Et à nouveau ce sont les petits canons de 37 de la FLAK qui les prennent à partie.

Le Standartenführer Gille ordonne à ses artilleurs d'ouvrir à leur tour le feu sur les colonnes ennemies et parvient à bloquer leur assaut. La ville de Smela semble totalement encerclée.

Dès le début de l'après-midi, la situation semble partout rétablie et l'état-major de la division rejoint Kamenka, où Steiner prend une liaison directe avec von Oberkamp. *Germania* tient solidement la ville.

A Korsoum, en revanche, on se bat encore. Des blindés russes ont lancé une rude attaque, prenant à revers la division. Pour leur barrer la route, il n'y a guère que les services d'intendance pour faire le coup de feu. Boulangers et bouchers se battent pour leur peau. Un détachement blindé de la Wehrmacht parvient à les dégager alors qu'ils étaient vraiment en fâcheuse posture.

Non loin de là, le Hauptsturmführer Pförder n'a avec lui que les équipages de deux side-cars quand il fonce à toute allure au milieu d'une batterie soviétique installée un peu trop près des lignes. Ses S.S. de *Germania* jaillissent comme des diables et entament aussitôt le combat au corps à corps. Les mitrailleurs tirent bande sur bande. Il ne faut que quelques minutes pour que les deux conducteurs et leurs passagers se rendent maîtres du terrain et capturent les canons.

La division *Wiking* poursuit sa marche vers le Dniepr. Aux approches du grand fleuve, les avant-gardes se heurtent à de solides résistances. Les Soviétiques se battent durement. L'attaque des volontaires germaniques piétine devant Krementchoug. Le Gruppenführer Steiner s'impatiente. Il faut forcer la décision. Ne pouvant disposer de *Westland*, retenu dans un autre secteur, il lance à l'assaut *Nordland* et *Germania*. Dans ce régiment, le 2e bataillon prend la tête. Pour forcer la décision, c'est tout naturellement à Helmut Pförder et à son groupe de choc que pense le Sturmbannführer Jörchel.

Une fois encore, le capitaine réunit vingt-deux hommes de sa 6e compagnie. Il n'a jamais eu besoin d'une troupe nombreuse pour réussir ses coups de main. Ce qu'il lui faut, c'est une formation d'assaut, bien entraînée et fanatique. Les S.S. quittent leurs positions, rampent sous le feu ennemi, s'infiltrent dans les défenses, arrivent devant les barbelés. Quelques volontaires armés de cisaille s'avancent, sur le dos, pour les couper, au nez des guetteurs soviétiques. Leurs camarades, plaqués au sol, attendent, le cœur battant à tout rompre, que le passage soit libre.

Pförder surveille l'opération. Tout se déroule comme il l'a prévu. Alors, maintenant, c'est le moment. Un seul ordre :

— En avant!

Les vingt-deux fusiliers de *Germania* bondissent vers les bunkers. La surprise est totale. Après quelques coups de feu, Pförder fait le compte des ennemis hors de combat, abattus ou prisonniers. Le capitaine est stupéfait. Sa troupe de choc a réussi à neutraliser cent quatre-vingts Russes. Jamais, on n'avait encore connu cela dans toute la division. Un agent de liaison va prévenir les camarades restés en arrière : la route du Dniepr est ouverte!

Le lendemain, guidés par le Hauptsturmführer Pförder, les avant-gardes de la division *Wiking* arrivent sur les bords du fleuve. Mais est-il encore possible de le traverser?

Pförder regarde dans ses jumelles l'étrange paysage qui s'offre à lui. Le fleuve est là tout proche, roulant des eaux rapides où flottent quelques épaves. Le capitaine observe attentivement le pont de chemin de fer qui paraît intact. Non loin, il distingue une passerelle d'infanterie sur flotteurs. Les Soviétiques n'ont même pas eu le temps de l'achever. Mais ils ne semblent pas avoir eu non plus le temps de la détruire.

Pförder décide d'y aller voir de plus près.

Les hommes de sa compagnie s'avancent, l'arme au poing et l'œil au guet, à travers une zone marécageuse où les buissons atteignent la taille d'un homme. On n'y voit rien. Les bottes écrasent les roseaux qui crissent. Quand l'adversaire se trouve débusqué, il n'est plus qu'à quelques mètres. Alors, c'est à qui saura tirer le premier. On entend de brèves rafales de pistolets mitrailleurs du côté des éclaireurs de la 6ᵉ compagnie. Parfois, de sourds éclatements de grenade. Le fleuve est invisible, mais, droit devant, un sourd grondement semble surgir des entrailles même de la terre. Les S.S. avancent sur un sol spongieux, dans une odeur de pourriture humide. Parfois, ils s'enfoncent brusquement jusqu'aux genoux. Les roseaux s'agitent. Est-ce le vent? Ou des hommes qui les attendent et les encerclent? Encore des coups de feu. La berge du Dniepr paraît toujours aussi lointaine. Il n'y a plus rien pour se repérer. Il faut seulement avancer, tirer, attendre, repartir, Pförder presse ses hommes.

Chaque accrochage est payant. En quelques heures, la 6ᵉ compagnie parvient à faire une centaine de prisonniers qui ont été tirés l'un après l'autre de leur cachette dans les roseaux. Il y a parmi eux des fantassins, mais aussi des artilleurs complètement perdus dans ce marécage et qui cherchaient un pont pour passer le fleuve et échapper à l'avance allemande. Les hommes de Pförder ont été plus rapides. Avec leurs prisonniers, ils récupèrent deux batteries d'artillerie où ne manquent ni un canon ni un cheval. Ils en compteront plus d'une centaine, tout harnachés. Ils ont servi à traîner jusqu'ici les pièces, les caissons et les voitures de ravitaillement. Ils vont changer de maîtres et serviront à équiper des unités hippomobiles de la Wehrmacht, toujours nombreuses, même en cette guerre où les motorisés jouent le premier rôle.

Voici Helmut Pförder enfin arrivé au bord du fleuve. Le capitaine s'approche de la berge. Il distingue des soldats russes qui traversent le Dniepr pour se réfugier sur l'autre rive et y constituer des nids de résistance. Il faut mettre des mitrailleuses en batterie le plus vite possible. Tireurs et chargeurs courent vers l'avant et s'installent sur les berges du fleuve. Pförder guide lui-même les chefs de pièce. Mais, de la rive ennemie, on a vu le danger. Des coups de feu claquent. Pförder s'écroule, grièvement blessé [1]. Tandis que l'on transporte le chef de la 6e compagnie vers l'arrière, son adjoint prend le commandement et accroche durement les Soviétiques installés sur l'autre rive du Dniepr.

Le combat continue.

Non loin de là, les motocyclistes de *Nordland* peinent dans les dunes de sable qui forment, sur des kilomètres et des kilomètres, les berges du Dniepr. Il fait de plus en plus chaud. Le sable devient si blanc qu'il brûle les yeux. Derrière chaque dune, une autre dune. Pas d'ennemi en vue. On n'aperçoit pas encore le fleuve. Pourtant, il est là. Tout près. On entend le sourd grondement des eaux boueuses, gonflées par tous ces gros orages de l'été. Les patrouilles motorisées continuent leur marche vers le Dniepr. A chaque crête, on fouille longuement le paysage à la jumelle. Mais ce ne sont toujours que des dunes à perte de vue.

— Où est le fleuve?

Enfin, voici le Dniepr. Par endroits, il s'élargit sur plus de cinq kilomètres et s'encombre d'îles sablonneuses. Près de l'eau, des prairies et des bosquets. Toute la large vallée apparaît d'un vert cru, qui contraste avec le blanc des dunes de sable. Impression étrange d'arriver dans un paradis de bout du monde.

C'est le premier grand obstacle naturel que trouve en travers de sa route la division *Wiking*. Long de près de deux mille kilomètres, l'immense fleuve surgi du plateau des Valdaï, en Biélorussie, a traversé Smolensk et Kiev avant de rouler ses eaux tumultueuses en Ukraine méridionale, au pays des usines hydro-électriques et des champs de tournesols.

On entend quelques coups de canon. Mais les gradés lancent leurs hommes vers le fleuve. Encore quelques kilomètres à parcourir, au milieu des éclats qui sifflent dans tous les sens. Les soldats sont trempés de sueur. Les visages ruissellent sous les casques d'acier. Les armes pèsent si lourd au bout des bras! Les

1. Remis de sa blessure, le Hauptsturmführer Helmut Pförder rejoindra la division *Wiking* dans le Caucase. Il sera tué au combat le 27 février 1943, près d'Isjoum.

mitrailleurs charrient leur pièce et la passent d'une épaule sur l'autre, d'un grand geste las. Les hommes des canons d'infanterie s'arc-boutent pour arracher leurs pièces ensablées.

Le fleuve apparaît encore plus large, maintenant que les volontaires germaniques ont atteint ses rives. Un avion soviétique tourne en rond et lâche ses dernières bombes. Puis il glisse sur une aile et disparaît dans le ciel clair, au-delà du Dniepr.

10.

Arrivée sur le Dniepr, la division *Wiking* est alors relevée par une division italienne. Commence une brève période de repos. Aussitôt les sous-officiers reprennent la troupe en main. Les corvées commencent : nettoyage des armes, lavage du linge, vérification du matériel. On arrive quand même à sauvegarder quelques moments de liberté. Alors, se dévoilent de surprenants talents culinaires. Toute la division fait la chasse aux poulets, aux canards et aux oies. Les patates rissolent dans les cantonnements. On écrit aux familles. Sur les bords du grand fleuve ukrainien, les volontaires germaniques se sentent soudain très loin du pays. Des lettres partent pour Anvers, Rotterdam, Oslo, Copenhague, Stavanger, Bruges, Helsinki, La Haye. *Feldpost.*

Scandinaves et Néerlandais croient qu'ils ont remporté une grande bataille. Le fleuve les berce de toutes les nostalgies de l'immense empire de l'Est. Dès qu'ils ont un moment de libre, les volontaires germaniques essaient de rattraper le sommeil perdu.

Atmosphère de vacances. Mais les beaux jours seront bien courts. La division *Wiking* repart vers le sud, le long du fleuve, et s'empare de Dnieprodzerjinsk. Les régiments *Nordland* et *Germania* mènent l'affaire, qui apparaît vite fort rude. Les Soviétiques en retraite ont laissé des mines. Chaque maison doit être débarrassée de ses pièges. Pendant ce temps, le gros des forces ennemies repasse sur la rive orientale du fleuve. Le sacrifice de leur arrière-garde a évité une hécatombe. Les volontaires germaniques font quelques centaines de prisonniers et s'emparent d'une douzaine de canons. C'est peu, après de si durs combats de rues.

Le régiment *Westland* rejoint enfin la division, les bataillons de von Hadeln et de Steinert ont mené de durs combats en liaison avec des unités de la Wehrmacht. Maintenant, le Gruppenführer Steiner a rassemblé tous ses hommes. Il installe son poste de commandement à Dijevka, sur la rive sud du fleuve. Son nouveau chef d'état-major, en remplacement de Ecke, est le Sturmbannführer Erwin Reichel, un Viennois de trente ans, fils d'un professeur d'université. Il a terminé ses études de médecine, mais a préféré servir dans la S.S. comme officier de troupe, puis comme chef d'état-major.

De l'autre côté du Dniepr, une minuscule tête de pont a été établie dans les faubourgs septentrionaux de Dniepropetrovsk. Elle est tenue par des fantassins de la Wehrmacht, qui demandent le renfort de la Waffen S.S.

Dans la nuit du 31 août au 1er septembre, ce sera le régiment *Nordland* de von Scholz qui passera le premier de l'autre côté du Dniepr. Allemands et Scandinaves doivent franchir cet immense fleuve hostile et renforcer la tête de pont avec leurs trois bataillons.

La manœuvre aura lieu de nuit, car dans la journée les avions russes ne font que tourner et les canons de l'adversaire sont servis par des élèves de l'école d'artillerie qui était installé à... Dniepropetrovsk. C'est dire qu'ils connaissent par cœur la ville!

La nuit est très claire. Il fait toujours aussi chaud en cette fin du mois d'août. Partout brûlent des incendies, qui éclairent tout le paysage de lueurs sinistres. Le fleuve roule des eaux sombres dans un grand bruissement. Des obus tombent de temps à autre, comme au hasard.

Le bruit des explosions se répercute entre les maisons du faubourg, que le souffle des déflagrations fait trembler.

Les chefs de section donnent leurs ordres :

— Vous prenez les armes et les munitions, la toile de tente, la gamelle, la musette et la gourde. C'est tout. Prêt? On y va!

Il faudra escalader des échelles, s'engager par des cheminements faits de deux planches, franchir le fleuve sur une passerelle secouée par toute la fureur du fleuve en crue. Par moments, une brutale rafale de mitrailleuse rompt le lourd silence sur l'une ou l'autre rive. Encore quelques coups de canon.

Les S.S. germaniques s'approchent de la rive par petits groupes. Puis ils se blottissent contre les murs des dernières maisons de la berge. Une étrange nervosité les tenaille.

— En avant!

On aperçoit le pont de chemin de fer à la lueur des explosions. Tout ce paysage pue la mort, pensent les jeunes volontaires qui se sentent tous le cœur serré à la pensée de s'y engager pour rejoindre la tête de pont de l'autre rive.

Maintenant, ils y sont. Ils sentent sous leurs bottes les poutrelles glissantes. Juste en dessous, l'eau gronde de gargouillis sinistres.

On entend dans les lignes soviétiques le coup de départ des pièces d'artillerie. Mais les obus tombent ailleurs, plus loin, trop loin. A la lueur des explosions, on voit des pans de murs, des cheminées, des ferrailles tordues dressées vers le ciel. Le pont de chemin de fer a été coupé et des pontonniers s'affairent dans les ténèbres. D'autres guident les camarades qui doivent quand même franchir le Dniepr.

On descend une échelle pour rejoindre une passerelle faite de deux madriers fouettés par les paquets d'écume du fleuve. Aller d'un pilier écroulé à un autre paraît interminable. Parfois, l'eau noire recouvre la passerelle. Il faut se cramponner à une corde glissante. Enfin, une nouvelle échelle. Cette fois, on remonte. C'est à nouveau le pont de chemin de fer qui sonne sous les bottes.

Dès le fleuve franchi, les sections se rassemblent. Les sous-officiers font un rapide appel. Dans un hangar abandonné, des débrouillards dénichent du sucre en morceaux et des bouteilles de vodka qui disparaissent dans les musettes.

— Il ne manque personne.

Les hommes se hâtent vers les lignes établies en lisière de la ville. A l'est, on distingue une faible lueur qui indique le prochain lever du jour. Parfois, un coup de fusil ou une fusée éclairante vient troubler le calme de cette fin de nuit. Les nouveaux venus relèvent leurs camarades de la Wehrmacht. Les S.S. s'installent dans les tranchées. Ceux qui vont partir présentent le secteur :

— Vous verrez, on ne s'ennuie pas. Il se passe toujours quelque chose... Méfiez-vous. Les Russes attaquent à l'aube.

Les mitrailleurs installent leurs pièces. Avant le lever du jour, les chefs de section passent une rapide inspection. Devant les lignes, s'étend un paysage sinistre de banlieue, avec des bicoques en ruine et des terrains vagues. Quelques champs de maïs forment d'inquiétants couverts.

Dès le lever du jour, l'artillerie russe pilonne toute la tête de pont. Méthodiquement. Il fait beau, et les Soviétiques règlent leur tir à loisir.

— C'est encore une chance, dit l'Obersturmführer Klapdor à l'Untersturmführer Pauli, un de ses chefs de section. Tant que les artilleurs s'occupent de nous, les fantassins nous fichent la paix.

Jamais les S.S. germaniques n'ont encore connu un tel bombardement. La terre tremble et tressaille. Sans cesse, des mottes de terre et des pierres tombent sur les hommes terrés au fond des tranchées. Les casques d'acier résonnent comme des gongs. Des éclats sifflent, ricochent, s'enfoncent dans la terre et soudain déchirent les chairs. Le sang coule. Les hommes, terrorisés, se blottissent les uns contre les autres pour partager leur peur. Et aussi leur courage quand ils parviennent à dominer tout ce qui leur noue les tripes et fait battre leur cœur. Les nerfs sont tendus comme des cordes, prêts à se rompre. Les volontaires tremblent. Quelques jeunes pleurent nerveusement. Plutôt se battre que de subir cet orage mortel. Chaque coup semble ébranler la terre entière.

Les Soviétiques, méthodiquement, « matraquent » tout le front de la tête de pont. Ils tirent aussi sur la fragile passerelle lancée par les pontonniers pour franchir le Dniepr.

Le Sturmbannführer Maack, qui commande le bataillon de chasseurs de chars, traverse le Dniepr sur le siège arrière d'une moto. Dans le side-car, se trouve le médecin de son unité, le Dr Koschemann. Frappé par un éclat d'obus, le conducteur lâche le guidon. La moto dérape et tombe dans le fleuve. Le chef de bataillon se retrouve en train de barboter dans l'eau noire sous la passerelle. Le Dr Koschemann a été éjecté et gît comme mort sur les planches. Quant au conducteur, il a disparu avec sa machine dans les eaux noires du Dniepr. Nul ne le reverra jamais.

Le Standartenführer von Scholz s'installe dans quelques maisons en ruine, au milieu d'un paysage de dunes sablonneuses, sur la rive septentrionale du Dniepr. Dans la cave, se trouve le poste de secours. Le colonel autrichien, vieux soldat qui a connue l'autre guerre et ses terribles bombardements, donne à toutes ses unités l'ordre de s'enterrer le plus possible.

— Dès la nuit tombée, ordonne le commandeur de *Nordland*, il faudra placer des mines et tendre des barbelés.

Von Scholz sait que les Soviétiques vont attaquer durement la tête de pont de Dniepropetrovsk. Ce sera la première dure épreuve que vont connaître ses volontaires. Allemands, Danois, Norvégiens, Suédois, Finlandais. Maintenant, pour eux, commence la « vraie » guerre, celle où l'artillerie pilonne pendant des heures entières les mêmes positions, les bouleversant comme une charrue gigantesque.

Chaque matin va connaître son attaque et chaque nuit son angoisse. Devant les hommes du régiment *Nordland*, l'immense territoire de l'Est à conquérir. Derrière eux, le fleuve qui roule ses eaux sombres et leur interdit toute retraite.

Soudain, peu après l'aube, éclatent en face des S.S. de *Nordland* des hurlements, rythmés et sauvages. C'est la première fois qu'ils entendent ainsi :

— *Hourra! Hourra!*

Cette immense clameur, qui semble embraser tout le paysage au sortir de la nuit, leur met les nerfs à vif. Mais il ne s'agit pas de rêver. Les hurlements se rapprochent, les champs de maïs sont parcourus de longs frémissements. Les voici!

Alors, toutes les armes allemandes ouvrent le feu en même temps. Les mitrailleurs, bien installés à leur poste de tir, dévident bande après bande. En face, des hommes s'écroulent. Leurs camarades se retirent en tirant des blessés par les pieds. Les cadavres restent sur le terrain.

On entend encore des cris isolés dans les tranchées invisibles des Soviétiques. Leur artillerie entre en action. A nouveau, c'est l'enfer des explosions. Et puis les canons se taisent et l'infanterie repart à l'assaut. Les mitrailleuses brisent à nouveau l'attaque. Comme tout paraît simple! Sanglant!

Pendant toute la journée, les canons vont bouleverser les positions des unités d'infanterie de la Wehrmacht et du régiment *Nordland*.

— Si seulement nous pouvions faire taire ces maudits canons! soupirent les officiers S.S.

Mais les pièces d'artillerie allemande sont restées sur l'autre rive du Dniepr et ne peuvent guère intervenir très efficacement. Alors, il faut attendre, subir, saigner.

Dès la tombée de la nuit, des corvées vont vers l'arrière, sous le bombardement, pour chercher des vivres et surtout des munitions.

Après la chaleur torride de la journée, il fait bon. Un vent frais s'est levé avec le crépuscule. Les volontaires germaniques profitent des ténèbres pour se construire des abris avec des rondins et de la terre. Tout le front résonne du bruit des pelles et des pioches. Parfois tombe un obus, isolé, aveugle et redoutable.

— Brancardiers!

Un homme est touché. L'infirmier de la compagnie se précipite vers lui sous la mitraille. Avec sa musette à pansements, il semble passer à travers les éclats. Il porte un brancard et appelle un agent de liaison :

— Viens m'aider!

Les deux hommes rampent vers les premières lignes. C'est un des chefs de section de la compagnie de reconnaissance, l'Untersturmführer Caub. Ses hommes l'ont installé à l'abri d'un mur en ruine. On le place sur le brancard. Il gémit.

— Éclat dans le ventre, dit seulement l'infirmier.

Il pose un pansement, vite gluant de sang. Des obus continuent à tomber. Les deux hommes portent le brancard vers l'arrière. Ils essaient de courir, les dents serrées, le dos rond.

Au poste de secours, le médecin examine la plaie béante. L'infirmier de la compagnie et l'agent de liaison quittent le blessé sur un dernier mot que le moribond n'entend même plus :

— Vivez bien, Untersturmführer.

Le sous-lieutenant a déjà fermé les yeux après un dernier regard sur tous ceux qui l'entourent. C'est fini.

Les obus chuintent et éclatent. Tout le front frissonne.

Pendant une interminable semaine, les S.S. du régiment *Nordland* vont vivre dans des trous d'obus et des tranchées de misère sur la rive septentrionale du Dniepr. Le ravitaillement leur parvient tant bien que mal. La soupe tiédasse est apportée par des patrouilles qui se glissent avec de gros bouteillons de quarante litres entre les explosions du barrage d'artillerie. Ce sont les chauffeurs qui sont requis pour cette corvée et ils quittent chaque nuit sans enthousiasme leur « planques » près des véhicules camouflés dans les maisons en ruine le long du fleuve.

Les hommes ne se sont ni lavés ni rasés depuis six jours. Avec leurs tenues déchirées et boueuses, ils ressemblent à des clochards dépenaillés. La troupe n'a plus sa fière allure du temps de l'instruction. Mais, tenu en main par le Standartenführer von Scholz, le régiment *Nordland* n'a pas cédé un mètre de terrain devant ses positions. Danois, Norvégiens, Suédois, Finlandais se prennent maintenant pour d'aussi bons soldats que leurs camarades allemands. L'unité se soude de plus en plus au combat.

Leur Commandeur va définitivement rendre populaire son surnom d'*Alte Fritz*... Le colonel autrichien est vraiment devenu pour tous les volontaires germaniques du Septentrion le « Vieux Fritz ». On ne cessera plus de l'appeler ainsi jusqu'à sa mort devant Narva, le 28 juillet 1944, en Estonie, alors qu'il commande une division qui a repris le nom et les traditions de son vieux régiment *Nordland*.

Le 7 septembre 1941, le reste de la division *Wiking* franchit le fleuve pour rejoindre la tête de pont tenue par le régiment *Nordland* et les camarades de la Wehrmacht. En deux nuits noires, les unités de combat et les services passent sur la rive septentrionale du Dniepr. Tout le monde franchit le fleuve, du Commandeur au dernier fusilier.

Toutes les attaques de l'infanterie soviétique ont été jusqu'ici brisées, mais il faut absolument donner de l'air à la tête de pont. Le Gruppenführer Steiner reçoit l'ordre de s'emparer des faubourgs de Kamenka, à l'ouest de Dniepropetrovsk, sur la rive septentrionale du Dniepr.

La date de l'attaque est fixée au 8 septembre. Ce sera le premier grand assaut que vont livrer les volontaires germaniques, et la partie menace d'être rude.

Tandis que dans les tranchées et les trous d'obus les compagnies de combat des régiments *Westland* et *Germania* s'apprêtent à donner l'assaut sur Kamenka, vers six heures du matin, le 7 septembre, le général von Mackensen s'est rendu au poste de commandement du Gruppenführer Steiner.

Tout commence par une préparation de l'artillerie allemande. Mais la risposte des canonniers soviétiques est si vive qu'elle incite le commandeur à repousser l'ordre d'assaut de la division *Wiking*.

— Il faut d'abord faitre taire ces maudites batteries russes! décide Steiner.

Certes, le Standartenführer Gille, chef de l'artillerie divisionnaire, est un homme capable. Mais il semble quand même débordé en ce matin où toutes les pièces russes se concentrent sur le front de Dniepropetrovsk.

Les chefs des deux régiments d'infanterie, Phleps et von Oberkamp, attendent l'ordre de la division. Mais ils ne cachent pas à Steiner que l'affaire risque d'être sérieuse. Il est une heure de l'après-midi quand le Commandeur déclare brusquement à son chef d'état-major Reichel :

— Ce n'est certes pas commode de tenir la tête de pont comme elle est. Mais je préfère encore cela à sacrifier toute ma division pour l'élargir.

Steiner ne veut pas ordonner l'attaque avant d'être certain des résultats obtenus par les artilleurs. Cela ne se dessine qu'au début de l'après-midi. Il est deux heures quand Phleps et von Oberkamp reçoivent enfin l'ordre.

Westland attaque à droite et *Germania* à gauche, sur la rive septentrionale du fleuve. En une heure, les S.S. s'emparent de la bourgade et des hauteurs qui la dominent au nord.

Les artilleurs soviétiques ont fait illusion. La résistance n'a pas été ce qu'on pensait et près de cinq mille fantassins sont faits prisonniers, surtout au bord du Dniepr. Toute la bourgade de Kamenka se trouve entre les mains de la division *Wiking*. Les S.S. tiennent même les hauteurs et empêchent ainsi l'ennemi d'observer ce qui se passe à Dniepropetrovsk et dans la vallée où coule le large fleuve. Il devient facile de tenir la tête de pont et même d'y installer des batteries d'artillerie.

Ce succès inspire au Gruppenführer Steiner un ordre du jour enthousiaste, qu'il dicte à son état-major le 15 septembre 1941. Il insiste sur le succès remporté dans la tête de pont et exalte l'esprit de ses hommes qui sont tous volontaires et appartiennent à plusieurs pays germaniques.

— *Heil, Euch, Kameraden* (Vive vous, camarades), conclut

le Commandeur qui en oublie du coup le *Heil Hitler!* traditionnel.

Ce ne sera pas la première fois que le chef de la *Wiking* affirmera ainsi que la division appartient peut-être plus à lui-même qu'au maître du IIIe Reich...

La grande bataille d'encerclement et d'anéantissement continue. les Allemands veulent faire vite. Ils ont engagé une grande course de vitesse contre l'automne qui menace. Leurs corps blindés ne cessent de manœuvrer.

La division *Wiking* quitte alors la tête de pont de Dniepropetrovsk pour s'avancer vers Krementchoug, un peu plus en amont, sur la rive orientale du Dniepr.

Le régiment *Germania* passe en tête et va mener l'attaque. Le Standartenführer von Oberkamp engage d'abord son 1er bataillon, celui d'August Dieckmann. Les compagnies sont lancées à l'assaut. Celle qui est chargée du plus dur de la besogne est la 3e, que tous ont surnommée « la 3e de Fer ». Son chef, le Hauptsturmführer Markus Faulhaber, est entré à vingt ans dans la S.S. en 1934 et se révèle depuis le début de la campagne un des meilleurs chefs de compagnie. Il est un peu au 1er bataillon de *Germania* ce que son camarade Helmut Pförder est au 2e. Car chaque compagnie rivalise à qui remportera le plus de succès...

L'assaut sur Krementchoug s'avère rapidement plus rude que prévu. Les Soviétiques ne se laissent certes pas faire et lancent contre-attaque sur contre-attaque. « La 3e de Fer » se trouve plus que jamais au cœur de la mêlée.

— Ce n'est pas possible, murmure Faulhaber.

Jamais il n'a encore vu cela. Les Soviétiques se précipitent, en scandant des « hourras », avec un courage fantastique. Les volontaires germaniques les laissent approcher tout près de leurs positions. Puis ils les fauchent par rangs entiers des rafales de leurs mitrailleuses. Mais, tôt ou tard, une nouvelle vague arrivera jusqu'aux positions allemandes, et alors les grenadiers de *Germania* seront submergés par la masse. En quelques corps à corps, tout sera fini. « La 3e de Fer » rayée des contrôles. Et il n'y aura plus pour le Standartenführer von Oberkamp qu'à boucher la brèche, en essayant de faire encore élargir le front distendu de ses autres compagnies. Des capitaines comme Hans

Dorr de la 1re feront tout ce qu'ils pourront. Mais la défense sera vite impossible. Alors Faulhaber sait qu'il doit tenir, quoi qu'il arrive. Il regarde à la jumelle le paysage devant ses positions. Il répète encore une fois, incrédule devant ce spectacle prodigieux :

— Ce n'est pas possible!

Des cadavres sont couchés devant les positions de « la 3e de Fer ». On en dénombrera quatre cents. Et quand le Hauptsturmführer Faulhaber emmène ses hommes à nouveau à l'attaque vers Krementchoug, il parviendra à capturer un demi-millier de prisonniers. La liste du matériel récupéré apparaît tout aussi impressionnante : quatorze mitrailleuses lourdes, une dizaine de mitrailleuses légères et trois canons antichars, sans compter quelques petites pièces d'artillerie.

Le plus extraordinaire dans cette aventure, c'est que la 3e compagnie de *Germania* ne compte dans ses rangs que quelques blessés légers. Jamais encore son capitaine Markus Faulhaber n'a connu un tel succès.

La ville de Krementchoug tombée au mains des Allemands, les combats se poursuivent pour réduire les éléments soviétiques qui essaient de se regrouper. L'avance rapide n'a pas permis d'anéantir toutes les forces ennemies, et de nombreuses colonnes soviétiques continuent d'errer dans la steppe ukrainienne, de part et d'autre du Dniepr. Pour réduire ces irréductibles, encore décidé à se battre même dans une situation désespérée, le commandement décide de lancer, un peu à l'aventure, des raids motorisés.

Dans l'immense steppe ukrainienne, des petits *Kampfgruppen* de la Waffen S.S. et de la Wehrmacht sont lancés à l'aveuglette, pour essayer de repérer et d'anéantir les unités de l'Armée rouge qui battent la campagne, tournant en rond entre les tenailles des colonnes blindées allemandes.

Automitrailleuses, motocyclistes, voitures tout-terrain, camions, tracteurs d'artillerie sont rassemblés en toute hâte et confiés aux ordres de quelque chef audacieux à qui on donne carte blanche.

Le groupe de reconnaissance de la division *Wiking*, dont les automitrailleuses sont les seuls blindés dont dispose Steiner, s'est accru des deux compagnies motocyclistes de *Nordland* et de *Westland*. Le Sturmbannführer baron von Reitzenstein commande ainsi un *Kampfgruppe* extrêmement rapide, avec lequel il entend bien, selon la tradition, mener des raids à la hussarde.

Dans cette guerre de mouvement et de surprise, les chasseurs motocyclistes jouent un rôle primordial.

La colonne motorisée quitte la tête de pont de Dniepropetrovsk, traverse le fleuve, remonte vers le nord en amont et arrive devant Krementchoug. Là, von Reitzenstein doit à nouveau repasser le fleuve pour gagner la rive orientale. Véhicules blindés, motos et voitures tout-terrain s'engagent sur un pont que protègent quelques pièces de FLAK.

Des feldgendarmes règlent la circulation qui est très lente, car les convois se succèdent sans arrêt. Désormais nombreuses sont les troupes du Reich qui se battent à l'est du Dniepr et qu'il faut ravitailler en vivres et en munitions. Des renforts passent le fleuve, qui roule des eaux boueuses et froides.

La mauvaise saison arrive vite en cette fin de septembre. Le ciel se couvre. Les nuits sont fraîches. De gros nuages sombres cavalcadent dans le ciel, tandis que vrombissent les motos lancées à vive allure. De chaque côté de la piste, s'étendent des champs de tournesols, dont les immenses fleurs frissonnent dans le vent chaque jour plus aigre. Les S.S. apprennent à mâchonner les graines, à la mode russe. Cela trompe leur faim et ils donnent à ce passe-temps singulier le nom de « chocolat de Staline ».

Le groupe de reconnaissance doit maintenant redescendre le fleuve pour surprendre dans le dos les Soviétiques qui assiègent encore la tête de pont de Dniepropetrovsk.

Dès la première nuit où ils se trouvent sur la rive orientale, les S.S. installés en défensive sur une petite colline sont attaqués par des éléments soviétiques. Il s'agit des soldats d'un service d'état-major qui se sont perdus et errent à l'aventure dans une région que parcourent les colonnes motorisées des deux camps. Dans les ténèbres, impossible d'établir la liaison entre les sections qui se trouvent isolées les unes des autres dans des trous creusés à la hâte au crépuscule. Les Soviétiques parviennent à s'infiltrer dans la position tenues par les hommes du groupe de reconnaissance. Mais ils sont aussi perdus et isolés que les Allemands!

Dans les deux camps, on attend le lever du jour pour essayer de comprendre ce qui se passe. Dans la nuit, des hommes rampent, se cherchent, tombent sur des ennemis, se tirent dessus. Par moments, on entend la sourde déflagration d'une grenade ou un coup de feu isolé. Puis tout se tait. Respiration haletante et cœur battant, chacun se tasse dans son trou, guettant la moindre ombre qui se découpera sur le ciel clair, comme une silhouette hostile.

Ses hommes récupèrent à grand-peine le chef d'une des sections de mitrailleuses lourdes, un Untersturmführer qui a été grièvement blessé et qu'on transporte, pantelant, dans une toile de tente.

Quand le jour se lève, les volontaires germaniques découvrent devant les positions qu'ils occupent un immense rassemblement de véhicules soviétiques. Il y a des camions, des tracteurs et même des blindés. Le combat s'engage aussitôt. Ce sont les S.S. qui ont pris l'initiative et ils ne vont plus laisser une seconde leurs adversaires en repos. Les Russes doivent se réfugier sous leur véhicules d'où ils sont impitoyablement débusqués. Mais quelques tireurs d'élite s'installent, solitaires et bien camouflés. Ils font payer cher à leurs adversaires une victoire maintenant certaine. Il faut employer les mortiers pour en finir. Les explosions achèvent de briser l'ultime résistance russe, tandis que débouchent quelques véhicules blindés de reconnaissance de la division *Wiking* qui tirent de toutes leurs mitrailleuses. Leur intervention termine ce rapide engagement qui a duré toute la matinée.

Les volontaires germaniques s'avancent entre les véhicules détruits pour nettoyer le terrain. Des Russes se rendent en agitant des morceaux de chemises en guise de drapeaux blancs. On va dénombrer plus de cent soixante cadavres.

Dans le groupe de reconnaissance, il n'y a pas un seul tué, mais seulement quelques blessés. Von Reitzenstein ne cache pas sa satisfaction : ses compagnies, même coupées les unes des autres, ont toutes parfaitement tenu le choc. Cette première escarmouche n'empêche certes pas de reprendre la piste le long du Dniepr.

Déjà retentit le commandement bien connu des motards et des chauffeurs :

—Moteurs en route!

La colonne va s'ébranler. Dans la steppe ukrainienne, il n'existe plus, à nouveau, de « front ». On se bat sur les arrières des grandes unités blindées qui ont jailli des têtes de pont pour s'élancer, sur les pistes et à travers champs, toujours plus loin vers l'Est.

Au début du mois d'octobre 1941, la division *Wiking* reçoit l'ordre de s'emparer de Pavlograd. Puis elle poursuit sa route pour fermer une vaste « poche » et empêcher les troupes soviétiques encerclées de refluer vers l'est. Les régiments *Nordland* et *Westland* prennent position sur les hauteurs des deux côtés de la route de Melitopol à Stalino. Les troupes soviétiques de ce secteur ukrainien sont prises au piège. Elles tentent vainement, de jour comme de nuit, de franchir le barrage. Mais le piège est fermé. Plus de soixante mille prisonniers vont tomber entre les mains des Allemands.

Le commandant du groupe d'armées Sud, le maréchal von Rundstedt, adresse les félicitations d'usage aux forces allemandes placées sous ses ordres, ainsi qu'aux contingents alliés roumains, italiens et slovaques qui se battent en Ukraine méridionale.

Mais ces communiqués triomphants ne parviennent pas à cacher la dure vérité : il se fait tard dans la saison et l'automne arrive. La course de vitesse semble déjà perdue et les victoires si chèrement acquises seront inutiles si une décision n'est pas obtenue avant l'hiver.

C'est sans doute dans les jours à venir que la guerre sur le front de l'Est va se gagner ou se perdre.

Plus que jamais, les volontaires germaniques de la division *Wiking* en sont persuadés. Scandinaves, Néerlandais ou Allemands, ils savent qu'ils n'ont encore connu que les préliminaires. C'est maintenant que tout va se jouer. Définitivement. Et cette bataille va porter un nom : Rostov.

Rien ne semble devoir arrêter la ruée vers l'Est. Rien, sauf une interminable période de pluie qui va transformer tout le paysage ukrainien en un marécage infini. Les éléments motorisés sont stoppés. Les hommes et les machines disparaissent dans la boue. Toute une armée semble se perdre dans des sables gluants.

La division *Wiking* arrive à grand-peine à atteindre Ignatijevka. Tout au long de la centaine de kilomètres sur laquelle elle s'étire, elle laisse d'innombrables épaves. L'un après l'autre, les véhicules sombrent dans les fondrières et refusent d'aller plus loin. Des petits éléments doivent rester en arrière-garde pour surveiller le matériel. Ils ressemblent à des naufragés perdus sur un océan hostile. Les averses succèdent aux averses. Quelques soldats se réfugient dans les isbas de hameaux misérables et découvrent l'immense pauvreté russe. Les premiers poux attaquent...

Les colonnes de ravitaillement ne suivent plus. L'essence manque. Puis le pain. Il faut se débrouiller pour manger et se résoudre à boire l'eau putride des mares.

Dans toute une immense région, entre les deux grands fleuves du Dniepr et du Donetz, les forces d'assaut du Reich sont prises au piège de la boue. Plus rien ne roule désormais. Même les véhicules à chenilles disparaissent dans d'énormes fondrières. On ne distingue plus les pistes et les champs. Tout n'est qu'un amas gluant de terre noire devenue liquide et qui semble monter comme un océan à l'heure du flot. Les blindés et les canons ne peuvent plus être arrachés à cette gangue qui paralyse même les énormes tracteurs.

Revanche de la nature sauvage : il faut réquisitionner des centaines, des milliers de petits chevaux sauvages. Avec leurs poils longs, leur aspect chétif, leurs pattes torses, ils vont traîner des vieilles carrioles brinquebalantes là où les plus orgueilleux Panzers ont renoncé... Les véhicules ne passent plus. Alors les fantassins mettent pied à terre et enfoncent jusqu'aux genoux et même jusqu'aux cuisses.

Depuis la mi-octobre, la pluie se transforme en neige. les premiers flocons voltigent. Dès la nuit tombée, il gèle. L'éclatant soleil des premières semaines de guerre a disparu. Les hommes frissonnent dans leur tenue de drap.

Pourtant, le Gruppenführer Steiner donne l'ordre de poursuivre l'avance, coûte que coûte. Personne n'avait encore vu le Commandeur de si méchante humeur. Il sent l'ennemi lui échapper. Jamais sa division n'a consommé tant d'essence pour se traîner aussi lamentablement. Les véhicules, si durement arrachés à la boue, ne tardent pas à tomber en panne, réservoir vide. Le train de ravitaillement s'arrête à Dniepropetrovsk et le convoi de camions chargés de fûts d'essence se trouve enlisé on ne sait où.

Impossible d'aller plus loin. Il faut bivouaquer au hasard des étapes. L'état-major s'installe à Ignatijevka. Bougon, Steiner, multiplie les colères. Il expédie le régiment *Nordland* en avant-garde à Mokri-Jelantchik. Un épais brouillard, très froid, refuse de se lever. Le ciel est bas. Il pleut.

Les pistes sont devenues tellement impraticables que les motocyclistes du groupe de reconnaissance divisionnaire abandonnent leurs machines pour poursuivre leur mission sur des chevaux récupérés dans les villages. Les cavaliers improvisés baissent le nez sous les rafales de pluie qui fouettent les patrouilles. Triste chevauchée de montures misérables et de cavaliers transis. Pour tirer les voitures et les camions de la boue, on imagine de les faire remorquer par des bœufs. Dans le mauvais temps, tout le vernis de la civilisation mécanique s'écaille rapidement. Les volontaires germaniques perdent vite toute allure. Ils sont vêtus de loques. Sales, râleurs, épuisés, tous subissent une sérieuse chute de moral. Leur pays est si loin. Et que peut-il comprendre à cette folle aventure? Pourquoi avoir voulu forcer le destin? On ne demandait rien à ces Danois, à ces Norvégiens, à ces Suédois, à ces Finlandais, à ces Flamands, à ces Hollandais, et surtout à ces quelques Suisses en rupture de neutralité.

Les uniformes trempés collent à la peau. La fièvre fait trembler. Il est de plus en plus dur de se réchauffer. A l'étape, trouver un coin de terre battue dans une isba misérable devient un exploit; coucher sur le poêle de faïence un luxe, dont les privilégiés vont longtemps se vanter. Parfois, dans une ferme misérable, on rencontre quelques citoyens soviétiques de lointaine origine allemande. Ils n'imaginent même pas ce que peut être devenue leur patrie.

Les soldats ennemis ont disparu de ce paysage sinistre. Mais ils ont laissé des mines, de redoutables mines en bois, indétectables, qui explosent dans tous les coins et provoquent d'horribles blessures. On enterre à la hâte, dans des toiles de tente souillées, des débris humains et des morceaux de ferraille tordus.

Dans toute cette immensité pluvieuse et glaciale, au milieu du brouillard qui encapuchonne tout le paysage et abolit les distances et les sons, il faut encore se battre. Le régiment *Nordland* reçoit l'ordre de s'emparer du village d'Amrosievska. Le Standartenführer von Scholz ne connaît rien sur l'ennemi et se méfie. Le « Vieux Fritz » expédie sa compagnie de reconnaissance en avant. C'est une mission des plus classiques, tout à fait dans sa compétence.

— Une seule chose est certaine, dit-il au Hauptsturmführer Klapdor : la petite ville est occupée. Mais par qui et comment, à vous de me le dire.

— A vos ordres, Standartenführer.

En patinant dans la boue, les petites Volkswagen tout-terrain partent renifler l'ennemi. Le paysage est coupé de longues lignes d'arbres. L'été, ils donnent de l'ombre. L'hiver, ils coupent le vent. Mais, en temps de guerre, ils peuvent aussi dissimuler tous les pièges. L'Untersturmführer Petz commande un des pelotons de reconnaissance. Il s'est installé sur le capot d'un véhicule. Il se méfie. Chaque fois que les bois deviennent un peu trop serrés, il fait arrêter et observe longuement le terrain à la jumelle.

Soudain, claquent quelques coups de feu. Le sous-lieutenant saute à terre avec deux de ses hommes. Ses Volkswagen, selon l'ordre, font aussitôt demi-tour, prêtes à repartir si la situation se gâte. Une mitrailleuse russe tire. Petz et ses deux compagnons plongent dans une haie. L'officier se relève et, d'un geste de la main, ordonne d'attaquer le bosquet. Le premier, il s'enfonce sous les couverts. La mitrailleuse tire à nouveau. L'Untersturmführer tombe, mortellement atteint. Ses deux compagnons décrochent à toute allure sans même pouvoir emporter son corps. Quelques-uns de leurs camarades se lancent à la rescousse pour récupérer le cadavre de leur chef. Mais les Russes contre-attaquent, et ils doivent se replier, puis rejoindre leurs véhicules à toute allure.

Dès qu'il est informé de cette mésaventure, le Standartenführer von Scholz comprend qu'il risque de rencontrer une forte résistance en attaquant Amrosievska. Mais il estime que le manque de renseignements sur l'ennemi risque de conduire à un désastre. Le soudain pessimisme du colonel autrichien frappe tout son état-major.

Cette attitude impressionne fort deux officiers danois de la division *Wiking :* le Sturmbannführer Poul Engelhardt Ranzow du régiment *Nordland* qui remplit les fonctions d'officier de renseignements et son compatriote le Hauptsturmführer Frederik Christian von Schalburg, officier d'ordonnance du Commandeur, dont le russe est la langue maternelle. Aussi, von Schalburg dit-il à Ranzow :

— Je crois que je vais pouvoir m'occuper de cela.

— Comment?

— Je ne vous demande qu'une chose, Sturmbannführer : de fermer les yeux.

A la nuit tombée, l'ancien capitaine-lieutenant de la garde royale danoise s'empare d'un tracteur russe d'artillerie qui a été, peu auparavant, récupéré par les services auto de la division. En compagnie d'un conducteur et de deux Feldgendarmes, il prend la piste en direction d'Amrosievka.

Le lourd véhicule dépasse les derniers avant-postes allemands. Les quatre hommes roulent dans la nuit brumeuse. Le moteur cogne un peu, mais tout va bien. Soudain, un cri :

— *Stoï!* (Halte!)

Les voici arrivés dans les lignes soviétiques. Von Schalburg commence par injurier la sentinelle et lui reproche de l'avoir interpellé trop tard :

— Si tu ne fais pas plus attention, tu vas te faire surprendre par les Allemands.

Le lourd tracteur d'artillerie pénètre dans la bourgade. Tranquillement, le capitaine danois interroge des officiers et des sous-officiers qui dans la nuit ne se doutent certes pas que ce gradé, revêtu d'une capote de l'armée soviétique et qui parle si bien russe, est l'officier d'ordonnance du S.S. Gruppenführer Felix Steiner et un des premiers engagés de la division *Viking*!

Rapidement, von Schalburg sait ce qu'il veut savoir. Il ordonne au chauffeur de reprendre le chemin des lignes allemandes, se donne le luxe d'injurier à nouveau la sentinelle en faction aux abords d'Amrosievka et regagne l'état-major de la division.

Le Standartenführer von Scholz, très surpris, recevra dès l'aube un rapport l'informant que le village qu'il doit attaquer est occupé par deux bataillons d'infanterie et une batterie d'artillerie.

Le régiment *Nordland,* fort de ces renseignements, attaque et prend le village dans les meilleures conditions le 24 octobre.

Une semaine plus tard, Ranzow, qui interroge les prisonniers puisqu'il parle lui aussi assez bien le russe, apprend un renseignement important : le maréchal Vorochilov, commandant en chef du front Sud, a visité le village quelques jours auparavant. Il va aussitôt avertir son camarade Paetsch, officier de renseignements de la division *Wiking,* qui éclate de rire :

— C'est totalement impossible. Vos moujiks inventent n'importe quoi.

Le Sturmbannführer raconte alors l'histoire à von Schalburg qui, lui, garde son sérieux.

— Votre prisonnier vous a dit ce qu'il croit être la vérité absolue. C'est moi qui me suis présenté dans Amrosievka comme le maréchal Vorochilov! Je n'aurais quand même pas pensé qu'il me croirait aussi facilement.

Le temps s'améliore brusquement dans la dernière semaine d'octobre. Le soleil revient. La boue sèche et se transforme en poussière. Les pistes redeviennent praticables.

Le régiment *Nordland* reprend son avance. Le 1er bataillon du Sturmbannführer Polewacz a pris Amrosievka. Son camarade Stoffers, qui commande le 2e bataillon, attaque maintenant en direction de Kalinovka, un peu plus à l'est. Le paysage apparaît de plus en plus vallonné au fur et à mesure que l'on approche du fleuve Mious. Il se creuse de vallons, que l'on nomme « balkas » et qui permettent aux adversaires des deux camps de trouver défilements et camouflages.

Les Soviétiques essaient en vain de bloquer l'avance ennemie sur la rivière Krynka. Mais fantassins et motocyclistes s'emparent de Kolpakovka. forçant le passage. L'avance vers l'Est continue.

Nordland atteint le sud de Dimitrijevka. *Westland* s'établit à Ouspenskaja. Au-delà du Mious. les Soviétiques se sont fortifiés sur des hauteurs et interdisent le passage

Mais des chasseurs de montagne de la Wehrmacht et les volontaires germaniques de la Waffen S.S. attaquent et arrivent à établir une petite tête de pont. Tout peut recommencer. A l'approche de l'hiver, le temps s'est remis au sec. Il fait froid. mais il ne pleut plus. Les routes deviennent praticables. Les convois de carburant rejoignent enfin la division. Le régiment *Germania* attaque et forme une autre tête de pont à Golodajevka.

Ce sont là de bonnes bases de départ pour une prochaine offensive. Le repos n'aura pas duré bien longtemps.

11.

L'offensive prévue au-delà du Mious inquiète le Gruppenführer Steiner, qui trouve la saison déjà bien avancée pour une vaste opération. Il se heurte depuis quelques semaines à la pluie, à la neige, à la boue, et estime que l'affaire comporte trop de risques, pour peu que l'ennemi amène des réserves.

Pourtant, le 5 novembre 1941, les unités de la division *Wiking* se mettent en marche.

Le régiment *Germania* supporte d'abord le plus gros de l'effort et perd au feu un de ses chefs de compagnie, le baron von Oeynhausen. Mais les bataillons de Dieckmann et de Jörchel se sont emparés des premières hauteurs et ont ouvert la route. Dès le lendemain, leurs camarades du régiment *Westland* peuvent continuer et amorcer un mouvement vers le nord-est.

L'offensive démarre bien. Pourtant, le Commandeur a eu raison de craindre le mauvais temps. Des pluies torrentielles s'abattent sur ses unités au combat. Dans ce pays au relief accidenté, les ruisseaux se gonflent et deviennent torrents, les pistes sont emportées, les pentes des collines se transforment en patinoires que ne peuvent plus escalader les véhicules. Toute la division s'englue. Les hommes, trempés et transis, peinent sans guère pouvoir avancer. Et ils doivent, en plus, faire face à la plus fantasmagorique des contre-attaques soviétiques. Sous une pluie battante, on distingue des silhouettes de cavaliers.

— Alerte! Les Cosaques!

La cavalerie rouge déboule, sabre au clair, sur les positions que viennent d'occuper des canonniers du régiment d'artillerie et quelques fantassins de *Nordland.* Ils sont des centaines, qui dévalent des collines au grand galop de leurs petits chevaux. Vision surgie du fond des âges. En quelques secondes, il semble que la vieille Asie déferle à nouveau et va tout emporter, à l'arme blanche!

Les deux premiers à réagir devant cette fantastique vision sont deux officiers d'artillerie, l'Obersturmführer Bernau et l'Untersturmführer Linder. Ils se précipitent l'un comme l'autre vers un obusier, le pointent en tir tendu, tube horizontal, et ouvrent le feu dans la masse des cavaliers.

Quelques hommes se sont aussi aperçus du danger et ont bondi sur la plate-forme d'un camion où se trouvent deux mitrailleuses de FLAK. Ils tirent à leur tour.

Les Cosaques de l'Armée rouge ne sont plus maintenant qu'à cinq cents mètres du bivouac des volontaires germaniques. La fusillade, de plus en plus nourrie, ne semble absolument pas arrêter leur élan. Aussitôt qu'une brèche s'ouvre dans leurs rangs, d'autres cavaliers surgisssent et continuent la charge infernale. Cette masse d'hommes et de chevaux déferle sans pouvoir être stoppée. Pourtant, les canons, les mitrailleuses et les fusils ne cessent d'abattre des assaillants. Des montures s'écroulent, entraînant leur cavalier. Rien ne semble arrêter leurs camarades. La distance diminue toujours. Ils ne sont plus qu'à quatre cents mètres, à trois cents...

Les artilleurs et les fantassins de *Nordland* ont vraiment l'impression qu'ils vont être submergés. Ils tirent comme des fous.

A une centaine de mètres devant les positions tenues par cette petite unité de la division *Wiking,* la charge est enfin disloquée. Les Cosaques ont perdu trop des leurs pour devenir dangereux. Mais les survivants ne s'arrêtent pas. Encourageant leurs chevaux de leurs cris, ils sont quatre-vingts qui continuent, sabre haut, et parviennent jusqu'à leurs adversaires. Ils traversent en trombe le bivouac allemand, perdant encore quelques-uns des leurs dans de rapides corps à corps à l'arme blanche. Puis les derniers rescapés de cette charge folle — quelques dizaines d'hommes à peine — disparaissent dans un nuage de poussière et se réfugient dans les collines toutes proches.

Les S.S. se regardent stupéfaits. Jamais ils n'auraient cru qu'une telle aventure serait possible ailleurs qu'au cinéma... Les volontaires germaniques doivent pourtant bien réaliser qu'ils ont été attaqués par des Cosaques tout droit sortis d'un livre d'images du siècle dernier! Ils étaient sans doute quatre escadrons de cent cinquante cavaliers pour avoir osé cette charge héroïque contre des mitrailleuses. Trois cents d'entre eux gisent, morts, devant la position du petit détachement de la division *Wiking*. De nombreux blessés sont faits prisonniers. L'un d'eux raconte.

— De loin, notre chef a cru que vous étiez des nôtres. Quand il s'est rendu compte de son erreur, nous étions trop près. Alors, nous n'avions plus qu'une seule chose à faire : vous charger.

Scandinaves et Allemands ramassent sur le terrain quelques « chachkas », ces sabres courts de Cosaques, dont la poignée de laiton porte les lettres C.C.C.P. initiales russes d'U.R.S.S. Les cavaliers de Boudieny se sont battus dans la plus belle tradition héroïque de la cavalerie rouge.

Les volontaires germaniques du bataillon de chasseurs de chars sont occupés à aménager les positions de la *Hauptkampflinie,* la ligne de résistance principale, quand les guetteurs signalent une brusque attaque de blindés soviétiques.

Aussitôt, les servants abandonnent pelles et pioches pour se précipiter sur leurs pièces. Les chars ennemis débouchent rapidement. Les S.S. en comptent d'abord trois, puis un quatrième rejoint les autres. Ils avancent irrésistiblement, dans le grondement des moteurs. Leurs canons sont tournés vers le village. On aperçoit la lueur des coups de départ. Les premiers obus russes arrivent, faisant jaillir des gerbes de boue.

Les quatre pièces de PAK s'apprêtent à riposter. Les télémétristes ont calculé la distance, les pointeurs choisissent une cible et ne la quittent plus. Dans quelques instants, ces intrus vont être détruits.

L'officier de l'unité antichar attend que les blindés ennemis soient à bonne portée. Il n'a aucune inquiétude. Ses hommes connaissent leur affaire et chaque pièce de 37 a choisi son char. Dans quelques secondes, tout sera fini.

— Feu!

Les quatre canons de PAK tirent en même temps. On entend

une seule détonation qui claque dans l'air froid. Les obus traçants atteignent parfaitement leur cible.

— Bien joué, les garçons! lance l'officier.

Mais les chars continuent leur route et arrivent rapidement sur les trous occupés par l'unité d'infanterie qui tient ce secteur. Les canons de PAK tirent à nouveau. Aucun des obus de 37 ne manque sa cible, mais les projectiles ricochent sur le blindage, sans paraître gêner les monstres d'acier. Pour les arrêter, il faut tirer dans les chenilles. Mais de percer le blindage, il n'en est pas question. Les chasseurs de chars de la division *Wiking* sont catastrophés. Ils viennent de livrer leur premier combat contre un nouvel adversaire qui les surclasse largement : le T.34.

Cet événement montre que les Soviétiques, tout en subissant défaite sur défaite, n'abandonnent pas la partie et qu'ils sont décidés à résister jusqu'à l'arrivée de leur fidèle allié, l'hiver.

Les avions à l'étoile rouge interviennent aussi dans un ciel vide d'appareils allemands; ils bombardent et mitraillent les colonnes de la division. La FLAK tire de toutes ses pièces, sans parvenir à les repousser. Le combat se durcit.

L'Armée rouge recule. Elle ne s'effondre pas. Sa résistance devient de plus en plus dure, au fur et à mesure que les forces du Reich pénètrent dans l'Ukraine profonde, entre le Dniepr et le Donetz. Les trois régiments d'infanterie *Germania*, *Nordland* et *Westland* doivent livrer des combats incessants, dans une ambiance de plus en plus âpre et confuse.

Contre les fantassins du Reich, après l'attaque des blindés et des avions, voici qu'apparaît une nouvelle arme terrible. Elle remplit le ciel du bruit de la longue plainte de ses fusées. Quand arrive la gerbe de projectiles, tout le sol semble exploser. Des éclats acérés et brûlants sifflent dans tous les sens. Et à nouveau c'est le fracas des coups de départ. Le surnom de cette nouvelle arme soviétique va vite devenir populaire : les « orgues de Staline »! Heureusement. cette musique d'enfer fait plus de bruit que de mal.

Tout le pays semble brûler. Le jour, on avance dans le fracas des explosions; la nuit, on se regroupe pour se former « en hérisson ». Il n'y a plus de front. Le danger peut venir de partout. La guerre de mouvement signifie embuscades, coups de main, surprises. Souvent, les unités de la division, isolées dans l'immense paysage ukrainien, doivent se battre isolées. Les liaisons radio fonctionnent tant bien que mal. Plus encore que l'ennemi, les S.S. de la division *Wiking* doivent affronter l'immensité. Et le climat. La pluie devient glaciale. Le ravitaillement suit mal. La dysenterie fait des ravages.

Les volontaires germaniques se battent en liaison avec les chasseurs de montagne de la Wehrmacht et attaquent Djakovo au milieu d'un paysage que la pluie transforme en un immense bourbier. Les Soviétiques font sans cesse monter de nouvelles forces vers le front par chemin de fer. L'U.R.S.S. semble un inépuisable réservoir d'hommes, qui se battent tous avec un farouche patriotisme.

Le front devient de plus en plus mouvant. Tandis que les Allemands avancent le plus vite possible, les Soviétiques réoccupent des villes et des carrefours sur leurs arrières. Plusieurs fois les *Kampfgruppen* de la division *Wiking* vont ainsi se trouver encerclés. Le bataillon von Hadeln, le 1er de *Westland*, n'est sauvé de l'anéantissement que par la rapide intervention des chasseurs de chars du bataillon Maak, d'une compagnie de *Germania* et de quelques artilleurs d'une batterie de flak.

A la mi-novembre, un événement prévu va soudain modifier tout le caractère de la campagne : le froid arrive brusquement.

Le gel survient pendant la nuit du 13 novembre 1941. Le lendemain, le temps se radoucit un peu et la boue redevient liquide. Et puis, la nuit suivante, le gel à nouveau fige tout. Au matin, c'est fini. Le paysage est pris. Définitivement. Toutes les routes sont gelées. La terre devient dure comme de la pierre. Il fait un temps gris et froid. La température ne va pas tarder à chuter jusqu'à — 18°! Accroupis devant leurs véhicules immobilisés, les chauffeurs doivent allumer des petits feux pour essayer de dégeler leur moteur qui ne veulent plus repartir. Dans leur équipement de série, les combattants souffrent terriblement du froid. Le cuir des bottes devient dur comme du bois. Déjà, apparaissent les premiers pieds gelés du front de l'Est.

Cette brusque arrivée du froid permet aux chars de rouler. Et les blindés soviétiques multiplient leurs pointes offensives contre les unités de la division, handicapées par la brutale venue de la saison glaciale.

Tandis que les forces allemandes foncent sur Rostov, le grand port de l'embouchure du Don, clé du Caucasse, dont va s'emparer la *Leibstandarte S.S. Adolf Hitler,* l'unité de la garde du IIIe Reich, les Soviétiques lancent de furieuses contre-attaques, au nord de la ville qui est tombée le 20 novembre.

Les volontaires germaniques établissent à toute allure des lignes de défense, mais elles sont si menacées que le Gruppenführer Steiner doit envoyer au feu tout le personnel d'état-major : téléphonistes, cuisiniers, plantons, mécaniciens, secrétaires, chauffeurs. Les assauts russes sont soutenus par une artillerie puissante et meurtrière. La bourgade de Darjevka devient le centre des combats, menés surtout par le 2e bataillon Kummer de *Westland* et le 3e bataillon Braun de *Germania.*

La 3e compagnie de *Germania,* la fameuse « 3e de Fer », se trouve aussi engagée au plus dur de la bataille. Le Hauptsturmführer Faulhaber et ses hommes essaient d'empêcher un grand mouvement tournant des troupes soviétiques, qui tentent d'envelopper les bataillons de la division *Wiking.* Le capitaine manœuvre à son tour. C'est à qui arrivera le plus vite à imposer son terrain à l'adversaire. Il réussit enfin à prendre de flanc les colonnes d'assaut soviétique.

— C'est gagné! s'exclame Faulhaber.

Ses mitrailleuses entrent en action. Les Soviétiques sont durement accrochés. Mais le capitaine sait que seul un corps à corps va lui permettre d'emporter la décision. Il réunit ses chefs de section, leur donne rapidement ses ordres. Ils sont très simples : c'est l'assaut dans toute sa brutalité, sa furie.

Couchés dans leurs trous, les grenadiers de la 3e compagnie s'apprêtent à bondir. Ils savent que ce combat se terminera à la baïonnette et que, dans quelques minutes, ceux qui auront franchi le rideau de feu verront l'ennemi dans les yeux.

Faulhaber mène lui-même l'attaque Il brandit une arme insolite : un sabre cosaque. C'est à l'arme blanche qu'il doit emporter la décision. Tous ses hommes attendent le cri qui va les lancer dans cette ruée sauvage :

— En avant!

La lame du sabre étincelle. C'est à qui va courir le plus vite à l'ennemi, Faulhaber au milieu de ses groupes d'assaut. Et toute la compagnie se trouve enlevée dans un même élan.

Quelques mètres à parcourir. En rase campagne. Les Russes tirent. Quelques assaillants vacillent et s'écroulent. Mais leurs camarades ne s'arrêtent pas et se mettent à scander avec une joie sauvage :

— *Germania! Germania!*

Le chef de « la 3ᵉ de Fer » brandit son sabre. Et puis très vite il l'abat à droite, à gauche, partout où surgissent des fantassins en uniforme moutarde qui ne tardent pas à s'écrouler, la tête en sang, ou à rompre le combat, pourchassés par les volontaires germaniques que plus rien ni personne ne semble pouvoir retenir.

Enfin, la position ennemie est conquise. On se laisse tomber à terre, on souffle, on allume une cigarette. L'affaire a été dure, très dure.

— Quelles sont les pertes? demande Faulhaber.

— Sérieuses, Hauptsturmführer. Nous avons neuf tués et pas mal de blessés.

Le visage de l'officier se ferme. Énergique et insatiable, c'est une vraie bête de combat. Mais la mort de chacun de ses fusiliers le marque profondément. Il est de ceux qui croient que les meilleurs chefs sont ceux qui ramènent le plus grand nombre de leurs hommes vivants à la fin de la bataille. Cette journée a été lourde de sacrifice pour la 3ᵉ compagnie de *Germania.* Mais le succès est tel que le Hauptsturmführer Markus Faulhaber sera décoré de la croix de chevalier de la Croix de fer.

La 3ᵉ a payé un lourd tribut. Mais jamais ses grenadiers ne se sont sentis aussi liés les uns aux autres et à leur chef [1].

1. Promu Sturmbannführer à la fin de la guerre, Markus Faulhaber sera fait prisonnier en Autriche par les Américains, après la capitulation allemande. Grièvement blessé et un bras en écharpe, il sera pourtant chargé de gagner la montagne pour persuader les derniers irréductibles de descendre dans la vallée et de se rendre. Sa voiture, conduite par son officier d'ordonnance, tombera dans les eaux torrentueuses de la Salzach, et Markus Faulhaber périra noyé le 9 mai 1945.

C'est maintenant au tour des trois bataillons Polewacz, Stoffers et Plöw de *Nordland* de subir l'assaut des Soviétiques dans la région d'Alexandrovka. Une trentaine de blindés déferlent sur les positions tenues par les Scandinaves et les Allemands. Le Standartenführer von Scholz, établi dans le village, est l'âme de la résistance.

Déjà, les petits canons de 37 de PAK aboient rageusement, mais ils ne peuvent rien contre le blindage des T.34. Le sol est tellement gelé que les hommes affrontent l'ennemi sans avoir pu creuser des trous individuels et des postes de mitrailleuses. Les volontaires germaniques ne vont pas pouvoir tenir. Ils se voient déjà déchiquetés par les armes de bords des chars ou écrasés sous leurs chenilles.

Les blindés avancent lentement. Parfois, ils s'arrêtent pour observer le terrain dénudé et essayer de repérer l'emplacement des pièces de PAK. Puis ils repartent dans un grand halètement qui cloue au sol de terreur les fantassins du régiment *Nordland*.

Un bruit de moteur se fait entendre de l'arrière des lignes. Un tracteur d'artillerie arrive. Il remorque une pièce de 88, remarquable canon qui peut servir tout autant comme PAK que comme FLAK.

— Hourra! crient les S.S. Le « Vieux Fritz » ne nous a pas abandonnés!

Tandis que le tracteur cherche un abri, les artilleurs dételent la pièce et la mettent en batterie. Jamais, sans doute, ils n'auront fait si vite.

Il n'y a pas moins de onze T.34 dans ce secteur du front. Une détonation. Le 88 vient d'expédier le premier obus. Rien ne se passe. Le coup est parti beaucoup trop loin.

— Manqué!

Les fantassins sont furieux et vont presque injurier les artilleurs qu'ils avaient accueillis comme des sauveurs quelques minutes auparavant. Second coup de canon. Trop court! Une gerbe de terre, dérisoire, a fusé devant un des chars. Mais des éclats ont peut être brisé des chenilles, car le T.34 s'arrête.

— Bravo!

Mais les fantassins entendent le coup de canon d'un des chars et voient avec horreur l'obus percer le bouclier du 88 et éclater juste devant le pointeur, qui est tué sur le coup. Plusieurs de ses camarades sont blessés par les éclats. Tous les servants gisent autour de la pièce. Le 88 reste muet désormais.

Les blindés soviétiques, sans doute surpris par ce début de résistance, prennent par la droite et abandonnent l'attaque des positions du régiment *Nordland*, pour aller tâter celles de *Westland*, établi en hérisson autour d'un village. Un combat de rues va s'engager, où les T.34 n'auront pas le dessus. Mais l'affaire est chaude. Si les canons de 37 de la PAK ne peuvent rien contre les nouveaux chars soviétiques, ceux de 50 parviennent à percer le blindage et à en mettre quelques-uns hors de combat. Alors, les Russes écrasent la bourgade sous les fusées des « orgues de Staline ».

Le Standartenführer von Scholz, sur qui a reposé le plus dur de l'offensive soviétique, n'a cessé de faire des allées et venues entre son poste de commandement et les premières lignes pour apporter lui-même des caisses de munitions à ses volontaires germaniques dans sa voiture légère de liaison. Avant de regagner l'isba où il a étalé ses cartes, il s'empare d'un fusil et fait lui-même le coup de feu. Le Mauser à la main, le « Vieux Fritz » semble l'image même de la résistance de toute la division *Wiking* aux dures contre-attaques soviétiques.

De toutes les unités, c'est le 2e bataillon de *Germania*, commandé par le Sturmbannführer Jörchel, qui va subir les pertes les plus sévères. Les Russes parviennent à s'infiltrer dans ses positions et beaucoup de fantassins sont abattus dans leur trou, à peine creusé dans le sol gelé. Il faudra faire intervenir les Panzers de la Wehrmacht pour dégager cette unité de la Waffen S.S. fort malmenée. Les canons de 75 des chars allemands Panzer IV se révèlent les seules armes vraiment capables de lutter avec les T.34. De ce duel de blindés, restent quelques carcasses noircies qui continuent à brûler avec de lourds panaches de fumée, tandis qu'arrive la nuit tombant de plus en plus vite en cet automne maussade.

Maintenant, ce sont les forces de la région de Rostov qui risquent d'être encerclées par la contre-offensive de l'armée soviétique, menée énergiquement. Le général von Kleist, qui commande la Ire armée blindée, donne à la division des volontaires germaniques une véritable mission de sacrifice : il faut couvrir tout le front septentrional.

Le régiment *Nordland* doit tenir à lui seul quarante kilomètres de front.

Pour le Standartenführer von Scholz, il n'y a pas d'autre solution que d'organiser des points d'appui dans les villages ou les carefours et d'espérer que les Russes ne se glisseront pas entre ses compagnies totalement dispersées sur le terrain. Le « Vieux Fritz » lance dans la bataille toutes ses compagnies de combat, à l'exception de celle des fusiliers motocyclistes, qu'il garde en réserve et qu'il va utiliser pour boucher les brèches éventuelles.

Le bataillon Stoffers subit la plus dure de la contre-offensive ennemie près du village d'Astachovo. Les motards sont envoyés en renfort. Une hauteur voisine devrait être occupée par la Wehrmacht. Quand un Oberjunker s'y rend avec une patrouille pour prendre contact avec les camarades, il tombe sur les Russes. Deux de ses volontaires germaniques sont tués dans le bref accrochage qui suit cette méprise.

Dès le lendemain, les troupes soviétiques donnent l'assaut avec une énergie accrue. Heureusement, les artilleurs russes, pour une fois, ne soutiennent guère leurs fantassins. Les vagues d'assaut sont facilement arrêtées par le tir des mitrailleuses, mais les pièces de *Nordland* commencent à manquer de munitions, car elles doivent tirer à une cadence infernale. On n'a même pas le temps de changer les canons qui sont portés au rouge. Des hommes sont expédiés vers l'arrière.

— Vite! Des munitions!

Les services de ravitaillement donnent leurs dernières caisses, qui seront emmenées vers l'avant avec une voiture tout-terrain. Ce sont les chauffeurs qui garnissent de cartouches les bandes de mitrailleuse, tandis que les tireurs s'impatientent.

L'Untersturmführer Friedel, chef de section de mitrailleuses, porte lui-même les caisses avec un agent de liaison. Il reçoit une balle qui perce sa botte.

— Vous pouvez continuer?

— Ma jambe est encore dans la botte. On y va! Je vais essayer de courir!

Les deux hommes se glissent vers un des postes de mitrailleuse. Ils trouvent les hommes nerveux, car les Russes attaquent sans arrêt dans ce secteur.

— Tenez aussi longtemps que possible! ordonne l'officier. Moi, je vais prévenir le chef de compagnie de ce qui se passe.

L'Obbersturmführer Klapdor est inquiet. Le bataillon Stoffers qu'il est venu renforcer n'a plus de liaison. Il appelle les agents de liaison :

— Dites aux sections de décrocher!

Les messagers partent en courant sous le bombardement.

Le mouvement de retraite se passe en bon ordre. D'abord les Volkswagen tout-terrain qui arrivent toutes à s'en sortir, malgré un bombardement serré sur leur colonne. Puis les groupes de mitrailleurs.

A ce moment, un obus touche de plein fouet une Volkswagen qui saute en l'air dans une gerbe de flammes et retombe, disloquée. Les occupants sont tous hors de combat. On compte deux morts et un blessé, le chef de pièce Zarewitsch. Le chauffeur, projeté en l'air par le souffle de l'explosion, n'a rien, mais il est complètement « sonné » et devient blanc comme de la craie. Le chef de compagnie, l'Obersturmführer Klapdor, quitte le dernier le village d'Astachovo.

Toute la Ire armée blindée allemande doit reculer derrière la rivière Touslov, et c'est le régiment *Nordland* qui va protéger ce grand mouvement de retraite. Le Standartenführer von Scholz est bien décidé à se battre toute la journée pour arrêter les Russes et à décrocher dès la tombée de la nuit. La manœuvre va durer cinq interminables journées. Fantassins et chasseurs motocyclistes sont épuisés. Jamais le « Vieux Fritz » n'a vu ses volontaires aussi fatigués.

Son 3e bataillon, commandé par le Sturmbannführer Plöw, protège la retraite générale. Aux fantassins de *Nordland*, se sont joints quelques pionniers, des chasseurs de chars et des artilleurs de la FLAK qui utilisent leurs canons de 37 comme des pièces de PAK pour lutter contre les blindés soviétiques.

Dans d'autres secteurs, les hommes de *Westland* et de *Germania* mènent aussi de durs combats au sein de petits *Kampfgruppen* organisés à la hâte autour d'un chef énergique.

Les volontaires germaniques du Sturmbannführer Plöw, dont le 3e bataillon regroupe la plupart des Finnois de la division, s'établit sur les hauteurs de Balabanov pendant que les forces en retraite essaient de franchir la rivière Touslov afin de se réfugier en défensive sur la rive occidentale.

Beaucoup d'officiers finlandais, qui ont participé à la guerre d'hiver 39-40 et se sont engagés dans la division *Wiking*, servent comme sous-officiers ou même comme simples soldats. Ils ont préféré perdre leur grade plutôt que de reculer le moment d'entrer en campagne contre les Russes. Depuis les combats de Petsamo, la hantise de la vengeance les tenaille.

Les blindés soviétiques, que ne peuvent arrêter les canons de 37, attaquent les positions et écrasent les hommes dans leurs trous. Des corps disloqués gisent dans une effroyable bouillie de boue, de neige fondue et de sang. L'infanterie russe suit dans le sillage des blindés. Mais les survivants les attendent et les stoppent du feu de toutes les armes légères.

Les chars soviétiques ont réussi à percer; mais, sans fantassins d'accompagnement, ils ne peuvent rien et tournent en rond sur les arrières des lignes allemandes où ils se heurtent aux pièces de PAK et de FLAK servies par des volontaires germaniques décidés.

Les blindés ennemis sont détruits l'un après l'autre. Cependant, au bataillon Plöw qui devrait compter un millier de combattants, il ne reste même plus une centaine d'hommes dans les trous des premières lignes. Finlandais et Allemands ont subi attaque sur attaque, mais ils ont obéi à l'ordre de ne plus céder un mètre de terrain tant que tous leurs camarades n'auront pas franchi la Touslov.

Les rescapés du 3e bataillon doivent décrocher, quand ils en recevront l'ordre, sous la protection de la compagnie de fusiliers motocyclistes de *Nordland*. La nuit tombe vite. Les heures paraissent alors interminables, avec la constante angoisse d'être coupés des camarades. Il faut attendre minuit. De temps à autre, des fusées éclairent le paysage désolé. Tout paraît tranquille, faussement tranquille. Les Russes ne sont sûrement pas loin.

Enfin, arrive l'ordre que les agents de liaison portent de position en position : « Se préparer au décrochage. »

Les motos et les véhicules ne veulent pas démarrer. Depuis des semaines, ils ont été menés si rudement. Il faut les pousser à grand-peine et à grand fracas. Enfin, les moteurs grondent sourdement. En route! Les S.S. germaniques doivent se diriger dans la nuit noire. On distingue à peine la trace plus blanche de la piste. A chaque carrefour, les chefs de convoi hésitent.

Au petit jour seulement, ceux qui ont protégé la retraite arrivent aux avant-postes que tiennent leurs camarades.

La hantise de tous les conducteurs est de manquer d'essence. le ravitaillement n'arrive plus. Il faut se débrouiller. Dans les villages, grouillent les unités les plus diverses, hommes de la Waffen S.S. et de la Wehrmacht mélangés dans une confusion grandissante. La retraite du gros des forces allemandes doit se poursuivre jusqu'au Mious. Les véhicules qui ne peuvent plus rouler sont pris en remorque. Les pistes deviennent épouvantables, avec d'énormes ornières.

A l'aube du 23 novembre, les Soviétiques découvrent que les premières lignes allemandes ont été évacuées. Ils s'apprêtent à se lancer à leur poursuite, quand ils sont bloqués par une brusque attaque des Stukas. Blindés et véhicules explosent. Mais les Russes rassemblent tout ce qu'ils peuvent trouver comme matériel intact et se lancent à l'attaque vers midi. L'assaut est mené par de redoutables chars T. 34.

Les artilleurs de la division *Wiking,* sous la direction du Standartenführer Gille, essaient désespérément de bloquer cette avance. Mais de nombreux blindés échappent aux obus et entrent en trombe dans le village de Balabanov. Commence alors un combat de maison en maison. Les chasseurs de chars ont installé leurs pièces de PAK derrière les murs et dans les cours. Avec leur 50 et même leur 37, ils tirent l'adversaire à quelques mètres pour essayer de les décheniller, à défaut de percer le blindage. Les sapeurs d'assaut attaquant les chars avec des charges explosives qu'ils vont poser à la main. Terribles corps à corps entre les hommes et les monstres d'acier.

Les combats dans le village deviennent plus durs d'heure en heure. Les fantassins du bataillon Plöw se battent pour chaque mètre de terrain. Le Hauptsturmführer Albert qui commande le bataillon du génie de la division *Wiking* est tué au combat. Son camarade Max Schäfer, de la 2ᵉ compagnie, prend sa place. Il ne faut pas arrêter une seconde la bataille contre les chars. Les charges explosent avec de sourdes déflagrations. Les volontaires germaniques tiennent toujours le village de Balabanov, protégeant tout le flanc septentrional des unités allemandes engagées dans la bataille de Rostov.

Pour la première fois depuis le début de la campagne, les forces du Reich ont amorcé un vaste mouvement de recul. Le grand port de l'embouchure du Don, pris avec tant de peine par la *Leibstandarte S.S. Adolf Hitler,* sera abandonné!

Pour protéger la retraite, les S.S. de la division *Wiking* ont subi de très lourdes pertes. On compte dans certaines unités un tiers de tués et de blessés graves.

Ce sont les cadres qui ont proportionnellement le plus souffert. Dans la seule compagnie motocycliste du régiment *Nordland,* depuis le début de la campagne, le chef de compagnie, le Hauptsturmführer Cesper, a été tué et son successeur Klapdor blessé. Deux chefs de section ont été tués et deux autres blessés. Plus un seul ne reste de ceux qui ont commencé la campagne à la tête d'une section de fusiliers motocyclistes.

La retraite vers le Mious marque un tournant dans la guerre sur le front russe. C'est le premier échec sérieux subi par les hommes de la division *Wiking.* Pourtant, l'ordre du jour de leur chef, le général von Kleist qui commande la Ire armée blindée, fait preuve d'un optimisme inébranlable :

« Par un froid glacial, jour et nuit au combat, vous avez repoussé l'ennemi et effectué ponctuellement toutes les manœuvres commandées. Voilà qui rejoint les actes héroïques de l'armée blindée. Maintenant, nous allons occuper une nouvelle position de défense que vous allez tenir solidement. De nouvelles divisions approchent rapidement et passeront à l'offensive. Je sais que mes courageuses divisions tiendront pour leur part leurs positions. »

Ainsi, au début de l'hiver 1941-1942, commence, pour les forces du Reich, une guerre de position, épuisante et meurtrière, les volontaires germaniques vont en connaître toutes les souffrances.

12.

Au début du mois de décembre 1941, les forces allemandes de l'Ukraine méridionale se sont repliées derrière la rivière Touslov. Mais le terrain semble encore trop difficile à défendre pour les chasseurs de montagne et les volontaires de la Waffen S.S. Les effectifs ont terriblement fondu en cinq mois de marche et de combat. Des compagnies parties sur le front de l'Est à plus de deux cents hommes ne comptent désormais qu'une quarantaine de combattants. Le potentiel global de la division *Wiking* a été réduit au moins de moitié.

Aussi, le chef de la Ire armée blindée, le général von Kleist, décide un nouveau recul. Ce sera sur le fleuve Mious que l'on va passer le dur hiver qui s'annonce. Il suit une ligne presque droite depuis le bassin du Donetz jusqu'au port de Taganrog, sur la mer d'Azov. La rive occidentale, escarpée, paraît assez facile à défendre.

Tout le paysage est désormais figé par le gel; le sol, même en profondeur, est devenu aussi dur que du béton. Construire des fortifications de campagne par un tel climat devient une épreuve terrible. Pourtant, il faut faire vite, car les forces soviétiques ne semblent pas décidées à ralentir leur offensive. Les hommes de l'*Arbeitsdienst,* le Service du travail, où servent les jeunes gens de dix-sept ou dix-huit ans avant leur service militaire, sont amenés en toute hâte dans le secteur du Mious et creusent des fortifications à l'explosif. Comme renforts sur le front, on ne peut trouver qu'une division de la nouvelle armée slovaque. Ces soldats, dont le chef d'État est un prêtre, Mgr Tiso, qui a réussi, avec l'aide des Allemands, à rompre l'État unitaire voulu par

Prague, sont pleins de bonne volonté, mais mal aguerris.

La division *Wiking*, toujours sous les ordres du Gruppenführer Steiner, réussit parfaitement la manœuvre de retraite et gagne le Mious en une seule colonne sous la protection de quelques petits éléments retardateurs.

Les Soviétiques réoccupent le terrain avec une prudence inhabituelle, comme s'ils craignaient un piège. Ils se sont bien dispersés et l'artillerie allemande s'en trouve un peu désemparée. Les Russes finissent quand même par arriver sur la nouvelle ligne de résistance, où ils se heurtent aux fantassins du Sturmbannführer Dieckmann et aux artilleurs de son camarade Schlamelcher. Quant aux S.S. du bataillon Jörchel, ils se battent en liaison étroite avec les Slovaques.

Le temps s'est aggravé. Le thermomètre a chuté jusqu'à — 20°. Il souffle sans arrêt une bourrasque glacée qui vient de l'est. Fouettés par les rafales, les volontaires germaniques transportent de nuit, durant des kilomètres, des troncs d'arbre pour consolider leurs postes de tir et leurs abris. Dès que le jour tombe, les sapeurs se glissent devant les lignes pour tendre des réseaux de fil de fer barbelé et poser des mines. Bouleversé le paysage évoque de plus en plus celui des tranchées de la Première Guerre mondiale.

Le froid a surpris les services de l'intendance allemande. La célèbre organisation germanique se trouve gravement prise en défaut. Les forces du Reich affrontent l'hiver sans aucun des vêtements spéciaux indispensables. Alors, les soldats doivent se débrouiller pour « récupérer » des manteaux et des bonnets de fourrure. Ils enveloppent leurs bottes de chiffons, arborent des cache-nez civils, s'habillent de loques. Les gradés ferment les yeux devant les innombrables entorses aux lois de l'uniforme. Se protéger du froid est devenu une question de vie ou de mort. Alors, peu importe que d'étranges pelisses soient fort peu réglementaires. En quelques jours, la troupe la plus disciplinée du monde ressemble à une horde de clochards hirsutes.

Le froid augmente encore. Mais l'hiver ne parvient pas à figer la guerre. Il n'est que l'allié des troupes soviétiques qui vont se battre dans leur élément. Pendant plus d'une semaine, à partir du 5 décembre, les attaques succèdent aux attaques. De jour comme de nuit. L'ennemi porte le plus dur de son effort sur le secteur Russkoje et Berestovo. Avec une audace fantastique, les assaillants parviennent à escalader les pentes du Mious, puis à hisser mitrailleuses et mortiers jusqu'aux abords des positions des volontaires germaniques. Les blindés russes traversent le fleuve sur la glace pendant la nuit et parviennent à tourner les avant-postes de la division *Wiking*, en se glissant à l'abri des maisons et des jardins dans les hameaux abandonnés.

Le village de Russkoje se trouve toutefois défendu par les hommes du régiment *Germania* du Standartenführer von Oberkamp, où le moral est aussi haut parmi les Allemands que chez les volontaires germaniques de *Nordland* ou de *Westland*. Des chefs de bataillon comme Dieckmann, Jörchel ou Braun ne sont pas pris au dépourvu; quant à leur camarade artilleur Schlamelcher, il a entraîné ses hommes aussi bien au service des pièces de campagne qu'aux combats corps à corps. Dès qu'une brèche se produit dans la ligne allemande, les officiers organisent en hâte un *Kampfgruppe* qu'ils lancent à la contre-attaque.

Les assauts sont brisés dans le sang. Alors, les Soviétiques attaquent dans le secteur tenu par les Slovaques dans la région de Golodajevka. Ils s'emparent de quelques hauteurs sur la rive occidentale du fleuve. Il faut, de toute urgence, secourir ces alliés en fort mauvaise posture. Sinon, c'est tout le front du Mious qui peut être tourné.

Le Gruppenführer Steiner rassemble toutes les forces dont il dispose comme réserve. Cela fait finalement peu de monde, car tous les fantassins tiennent les tranchées. Alors, le Commandeur lance dans la bataille des sapeurs et des fusiliers motocyclistes. Quelques Panzers de la Wehrmacht vont les soutenir.

La contre-attaque démarre au crépuscule. La nuit est claire et froide. La neige brille sous la lune et donne une allure fantomatique à tout le paysage. Les canons des artilleurs allemands soutiennent l'opération et des geysers de neige tendent un rideau de feu en avant des troupes lancées à la contre-attaque. En quelques heures, les Soviétiques sont rejetés au-delà du Mious. Désormais, le front se fige pour l'hiver. Deux ou trois nouvelles tentatives russes seront brisées sans grand mal.

Dans cette atmosphère étrange de front qui se fige dans la glace, les Soviétiques décident une offensive... psychologique. Ils amènent des haut-parleurs jusqu'aux premières lignes. Soudain, une voix résonne dans l'air froid. L'homme parle allemand, presque sans accent. La voix semble à peine déformée par l'appareil qui lui donne des sonorités métalliques :

— Soldats allemands, partout avancent les armées russes victorieuses... Terminez-en avec cette guerre. Venez nous rejoindre... La guerre sera finie et vous pourrez rentrer chez vous!

Le discours se termine par un air populaire du pays. Cette chanson est peut-être plus efficace que n'importe quel argument. Certains ressentent une tentation de cafard. Et les Allemands semblent encore plus touchés que les volontaires scandinaves ou néerlandais qui ont, bien davantage qu'eux, coupés les ponts derrière eux.

La riposte ne se fait pas attendre. Des coups de feu, inutiles et rageurs, partent en direction des haut-parleurs invisibles. Mais la voix ne se tait pas. L'appel, continue, insistant.

— Venez avec nous... Venez avec nous!

Et puis, les Soviétiques se lassent de cette propagande sans effet. Ils préfèrent attendre que leur grand allié fasse son travail. Le froid devient encore plus intense. Les gelures se multiplient. Tout homme qui passe deux heures de la nuit, dehors, au poste d'écoute, risque de perdre un membre. Quand on enlève les bottes, des morceaux de chair putréfiée collent au cuir. La puanteur devient effroyable dans les abris. On ne compte plus les mains et les pieds gelés. Le nez et les oreilles deviennent soudain insensibles. Cassants comme du verre. Sans cesse, il faut évacuer des soldats atteints de profondes gelures qui se termineront pour beaucoup par des amputations. Les survivants voient leur secteur de veille encore étendu. Maintenant ce n'est plus l'ennemi, mais le froid qui décime les rangs. La deuxième quinzaine de décembre s'annonce terrible.

Voici Noël. Le premier Noël sur le front de l'Est. De l'état-major, on a réussi à pousser vers les premières lignes quelques petits sapins, les dernières lettres des familles et aussi des bouteilles de schnaps. On allume de rares bougies dans les abris. Les hommes entonnent des chants du pays. A la division, on chante dans toutes les langues des pays germaniques. En allemand, bien sûr, mais aussi en danois, en norvégien, en néerlandais, en finnois. Il ne reste dehors que quelques sentinelles.

L'agent de liaison Tieke est de service. Il regarde les fusées éclairantes qui montent parfois dans la nuit. Le ciel est étrangement clair, rempli d'étoiles. Comme tous ses camarades, il pense à ce qui se passe à la maison, quelque part, très loin vers l'Ouest.

Soudain, il voit une ombre qui s'avance dans la tranchée. Tieke pense qu'il s'agit d'un chef de section qui vient en liaison vers le poste de commandement de la compagnie. Ce n'est qu'au moment où l'homme arrive à sa hauteur qu'il reconnaît le Standartenführer von Scholz. Il rectifie, un peu tard, la position et se présente — réglementairement. Le « Vieux Fritz » lui demande :

— Il ne se passe rien en face, fils?

— Tout est calme, Standartenführer.

— Et toi, ça va?

Le jeune S.S. est si surpris qu'il tarde à répondre à son colonel, qui lui demande brusquement :

— Tu as déjà tué combien de poux?

— Une centaine.

— Moi aussi.

Von Scholz tire alors une bouteille de la poche de sa vieille capote de cuir :

— Bois un coup. Et laisses-en aux copains.

Et le commandeur du régiment *Nordland* poursuit sa ronde solitaire.

Voici les volontaires germaniques arrivés au cœur de l'hiver. Dans ces journées un peu plus calmes, entre Noël et le Jour de l'An, ils vont essayer de se laver un peu. Ils font fondre de la neige dans les gamelles, mais ils ont juste assez d'eau chaude pour se débarbouiller le visage. Les barbes ont poussé, mais poux guettent de tels nids et il faut se résoudre à couper toutes ces flamboyantes toisons de Vikings, blondes ou rousses.

On s'installe dans les abris, bien serrés pour accumuler un peu de chaleur. Il faut pisser à la ronde dans une vieille bouteille qui est vidée sur la neige au moment de la relève des sentinelles.

Pour le reste, chacun doit se résoudre à sortir dans la bise glaciale et s'accroupir à quelques pas, au-dessus d'un trou dans la glace. Le pain qui arrive gelé et moisi, la mauvaise soupe aux pois tiédasse, l'eau croupie qui n'est que de la neige sale fondue, tout cela provoque une véritable épidémie de dysenterie. Les médecins essaient de l'arrêter avec un peu d'opium, mais ce médicament ne fait pas grand-chose aux plus fortement atteints. Alors, sans cesse, ils doivent laver leur caleçon souillé et le faire sécher au-dessus des « poêles » fabriquées avec de vieilles boîtes de conserve. A peine ce linge est-il sec qu'il est à nouveau souillé, tant la « chiasse » arrive brusquement. Les excréments ne sont plus que de l'eau brunâtre. Quand on a le temps, on fonce vers la sortie des abris, le pantalon sur les bottes, ou l'on utilise une vieille boîte de carton — souvenir des fameux colis de Noël —, mais la plupart du temps le malade ne peut se retenir et presque plus personne n'a de linge sec ni de pantalon propre.

Les poux se font chaque jour plus envahissants et plus insidieux. Des séances de chasse aboutissent à des tableaux fantastiques. On trouve des dizaines et des dizaines de poux dans les ourlets de chaque chandail! Certains, exaspérés par cette lutte contre un ennemi innombrable, lancent leurs affaires sur la neige et les abandonnent deux ou trois jours. Ils les retrouvent figés par le gel et durs comme du bois, mais les poux résistent victorieusement à ce traitement de choc et se réveillent, plus offensifs que jamais.

La neige tombe de plus en plus souvent. Elle modifie tout le paysage. Parfois, au matin, des abris ont disparu sous la couche toute fraîche et il faut s'ouvrir un passage vers l'air libre, à la pelle et à la pioche. Quand le blizzard souffle, tout le paysage se fige. Le vent de neige hurle sur la vallée du Mious.

Puis le froid sec revient. La neige s'est encore épaissie. Parfois, les tireurs d'élite soviétiques prennent à partie un guetteur isolé ou un agent de liaison. Les maisons en ruine où se sont installés les groupes de combat sont, l'une après l'autre, repérées — souvent par la pauvre fumée qui s'échappe du toit — et prises sous le feu de l'artillerie. Les obus explosent avec un bruit mou dans la neige. Des hommes sont blessés, qu'il faut évacuer à la nuit tombante.

Il fait — 45°. L'année 1942 arrive. Les Soviétiques la commencent dans de bonnes conditions. Chaque jour, ils semblent renforcer, sur le front du Mious, leur artillerie, Canons de campagne et « orgues de Staline » harcèlent les positions de la division *Wiking* Les chars T.34 sont de plus en plus nombreux et l'infanterie d'accompagnement a reçu de redoutables pistolets mitrailleurs à chargeur circulaire. Les soldats russes sont courageux jusqu'au fanatisme pour défendre leur patrie et les cadres ont tenu compte des dures leçons des premiers mois de la guerre. Il semble que toute l'Armée rouge se soit ressaisie

A la mi-janvier, une attaque sur Isjoum, au sud-est de Kharkov, permet d'ouvrir une brèche de plus de quatre-vingts kilomètres dans le front allemand. Les deux pointes, au nord et au sud de la ville reprise, s'avancent d'une bonne centaine de kilomètres. Les assaillants ne seront arrêtés que sur le Dniepr. Mais ils ont gravement menacé tout le flanc septentrional du secteur du Mious.

Débordé, le commandement ordonne d'envoyer des renforts vers le secteur d'Isjoum, brusquement menacé en plein hiver. Les généraux commandants de division doivent « gratter » tout ce qu'ils peuvent sur des effectifs déjà squelettiques. Felix Steiner comme les autres. Dans cette contre-attaque, Wehrmacht et Waffen S.S. vont se battre étroitement confondues.

Le commandeur de la division *Wiking* constitue, en toute hâte, un *Kampfgruppe*, dont il confie le commandement au Sturmbannführer Dieckmann, le célèbre chef du 1er bataillon de *Germania*.

August Dieckmann n'a que vingt-neuf ans. Fils d'un modeste employé de chemin de fer, il a commencé par être commerçant avant de s'engager en 1934 dans la *S.S. Verfügunstruppe*. Il a ensuite suivi la carrière normale d'un futur officier. Sortant de l'école des Junkers de Brunswick, August Dieckmann est nommé Untersturmführer pour la promotion du 20 avril 1936 — l'année des Jeux Olympiques de Berlin. Il est alors chef de section au régiment *Deutschland*, sous les ordres de Felix Steiner. A la déclaration de guerre, il commande une compagnie. Croix de fer de 2e classe en Pologne. Croix de fer de 1re classe en France. Il fait partie des cadres de haut niveau mutés à la jeune division *Wiking*.

Depuis l'entrée en campagne sur le front de l'Est, le Sturmbannführer Dieckmann commande le 1er bataillon de

Germania. C'est un homme de taille moyenne, si ce n'est petite pour la S.S., et d'un léger embonpoint. Sur toutes les photographies de l'époque, on le voit sourire. Dans son bataillon, il ne veut que des chefs de compagnie de premier ordre : Hans Dorr, Markus Faulhaber ou Walter Schmidt... avec eux, les volontaires germaniques iraient jusqu'au fond de l'enfer.

Pour renforcer son bataillon lors de la mission lointaine qui lui est confiée, August Dieckmann obtient la batterie d'artillerie du Hauptsturmführer Fischer et la toute nouvelle compagnie de canons d'assaut de l'Obersturmführer Lange, qui vient d'arriver à la division.

Le « *Kampfgruppe* Dieckmann » est engagé au nord de Stalino pour faire face à l'attaque soviétique. Les Russes lancent sans cesse de nouvelles unités dans la bataille : fantassins, cavaliers cosaques, meutes de chars T.34.

Les canons d'assaut se trouvent toujours au plus dur de la bataille, là où le front, une fois encore, vient d'être enfoncé par une attaque soviétique. Dès son premier combat, l'Obersturmführer Lange est tué. Son camarade Böhmer le remplace. Il tombe à son tour. Un T.34 détruit, il en surgit dix autres. Le froid est terrible. Les fusiliers du bataillon Dieckmann se battent jour et nuit dans la neige jusqu'au ventre. A eux de colmater la brèche ouverte à Krasno-Armaiskoje. Les volontaires germaniques bloquent l'offensive russe. Et puis ils passent à la contre-attaque. Ils reprennent village après village, se battant pendant des heures pour quelques isbas perdues dans l'immensité blanche et dont ils ne restera plus que des ruines fumantes quand les S.S. du « *Kampfgruppe* Dieckmann » parviendront à s'en rendre maîtres.

Les forces allemandes sont dirigées en toute hâte vers ce secteur terrible. Grichino est repris. Puis Alexandrovka. Les Soviétiques ne s'estiment pas battus. En plein mois de février, ils vont lancer de nouvelles unités dans la bataille. Ils rameutent des blindés qui semblent surgir brusquement de la neige, écrasant sous leurs chenilles les masures, les tranchées, les nids de mitrailleuses, où les servants se font tuer sur leur pièce. Il ne reste, après le passage des chars, que des cadavres disloqués sur la neige gelée, les doigts crispés sur des armes inutiles. Dieckmann n'a presque pas de canons de PAK. Ses hommes doivent affronter les T.34 avec des fusils et des mitrailleuses incapables de percer le moindre blindage. Alors, ils essaient d'aveugler les équipages des chars de leur tir, tandis que des volontaires vont poser, à la main, sous les chenilles, des paquets de grenades ou des mines. Fantastique bricolage.

Les Soviétiques paraissent les plus forts. Ils reprennent Grichino. Non, pas tout à fait. Les Allemands tiennent encore une partie de la bourgade et s'accrochent aux maisons misérables. Chaque ceriseraie enneigée se paie au prix du sang. On se bat au couteau et à la pelle de tranchée pour une masure ou un jardinet. Il ne reste plus que quelques canons d'assaut. Les compagnies de fantassins sont réduites à une trentaine d'hommes épuisés. On manque de ravitaillement en vivres et en munitions. Les S.S. crèvent de faim et de soif; ils sucent des morceaux de neige. Ils sont rongés par la dysenterie. Chaque cartouche est comptée. Des fantômes vêtus de draps blancs se glissent dans le brouillard. Le thermomètre chute encore. Tout va se jouer à Grichino. Les Soviétiques tiennent une moitié des ruines de la ville. Les Allemands l'autre moitié. Alors, les S.S. de *Germania,* épuisés par des semaines de misère, de froid et de combat, passent à l'attaque, Dieckmann en tête. Ils vont se battre de maison en maison et de jardin en jardin.

Grichino est repris. Les S.S. s'installent au milieu des cadavres des Russes, placent quelques guetteurs armées de mitrailleuses aux fenêtres des isbas et, placidement, se mettent à jouer aux cartes... Les agents de liaison de la Légion *Wallonie,* qui rassemble les volontaires belges de langue française et se bat à quelques kilomètres des hommes de la division *Wiking,* ne reviennent pas de leur flegme! La percée russe semble enrayée. Alors, ils attendent, calmement, la contre-attaque. Elle sera brisée. Comme toutes les autres. Le front est enfin verrouillé au nord de Stalino.

Les volontaires germaniques du bataillon du Sturmbannführer Dieckmann sont partis à deux cents environ. Au dernier jour de février 1942, quand ils peuvent enfin rejoindre le régiment *Germania,* ils ne sont qu'une cinquantaine de survivants. Chacun d'entre eux recevra la Croix de fer. Et leur commandeur, celle de chevalier.

Leurs camarades du régiment *Nordland* tiennent pendant ce temps les positions sur le Mious. Il ne se passe pas grand-chose, sauf le froid, la faim et les obus russes qui tombent avec une obstination harassante.

Les hommes ont de plus en plus faim. La ration journalière est d'un pain pour six, avec quelques rondelles de saucisson. Le soir, des corvées tentent d'amener jusqu'aux premières lignes des marmites de nouilles ou de millet. Les débrouillards découvrent dans les maisons en ruine quelques pommes de terre et parfois des oignons.

Tous ont si faim qu'ils se précipitent sur la ration dès qu'elle arrive et qu'ils ne mangent ainsi qu'une seule fois en vingt-quatre heures. Un chat errant devient un festin de roi. On le déguste avec des galettes de farine de maïs. Chacun vit dans la hantise de voler une vache, mais depuis bien longtemps elles ont totalement disparu du secteur. Maintenant que le front s'est immobilisé, les villages des premières lignes sont vides. Les paysans ukrainiens ont été repliés vers l'arrière, avec quelques bardas de misère. La faim tenaille tout le monde.

Beaucoup souffrent aussi d'une étrange maladie. On la nomme « le mal des tranchées ». Les soldats de la Première Guerre mondiale avaient déjà connu ces maux. Aux aisselles, sans cesse dévorées par les poux, se forment des escarres qui s'enveniment. Les plaies à vif deviennent grandes comme des soucoupes ou même comme des assiettes. Nul pommade ne peut les guérir. Frigorifiés et sous-alimentés, vivant dans un état de crasse effroyable, les volontaires germaniques voient se multiplier sur tout le corps d'ignobles ulcères. Parfois, une section est relevée des premières lignes, puis va dans un village de l'arrière prendre une douche et passer ses vêtements à l'étuve. Quelques jours plus tard, tout est à recommencer. Les poux reviennent, encore plus nombreux.

Au milieu de tant de misères, on arrive encore à se battre. A la fin du mois de février, le 1er bataillon du régiment *Westland,* que commande le Sturmbannführer von Hadeln, va connaître une furieuse attaque dans la région de Berestovo.

L'unité se trouve installée dans de bonnes positions. Allemands et Néerlandais nomment cet ensemble de tranchées et d'abris « le nid de Rochers ». La relève se fait toutes les semaines. Dans les tanières, on ne peut pas se déshabiller pour dormir, mais on s'organise au mieux pour trouver un semblant de confort. Il faut partager avec les souris le ravitaillement qui arrive assez mal. Parfois, une cuiller de confiture vient agrémenter les galettes de maïs cuites à la neige fondue. On s'éclaire avec des mèches trempant dans de l'huile de vidange. L'odeur infecte ne fait pas oublier le froid de plus en plus lancinant. Il faut rester terrés dans les abris, car les tireurs russes sont aux aguets et occupent une position en surplomb. Parfois, un orage d'« orgues de Staline » s'abat sur le secteur tenu par les compagnies du bataillon von Hadeln. Des attaques d'infanterie débouchent brutalement et ne sont stoppées de justesse que par le tir des mitrailleuses et des canons de la division.

Le 10 février 1942, le temps change. La température remonte. Il commence à dégeler. La pluie succède à la neige. L'eau ruisselle de partout, pénètre dans les abris, les inonde et gèle à nouveau pendant la nuit. Tous les hommes des tranchées commencent à regretter le froid sec. Il n'est plus question de relève. Les effectifs ont encore fondu. Dans la première semaine de mars, la pluie cesse... et la neige revient. Une véritable tourmente. Tout le paysage disparaît. On ne retrouve même plus les emplacements de combat. Les armes lourdes ont disparu sous des monticules blancs.

Parfois, des haut-parleurs hurlent dans les positions soviétiques. Des voix annoncent en allemand :

— La division *Wiking* va être relevée. Bon retour au pays! Et bon débarras pour nous...

Ils donnent même la date de la relève. Mais rien ne vient au jour dit et ce contre-temps provoque, comme prévu, une petite crispation du moral.

L'hiver se traîne. Voici le 15 mars. La division des volontaires germaniques reste sur le front.

Elle a été durement éprouvée depuis le début de la campagne. A la fin de l'année 1941, on comptait déjà, après six mois de guerre sur le front de l'Est, près de treize cents hommes de troupe, plus de deux cents sous-officiers et cinquante officiers tués, soit le tiers de l'effectif combattant. Blessés et malades sont encore plus nombreux. Il manque à la division *Wiking* plus de la moitié de son personnel et elle est passée de vingt mille hommes à moins de dix mille.

Le Gruppenführer Steiner, très préoccupé par cette crise des effectifs, décide de réorganiser la division. Les régiments *Westland* et *Nordland* ne comprendront plus désormais que deux bataillons, plus une compagnie lourde qui regroupe la section du génie, celle des canons d'infanterie et celle des antichars dont les pièces de PAK de 37 sont désormais remplacées par des canons de 50. Le Standartenführer von Soholz reste toujours à la tête de *Nordland*, réduit à deux bataillons, commandés par Polewacz et Stoffers. Il récupère un troisième bataillon, celui des volontaires finlandais qui vient enfin de rejoindre la division au début de l'année 1942, sous les ordres du Sturmbannführer Hans Collani.

Westland voit partir son chef. L'Oberführer Phleps, que ses états de service dans l'armée roumaine et sa qualité de *Volksdeutsche* désignent pour une mission spéciale, rejoint la Yougoslavie, où il va prendre la tête d'une nouvelle division de volontaires d'origine allemande venus de Serbie, de Slovénie et de Croatie. Cette unité de la Waffen S.S., prend le nom de division de montagne *Prinz Eugen*. Phleps est remplacé par l'Obersturmbannführer Maack, l'ancien commandeur du bataillon de chasseurs de chars de la division, auquel succédera peu après son camarade Geissler. Les deux bataillons d'infanterie qui restent à *Westland* sont toujours commandés par von Hadeln et Steinert.

Le commandeur du régiment *Germania*, le Standartenführer von Oberkamp, est nommé inspecteur général de l'infanterie de la Waffen S.S. et il est remplacé par un nouveau venu à la division *Wiking* : le Standartenführer Jürgen Wagner.

Avec lui, c'est la nouvelle génération qui s'impose.

Né en 1901 à Strasbourg, alors ville allemande, dans une famille d'officiers et de fonctionnaires impériaux, il n'a pas combattu pendant la Grande Guerre et fait partie de cette génération formée par les combats politiques du parti national-socialiste. En juillet 1933, il entre à la *Standarte Adolf Hitler*, où il servira jusqu'en 1939 dans la garde personnelle du Führer. Il quitte cette unité à la déclaration de guerre pour rejoindre le régiment *Deutschland*. Il commande alors au feu un bataillon, sous les ordres directs de Felix Steiner, qui apprend à l'apprécier. Jürgen Wagner est donc fort bien accueilli à la division *Wiking*, dont le Commandeur lui confie le seul régiment maintenu à trois bataillons. Le IIe est commandé par Jörchel et le IIIe par Manfred Schöndelder. Le Ier, sous les ordres du Sturmbannführer Dieckmann, est toujours considéré comme le « bataillon de choc » de la division, depuis les durs combats d'hiver menés au Nord de Stalino.

Le régiment d'artillerie à quatre groupes reste sous les ordres du Standartenführer Gille. Le bataillon du génie est commandé par le Sturmbannführer Schäfer, tandis que son camarade Paetsch remplace von Reitzenstein à la tête du groupe de reconnaissance [1]. Köller est à la PAK et Braun à la FLAK. Peu de changements dans les autres services, si ce n'est l'arrivée d'un nouveau médecin, le Dr Schmück.

De nouveaux volontaires arrivent des centres d'instruction. Les hommes de troupe des compagnies d'infanterie troquent désormais leur nom de fusiliers pour celui de « grenadiers ».

Toute la division reçoit une instruction de troupe de choc *(Stosstruppe)*. C'est là une vieille idée de son chef. Déjà, quand il commandait avant la guerre le régiment *Deutschland*, Felix Steiner avait imposé ce style de combat où le corps à corps jouait un rôle essentiel. Il s'agit de mener, avec une redoutable brutalité, l'assaut final. Prendre l'adversaire à la gorge et ne plus le lâcher.

Aussi, les volontaires germaniques sont entraînés, plus que jamais, à combattre à la grenade et au pistolet mitrailleur. Les armes de soutien, mitrailleuses lourdes ou mortiers, doivent être de plus en plus mobiles et efficaces pour « coller » aux grenadiers qui se battent corps à corps, si besoin est à l'arme blanche. Le mot d'ordre reste, plus que jamais, l'offensive à tout prix.

L'instruction a lieu dans les « balkas », ces profondes vallées, immédiatement derrière les premières lignes. Dès qu'une unité descend des avant-postes, c'est pour retourner à l'entraînement. Tous reçoivent l'ordre d'y participer. Chauffeurs ou cuisiniers,

1. Blessé et évacué, le Sturmbannführer baron Hans Albin von Reitzenstein ne reviendra pas à la division *Wiking*. Premier commandeur du régiment blindé de la division *Das Reich*, il remportera de fantastiques succès à la tête de ses Panzers, avant de se suicider le 30 novembre 1943.

téléphonistes ou secrétaires. Même les « gratte-papier » des services doivent savoir qu'ils font partie d'une troupe de choc. D'ailleurs, dans ce pays immense, le front est si mobile que chacun aurait tort de se croire « à l'arrière ». On le verra bien quand commencera l'impitoyable guerre des partisans...

Même sur ce front du Mious, en apparence stabilisé, la menace reste inquiétante sur tout le flanc nord. Les états-majors allemands vivent dans la hantise de voir leurs positions enfoncées par une brusque offensive soviétique, qui peut conduire à l'encerclement et à la destruction des troupes paralysées par l'hiver. En ces mois terribles, la motorisation n'est plus qu'un souvenir. Seuls, les traîneaux et les petits chevaux russes parviennent encore à se déplacer.

Les camions sont figés par le gel et les tracteurs trop peu nombreux. L'arrivée du printemps sera encore plus catastrophique. Les rivières et les fleuves, à nouveau libres et grossis par la neige fondue, charrient d'énormes glaçons et menacent d'emporter tous les ponts.

Maintenir les voies de communication avec les premières lignes devient la hantise du bataillon du génie. Les sapeurs sont obligés de faire sauter à l'explosif d'énormes morceaux de banquise entassés près des ponts dont ils risquent de détruire les piles.

Sur toutes les pistes, la neige fondue devient une boue ignoble. Mais le retour de la belle saison triomphera tôt ou tard de toute cette gadoue et il faut songer à compléter le matériel roulant.

Le Commandeur de la division *Wiking* harcèle sans arrêt les gradés des services pour qu'ils lui trouvent des véhicules et des armes. Le Gruppenführer Steiner veut que sa division de volontaires germaniques soit à nouveau, et le plus vite possible, opérationnelle. Maintenant, la fin de l'hiver arrive vite.

Un combattant anonyme de la Waffen SS sur le front de l'Est entre deux combats *(Collection particulière)*.

Un sous-officier de la division *Wiking* lève le bras pour commander le feu de ses hommes *(Collection particulière)*.

Volontaires germaniques au combat durant l'été 1941. L'un d'eux, tireur d'élite, est armé d'une "Karabiner 98 k." à lunette *(Süddeutscher Verlag)*.

Soldats du régiment *Nordland* durant l'été 1941. Le Rottenführer (caporal-chef) au premier plan manipule un pistolet P.08. Ses hommes ont glissé leurs baïonnettes dans l'échancrure des vareuses *(Bundesarchiv)*.

De gauche à droite : Harry Polewacz, chef du 1er Bataillon de *Nordland* jusqu'à l'hiver 1942. Tué en janvier 1943 alors qu'il venait de prendre la tête du régiment *Westland (Collection Landemer)* ; Hans-Heinrich Lohmann, remplaçant de Polewacz au I/*Nordland*. Il commandera par la suite le régiment *Norge* de la division *Nordland* et sera décoré des feuilles de chêne en mai 1945 *(J.W. Schneider)* ; Fritz von Scholz, Commandeur du régiment *Nordland*. Sur cette photographie, qui date de mai 1940, le "Vieux Fritz" porte encore le grade de Standartenführer (colonel) qui sera le sien au début de la guerre sur le front de l'Est *(Bundesarchiv)*.

Fantassins de la division *Wiking* (en Ukraine) durant l'été 1941. Pendant les haltes de la guerre de mouvement, on racle les fonds de gamelle ou on lit les nouvelles du pays *(Bundesarchiv)*.

Wolfgang Joerchel, commandeur du régiment *Nordland* après le départ de Fritz von Scholz. Nommé Standartenführer, il commandera ensuite un régiment hollandais de la division *Nederland*. Tombé au combat à la fin de la guerre *(J.W. Schneider)*.

Motocyclistes de la 15e compagnie du régiment *Nordland* avant un engagement sur le front de l'Est durant l'été 1941 en Ukraine. *(Der Freiwillige).*

Des grenadiers, appuyés sur une auto blindée du groupe de reconnaissance, font le coup de feu devant le Kouban *(Munin Verlag)*.

A l'attaque, lors de la marche vers le Caucase. Au premier plan une pièce de PAK de 50. Derrière, une "Kübelwagen", un tracteur semi-chenillé et auto blindée de découverte *(Munin Verlag)*.

Des grenadiers du régiment *Germania* franchissent un cours d'eau sur un bateau pneumatique du génie d'assaut *(Munin Verlag)*.

A l'arrière-plan, un premier tireur avec sa mitrailleuse MG 34. Devant lui, le chef de groupe avec son pistolet-mitrailleur MP 40 *(Bundesarchiv)*.

Les volontaires germaniques profitent des haltes pour se ravitailler en œufs, tandis que les grenadiers d'un groupe de combat s'accordent quelques instants de repos. Ces photos datent de l'été 1942 *(Bundesarchiv)*.

Quelques officiers du régiment *Germania*. Ci-dessus : le Brigadeführer Jürgen Wagner. Futur Commandeur de la division *Nederland ;* pendu en Yougoslavie en 1947 *(Plesse Verlag)*. Ci-contre : August Dieckmann, alors Sturmbannführer et chef du bataillon de choc de la division *Wiking*. Tombé en octobre 1943 comme Commandeur du régiment *Westland (Bundesarchiv)*. Ci-dessous, de gauche à droite, les chefs de compagnie Hans Dorr de la 1re *(Bundesarchiv),* Markus Faulhaber de la 3e *(J.W. Schneider)* et Helmut Pfoerder de la 6e *(Plesse Verlag)*. Tous les trois seront tués au combat.

Un Oberscharführer (adjudant) danois de la division *Wiking*. Il porte l'insigne du D.N.S.A.P. et celui du mouvement de jeunesse *Hird (Bundesarchiv)*.

Un Unterscharführer (sergent) s'est armé pour le combat d'une mitraillette russe PPSh 41 à chargeur "camembert" récupérée sur l'armée soviétique *(Bundesarchiv)*.

A l'automne 1942, un Rottenführer (caporal-chef) de la division *Wiking* apporte du ravitaillement et décharge du side-car de sa moto BMW R-75 des pains et des saucissons *(Bundesarchiv)*.

Ci-dessus : un obusier lourd d'infanterie de 150 en action *(Bundesarchiv)*. Ci-dessous, à gauche : grenadiers faisant la pause *(Bundesarchiv)*. A droite : deux guetteurs à l'automne 1942 *(Bundesarchiv)*.

Dans le secteur du Caucase à l'automne 1942. Ci-dessus : au petit matin, un guetteur surveille avec attention les gorges et les vallées *(Collection particulière)*. Ci-contre : à la même époque, un poste de mitrailleuse établi à flanc de montagne *(Collection particulière)*. Ci-dessous : les grenadiers se reposent autour d'un feu *(Collection particulière)*.

Un sous-officier de la division *Wiking* devant un Panzer du bataillon blindé. Ce char de type PzKpfw II appartient à la 3e compagnie *(Bundesarchiv).*

Le Sturmbannführer Johannes Mühlenkamp à la tourelle de son Panzer de commandement. Après avoir commandé le bataillon puis le régiment de chars de la division *Wiking* il deviendra inspecteur de l'arme blindée pour toute la Waffen SS *(Bundesarchiv).*

Le chef du bataillon blindé Mühlenkamp à la tourelle d'un PzKpfw IV équipé d'un canon de 75 court et de deux mitrailleuses *(Collection particulière)*.

Un Panzer de la 1re ou de la 2e compagnie du bataillon blindé. C'est un PzKpfw III armé d'un canon de 50 long et de deux mitrailleuses *(Bundesarchiv)*.

Au premier plan, le tube d'un canon de PAK automoteur du bataillon de chasseurs de chars de la division *Wiking*. Il s'agit d'un canon de prise russe de calibre 76,2, rechambré en 75, et monté sur un châssis Borgward *(Bundesarchiv)*.

La bataille de Rostov à la fin de juillet 1942. Ci-dessus : le bataillon blindé attaque et atteint les premiers fossés anti-chars *(Bundesarchiv)*. Ci-contre : dans la banlieue de Rostov, le char de droite, un PzBefWg III type H avec une antenne "râteau" sur la plage arrière et un canon factice à la tourelle *(Collection particulière)*. Ci-dessous : au premier plan, les servants et le tube d'un canon de PAK automoteur *(Bundesarchiv)*.

Ci-contre, page suivante : le Sturmbannführer Mühlenkamp sable le champagne pour fêter sa décoration de chevalier de la Croix de fer au mois de septembre 1942, après les combats de Rostov, du Kouban et la ruée vers Malgobek dans le Caucase.

Sur le front du Caucase, à l'automne 1942, les grenadiers des unités d'infanterie et du génie d'assaut se sont hissés sur un des Panzers du bataillon blindé qui les mène au combat contre les positions de la montagne de Malgobek *(Collection particulière)*.

Ci-dessous, à droite : le Standartenführer Herbert Otto Gille, Commandeur du régiment d'artillerie. Lors de la retraite d'hiver du Caucase à Rostov au début de l'année 1943, il commandera la division *Wiking (Bundesarchiv)*.

Au cours de la longue retraite de Malgobek à Rostov, les volontaires germaniques de la division *Wiking* livrent des combats d'arrière-garde et subissent de lourdes pertes avant de rejoindre le bassin du Don. Les effectifs auront diminué de moitié au printemps 1943 et même les blessés légers doivent continuer à combattre *(Munin Verlag)*.

La division *Wiking* perd au début de l'année 1943 certains de ses chefs les plus célèbres. Le premier à partir est le Standartenführer von Scholz, le "Vieux Fritz", que l'on voit ci-dessus, à l'extrême gauche, décorant un de ses chefs de bataillon, le Sturmbannführer Plöw *(Bundesarchiv)*. Il commandera la division *Nordland* en Estonie et tombera au combat le 28 juillet 1944. Le Gruppenführer Felix Steiner partira à son tour commander le IIIe Corps germanique. On le voit ci-dessous décorant quelques-uns de ses hommes *(Bundesarchiv)*.

Après la retraite du Caucase, les combats se poursuivent pendant les dernières semaines de l'hiver 1943 dans la région du Donetz, entre Stalino et Isjoum. La division *Wiking,* après le départ du régiment *Nordland,* va recevoir des renforts et sera transformée en division blindée. Ci-dessus : deux guetteurs dans la neige *(Bibliothèque nationale)*. Ci-dessous : à la fin de l'hiver 1942-1943, Heinrich Himmler passe en revue les survivants des deux premières années de la guerre sur le front de l'Est *(Bundesarchiv)*.

Ci-contre, Gruppenführer Gottlob Berger. Chef du *SS Hauptamt,* l'Office central de la SS, et responsable des problèmes de recrutement dans la Waffen SS. Grand promoteur de l'engagement de volontaires germaniques puis européens *(Bundesarchiv).*

Affiche de recrutement des volontaires germaniques pour la Waffen SS. Texte en langue norvégienne : LE MÊME SANG SE RETROUVE AU COMBAT CONTRE LE MÊME ENNEMI *(Collection Landemer).*

Ci-contre, Gruppenführer Felix Steiner, Commandeur de la division *Wiking* de décembre 1940 à mai 1943. Photographie prise à l'automne 1942, lors d'une remise de décorations sur le front de l'Est *(Bundesarchiv).*

Ci-contre, le Dr Frits Clausen, principal animateur du *Danmarks National-Socialistiske Arbejder Parti* qui encouragea ses militants à rejoindre la Waffen SS *(Museet for Danmarks Frihedskamp)*. Ci-contre : deux membres des troupes d'assaut du D.N.S.A.P. à Copenhague entourent une affiche de recrutement pour le régiment *Nordland (Historical Research Unit)*. Ci-dessous : des volontaires danois attendent de passer la visite d'incorporation en 1940 *(Brendt Nielsen)*.

Le comte Christian-Frederik von Schalburg en uniforme de la garde royale danoise lors des années d'avant-guerre *(Plesse Verlag)*.

Le même, alors qu'il sert comme officier d'ordonnance à la division *Wiking*, avec le grade de Hauptsturmführer *(Plesse Verlag)*.

Jonas Lie, ancien responsable de la police internationale en Sarre et chef de la SS norvégienne après avoir combattu lui-même sur le Front de l'Est *(Collection Landemer)*.

Vidkun Quisling, ancien ministre de la guerre de Norvège et fondateur du *Nasjonal Samling*. Premier ministre d'un gouvernement collaborateur. Fusillé en 1945 *(Roger Viollet)*.

Ci-contre, l'écrivain norvégien Knut Hamsun (1859-1952). Prix Nobel en 1920 et partisan déclaré d'une entente avec le IIIe Reich national-socialiste. Son fils Arhild s'engagera dans la Waffen SS en janvier 1943 *(Photo Tore Hamsun)*.

Ci-dessous, des volontaires norvégiens prêtent le serment d'être des soldats "fidèles et braves". Côte à côte : un fonctionnaire et un paysan *(Plesse Verlag)*.

Prestation de serment d'infirmières norvégiennes, volontaires pour soigner leurs compatriotes engagés dans la Waffen SS *(Plesse Verlag)*.

Affiche de recrutement rédigée en néerlandais pour inciter les volontaires des Pays-Bas à s'engager dans les régiments SS *Nordland* et *Nordwest (Collection Landemer).*

Anton Mussert, ancien ingénieur des canaux du royaume et fondateur du *National-Socialistische Beweging.* Il restera assez hostile à l'engagement des hommes du N.S.B. dans la Waffen SS. Fusillé en 1945 *(Collection Landemer).*

Hendrik Feldmeijer, ancien combattant du Caucase dans les rangs de la division *Wiking* et chef de la SS hollandaise *(Historical Research Unit).*

Arrivée de volontaires néerlandais du régiment *Westland* à la caserne Freimann de Munich, où était cantonné avant la guerre le régiment *Deutschland*, que commandait alors Felix Steiner *(Collection particulière)*.

Un Unterscharführer allemand apprend le pas de défilé à des volontaires hollandais dont la stature impressionnante domine largement celle de leur instructeur *(Collection particulière)*.

Ci-dessus, l'ancien instituteur Staf de Clercq, "leider" du *Vlaamsch Nationaal Verbond,* à la tribune. Ci-contre, de gauche à droite : le Dr Jef van de Wiele, chef du mouvement *DeVlag,* l'abbé Cyriel Verschaeve, partisan du rattachement de la Flandre au Reich germanique, et le Sturmbannführer allemand Konrad Schellong, chef de la Légion *Flandern* après août 1942 *(Collection particulière)*.

René Lagrou, avocat à Gand et recruteur flamand de la Waffen SS. Engagé dans le régiment *Germania,* blessé sur le front de l'Est, puis correspondant de guerre *(Collection particulière).*

Le volontaire flamand Victor Cochet, un des premiers engagés dans la division *Wiking*. Avant son départ pour l'Ukraine, il est joueur de clarinette dans la musique du régiment *Westland (Collection particulière).*

Volontaires flamands pour la Waffen SS. La plupart sont en civil, mais on distingue à gauche deux membres de la *Zwarte Brigade,* unité paramilitaire du V.N.V., qui entourent un adolescent du mouvement de jeunesse *Nationaal-Socialistische Jeugd Vlaanderen (Collection particulière).*

Le Sturmbannführer Hans Collani, commandeur du bataillon de volontaires finlandais de la division *Wiking* *(Munin Verlag)*.

Le colonel Walter Horn, ancien du bataillon de chasseurs finlandais pendant la Première Guerre mondiale, remet un drapeau à ses compatriotes *(Bundesarchiv)*.

L'explorateur suédois Sven Hedin, qui rendra visite en 1941 aux volontaires germaniques en garnison à Munich *(Roger Viollet)*.

A Hangö/Hanko, en Finlande, les volontaires finnois quittent la Waffen SS le 2 juin 1943, après deux ans de service dans les rangs de la division *Wiking (Bundesarchiv)*.

De gauche à droite : Otto Holmen, originaire de Trondenars en Norvège. Après dix-huit ans de service dans l'armée royale, s'engage dans la Waffen SS, où il suit les cours de l'école de Junkers de Bad-Tölz. Karl-Peter Köppen, vingt-deux ans. Agent de liaison dans une unité du régiment *Nordland* il participe au combat depuis juin 1941 et sera un des premiers danois à recevoir la Croix de fer. Sakari Järvinen. Ancien combattant de la guerre finno-soviétique de 39-40. Ce Finlandais reçoit, au cours des combats de 1942, l'insigne d'assaut de l'infanterie et la médaille des blessés.

Les volontaires germaniques de la Waffen SS, à partir de l'été 1941, reçoivent une première formation à l'école de Sennheim en Alsace avant de rejoindre des unités combattantes. Après les séances de sport, la veillée permet de lire les journaux de propagande rédigés dans les différentes langues : *Germaneren* (norvégien), *Storm SS* (hollandais) et *De SS Man* (flamand). Il existe également un journal du nom de *Foedre Landet* (danois). *(Collection Landemer).*

De gauche à droite : Willem A., dit “Wittekop” (tête blanche), mécanicien auto à Apeldoorn aux Pays-Bas. Un des plus jeunes volontaires de la division *Wiking,* où il s’engage à seize ans. Josef Tynke, flamand de vingt-cinq ans, sous-officier et chef d’un groupe de combat de la 1re compagnie du régiment *Westland.* Décoré de la médaille d’hiver 41-42. Christian van Gogswaardt, hollandais de vingt-trois ans, sous-officier à la 3e compagnie du régiment *Westland* depuis le début des combats sur le front de l’Est. Photographies parues dans la presse allemande *(Collection particulière).*

Volontaires flamands du régiment *Westland* lors d'une séance d'inspection des armes à la caserne de Klagenfurt en Carinthie autrichienne. Ils sont équipés des classiques "Karabiner 98 k." *(Collection Landemer)*.

Deux grenadiers de la Waffen SS progressent dans une tranchée. Ils portent la célèbre blouse de camouflage réversible et le couvre-casque imaginés par Felix Steiner dès avant la guerre pour les formations de la *SS Verfügungstruppe (Munin Verlag)*.

Le Gruppenführer Steiner dans sa "Kübelwagen" de commandement durant l'été 1941. Le Commandeur de la division *Wiking* reçoit le compte rendu d'une mission de reconnaissance *(Munin Verlag)*.

L'Obersturmbannführer Albin von Reitzenstein, commandeur du groupe de reconnaissance de la division *Wiking (Plesse Verlag)*. Ci-contre, une auto blindée de découverte lourde avec son antenne radio de type "râteau". On devine, à l'avant de la caisse, la roue solaire jaune *(Munin Verlag)*.

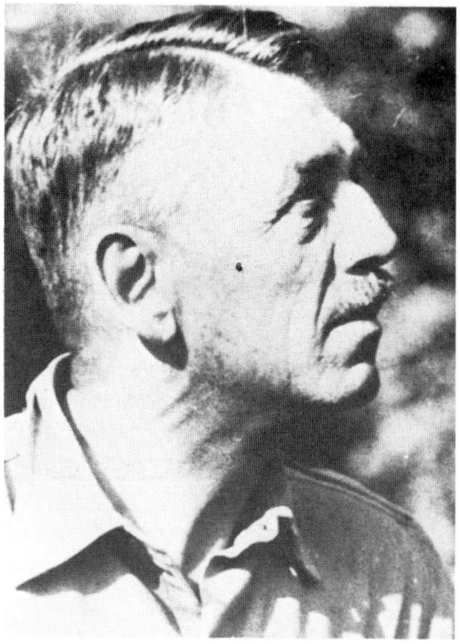

De gauche à droite, Standartenführer Wäckerle, commandeur du régiment *Westland* dès sa création, tué dans les premiers jours de l'offensive sur le front de l'Est, en juillet 1941 *(Munin Verlag)*. Artur Phleps, commandeur du régiment *Westland* jusqu'à son départ en 1942 pour prendre la tête de la division *Prinz Eugen*. Disparu dans son pays natal de Transylvanie en 1944 *(Munin Verlag)*. Erwin Reichel, alors capitaine adjudant-major du régiment *Deutschland* en 1940. Chef d'état-major de Steiner, il tombera comme commandeur du régiment *Westland* en 1943 *(Munin Verlag)*.

Un Untersturmführer de la division *Wiking*. Ce sous-lieutenant d'origine néerlandaise sert dans le régiment *Westland (Collection Landemer)*.

Deux Flamands, les frères Wouters, se sont engagés dans la division *Wiking* dès le début. Ils servent dans le régiment *Westland* et portent alors le grade de Sturmmann *(Collection particulière)*.

Troisième partie

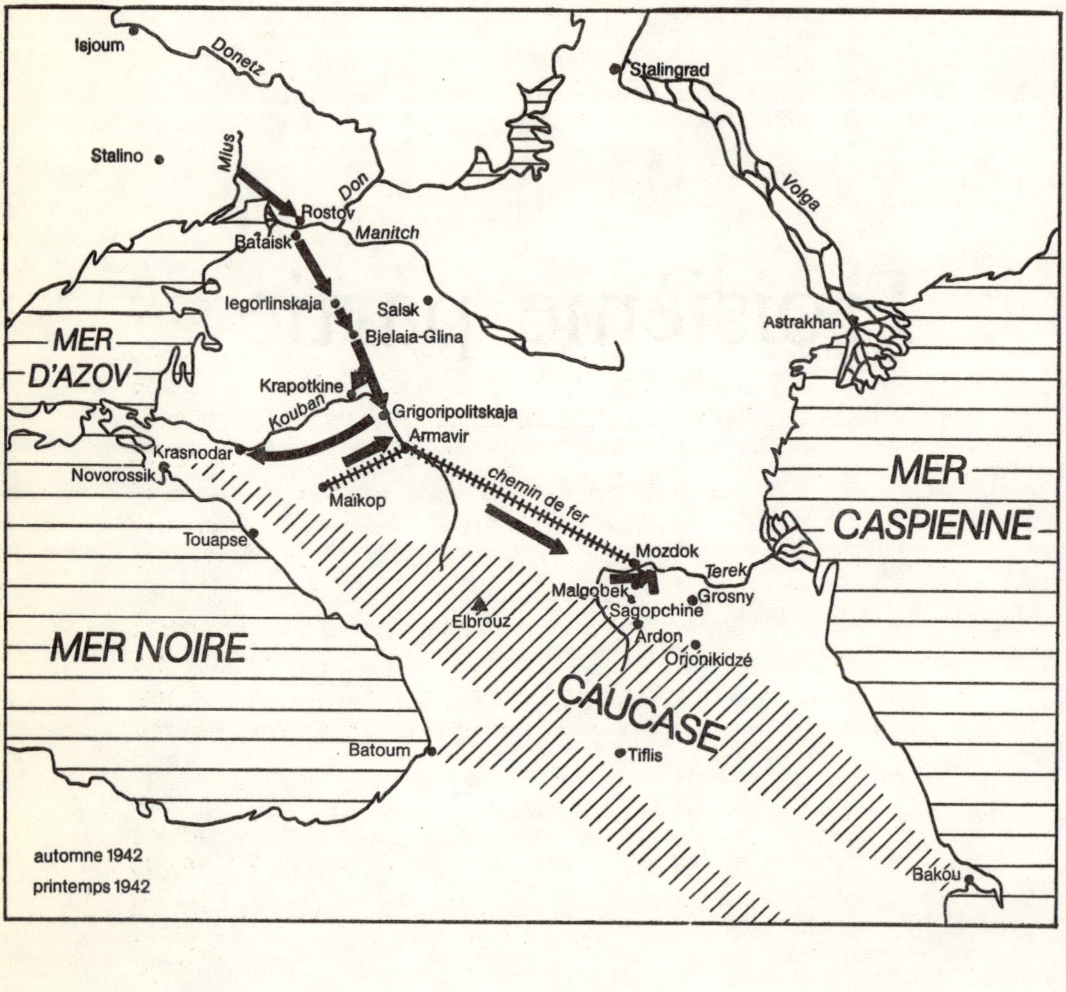
Isjoum
Donetz
Stalingrad
Stalino
Mius
Don
Volga
Rostov
Bataisk
Manitch
Iegorlinskaja
Salsk
Bjelaia-Glina
Astrakhan
MER
D'AZOV
Krapotkine
Kouban
Grigoripolitskaja
Armavir
Krasnodar
Novorossik
Maïkop
chemin de fer
MER
CASPIENNE
Touapse
Mozdok
Terek
Malgobek
Grosny
Sagopchine
Elbrouz
Ardon
MER NOIRE
Orjonikidzé
CAUCASE
Batoum
Tiflis
automne 1942
printemps 1942
Bakou

13.

Au début de l'année 1942, le haut commandement de la Waffen S.S. décide de créer des unités de Panzers. Ces blindés, formant des bataillons de quatre compagnies de combat, soit une cinquantaine de chars, seront rattachés à des divisions S.S. transformées ainsi en Panzerdivisions. Très rapidement, le bataillon blindé de chacune de ces grandes unités de choc va se transformer en régiment à deux ou même trois bataillons.

Le premier bataillon Panzer S.S. est destiné à la division *Das Reich* et son commandeur désigné est le Sturmbannführer Johannes Mühlenkamp. Né à Metz dans une famille d'officiers alors en garnison en Lorraine annexée, il vient d'avoir tout juste trente ans et appartient par toutes ses fibres à la S.S. en armes. C'est un produit type de la nouvelle génération nationale-socialiste.

Géant au visage massif avec un menton énergique d'irréductible lansquenet, il sert en 1934 comme sous-officier chef de section au régiment *Germania* dès sa création. Envoyé à l'école des Junkers de Brunswick, il en sort sous-lieutenant et fera un stage dans la Wehrmacht, très exactement dans une Panzerdivision, car il a une véritable vocation pour les troupes blindées. Enthousiaste de ce qu'il découvre, Mühlenkamp n'en demande pas moins à retourner dans sa « vraie patrie » : la S.S. en armes. Le voici à la veille de la guerre à la tête de la 15ᵉ compagnie de *Germania,* celle des fusiliers motocyclistes, que tous ses camarades des unités d'infanterie nomment avec envie « les hussards de la mort ». Il ramasse les deux Croix de fer, de 2ᵉ, puis de 1ʳᵉ classe, dès la campagne de Pologne, quand se constitue la

Verfügungsdivision. Après la ruée sur la Hollande et la France, le Gruppenführer Hausser, dont il est un des poulains, confie à cet officier type de la cavalerie blindée le groupe de reconnaissance divisionnaire.

A la tête des automitrailleuses, des motocyclettes et des voitures tout-terrain, ce capitaine va être de tous les combats d'avant-garde, d'abord en Serbie et en Grèce, puis en Russie, dès le premier jour de la guerre sur le front de l'Est. Il perd au feu son adjoint et la plupart de ses chefs de compagnie qu'il mène à un train d'enfer. Lui-même roule d'ailleurs toujours en tête, tant et si bien qu'embourbé dans un terrain marécageux, il va se trouver violemment pris à partie sous le tir d'une unité de mortiers lourds soviétiques. Grièvement blessé, il est à grand-peine ramené vers l'arrière par ses hommes, puis évacué vers le poste de secours.

Cela se passait en octobre 1941, lors de la ruée sur Moscou. Le blessé, envoyé à l'hôpital, est jugé trop gravement atteint pour être récupéré dans les troupes de premières lignes. Mais un cavalier blindé n'a pas besoin de marcher comme un fantassin. Le Sturmbannführer Mühlenkamp refuse toute permission de convalescence et se porte volontaire pour commander le premier bataillon de Panzers de la Waffen S.S. Il tempête tant et si bien qu'on finit par lui accorder ce poste qui lui revient presque de droit. Le voici arrivé au camp de Wildflecken, dans la Röhn [1].

Mühlenkamp obtient — rare privilège — de choisir lui-même les cadres et les équipages de l'unité qu'il doit mettre sur pied, ou plus exactement sur chenilles. Il peut puiser parmi les troupes de réserve disponibles et notamment parmi ceux qui, comme lui, blessés au front, sont plus ou moins convalescents. Dès le départ, ce bataillon de chars de la Waffen S.S. recrute les combattants les plus éprouvés, les meilleurs techniciens et les plus fanatiques soldats. Leur chef se réjouit de bientôt apporter à ses camarades de la division *Das Reich*, toujours devant Moscou, ce fantastique renfort blindé. Aussi se met-il au travail avec acharnement.

Les instructeurs de Wildflecken sont des spécialistes des régiments Panzers de la Wehrmacht, sous les ordres des capitaines Philipp et Kertscher, qui arrive de l'*Afrikakorps* et

1. C'est dans ce camp que sera rassemblée et instruite, à l'automne 1944, la brigade de volontaires S.S. français qui deviendra la division *Charlemagne* et sera à peu près anéantie lors des combats de Poméranie en février-mars 1945. Voir du même auteur, chez le même éditeur : *La Division Charlemagne.*

possède une bonne expérience de la guerre des blindés dans le désert. Il n'est pas question pour eux de montrer le moindre dédain envers les tankistes de la Waffen S.S. qui portent le même uniforme noir et arrivent du front. De plus en plus, en ce début d'année 1942, les officiers font la différence entre les formations militaires de la Waffen S.S. et les services policiers ou concentrationnaires — même s'ils dépendent du même Reichsführer, Heinrich Himmler.

Pour Mühlenkamp, une seule chose compte : profiter au maximum de l'instruction technique du major Straub et être capable lui-même de mener rapidement au feu une unité regroupant plusieurs compagnies de Panzers.

Au bout de deux mois, les cadres et les équipages du futur bataillon blindé S.S. sont rassemblés sur le terrain de manœuvre de Senne, au camp de Staumühl.

Avant de quitter Wildflecken, une dernière prise d'armes a rassemblé le millier d'hommes du bataillon blindé S.S. autour de leur chef. Au cours de cette cérémonie, le 20 avril 1942, le Sturmbannführer Mühlenkamp arbore pour la dernière fois son uniforme feldgrau. Désormais, il portera uniquement la tenue noire comme les équipages de ses chars.

Quand il arrive à Staumühl, une mauvaise surprise attend Mühlenkamp. Au cours de ces durs mois de 1942, la division *Das Reich* a subi des pertes si sérieuses dans la région de Kharkov qu'elle est retirée du front pour plusieurs mois. Elle va être reformée entièrement en Allemagne et envoyée ensuite en France pour une nouvelle période d'instruction. Elle n'a donc plus un besoin urgent de son bataillon blindé.

Or, l'offensive d'été est imminente, notamment en Ukraine dans le secteur sud du front, où les troupes allemandes espèrent franchir à nouveau le Don, puis atteindre la Volga. Pour cette bataille, on a besoin de Panzers. Plus que jamais. Aussi, le bataillon prévu pour la division *Das Reich* va être tout simplement muté à la division *Wiking.*

Le Sturmbannführer Mühlenkamp ne connaît pas grand-chose de cette unité, sinon que s'y trouve le régiment *Germania,* où il a servi avant la guerre. L'expérience des volontaires germaniques excite sa curiosité. De toute façon, elle ne le concerne pas directement, puisque le bataillon Panzer comporte presque exclusivement des Allemands, dont un certain nombre de volontaires alsaciens, qui tiennent bien à marquer qu'il ne sont pas, eux, des « malgré-nous ». Aucun problème linguistique donc pour les hommes des Panzers du nouveau bataillon blindé de la division *Wiking* qui forment quatre compagnies de combat. Personne n'a encore vu un tel matériel ni un tel personnel dans une unité de la Waffen S.S.

Les 1re et 2e compagnies [1] sont équipées de Panzer III, armés d'un canon à long tube de 50. Chaque compagnie regroupe quatre pelotons de quatre chars, plus un char de commandement où combat le chef de l'unité à la tête de ses Panzers. Les deux commandants de compagnie sont l'Obersturmführer Schnabel à la 1re et son camarade von Staden à la 2e. Ces deux capitaines seront d'ailleurs tués au combat avant la fin même de cette année 1942. Quant à la 3e compagnie, elle est équipée de Panzer IV, encore plus redoutables, avec leur canon de 75 court qui deviendra bientôt, au cours de la campagne, 75 long. A la tête de ses seize blindés, le Hauptsturmführer Darges — futur chevalier de la Croix de fer et futur commandeur du régiment blindé de la division *Wiking* à la fin de la guerre. La 4e compagnie du bataillon Mühlenkamp est une compagnie d'appui que commande l'Obersturmführer Geipel. Elle regroupe la section de reconnaissance de Sepp Martin avec des Panzers II armés d'un petit canon de 20, la section motocycliste de Willi Hein, le casse-cou du bataillon, la section du génie de Schraps et la section « transmissions » de Köntop, qui tombera lui aussi à l'automne même de cette année 1942.

Deux des principaux personnages du bataillon blindé sont le chef mécanicien Sobota et son adjoint le Werkmeister Erich Weise, qui dirige l'atelier, sans lequel la plus belle unité de Panzers serait rapidement transformée en un amas de ferraille inutile.

1. Dans l'armée française, selon les traditions de la cavalerie, on dit *escadron* et non *compagnie*, mais ici le terme est le même que dans l'infanterie. D'ailleurs, les officiers et les hommes sont facilement mutés de l'une à l'autre de ces armes. La plupart des gradés des Panzers sont d'anciens fusiliers motocyclistes.

Pendant de longues semaines, les équipages se sont entraînés et soudés. Les cinq hommes qui vont vivre et se battre à bord de chaque Panzer doivent être, selon l'expression populaire, « comme les cinq doigts de la main ». Sans cesse, les tankistes ont répété les rôles — interchangeables d'ailleurs selon les nécessités du combat. C'est le célèbre général Guderian, le créateur de l'arme blindée allemande, qui a fixé ces missions, aussi valables dans les unités de Panzers de la Wehrmacht que dans celles de la Waffen S.S. :

— Le chef de char dirige son Panzer dans le feu du combat. Il cherche la position la meilleure pour atteindre son objectif et manœuvre dans le cadre de la section, sans gêner les trois autres Panzers. Chaque changement de position doit être mûrement réfléchi, d'autant que le char ne peut en général pas tirer en roulant. Il doit observer la tête sortie hors de la tourelle pour mieux voir et mieux commander. Disposition qui explique les pertes terribles parmi les chefs de chars...

— Le pointeur aide son chef pour l'observation du terrain. Il ouvre le feu sans ordre si l'urgence l'exige. A lui d'évaluer les distances et de choisir le point de la cible où il doit frapper.

— Le chargeur doit trouver aussitôt le type d'obus demandé et surveiller la consommation en munition, quitte à compléter le ravitaillement auprès de chars endommagés.

— Le radio assure les liaisons avec le chef de section. Il doit entretenir son poste et vérifier le calage des fréquences avant le combat. Il est aussi chargé de servir la mitrailleuse du bord et de prendre à partie l'infanterie ennemie attaquant le char en combat rapproché. En cas d'abandon du véhicule, il est responsable des codes.

— Le conducteur doit choisir l'itinéraire en fonction de la position à atteindre que lui indique son chef. Il essaie d'éviter les à-coups pour permettre la visée du pointeur. Il étudie le terrain et se méfie des mines. Chaque arrêt doit être mis à profit pour observer le paysage et vérifier le niveau du carburant.

En bref, l'équipage doit être aussi uni à bord d'un Panzer qu'à bord d'un bateau. Chez les hommes des blindés, est totalement vérifiée à chaque instant la fameuse maxime : « Un pour tous et tous pour un. » La mission ne se termine pas au combat. L'entretien du char, son ravitaillement en munitions et en carburant, le fastidieux et pénible changement de chenilles et du train de roulement, tout cela incombe à tous les hommes d'équipage qui forment une véritable « communauté », quasi autonome au sein de leur section et plus encore de leur compagnie.

Si les hommes des Panzers vont apporter une aide fantastique aux régiments d'infanterie de la division *Wiking*, ils en fréquenteront peu les grenadiers. Ils ne connaissent même pas leurs camarades des autres compagnies de leur unité. Là encore, on retrouve le style propre aux équipages des navires de guerre.

Le bataillon de chars de Mühlenkamp, prêt au combat, est dirigé par chemin de fer vers le front de l'Est.

Le printemps est arrivé. Le maïs commence à mûrir. A perte de vue, les champs d'Ukraine se teintent de jaune. La division *Wiking* se prépare à participer à l'offensive au-delà du Mious, toujours dans le cadre de la Ire armée blindée; le général Kirchner commande un corps d'armée composé d'une division Panzer, d'une division d'infanterie de la Wehrmacht et la division S.S. *Wiking* que vient de rejoindre son bataillon de chars.

Le Commandeur Steiner reçoit ses ordres, qu'il étudie aussitôt avec son chef d'état-major Reichel : rejoindre, le 18 juillet, la région au nord-est de Taganrog, sur la mer d'Azov, ouvrir une tête de pont au-delà du Mious, avancer sur Rostov et s'emparer de la ville.

Ainsi, le verrou sauté, c'est toute la route du Caucase occidental qui sera ouverte aux troupes du Reich.

Malgré les efforts des services du matériel, il n'a encore été possible de totalement motoriser, comme unités d'infanterie, que *Germania* et deux bataillons de *Nordland*. Les autres formations rejoindront plus tard, et notamment les grenadiers allemands et néerlandais de *Westland* ainsi que les Finlandais du 3e bataillon de *Nordland*.

Avec ce qu'il a sous la main, Steiner organise trois *Kampfgruppen*. Deux sont commandés par Fritz von Scholz et Jürgen Wagner. Le troisième, qui constitue le « fer de lance », est placé sous les ordres de l'Oberführer Herbert Gille. Le commandeur du régiment d'artillerie reçoit l'appui du bataillon Panzer de Johannes Mühlenkamp. A eux deux, ils doivent ouvrir la route jusqu'au Caucase, inaugurant une collaboration qui se poursuivra, pour le meilleur et pour le pire, jusqu'à la fin de l'offensive.

Au soir du 21 juillet 1942, le bataillon de Panzers de la division *Wiking* est lancé dans la bataille. Les chars s'ébranlent, l'un après l'autre, dans l'interminable crépuscule de l'été.

Pendant toute une partie de cette nuit tiède de juillet, plus de cinquante Panzers, regroupés en trois compagnies de dix-sept blindés chacune, roulent pour déboucher de la tête de pont, ouverte à Ssambek par une division d'infanterie de la Wehrmacht.

Il faudra une bonne quarantaine de kilomètres, dans le grand bourdonnement des moteurs et l'odeur d'essence brûlée, pour atteindre la bourgade de Sulfan-Saly. Là, le Sturmbannführer Mühlenkamp apprend qu'il doit attaquer au sud-ouest de cette ville. Le lointain objectif ne fait aucun doute : c'est Rostov.

Les Panzers de la division *Wiking* commencent leur grande course vers le Don.

Aucun barrage ne sera sans doute plus difficile à faire sauter que celui que l'armée soviétique a réussi à établir pour couvrir Rostov, dont l'importance stratégique est capitale. Les Allemands ont pris l'an dernier cette ville qu'ils ont dû, la rage au cœur, abandonner. Maintenant, ils attaquent à nouveau, s'attendant à trouver une forte résistance. Elle va dépasser tout ce qu'ils imaginent en efficacité et en sacrifice. La grande ville de l'embouchure du Don est protégée par une triple ligne de défense. Par trois fois, il faudra franchir de fantastiques fossés antichars, profonds de trois mètres et larges de six, creusés par le labeur cyclopéen de toute la population soviétique de Rostov. Les femmes, les enfants, les vieillards, tous ont manié la pelle et la pioche pour ouvrir ces colossales tranchées dans la terre noire de l'Ukraine.

L'Obersturmführer Klapdor, un des chefs de peloton de la 1re compagnie de chars, fait partie de la première vague d'assaut blindée. Le 21 juillet, des unités d'infanterie ont enfin réussi à percer le front au nord de Taganrog. Aussitôt, les Panzers reçoivent l'ordre d'exploiter ce succès. Les blindés vont rouler toute une partie de la nuit du 21 au 22 juillet, pour rejoindre leurs positions de départ. Tous les chefs de char, le buste hors de la tourelle, essaient de se repérer dans cette nuit d'été, encore assez claire. Le bataillon Mühlenkamp traverse des fossés et des obstacles antichars, neutralisés quelques heures auparavant par le génie. Tout ce secteur semble conçu pour bloquer une attaque de blindés. C'est un vrai glacis. Klapdor se réjouit de n'avoir pas eu à y combattre.

Tout le bataillon rejoint le sud-ouest de Sulfan-Saly et s'abrite dans un creux, qui dissimule les chars à la vue de l'ennemi et aux coups de son artillerie.

Dans quelques instants, ce sera l'heure H de l'attaque. Les chefs de char reçoivent l'ordre de fermer les trappes. On entend le claquement sec de l'acier contre l'acier. Les moteurs chauffent. Rapidement, les Panzers prennent leur formation de combat en « W » et se dirigent vers le sommet de la hauteur qui les avait jusqu'ici dissimulés. Le terrain est assez irrégulier, et les chars donnent l'impression de tanguer comme des navires pris par une forte houle dès la sortie du port. Maintenant, le jour est complètement levé. Le terrain où arrive la compagnie de Klapdor est bien dégagé, avec seulement quelques herbes hautes.

L'avance se poursuit normalement. Le lieutenant rend compte par radio à son chef, l'Obersturmführer Schnabel, que tout va bien pour lui.

— Bonne visibilité. Pas d'obstacle en vue.

Très rapidement, le chef de peloton doit déchanter : son peloton arrive juste devant un champ de mines. Une fantastique explosion. Le Panzer semble soulevé du sol. Une première mine a explosé juste sous le char de Klapdor, là même où le blindage est le moins épais. Le radio est grièvement blessé. Plus de liaison et plus de servant de mitrailleuse si l'infanterie soviétique contre-attaque. Tout de suite, Klapdor comprend que la situation est grave. Par les épiscopes, il distingue les coups de départ des canons antichars soviétiques qui entrent en action et tentent d'arrêter la ruée des blindés allemands. Le conducteur ne perd pas son sang-froid; il ne peut pas faire grand-chose pour le radio qui gémit à côté de lui et il concentre toute son attention sur la conduite du Panzer. Il voudrait éviter les cahots pour permettre au pointeur de repérer et de détruire les canons antichars ennemis. Le blindé, lentement, se sort du champ de mines sans provoquer de nouvelles explosions. L'Obersturmführer Klapdor lance un coup d'œil à droite et à gauche. Tout va bien. Les trois autres Panzers de son peloton ont franchi l'obstacle sans dommage. L'attaque continue.

Soudain, le char du lieutenant bascule vers l'avant, brutalement. Les membres de l'équipage vont se cogner contre les aspérités de la caisse. Puis, tout s'immobilise. Le blindé n'avance plus, malgré les efforts du conducteur qui fait hurler le moteur, mais n'arrive pas à arracher l'énorme masse d'acier de sa prison. Immobilisé, le char du chef de peloton Klapdor se trouve en plein dans le champ de tir de l'ennemi. Les balles de mitrailleuses claquent comme des grêlons sur la caisse. Tout l'intérieur du char vibre de cet orage brutal. La tourelle s'est immobilisée lorsque le Panzer est tombé dans le fossé; le radio est trop blessé pour servir la mitrailleuse. D'ailleurs, on ne voit rien par les épiscopes, que la terre sur l'avant et le ciel sur l'arrière.

Klapdor entend le bruit du combat qui décroît. Les autres chars de son peloton et de toute la compagnie doivent poursuivre l'assaut vers Rostov. Tant pis, il décide de sortir pour voir ce qui se passe. Il ouvre l'écoutille de tourelle, s'oriente, saute à terre. Le lieutenant ne peut s'empêcher de pousser une série de jurons : son Panzer est tombé dans un trou antichar parfaitement camouflé. La chute a été si brutale que son canon s'est enfoncé devant lui, dans la terre. Comment se sortir de là? pense Klapdor, tandis que les hommes d'équipage portent secours à leur camarade radio.

Enfin, voici la deuxième vague du bataillon de chars de la division *Wiking* qui attaque. Un des Panzers se détache et vient remorquer avec un câble d'acier le char de Klapdor. Dès que le char est remis à l'horizontale sur ses chenilles, l'équipage remet en état de marche la tourelle. Le canon peut à nouveau tirer.

— En route!

Klapdor ne cache pas son impatience de rejoindre la première vague d'assaut et de reprendre sa place à la tête de son peloton. Rapidement, son Panzer rattrape le temps perdu et se dirige vers le grand fossé antichar qu'il faut franchir à tout prix.

Les Panzers du bataillon Mühlenkamp arrivent sur les bords de la profonde tranchée et commencent à canonner les positions soviétiques sur la rive orientale. Les blindés sont suivis par les pionniers d'assaut. A bord de leurs Volkswagen, ils transportent des explosifs et tout un matériel hétéroclite dont ils espèrent faire bon usage pour ménager un passage dans les trois ceintures de défense antichars.

Les pionniers reçoivent l'ordre de se porter vers les Panzers de tête pour ouvrir la route. Les voitures tout-terrain s'avancent « en slalom », essayant de se protéger des éclats de l'artillerie et des balles de l'infanterie en s'abritant derrière les blindés. Les voici rapidement à pied d'œuvre. Ils s'avancent à travers un champ de mines, puis descendent dans le fond de la gigantesque tranchée antichar. Les canons allemands les couvrent de leur feu. Rapidement, les sapeurs disposent leurs charges explosives pour faire ébouler les flancs à vif de la tranchée et aménager un itinéraire pour les chars de Mühlenkamp.

Une compagnie de grenadiers arrive par bonds. Les S.S. du bataillon de choc Dieckmann de *Germania* sautent dans la tranchée et escaladent la rive orientale, pour établir une tête de pont.

Les sapeurs ont réussi à établir une sorte de rampe dans le fossé, mais la terre remuée par les explosions est trop légère. Le génie S.S. demande alors le renfort des rampants de la Luftwaffe, habitués à installer n'importe où des pistes de fortune. Les hommes aux écussons noirs arrivent rapidement. Ils sont habitués à travailler en première ligne et commencent à transporter à bras d'hommes des troncs d'arbre et des poutres.

Les volontaires germaniques viennent admirer en spectateurs intéressés leur labeur. C'est du beau travail : une couche de madriers, une couche de terre, une nouvelle couche de madriers, une nouvelle couche de terre, etc. Le fond de la tranchée se trouve peu à peu comblé et les bords « rabotés ». Un des Panzers de Mühlenkamp s'engage sur la piste. Il descend la pente, bascule en avant, arrache la moitié des fondations si péniblement réalisées et remonte lentement l'autre versant dans un grondement de moteur et au milieu d'un énorme nuage de fumée et de poussière.

Les sapeurs de la Luftwaffe n'ont plus qu'à rétablir le passage, aidés par les pionniers de la Waffen S.S. Les champs de mines ont été relevés de part et d'autre de la tranchée et les Panzers peuvent franchir l'obstacle l'un après l'autre. Sitôt sur la rive orientale, ils se rassemblent, puis se lancent à la poursuite de l'adversaire dans un immense nuage de poussière.

La première tranchée antichar franchie, les troupes d'assaut allemandes ne tardent pas à tomber sur une seconde. Mais, désormais, les sapeurs connaissent la méthode pour franchir l'obstacle. Les hommes, torse nu, ruissellent de sueur, tandis que leurs camarades des blindés, impatients, grillent cigarette sur cigarette, sanglés dans leur uniforme noir. Les écouteurs grésillent. A l'état-major, on s'impatiente. Il faut poursuivre à toute allure l'offensive sur Rostov. Une gigantesque course de vitesse est engagée entre les Allemands et les Soviétiques, désorientés par la rupture de deux premiers barrages antichars.

Enfin, les Panzers grondent dans la steppe ukrainienne. Ils se dispersent. Comme une escadre sur la mer. Cap au sud-est. Là-bas, les attend Rostov. Quelques obus soviétiques éclatent au milieu des chars, mais personne ne fait attention à ces éclats brûlants qui tintent sur le blindage et ricochent pour retomber sur la terre poussiéreuse.

L'attaque des Panzers reprend.

En tête, la 1re compagnie de Panzers III avec l'Obersturmführer Schnabel. En protection, la 2e de son camarade von Staden.

Le Sturmbannführer Mühlenkamp lance dans la bataille ces deux meutes d'une trentaine de chars qui ne vont cesser de s'appuyer. Les blindés de Schnabel essaient de découvrir les ultimes nids de résistance, mitrailleuses et canons antichars, puis de les détruire systématiquement, l'un après l'autre, de leurs tubes de 50. En soutien, les canons de von Staben couvrent la progression, dès que les chars de la compagnie Schnabel s'avancent un peu plus loin vers l'est.

Tout se passe bien. Les Panzers roulent, s'arrêtent, tirent, repartent. Des gerbes de terre et de feu jaillissent des positions russes prises impitoyablement à partie l'une après l'autre.

Le char du chef de la 1re compagnie se trouve à l'arrêt. Schnabel tente de repérer d'autres points de résistance. Le capitaine n'a pas vu un canon qui lui le suit depuis un moment. Un coup au but. Le Panzer, touché de plein fouet, explose. L'équipage parvient à évacuer. Par miracle, l'Obersturmführer Schnabel n'a pas été tué sur le coup. La carcasse va brûler pendant tout le torride après-midi de ce 22 juillet.

Le soir, le Sturmbannführer Mühlenkamp aperçoit enfin la silhouette, tant attendue, des maisons et des usines de Rostov. De gros nuages de fumée sombre planent sur la ville. Dès la tombée de la nuit, ses Panzers seront ravitaillés en carburant et en munitions. Le bataillon de chars de la division *Wiking* n'a encore réussi à franchir que deux des trois lignes de défense qui protègent Rostov, à s'emparer du terrain d'aviation de Leninavan et à atteindre une nouvelle position de départ au nord-ouest de Sapadny.

De là, dès le lendemain, l'attaque pourra peut-être déboucher, avec Rostov comme objectif final. Le Sturmbannführer Mühlenkamp souhaite seulement poursuivre la collaboration sous le feu entre ses tankistes et les pionniers du génie d'assaut. Champs de mines et fossés antichars ont été franchis par deux fois. Les deux tiers de la besogne sont désormais accomplis. Mais peut-être le plus dur reste-t-il encore? Au fur et à mesure que les forces du Reich s'approchent de Rostov, la défense soviétique ne fait que s'exacerber et se renforcer.

Le 23 juillet à l'aube, les Panzers attaquent. Le peloton de l'Untersturmführer Wilde, de la 1re compagnie, fonce en avant avec ses quatre Panzers III, dont les canons de 50 commencent aussitôt à prendre à partie les défenses russes. Le sous-lieutenant attaque une batterie ennemie de six pièces. Il va réduire cette demi-douzaine de canons l'un après l'autre, dégageant la route pour ses camarades, dont l'attaque blindée peut enfin déboucher sans crainte des redoutables pièces antichars. Wilde réussit à faire sauter le verrou qui bloquait la route de Rostov. Une cinquantaine de Panzers portant sur leur garde-boue la roue solaire de la division *Wiking* se ruent à l'assaut de Rostov.

Voici, enfin, le troisième et dernier obstacle antichar. Des rails ont été plantés dans du béton. Il faut les faire sauter à l'explosif avant de reprendre la route vers l'immense ville étendue sur les rives du Don et qui va, pour la troisième fois depuis le début de la campagne, changer de mains.

Les Panzers et les grenadiers du bataillon d'assaut Dieckmann avancent sous la protection de l'aviation et de l'artillerie. Les assaillants disposent d'une colossale puissance de feu qui vient aussitôt briser toute résistance.

Les bataillons Stoffers et Polewacz de *Nordland* suivent dans la foulée, sans rencontrer de grandes résistances.

En face, les Soviétiques jouent leur dernière chance dans ce secteur. Mais Mühlenkamp et Dieckmann montent une opération qui doit tout emporter. Grenadiers et Panzers savent maintenant combattre ensemble. Le dernier obstacle est brisé d'un seul élan.

Au début de l'après-midi, le bataillon de chars de la division *Wiking* est prêt à entrer dans Rostov. La résistance soviétique paraît pratiquement brisée. On aperçoit partout les grandes flammes des incendies. La ville, encore lointaine, semble déserte, comme pétrifiée dans la fumée et la cendre.

Avec précaution, les trappes entrebâillées, les blindés de Mühlenkamp entrent dans les faubourgs de la ville, où lutte déjà une division blindée de la Wehrmacht, qui l'a investie par un autre itinéraire. Des bruits de combat sont entendus depuis la rive sud du Don qui se divise en plusieurs bras entre lesquels s'étendent des plaines marécageuses.

Très rapidement, les hommes des Panzers s'aperçoivent que les rues sont coupées de barricades; ils risquent de se trouver pris au piège et obligés à des combats de rues, toujours meurtriers pour les chars.

— Essayons d'atteindre les rives du Don, au sud de la ville, décide Mühlenkamp.

Pendant que les Panzers cherchent une issue, les grenadiers de *Germania* occupent la ville, maison par maison. Canons et mitrailleuses s'installent aux carrefours.

Tandis que sont réduites les dernières poches de résistance dans la ville, un avion allemand survole les combattants et lance un message : des colonnes soviétiques, se repliant de l'ouest, essaient d'atteindre les faubourgs occidentaux de Rostov.

— Ils cherchent à traverser le Don et à nous échapper! s'exclame Mühlenkamp.

Le chef du bataillon blindé n'a pas d'ordre et les transmissions fonctionnent mal avec l'état-major de la division. Tant pis, il fonce. Il lance seulement un message, sans même savoir s'il sera entendu :

— Je vais essayer de rejoindre les rives du Don et je me battrai le long du fleuve.

Rostov est en flammes. Les premiers S.S. arrivés dans la ville, les grenadiers de la 1re compagnie du Hauptsturmführer Hans Dorr, du bataillon de choc Dieckmann, ont trouvé tous les ponts détruits.

Ni l'infanterie ni les chars ne peuvent passer sur la rive méridionale du fleuve. Mais on peut au moins contrôler toute la rive septentrionale. Les Panzers attaquent vers la bourgade de Kalinine et permettent à une division d'infanterie de la Wehrmacht de reprendre en main la situation.

Désormais, en ce 24 juillet 1942, Rostov-sur-le-Don se trouve entre les mains des troupes du Reich. C'est non seulement un port important et un nœud de communications, c'est la porte même du Caucase.

14.

La ville de Rostov enlevée et le Don franchi, les forces allemandes des armées du Sud doivent maintenant se lancer dans une fantastique course de vitesse. La grande poursuite à travers la steppe ne doit pas laisser aux Soviétiques le temps d'organiser la défense du Caucase en s'appuyant sur le fleuve Kouban. L'état-major du maréchal List prépare de nouvelles batailles d'encerclement qui rappellent celles de l'été précédent. Mais les Russes se sont singulièrement aguerris et décident d'utiliser leur meilleur allié : l'espace infini des steppes orientales. Le pays est si vaste que n'importe quel envahisseur ne peut que s'y perdre s'il prétend « occuper » le terrain conquis.

La riposte allemande est simple : aller en avant, toujours plus loin, toujours plus vite, bousculer les résistances, traverser les villages en trombe, s'emparer l'une après l'autre des bourgades et des villes. S'enfoncer dans les lignes ennemies, comme des flèches sifflent dans l'air pur de ce brûlant été. Pour le Gruppenführer Steiner comme pour tous les autres généraux lancés dans cette folle poursuite, tout paraît simple. Comme l'explique le Commandeur de la division *Wiking* à son chef d'état-major, le Sturmbannführer Reichel :

— Nous avons un demi-millier de kilomètres à conquérir dans la steppe. Et après ce sera le Caucase.

C'est un objectif gigantesque. De la mer Noire à la mer Caspienne, un des plus grands massifs montagneux du monde. A la charnière de l'Europe et de l'Asie. Prométhée y attendait depuis deux millénaires ses vainqueurs casqués de feuillage.

Les Soviétiques ne sont pas disposés à laisser la route des

montagnes ouverte à l'ennemi. Chaque rivière, chaque fleuve va devenir une ligne d'eau et de feu où ancrer la résistance. Avec quelques soldats courageux — et il n'en manque pas dans l'Armée rouge —, on peut arrêter des compagnies entières.

Le Commandeur se rend compte que son unité de volontaires germaniques entre désormais dans un monde nouveau. La division *Wiking* va quitter l'Europe pour l'Asie, en se coulant le long du fleuve Manitch qui marque la frontière entre les deux continents.

Le premier objectif est de conquérir Bataisk, sur la rive méridionale du Don, et d'en faire une solide tête de pont, d'où pourra déboucher toute l'offensive.

Il fait un temps superbe. Le soleil tape dur. La poussière colle à la peau, la sueur trace de longs sillons sur les visages aux traits tirés. La sécheresse est absolue. A peine un puits à balancier, de loin en loin dans la plaine infinie, mollement creusée de « balkas ». Les colonnes se traînent de point d'eau en point d'eau, comme des nomades dans le désert. Le soleil brûle la peau. Les S.S. ont suspendu leur casque d'acier au ceinturon et arborent la nouvelle coiffure de la division *Wiking* : une casquette de chasseur de montagne, taillée dans la même étoffe camouflée que leur blouse de combat réversible. Ils ont tous de plus en plus chaud. Le poids des équipements scie les épaules. Pourtant, parfois, un chant fuse, malgré cette fatigue qui enfonce ses doigts de fer dans la nuque, avant même les premiers combats d'au-delà du Don.

Panzers, camions, motocyclettes, voitures tout-terrain franchissent l'un après l'autre le grand fleuve et traversent sans s'arrêter Bataisk, sur l'autre rive du Don. Les hommes perdent vite leur allure de vainqueurs, tant ils sont minés par la dysenterie. A chaque halte, ils s'accroupissent des deux côtés des véhicules et se tordent de douleur pour vider leurs boyaux malmenés. Mais il faut reprendre la route. Ils peuvent toujours tambouriner sur le toit de la cabine pour faire arrêter les camions, les chauffeurs ne font qu'enfoncer l'accélérateur. Alors, les malades s'accrochent aux ridelles et essaient de se soulager à l'extérieur. Dans les villages que les compagnies d'infanterie motorisée traversent en trombe, les paysans du Kouban n'aperçoivent pas les visages des conquérants venus de l'Ouest lointain, mais seulement des rangées de fesses souillées. La guerre, ce n'est pas seulement la gloire et le sang. Mais la fange et la misère. La soif qui brûle les gorges et transforme les langues en morceaux de carton qui cherchent vainement quelque fraîcheur sur les lèvres crevassées. Les barbes naissantes sont gorgées de crasse et de sel. La poussière pique les yeux et brûle la peau qui s'en va en croûtes ignobles. Le soleil ronge tout le paysage du Kouban.

Le 28 juillet, vers neuf heures du soir, les éléments de pointe de la division *Wiking,* toujours menés par les Sturmbannführers Mühlenkamp et Dieckmann, se heurtent à une sévère résistance à Kagalnigkaja, au sud-est de Rostov. Une arrière-garde soviétique semble bien décidée à se faire tuer sur place pour retarder l'avance allemande et donner aux camarades le temps de décrocher vers le lointain Kouban.

Toute la nuit vont se poursuivre des tirs de harcèlement. A l'aube du 29 juillet, la marche reprend. Les hommes de la Waffen S.S. ont vu partir plus loin vers l'est les Panzers de la Wehrmacht qui ont reçu la mission de prendre Salsk, aux portes de l'Asie. Les volontaires germaniques, eux, doivent marcher franchement plein sud, vers le fleuve Kouban.

Le paysage change rapidement. Désormais, ce n'est plus l'Ukraine, mais un monde étrange, à demi oriental, où les habitants ont des cheveux sombres et des rires sonores. Les villages sont avenants et fleuris. Tous les champs sont rouges ou jaunes : tomates ou maïs. L'assaut des armées du Reich coïncide avec la saison où mûrissent les fruits. Blindés et camions roulent entre des haies de poiriers et de pommiers. Les fruits sont énormes, gorgés de suc et de soleil. Les soldats s'en gorgent à s'en faire éclater l'estomac et retordre les boyaux. Plus que jamais, la « chiasse » torture les conquérants qui s'avancent dans un immense jardin fruitier.

La poursuite ne laisse pas un instant de répit. Arriver le plus vite possible au Kouban devient pour le Gruppenführer Steiner une obsession de chaque minute. Il vocifère, pousse ses bataillons l'un après l'autre, entre en fureur à chaque annonce de retard, grogne quelques mots de satisfaction quand on réussit à « tenir l'horaire ».

Jamais la force allemande n'a paru aussi éclatante qu'en cet été 1942. Panzers et Stukas ont mis au point une tactique qui déroule sur le terrain sa redoutable efficacité. Les nœuds de résistance soviétiques sautent les uns après les autres, dans de grandes gerbes de terre et de flammes. Sans cesse, les colonnes qui se hâtent vers l'est et le sud dépassent des cratères de bombes, des carcasses de véhicules incendiés, des canons déchiquetés par les éclats d'obus et autour desquels gisent les cadavres de quelques défenseurs obstinés.

La division *Wiking*, à en croire les rapports des avions d'observation, avance au milieu d'un véritable flot de troupes soviétiques en retraite. Mais il est déjà trop tard pour arriver au Kouban avant l'ennemi.

Après une longue marche dans la nuit du 28 au 29 juillet, le *Kampfgruppe* parvient à s'emparer de Metchetinskaja. Mühlenkamp et Dieckmann sont déjà plus loin vers le sud-est, où ils se heurtent à une forte résistance à Jegorlykskaja.

Le *Kampfgruppe* von Scholz intervient à son tour. Désormais, tandis que *Westland* se dépêche de toute la vitesse de ses moteurs pour rejoindre les éléments avancés de la division, *Germania* et *Nordland* accrochent de nouveau durement l'ennemi. Mühlenkamp et ses Panzers foncent loin vers l'avant en direction de Ssred-Jergolyk. Les Soviétiques montent à toute allure une contre-attaque, qui sera brisée brutalement. L'avance reprend. Le nouvel objectif est Bjelaja-Glina. C'est un important nœud de communication routière et ferroviaire. Il faut s'en emparer. Ce sera la mission du *Kampfgruppe* mené par l'Oberführer Gille. Les hommes de *Germania* et de *Nordland* se battent jour et nuit. Le bataillon de choc Dieckmann, accroché aux blindés de Mühlenkamp, se lance dans un vaste mouvement tournant, pour essayer de déborder les Soviétiques et leur couper la retraite. Les S.S. ne sont que quelques centaines d'hommes lancés soudain dans une folle course à la victoire et à la mort.

Les nuits sont réduites à quelques heures. Jamais les hommes de la division *Wiking* n'auront si peu dormi. Dès l'aube, ils démontent les tentes et embarquent le matériel sur les véhicules. La rosée mouille les bottes; le cuir desséché, pas ciré depuis longtemps, boit avidement l'humidité. Mais déjà le soleil rougit tout le ciel à l'est et il fera bientôt une chaleur étouffante. L'été est là, avec ses oiseaux et ses fleurs. On avale rapidement le café du matin. Déjà, les chauffeurs ont fait le plein des réservoirs et les grenadiers ont vérifié leurs armes. Les moteurs démarrent dans un grand nuage de fumée. Très vite, la colonne s'étire sur la piste, tandis que disparaît le village où une compagnie de combat vient de passer une nuit trop brève, à la belle étoile dans les jardins, au pied des arbres lourdement chargés de fruits.

Très vite, le soleil tape dur. La sueur ruisselle. Écrasés de fatigue et de chaleur, les volontaires germaniques somnolent dans les véhicules. Les routes ressemblent à toutes les routes qu'ils connaissent depuis maintenant plus d'un an : ornières, cailloux, trous qu'il faut brusquement éviter d'un coup de volant qui jette les hommes les uns contre les autres, dans un bruit d'armes et de bidons heurtés. On distingue à peine, dans le nuage de poussière gluante, l'arrière du camion qui précède. Tout le monde est devenu gris. Des hommes, on ne voit que les yeux et les dents, luisants sur le masque gris et noir du visage. Manches retroussées, tête nue, cheveux en bataille, ils vivent les jours les plus joyeux de leur équipée guerrière et retrouvent le grand élan de l'été dernier. Les colonnes roulent au milieu des blés qui ondulent à perte de vue. Jusqu'au Kouban, personne n'a fait la moisson en ce terrible été 1942.

Tout le paysage semble ravagé par la guerre. Les chars de combat et les véhicules blindés de reconnaissance ouvrent leur route dans l'océan des blés, entraînant dans leur sillage motocyclettes et véhicules tout-terrain. C'est une terrible force mécanisée qui emplit de son grondement toute la steppe. Parfois, les grenadiers chantent dans les camions. Ou ils bavardent. Ici, on parle danois, norvégien, finnois ou flamand. Et l'on se comprend dans un allemand incertain.

Les colonnes foncent toujours vers le Sud. Parfois apparaissent des villages, taches vertes dans l'océan doré des champs de blé. Des coups de feu claquent. Les Panzers tirent quelques coups de canon rageurs, tandis que les grenadiers sautent à terre et lancent de rapides assauts, sous la protection de toutes les armes de bord.

Toute la vie, en cet été torride, semble se résumer en ces brèves escarmouches.

Courbés en deux, les grenadiers se hâtent le long des rues

rectilignes des hameaux, tandis que sifflent les balles d'une mitrailleuse invisible. Quelques civils apeurés sortent des maisons. Ils jurent que les soldats de l'Armée rouge sont partis. Depuis longtemps. Mais, dans une cour de ferme, on découvre des roulantes pleines de soupe encore fumante. Quelques retardataires sont faits prisonniers. Leurs camarades ont réussi à s'enfuir à bord des véhicules américains que les Soviétiques commencent à recevoir depuis plusieurs mois. L'alliance des deux géants s'instaure. Les Allemands n'y prennent encore garde. Ils découvrent avec curiosité leur première « Jeep ». Mais il ne s'agit pas de flâner. Déjà, les mitrailleurs ont pris position sur les lisières du village. Les guetteurs balaient tout l'horizon de leurs jumelles.

Soudain, un accrochage brutal. Parmi les blessés graves, un des premiers chevaliers de la Croix de fer de la division, le Sturmbannführer Schlamelcher, chef d'un des groupes du régiment d'artillerie [1].

Dans beaucoup de villages conquis, se forme une étrange cohorte. Ce sont d'anciens Cosaques qui ont déniché, dans quelque patiente cachette, les uniformes de tradition de l'armée tsariste. Épaulettes larges comme la main, cartouchières de poitrine, décorations aux rubans fanés. Ils ne sont armés que de quelques sabres, mais retrouvent soudain, depuis le brusque départ des fantassins soviétiques, tout l'orgueil des Cosaques du Kouban... Avec des mines farouches, ils offrent aux Allemands le pain et le sel, prêts à reprendre à leurs côtés la guerre civile des Rouges et des Blancs. Étrange et mystérieux pays où le patriotisme le plus farouche va ranimer des haines inexpiables. Pour les uns, les Allemands sont des envahisseurs haïs, pour les autres ce sont des alliés éventuels. Tout cela ne peut que se terminer dans le sang.

Les troupes soviétiques semblent avoir disparu. Mais on devine encore un peu partout la présence invisible des dernières colonnes en retraite. Les chefs des *Kampfgruppen* de la division *Wiking*, Gille, von Scholz ou Wagner, ordonnent à leurs hommes de se méfier plus que jamais. Le jour, on roule et on se

1. Grièvement blessé d'une balle dans la tête, le Sturmbannführer Schlamelcher ne pourra jamais reprendre un commandement actif au front et devra se contenter de diriger l'école d'artillerie S.S. de Beneschau, dans le protectorat de Bohême-Moravie. Il finira par succomber à ses blessures, après la guerre, en juillet 1948.

bat. La nuit, on s'arrête quelques heures, pour se former en hérisson autour des hameaux, ces îles perdues, battues par les ténèbres et la peur. Dans les champs de maïs, tout près, rôdent des patrouilles soviétiques. Recommencent la guérilla, les coups de main, les embuscades, les ruses de guerre, tout l'arsenal d'un combat qui va pourrir de plus en plus vite, entraînant l'effroyable enchaînement des traîtrises et des embuscades.

Désormais, les volontaires germaniques avancent et se battent dans un monde étrange. Dans le ciel, tournoient, des aigles, tandis que des loups croisent le sillage des Panzers. Les colonnes de la division rencontrent des caravanes de chameaux, conduits par des nomades, au visage racorni par le vent des steppes sous d'énormes bonnets de fourrure.

Le 4 août 1942, les hommes de la Wehrmacht et de la Waffen S.S. atteignent enfin le Kouban. Il ne s'agit même pas d'un fleuve, mais de multiples cours d'eau tumultueux qui descendent des montagnes du Caucase et forment un réseau infranchissable, en dehors des ponts. Aucun n'est encore tombé entre les mains des forces du Reich.

Le Gruppenführer Steiner reçoit ses ordres. Il doit franchir le Kouban en deux endroits : d'une part, devant la ville de Kropotkine, à vingt-cinq kilomètres des avant-gardes de la division, qui dans un vaste mouvement tournant progresse vers l'ouest depuis quelques jours; d'autre part, il lui faut aussi passer le Kouban plus à l'est, à la hauteur de Grigoripolitskaja.

Le Commandeur, aidé de son chef d'état-major, le Sturmbannführer Reichel, se met au travail et divise aussitôt ses forces en deux. Chacun de ces *Kampfgruppen* sera soutenu par des Panzers du bataillon Mühlenkamp. Ces groupements tactiques reçoivent aussitôt leur mission : l'un, avec Jürgen Wagner et *Germania,* fonce vers le sud-est pour attaquer aussitôt Grigoripolitskaja; l'autre, avec Fritz von Scholz et *Nordland,* se rabat vers le sud-ouest, pour se préparer à prendre Kropotkine, s'assurer du pont et franchir le fleuve. Ensuite, ce sera pour tous deux la ruée vers le Caucase...

A Grigoripolitskaja, les Soviétiques ont creusé des retranchements et s'y sont fortifiés pour essayer de mener une contre-attaque.

Les Panzers de Mühlenkamp rattachés au *Kampfgruppe* Wagner n'ont qu'une consigne, celle de foncer, de bousculer l'ennemi, sans se laisser arrêter par rien, d'arriver au fleuve. Dans le sillage des blindés, les grenadiers du bataillon de choc de Dieckmann se lancent eux aussi dans une ruée sauvage, sans se soucier de nettoyer le terrain; cela, ce sera la tâche des autres compagnies de *Germania.* Eux ne connaissent qu'un but : Grigoripolitskaja. Et le fleuve.

En face, les Soviétiques ne le cèdent en rien, quant au courage, aux hommes de la Waffen S.S. Acculés au Kouban, dans une situation désespérée, ils se font tuer avec un tranquille courage qui impressionne fort les volontaires germaniques. De plus en plus, les S.S. apprennent à estimer cet adversaire coriace, au patriotisme farouche.

En tête du bataillon Dieckmann, c'est la 1re compagnie du Hauptsturmführer Hans Dorr qui doit mener l'assaut. Fils d'un paysan de Sontheim, dans l'Allgau, il vient d'avoir trente ans et appartient à la génération d'officiers S.S. formés à la rude école de la *Verfügungstruppe* où il est entré à la fin de l'année 1934. Comme la plupart des capitaines des compagnies de combat, il a déjà gagné ses deux Croix de fer en Pologne et en France. Taillé en athlète, la casquette à la visière cassée sur un visage d'une incroyable dureté, Dorr est le type même de l'officier de troupe. Les yeux très clairs, des dents de loup, un menton en galoche, une vraie trogne de reître, il fait lui-même le coup de feu comme un simple grenadier. Pour lui, il n'y a pas de milieu : sa 1re compagnie doit être la meilleure du meilleur bataillon de la division *Wiking.* Il n'a eu qu'un rival, son camarade Faulhaber, le chef de la fameuse « 3e de Fer »...

De plus en plus, les nouveaux volontaires germaniques, au fur et à mesure de leur arrivée sur le front de l'Est, ont été répartis dans toutes les unités de la division. On les trouve maintenant tout aussi bien à *Germania* qu'à *Nordland* ou à *Westland.* Danois, Norvégiens, Flamands et Hollandais sont aussi nombreux que les Allemands à la compagnie Dorr. Ce ne sont certes pas les moins résolus. Avec leurs camarades du bataillon Dieckmann, ils ont traversé en trombe Grigoripolitskaja.

La ville n'intéresse pas leur chef. Peu lui importe que claquent encore quelques coups de feu. Ce que Hans Dorr est décidé à atteindre, au plus vite, c'est le fleuve. Ses hommes bondissent vers le Kouban, en utilisant le camouflage des haies et des arbres. Les voici enfin au bord du torrent tumultueux. Les pionniers du bataillon Schäfer arrivent à l'avant-garde avec des canots de caoutchouc et des barques de bois.

Dans la nuit du 4 au 5 août, des embarcations sont poussées dans les eaux tourbillonnantes du fleuve. Les avirons frappent l'onde glaciale qui roule en torrents depuis les glaciers du Caucase. Serrés les uns contre les autres sur leurs esquifs démontables ou gonflables, les hommes des groupes d'assaut de la compagnie Dorr essaient de distinguer la rive ennemie. Parfois, s'élèvent des fusées. Tous se tassent dans le fond des canots, tandis que retentissent les rafales sèches des mitrailleuses. Des explosions soulèvent des gerbes d'eau.

Le capitaine sait ce qu'il veut. Il dirige ses hommes sur une petite île, au milieu du fleuve. Là, à l'abri des couverts, ils vont se rassembler et préparer le nouvel assaut, bien dissimulés. Les blouses, camouflées de taches vertes, se fondent dans la ramure où bruissent des moustiques.

Au jour, on se terre. Et puis, une nouvelle nuit s'étire. Enfin, à l'aube du 5 août 1942, c'est l'assaut brutal vers la rive occidentale que tiennent les Soviétiques. Tous les bateaux semblent surgir en même temps des couverts. Quelques minutes interminables. Et déjà les premiers groupes de la compagnie Dorr s'installent sur la rive ennemie. Une mitrailleuse allemande se met à tirer. Puis une autre. Tout le bataillon de choc Dieckmann franchit le Kouban, salué par les obus des canons et des mortiers. Trop tard. Les volontaires germaniques sont accrochés à la rive occidentale et ne la lâcheront plus.

Sur la rive orientale, quelques Panzers de la division *Wiking* tirent sans arrêt pour couvrir cette traversée de vive force.

Le Hauptsturmführer Dorr commande désormais la tête de pont de Grigoripolinskaja au-delà du Kouban. Pendant toute la première nuit, les Soviétiques vont essayer de rejeter les grenadiers S.S. sur l'autre rive. On va se battre avec une incroyable sauvagerie, au couteau. Ce seront les plus furieux corps à corps jamais encore connus par la division *Wiking*.

Le chef de la 1re compagnie de *Germania* tente d'élargir ses fonctions, coûte que coûte. Il est pour le moment le seul capitaine allemand parvenu au-delà du Kouban; le fleuve roule dans son dos ses eaux torrentueuses. Dorr n'a d'abord avec lui qu'une seule compagnie. Puis, à la faveur de la nuit, une autre compagnie parvient encore à franchir le fleuve. Les grenadiers de *Germania* doivent tenir, à tout prix. Même s'il faut un peu réduire la tête de pont pour resserrer le dispositif.

Hans Dorr passe de trou en trou pour vérifier les plans de feux. Tout va bien. Les mitrailleurs sont à leur poste et les grenadiers attendent, avec une placidité un peu feinte, l'inéluctable contre-attaque soviétique. La nuit du 5 au 6 août sera très dure. D'heure en heure, se succèdent, à partir de deux heures du matin, les attaques russes. A l'aube, ce sera Dorr qui va contre-attaquer à son tour. Très vite, il réussit à faire un peu reculer les Soviétiques. A midi, il reçoit du renfort. A trois heures, il réussit à agrandir largement la tête de pont et à s'emparer de l'église qui fera un bel observatoire. Désormais, sa position au-delà du Kouban est verrouillée.

La tête de pont solidement établie par les compagnies de Hans Dorr, le Standartenführer Wagner traverse à son tour. Avec lui, les grenadiers des deux autres bataillons de *Germania,* le 2e avec Jörchel et le 3e avec Schönfelder. Attaquent aussi les sapeurs du bataillon du génie de la division. Il s'agit d'établir, au plus vite, sous le feu ennemi, un pont provisoire pour franchir le Kouban.

Très rapidement, tout le *Kampfgruppe* Wagner réussit à franchir le fleuve.

Pendant que le *Kampfgruppe* Wagner attaque à Grigoripolitskaja, le *Kampfgruppe* von Scholz a reçu la mission de s'emparer, plus à l'Ouest, au-delà de la ville de Kropotkine, de l'unique pont sur le Kouban capable de supporter des blindés.

Scandinaves et Allemands que mène l'infatigable « Vieux Fritz » seront soutenus par la 1re compagnie du bataillon de chars de la division, sous les ordres de l'Obersturmführer Schnabel. Le commandeur Mühlenkamp a décidé de se joindre à cette unité pour cette opération d'une importance capitale. Franchir le Kouban est la hantise de tous depuis la prise de Rostov, voici une quinzaine de jours.

Le 5 août 1942, en tête de la colonne fonçant vers Kropotkine, roule le peloton de l'Obersturmführer Klapdor. Ses Panzers déboulent à toute vitesse et les véhicules de combat de l'infanterie essaient de se coller à eux, en suivant le rythme infernal de cette opération menée de toute la puissance des moteurs. En pleine marche vers la bataille, secoués dans les caisses blindées des véhicules, les S.S. continuent à manger les abricots dont ils ont rempli leurs poches à la dernière halte.

En arrivant dans l'agglomération — sans avoir jusque-là rencontré de résistance —, les blindés ralentissent. Les quatre chars de Klapdor descendent lentement la piste en pente qui conduit à la ville et au fleuve. Les blindés progressent prudemment sur un chemin complètement défoncé, prêts à chaque instant à s'arrêter et à tirer.

Voici maintenant les quatre chars du peloton Klapdor arrivés au centre de Kropotkine. Le lieutenant, la tête hors de sa tourelle, a beau regarder, il ne voit personne. La ville semble totalement morte. Aucun obstacle en travers de la route. Pas un soldat, pas un civil. Un silence de plus en plus pesant sous le brûlant soleil d'août.

Klapdor trouve sans peine la rue qui mène vers le pont. Il est alors dépassé par la section de reconnaissance du bataillon de chars, que mène l'Untersturmführer Sepp Martin. Motocyclettes et automitrailleuses prennent maintenant la tête de la colonne d'assaut et emmènent à leur suite toute la 1re compagnie de Panzers vers le pont et le fleuve. Les fantassins de *Nordland* suivent, de part et d'autre de la rue, le doigt sur la détente de leur arme, prêts à riposter à la première manifestation de l'ennemi. La ville reste toujours silencieuse derrière ses volets clos.

Le Standartenführer von Scholz, grimpé sur une automitrailleuse, dépasse tout le monde dans un nuage de poussière. Le « Vieux Fritz » veut être le premier au Kouban à la tête d'une compagnie de ses Danois et de ses Norvégiens. Il fonce en direction du fleuve. Son objectif : le pont routier et le pont de chemin de fer.

— En avant! Plus vite! hurle le colonel autrichien qui n'a jamais semblé aussi pressé.

Franchir le Kouban, c'est déboucher sur la ville de Maïkop, porte de toute la chaîne du Caucase.

L'Obersturmführer Schnabel, chef de la 1re compagnie de Panzers, donne alors l'ordre à Klapdor de fermer la marche avec son peloton. Puis il part rejoindre les Panzers qui progressent en tête. Le Sturmbannführer Mühlenkamp se trouve lui aussi dans la colonne et son char de commandement s'est placé exactement entre les deux pelotons de tête.

Les véhicules blindés de la division *Wiking* se trouvent sur une route surélevée, juste dans une des courbes du fleuve. Quelques arbres permettent de se dissimuler tant bien que mal. L'ennemi ne se manifeste toujours pas et les Panzers, escortés des fantassins de *Nordland,* continuent à progresser vers le pont qui enjambe les eaux tumultueuses du Kouban. En tête, avec le « Vieux Fritz », les motards, les automitrailleuses et les légers Panzers II de Martin. Le silence devient de plus en plus oppressant.

Soudain, une gigantesque déflagration, un nuage de fumée et le bruit terrible du pont qui s'écroule dans le lit du fleuve : les Soviétiques viennent de faire sauteur le seul ouvrage qui permettait de franchir le Kouban. Deux énormes déflagrations suivent aussitôt la chute du pont dans les eaux tumultueuses du fleuve. Cette fois, cela se passe sur la voie ferrée. Deux trains de wagons-citernes, pleins d'essence et d'huile de moteur, explosent avec d'énormes gerbes de flammes. Un panache de fumée noire monte des quais et obscurcit tout le ciel au-dessus de la ville de Kropotkine.

Comme si ces explosions étaient un signal, le fracas des armes automatiques éclate. Puis, très vite, les mortiers et les canons russes interviennent, concentrant leur feu sur la colonne qui s'avance vers les débris du pont. Sacrifiées, quelques pièces antichars soviétiques, bien camouflées, sont restées sur la rive orientale. Elles ouvrent le feu sur les Panzers, qui ripostent et n'ont que l'embarras du choix tant les objectifs sont nombreux. D'abord, parer au plus pressé. On les tire de la droite, de tout près. Il y a des canons et aussi des mitrailleuses qui prennent à partie les fantassins de *Nordland,* réduits à se réfugier derrière les arbres.

Le Standartenführer von Scholz est furieux. Il ne peut franchir le fleuve. Il lui reste à tenir la ville. Ses grenadiers se répandent dans les rues, entrent dans les maisons, débusquent, l'un après l'autre, les soldats soviétiques qui se trouvent abandonnés sur la rive septentrionale et n'ont plus qu'à se rendre.

Immobilisés près des berges du fleuve à la sortie de Kropotkine, les deux ou trois chars du peloton de tête, sérieusement menacés. vont tenter de s'abriter sur le côté gauche de la route, en contre-bas. Juste devant le pont qui. quelques mètres plus loin. s'abîme dans le fleuve. un Panzer isolé tire obus sur obus. Il a repéré sans doute les pièces antichars russes Mais il ne peut toutes les détruire. L'une d'elles a le temps de riposter Le char est touché et s'immobilise. Un sombre nuage de fumée sort par les aérateurs. Le moteur est en train de brûler. Pourtant. l'équipage n'évacue pas le blindé en feu et continue à servir le canon du Panzer qui tire encore quelques obus. Les autres chars qui se trouvent sur la route ont bien vu que le danger vient de leur droite. mais le rideau d'arbres les gène et ils n'arrivent pas à repérer leurs adversaires et à les neutraliser.

La situation de la 1re compagnie de chars de l'Obersturmführer Schnabel est d'autant plus critique que toutes les liaisons radio sont en panne et que le capitaine n'arrive plus à communiquer avec ses chefs de peloton ni avec le Sturmbannführer Mühlenkamp. lui aussi en plein milieu de la bagarre.

L'Obersturmführer Klapdor, qui commande le peloton de queue, est le moins exposé au tir de l'ennemi. Il ouvre son écoutille de tourelle. sort le buste. puis décide de sauter à terre pour y voir plus clair. Il bondit sur le côté gauche de la route: à peu près protégé par le contrebas. il essaie de gagner en courant le Panzer du commandeur de bataillon. Mais Mühlenkamp est encore assez loin. Soudain une mitrailleuse prend à partie Klapdor. moins bien abrité qu'il le croyait. Le lieutenant fait un plongeon dans le fossé. Il progresse en rampant pour sortir de la zone dangereuse. puis. en quelques bonds. parvient jusqu'au char de son commandeur. Mühlenkamp. furieux de la panne radio qui le prive de toute liaison. ne tient plus en place. Il voit arriver avec surprise Klapdor qu'il croyait avec son peloton en queue de colonne.

— Qu'est-ce que vous voulez?

— Faire taire ces maudits antichars, Sturmbannführer.

— Et comment?

— En progressant sur le côté droit de la route. sous la protection de la rangée d'arbres. Elle doit les gêner autant que nous.

— Ensuite?

— On gagne le fleuve et on les balaie.

Mühlenkamp réfléchit rapidement. C'est une manœuvre dangereuse, mais c'est la seule qui permette de sortir de cette embuscade. Klapdor étant en queue de colonne pourra manœuvrer plus facilement. Alors, autant essayer.

— Allez-y, dit seulement le chef du bataillon de chars.

Les Panzers de Klapdor ne tardent pas à s'ébranler et à engager le combat avec les canons antichars, qu'ils parviennent à museler les uns après les autres pour dégager leurs camarades.

Une fois le danger écarté sur cette rive, on peut s'occuper de celle située de l'autre côté du Kouban. Maintenant, les Panzers prennent vigoureusement à partie tout ce qui bouge au-delà du fleuve. Ils tirent obus sur obus pour écarter toute menace sur les débris du pont. Les Soviétiques cessent peu à peu de tirer. Mais l'obstacle n'est pas franchi.

Le Standartenführer von Scholz a rejoint Mühlenkamp. Le chef du bataillon de chars et le commandeur de *Nordland* examinent la situation. La ville de Kropotkine se trouve entre leurs mains, mais l'objectif principal leur échappe : il ne reste plus du pont que quelques piles branlantes. Impossible de franchir ici le Kouban. Seule consolation, quelques déserteurs russes traversent le fleuve à la nage et sont aussitôt conduits à l'état-major du *Kampfgruppe* von Scholz. Ils vont vite fournir d'utiles renseignements. Ce sera désormais à l'infanterie d'exploiter la situation et de traverser.

Les Panzers ont, tant bien que mal, rempli leur mission. L'Obersturmführer Schnabel rassemble les pelotons de sa compagnie et quitte Kropotkine dans l'après-midi de ce 5 août.

Aux volontaires allemands et scandinaves de *Nordland* de poursuivre l'offensive au-delà du Kouban, en franchissant le fleuve, à bord de canots et de barques, sous le feu ennemi. Comme le font le même jour leurs camarades de *Germania,* plus loin vers l'est.

A Grigoripolitskaja, où se battent les S.S. du *Kampfgruppe* Wagner, les grenadiers de *Germania* continuent tous à élargir la tête de pont. Dès l'aube du 6 août, les Soviétiques contre-attaquent de toute la puissance de leurs canons. Les Allemands constatent, une fois de plus, la redoutable puissance de l'artillerie russe, qui arrive à concentrer dans certains secteurs des dizaines et des dizaines de pièces. Elles essaient de tendre un véritable rideau de feu, en attendant le rassemblement des éléments d'infanterie qui doivent se lancer à la contre-attaque pour tenter de réduire la tête de pont.

Sur la rive occidentale du Kouban, les Allemands ne tiennent qu'une faible portion de terrain. Ce demi-cercle de cinq cents mètres de rayon à peine reste très fragile, même s'il profite des mouvements de terrain et des couverts de la rive du grand fleuve.

Les canons russes prennent à partie avec une redoutable efficacité les batteries de la division *Wiking.* En vain, les pièces changent de place. Elles sont à peine installées sur une nouvelle position que les obus ennemis recommencent à tomber, causant des pertes parmi les servants. Comment les artilleurs soviétiques peuvent-ils être aussi bien renseignés? Il faut qu'ils aient laissé un observatoire sur la rive orientale. Le Standartenführer Wagner lance des patrouilles à travers la ville de Grigoripolitskaja. Pour découvrir l'observatoire, il faut chercher les points les plus élevés. Premier lieux à suspecter : les clochers des anciennes églises de la ville. Dans l'un d'eux, on découvre deux officiers soviétiques.

Ce sont des artilleurs qui renseignent leurs camarades. Les S.S. décident de les faire prisonniers :

— Rendez-vous! Les mains en l'air!

Mais les Russes répondent à coups de pistolet. Ils préfèrent se faire tuer sur place plutôt que de se laisser capturer. Une grêle de balles les étend, raides morts, dans le clocher. Désormais, l'artillerie ennemie va se trouver obligée de tirer à l'aveuglette.

Des obus continuent de tomber, un peu au hasard. Les rives du Kouban sont très boisées et dissimulent bien les positions tenues par les artilleurs de la division *Wiking.* Sur le fleuve lui-même, les pionniers s'affairent pour réaliser un pont de fortune. Ce n'est plus une simple passerelle qui permettait le passage de l'infanterie, mais un véritable ouvrage d'art, capable de supporter le poids des tracteurs d'artillerie et des Panzers.

Le pont sera réalisé en un temps record et terminé de nuit. A l'aube du 7 août, vers cinq heures du matin, les premiers éléments blindés de la division *Wiking* peuvent s'engager sur ses traverses. Le bois tremble, mais tient bon sous la morsure des patins des chars.

Sitôt sur l'autre rive, les Panzers se ruent à l'assaut des batteries d'artillerie russes, déjà désorganisées depuis quelques minutes par une attaque de Stukas.

Les derniers avions remplissent le ciel du fracas de leurs

sirènes, piquent en hurlant vers l'objectif, lâchent leurs bombes et amorcent leur ressource au milieu de la fumée des explosions. Sur les rives du Kouban, les grenadiers suivent le spectacle. La liaison entre les avions et les chars semble réglée comme un mouvement d'horlogerie.

Au milieu des explosions, les pièces russes se taisent l'une après l'autre. Frappés par les bombes des Stukas et les obus des Panzers, les artilleurs subissent en quelques minutes des pertes épouvantables. Partout, gisent des morts et des blessés. Les canons ne sont plus rapidement que des tas de ferraille déchiquetée qui brandissent leurs tubes inutiles au milieu des cadavres. Quelques pièces intactes vont tomber entre les mains des grenadiers de *Germania* qui se sont lancés dans le sillage des chars. Maintenant, plus rien ne viendra menacer la tête de pont.

Le Kouban franchi, le nouveau but à atteindre est la ville de Maïkop. C'est une des « capitales » de l'empire pétrolier soviétique. Et l'essence reste la clé de la guerre moderne. Les moteurs des divisions mécaniques sont de terribles consommateurs de carburant.

La grande poursuite va reprendre, après quelques heures de repos.

15.

Avant de reprendre la grande marche vers le Caucase, les volontaires germaniques de la division *Wiking* profitent des premières heures de liberté, après quelques rudes journées, pour dormir tout leur soûl, se bronzer au soleil ou laver leur linge. Les uniformes de combat, usés jusqu'à la corde, sont une fois de plus raccommodés tant bien que mal. On cire les bottes et on graisse les armes. Devant les cuisines roulantes, se forment des files d'attente, la gamelle à la main. Aujourd'hui, les cuisiniers ont réussi à faire des pommes de terre sautées. C'est le premier vrai repas depuis le début de la bataille du Kouban.

La guerre reprend vite ses droits. Les conférences d'état-major se succèdent. De haut en bas de la hiérarchie militaire, on s'agite beaucoup. Les chefs de section reviennent en courant du poste de commandement des compagnies et réunissent leurs hommes. Les ordres fusent aussitôt :

— Nous attaquerons demain matin à partir de la tête de pont établie par le régiment *Germania*. Notre mission est de percer les lignes russes. Vous aurez d'autres ordres demain. Rompez.

Pensifs, les volontaires germaniques regagnent les cantonnements et vont préparer leur paquetage. Le ravitaillement est arrivé, et ils peuvent acheter à la cantine les menus objets de la vie quotidienne : lames de rasoir, pâte dentifrice, peigne, glace de poche, papier à lettres, stylos... Ils trouvent même du schnaps et du vin. Ce soir, pour cette nouvelle veillée d'armes, Danois et Norvégiens organiseront une petite fête. L'atmosphère, faussement joyeuse, reste un peu tendue. On devine que les Soviétiques sont bien décidés à bloquer l'avance sur Maïkop et le Caucase le plus longtemps possible. La journée sera rude.

La division *Wiking* est toujours organisée en trois *Kampfgruppen,* commandés par von Scholz, Wagner et Gille. Cette fois, ce sera *Nordland* qui va précéder *Germania* selon la vieille loi guerrière de l'alternance. Puis la colonne se partagera de nouveau, pour lancer l'offensive contre deux villes :

— Von Scholz et *Nordland* vont attaquer Temirgojevskaja, décide le Commandeur, tandis que Wagner et *Germania* prendront Petropavlovskaja. Il faudra essayer de s'emparer du plus grand nombre de ponts intacts.

En face, les Soviétiques rameutent tout ce qu'ils peuvent trouver comme combattants pour les lancer dans la bataille pour Maïkop. Parmi les défenseurs du Caucase, vont se battre de nombreux marins de la flotte de la mer Noire qui ont quitté les bateaux et les dépôts pour servir comme fantassins. Ils occupent une ligne de fortification improvisée où il n'y aura vraiment de solide que leur courage et leur total esprit de sacrifice. Dans la défaite, l'Armée rouge n'a rien perdu de sa tradition patriotique et révolutionnaire.

En face, les Allemands alignent eux aussi des troupes d'élite. Le Standartenführer von Scholz lance rapidement des patrouilles. Automitrailleuses et motocyclettes vont tâter les défenses ennemies et ramènent les premiers renseignements. Ça bouge beaucoup à l'intérieur des lignes ennemies. Mais tout indique une intention de résistance plus qu'un mouvement de retraite. Le colonel autrichien décide de lancer en pleine nuit ses volontaires germaniques à l'assaut des positions encore fragiles de l'ennemi. Allemands et Scandinaves attaqueront dans la foulée des Panzers du bataillon de chars de la division *Wiking.*

Le premier objectif est Temirgojevskaja que doivent occuper de nombreux éléments soviétiques. En tête de l'assaut, juste derrière les chars, foncent les grenadiers de la 3e compagnie de *Nordland,* que commande le Hauptsturmführer Bluhm.

La nouvelle ligne de résistance soviétique s'établit sur la rivière Laba. Pendant tout l'après-midi du 8 août, les véhicules ont roulé dans la poussière des pistes, au rythme des Panzers. Camions d'infanterie, automitrailleuses de reconnaissance, tracteurs d'artillerie disparaissent dans de gros nuages gris qui se lovent au ras du sol. Accablés de chaleur, les hommes somnolent dans les véhicules. Les Soviétiques sont encore invisibles.

Au soir tombé, il fait enfin un peu plus frais. Soudain, claquent des coups de feu qui déchirent les ténèbres.

— Halte! Arrêtez les moteurs!

Les ténèbres sont redevenues à nouveau silencieuses. Maintenant, il est minuit. On distingue à peine dans le noir les hommes et les véhicules. Personne ne songe même à fumer. Le Hauptsturmführer Bluhm donne ses ordres à ses chefs de section :

— Nous sommes devant Temirgojevskaja. Nous allons attaquer de nuit, traverser le fleuve et établir une tête de pont de l'autre côté du Laba.

Les groupes de combat commencent, quelques heures plus tard, à se glisser silencieusement vers leurs objectifs. Les grenadiers sont accompagnés par des sapeurs du génie qui doivent neutraliser les charges explosives et essayer de garder le pont intact.

Vers une heure du matin, l'attaque commence. Les volontaires germaniques progressent sans bruit, attentifs à ne pas perdre, dans les ténèbres, le contact avec les camarades. On entend juste un bruit de pas, des froissements d'étoffe, le choc de l'acier d'une arme contre une pièce d'équipement en métal.

Déjà, vers l'est, naît une clarté incertaine qui annonce le prochain jour. Les équipements tirent sur les épaules. Chacun sent battre son cœur un peu plus vite que d'habitude. Cette marche silencieuse vers l'ennemi, en pleine nuit, garde quelque chose d'angoissant. Tous éprouvent une sorte de crainte diffuse. Pour le moment, c'est peut-être le silence qui paraît le plus insupportable.

Voici les premières maisons de la bourgade. On ne distingue que des masses sombres sur le ciel à peine plus clair. Si des hommes vivent et guettent ici, ils ne peuvent être que des ennemis. L'angoisse grandit encore. Dans quelques secondes peut-être, on sera au centre de la fournaise. Ceux qui marchent en tête croient distinguer des silhouettes dans le noir. Ennemis ou amis? Comment savoir?

Et soudain, comme une réponse déchirante, claque une rafale de mitrailleuse. Un pistolet mitrailleur répond, tel un écho dérisoire. Des balles traçantes laissent leur sillage dans la nuit. Puis ce sont de sourdes détonations. Maintenant, en tête de la colonne, on se bat à la grenade.

— Au pont! hurle seulement le Hauptsturmführer Bluhm.

En face, des silhouettes apparaissent et disparaissent au hasard de la galopade. Toute la compagnie déboule vers le fleuve, suivant son capitaine. Encore des coups de feu.

Dès les premières détonations, la présence du danger a brusquement chassé l'angoisse et la peur. Une fois engagé, le combat paraît simple : tirer, courir, crier.

— En avant! En avant!

Allemands, Danois et Norvégiens de cette compagnie d'assaut de *Nordland* se mettent brusquement à hurler comme s'ils voulaient chasser tous les démons qui grouillent dans la rue.

— Au pont!

Il faut traverser une rue que balaient les rafales d'une mitrailleuse ennemie. Pas moyen d'éviter ce mortel obstacle de feu. Les premiers arrivés se terrent un instant dans l'ombre d'une maison, prennent leur élan et bondissent en courant entre deux rafales. Jeu mortel du chat et de la souris. La plupart parviennent à passer. Quelques-uns tombent et ne se relèvent pas. Silhouettes sombres au milieu de la chaussée où ricochent les balles comme des gerbes d'étoiles.

— Infirmiers!

Devant les groupes d'assaut, doit se trouver le fleuve. Le Laba roule des eaux torrentielles à quelques centaines de mètres. Mais pourra-t-on arriver jusque-là? Un seul objectif obsède tout le monde : le pont.

Soudain, résonne dans la nuit une fantastique déflagration. Ce ne peut être que lui, ce maudit pont, comme à Kropotkine... Les Soviétiques, décidés à le faire sauter, ont été plus rapides. Et le Standartenführer von Scholz qui s'était juré que ses Vikings du régiment *Nordland* le prendrait intact! Le colonel autrichien doit encore piquer une belle colère.

Le plus pressé, pour ceux qui sont au contact de l'ennemi, c'est de s'orienter et d'échapper à la fusillade, de plus en plus nourrie. Voici maintenant des fusées éclairantes qui jaillissent et déchirent la nuit, éclairant les rues et les maisons de Termigojevskaja d'une lueur aveuglante, aux reflets métalliques. Des soldats soviétiques bondissent de leurs repaires. Ils sont à moitié habillés, surpris en plein sommeil par la brutalité de l'attaque allemande. Ils tournoient et essaient de trouver un abri. Des coups de feu les cueillent au vol et plusieurs s'écroulent sur le sol, comme des pantins disloqués, tandis que la nuit retombe rapidement après la lueur crue des fusées.

— En avant!

Les hommes des groupes d'assaut n'ont pas le temps de nettoyer les maisons où se sont réfugiés leurs adversaires. Ce sera le travail des grenadiers des autres compagnies qui vont longtemps traquer les Russes de couloir en jardin. Ici, en tête, on ne pense qu'au fleuve. Le Laba semble les attirer comme un aimant. La rue descend en pente douce. Puis voici une rampe, un escalier, une plage de sable qui crisse sous les semelles cloutées des bottes. Les volontaires germaniques progressent par bonds, fouettés par les tirs de mitrailleuse qui les prennent à partie depuis l'autre rive. Plus moyen d'avancer. Le nez dans le sable, les grenadiers attendent que cesse un peu l'orage de feu. Vers l'est, la lueur de l'aube s'impose de plus en plus. La nuit vire au gris. Les yeux s'habituent peu à peu au paysage qui émerge lentement des ténèbres. Cette ligne plus claire, ce ne peut être que le fleuve. Sur la gauche, frissonnent des roseaux; sur la droite, s'égrènent les rafales de mitrailleuses. Les Soviétiques restés sur la rive septentrionale ont dû s'établir sur les lisières d'un petit bois. On commence à s'orienter.

— Est-ce que vous avez vu le pont? s'impatiente le chef de la 3e compagnie.

— C'est par ici, Hauptsturmführer, annonce un patrouilleur. Mais il n'en reste plus grand-chose.

Bluhm distingue vaguement quelques madriers déchiquetés, qui émergent des eaux boueuses. Tout ce qui reste du pont qu'il devait prendre... Le capitaine enrage. Pourtant, tout a été tenté. Sept sapeurs ont même réussi à franchir l'ouvrage avant qu'il n'explose et se trouvent désormais isolés sur l'autre rive, encerclés. Mais leur ruée a été inutile et ils n'ont pas réussi à neutraliser les artificiers russes. Maintenant, il ne reste rien du pont et les hommes de la section du génie sont en fâcheuse posture. Bluhm essaie de les soutenir des feux de sa compagnie. Mais ses grenadiers sont cloués au sol par les mitrailleurs russes du petit bois et ils ne peuvent pas grand-chose. A plat ventre sur le sable, les volontaires germaniques semblent paralysés sous une averse de balles. Les voici bloqués sur un espace étroit, sections et groupes de combat mélangés dans une confusion grandissante. La peur rôde. Tout près d'eux, du terrain couvert de roseaux, surgissent des Russes qui tentent de gagner les ruines du pont pour pouvoir rejoindre l'autre rive. Ils chargent avec un courage farouche. L'un d'entre eux — est-ce le chef? — brandit un sabre de Cosaque. D'autres tirent au fusil et au pistolet mitrailleur tout en marchant. Quelques rafales les clouent au sol. Les adversaires en viennent vite au corps à corps. Les camarades ne peuvent plus tirer, tant on risque de toucher des amis. Alors, la bataille continue à l'arme blanche. A la baïonnette et à la pelle de tranchée.

Il fait de plus en plus jour. Tout le sable de la rive prend une couleur gris clair. On commence à distinguer dans les roseaux un grouillement. Les S.S. tirent quelques rafales dans cette direction. Un peu au hasard. On entend des cris. Quelques volontaires germaniques partent à l'assaut, pour essayer d'en finir avec ces adversaires invisibles, sans même attendre l'aurore. Carsten, un jeune Danois, bondit en hurlant de trou en trou. Soudain, il boule comme une bête blessé, roule dans un pli de terrain et se met à crier en allemand :

— Infirmier!

Une mitrailleuse russe lui répond. Puis un homme bondit vers le blessé, comme s'il ne se souciait pas des rafales qui cinglent le sable de la rive. Le secouriste arrive près du blessé et le couche sur le dos. Du sang sort de sa bouche et de ses narines, poissant son visage et sa poitrine. Le Danois grimace comme s'il voulait tousser, puis il retombe. Inerte.

— Il est mort, annonce l'infirmier à ses camarades.

Carsten tué, le combat continue sur les bords du Laba, plus âpre que jamais. Les S.S. sautent de dune en dune pour se rapprocher du fleuve. Un Norvégien a pris la place du Danois, comme premier servant de la mitrailleuse. Derrière lui, les pourvoyeurs bondissent, courbés en deux, les bras rompus par le poids des caissettes de cartouches. Le groupe des deux mitrailleuses de l'Unterscharführer Walter arrive enfin jusqu'à la berge.

— Gerhard, hurle le sergent à un de ses chefs de pièce. Installe-toi près de la culée du pont détruit!

Déjà, la mitrailleuse ouvre le feu et commence à prendre à partie les Russes embusqués dans les bois. Mais ils ripostent tout de suite. Les S.S. encaissent des coups bien ajustés. Le tireur encore un Danois, Petersen, est blessé à mort. Tandis que ses camarades essaient de lui porter secours, sa pièce se tait.

Alors, la seconde mitrailleuse du groupe Walter prend le relais. Benne, le chef de pièce, se croit bien planqué. Mais une rafale russe le déloge. Le tireur et le chargeur déménagent à toute allure et vont se camoufler derrière un tonneau. Ils forment depuis des mois une équipe inséparable. Claus est un Allemand du Nord-Schleswig et Arne un Norvégien du Telemark. Ils ont bondi si vite que le tireur s'est étalé de tout son long dans une bouse de vache. Les deux hommes prennent le parti d'en rire. Mais ce n'est pas le moment de plaisanter. Le chef de pièce, Benne, choisit déjà un autre poste de tir.

Quelques secondes plus tard, l'arme tire de nouveau ses petites rafales, relayée par la mitrailleuse de Gerhard, à nouveau en action après la mort du Danois Petersen.

Les deux pièces de l'Unterscharführer Walter parviennent peu à peu à surclasser les mitrailleuses soviétiques, dont le feu décroît peu à peu au fur et à mesure que le jour se lève. Maintenant, il fait presque clair et les mortiers entrent à leur tour en action. Les claquements secs des coups de départ se succèdent. Les servants ont trouvé un bon emplacement, au creux d'une dune, et expédient torpille sur torpille. On aperçoit les panaches des coups d'arrivée sur l'autre rive, à la lisière des bois où se sont installés les mitrailleurs russes.

Le Laba semble large d'une bonne trentaine de mètres. Et il ne reste plus grand-chose du pont. Que des morceaux de bois disloqués autour desquels tournoie le courant. Au milieu du fleuve, peu profond, ont été projetés des tracteurs d'artillerie. Seuls, les cabines des véhicules et les tubes des canons sortent de l'eau. Plus loin, au milieu du fleuve, on aperçoit un grand autocar avec les insignes de la Croix-Rouge.

Les mitrailleurs de *Nordland* continuent à tirer sans pitié leurs rafales en direction de tout ce qui bouge sur la rive d'en face. Le feu russe a maintenant cessé.

— On va essayer de franchir le fleuve, décide le Hauptsturmführer Bluhm.

Des sapeurs sautent sur les ruines du pont pour tenter de rétablir un passage avec quelques planches. Mais ils n'y arrivent pas. Il faut absolument les aider. Qu'ils travaillent au moins tranquilles... Alors, les mitrailleuses et les mortiers recommencent à tirer à une cadence terrible. Cette fois, ce sont les Soviétiques qui ne peuvent plus lever le nez. Cinglés par les rafales de mitrailleuses, secoués par les explosions de mortiers, cueillis comme des lapins par les fusils des grenadiers, ils restent silencieux, comptant les coups. Les pionniers S.S. s'élancent de nouveau dans la rivière et posent quelques planches sur les piles du pont effondré. En quelques dizaines de minutes, ils ont réussi à établir une passerelle de secours.

Le Hauptsturmführer Bluhm lance alors ses hommes l'un après l'autre sur la rive méridionale. Il faut établir une tête de pont et la tenir coûte que coûte. Les Soviétiques semblent avoir disparu dans les sous-bois et les volontaires germaniques mitraillent au hasard tous les couverts. Ils gaspillent un peu les munitions. Mais il faut briser toute velléité de contre-attaque. Les S.S. avancent, lentement et prudemment, protégés par le feu d'enfer. Une fois qu'ils se sont étalés en éventail sur environ un demi-kilomètre, leur chef les arrête.

— Halte! ordonne le capitaine. Creusez sur place des emplacements de combat et attendez.

Il est neuf heures du matin quand cesse le combat. La nuit a passé bien vite. Le soleil brille déjà très haut dans le ciel. Il fera encore chaud pour cette belle journée d'août.

Les chefs de section ordonnent d'aménager des tranchées pour former une ligne de défense continue.

— Méfiez-vous! Les Russes peuvent revenir.

On abat quelques arbres pour renforcer les positions. Les pelles et les haches sont maniées par des mains vigoureuses. Maintenant que le combat d'infanterie est terminée, il faut s'attendre à une vive riposte de l'artillerie soviétique. Ça ne manque pas. Les premiers obus commencent à tomber. Un peu au hasard. Mais les Russes ne sont jamais bien longs à régler leur tir. Pendant toute la journée, ils vont secouer les positions de la rive méridionale. Il est cependant trop tard pour déloger les Allemands et les Scandinaves de la tête de pont.

— Voici le « Vieux Fritz »!

Le Standartenführer von Scholz, très calme, va de trou d'obus en trou d'obus pour rassurer ses hommes. Le colonel autrichien continue de gagner en popularité.

— Ne vous en faites pas. Tout va très bien. Il y a d'autres têtes de pont.

L'une d'elles a été constituée par les S.S. du régiment

Germania près de Petropavlovskaja. Un pont intact va permettre la poursuite.

Depuis deux jours et une nuit, ses hommes sont au contact de l'ennemi et se sont durement battus. Maintenant, ils se détendent et ils rient. Déjà, ils ont oublié leur peur pour ne plus se souvenir que de leur misère. La dysenterie continue de faire des ravages. Tenir au sec son fond de culotte devient la plus grande préoccupation...

A la tombée du jour, le Hauptsturmführer Bluhm et sa 3e compagnie quittent la tête de pont sur la passerelle provisoire. Les volontaires germaniques retrouvent leurs camarades de *Nordland* qui ont fini de chasser les derniers éléments soviétiques restés dans les ruines de Termigojevskaja.

Au repos pour quelques heures, la division *Wiking* enterre ses morts, tandis que les chefs de section écrivent aux familles de ceux qui sont tombés depuis que les compagnies de combat ont franchi de vive force le Kouban. Ce n'est jamais commode, surtout quand il s'agit de volontaires scandinaves ou néerlandais, qui sont souvent partis au front de l'Est comme des réprouvés...

Dans les villages, les S.S. entourent les fontaines pour se laver et se raser, torse nu en plein soleil. Avant, il y a eu l'habituelle corvée du nettoyage des armes. Les pièces des mitrailleuses démontées reposent sur des toiles de tente. Ceux que l'armement intéresse comparent en bons techniciens les machines allemandes et les mitrailleuses américaines, dont sont équipées certaines unités russes du secteur. Le ravitaillement des alliés soviétiques par les convois de l'Atlantique semble s'accroître de mois en mois. Aux États-Unis, pays riche, on ne récupère ni les maillons ni les douilles. Malgré le succès des derniers jours, les volontaires germaniques découvrent avec une inquiétude encore diffuse le rôle colossal que va jouer le matériel américain dans la résistance soviétique.

Pourquoi s'attarder à parler encore de la guerre pendant ces quelques moments de repos? L'après-midi, il est prévu une baignade dans le fleuve. Les S.S. se rassemblent en flottant de sport, leur serviette de bain sous le bras.

Des artilleurs se baignent non loin des grenadiers. Soudain, claquent des coups de feu.

— Les camarades sont tombés dans une embuscade!

C'est à qui récupérera le plus vite son uniforme, son paquetage et surtout son arme... Rapidement, les fantassins arrivent à la rescousse. Les coups de feu viennent d'un petit bois. Les mitrailleuses allemandes ripostent très vite de quelques rafales. Puis les canons de 105 s'en mêlent et envoient quelques salves d'obus. Pendant ce temps, les artilleurs en maillot de bain sont planqués sur le sable de la rive, essayant d'échapper aux coups de feu sporadiques qui continuent à claquer dans leur direction. Pendant une interminable demi-heure, ils vont essayer d'échapper aux tirs, rampant de trou en trou pour trouver un précaire abri. Ils ne se sont certes jamais sentis aussi menacés ni aussi ridicules sous le feu ennemi. Se faire ainsi prendre comme cible, en slip!

Finalement, les canons et les mitrailleuses parviennent à faire taire les tirailleurs russes qui se hâtent de décrocher, après avoir réussi à provoquer une assez jolie panique.

Ce ne sont pas des soldats réguliers, mais des partisans qui auraient monté cette embuscade. On découvrira leur chef quelques heures plus tard...

Claquent encore quelques coups de feu sur les bords du Laba. Demain, 9 août, la marche vers le sud-ouest doit reprendre.

Tout le *Kampfgruppe* von Scholz a l'ordre de rejoindre celui de Wagner et de traverser le Laba, sur le pont enlevé d'assaut par les hommes de *Germania*.

En tête de la colonne, sur la rive ennemie, roule à nouveau le bataillon de chars de Mühlenkamp, après avoir traversé la rivière par un gué, tant le pont pourtant intact inspirait peu de confiance...

Maintenant, c'est le Standartenführer Gille qui passe en tête. Le colonel d'artillerie emmène au combat un *Kampfgruppe* formé de grenadiers du bataillon de choc Dieckmann, du bataillon Polewacz de *Nordland* et des éléments blindés du bataillon Panzer de Mühlenkamp. Wagner avec *Germania* et von Scholz avec *Nordland* suivent, un peu en retrait.

La nouvelle direction de marche s'oriente de plus en plus vers l'ouest. Il faut se rabattre sur Maïkop pour fermer la « poche » ennemie.

Les Panzers de la division *Wiking* progressent au milieu de colonnes de Soviétiques en retraite. Dès qu'ils aperçoivent les blindés allemands, les Russes se dispersent et essayent de se cacher dans les champs de tournesols qui s'étendent de chaque côté de la piste. Partout, on découvre du matériel abandonné, camions d'infanterie et tracteurs d'artillerie. Personne n'a le temps de s'attarder pour les fouiller. Il faut gagner les rives d'un nouveau fleuve, du nom de Belaja, qu'on espère bien pouvoir traverser à gué.

Les grenadiers de *Nordland* se sont juchés sur les plages des Panzers qui roulent à vive allure au milieu des champs de tournesols. Il fait de plus en plus chaud. Le ciel bleu pèse comme un couvercle de plomb sur tout le paysage vallonné des premiers contreforts du Caucase.

La compagnie Bluhm roule en tête. Les véhicules des grenadiers suivent les Panzers qui soulèvent d'épais nuages de poussière. On voit juste le haut du corps des chefs de chars, surgissant de la tourelle.

Quelques automitrailleuses de reconnaissance, escortées de motocyclistes, se sont jointes à la colonne et vont explorer les villages suspects. Mais on ne s'arrête guère. Si les Soviétiques ont des canons antichars dans ce secteur, il faudra essayer de les bousculer et de poursuivre la route, malgré les inévitables pertes.

Parfois, la colonne fait halte quelques dizaines de minutes. On entend vers l'avant des bruits de combat. Les canons des chars et les mitrailleuses des véhicules de reconnaissance ont pris une résistance à partie. L'affaire terminée, on repart rapidement, tandis que les blessés sont évacués vers l'arrière dans des voitures tout-terrain munies de brancards. La colonne dépasse des blindés qui ont souffert dans l'accrochage et sont immobilisés sur le bord de la piste. On distingue les impacts des obus des 76 antichars russes dans les tourelles ou sur la caisse. Les artilleurs soviétiques ont réussi quelques coups au but qui ont dû faire mal. Parfois, un blindé brûle avec un lourd panache de fumée noire.

La colonne traverse en trombe des villages déserts. Les chars, dès qu'ils le peuvent, manœuvrent à travers champs et se déploient.

L'avant-garde de la division *Wiking* approche de la rivière Belaja. Le terrain devient plus boisé. Les couverts sont maintenant assez nombreux et touffus pour dissimuler les îlots de résistance soviétique.

Les véhicules des grenadiers s'arrêtent, tandis que les Panzers partent en avant. On entend bien vite des coups de feu. Une des mitrailleuses de bord se met à tirer. Les Russes doivent être tout proches.

Les grenadiers, le casque sur les yeux, essaient de se repérer avant de sauter des véhicules et de commencer le combat à ras de terre. De leurs camions, ils distinguent le fleuve derrière des dunes de sable. C'est là que ça se passe.

Soudain, l'ordre tant attendu fuse :

— Débarquez! On va donner l'assaut.

Les volontaires germaniques sautent à terre en quelques fractions de seconde. Ils n'ont pas repéré de pont et ne savent pas trop dans quelle direction ils vont être lancés à l'attaquer.

Ils arriment leur paquetage, serrent les armes dans leur poing, s'alignent pour un dernier rassemblement avant l'attaque.

Le Hauptsturmführer Bluhm s'est installé derrière un des Panzers qui vient de s'arrêter. Il réunit ses chefs de section pour leur expliquer la manœuvre :

— Notre compagnie a pour mission de créer une tête de pont, annonce-t-il brutalement. Nous allons essayer de trouver un gué pour traverser le fleuve. Cela semble peu profond. Mais nous aurons quand même de l'eau jusqu'à la poitrine.

Bluhm ajoute aussitôt :

— Nous serons appuyés par les Panzers qui resteront sur cette rive. La rive en face ne paraît pas occupée, autant qu'on peut le savoir d'ici.

Le fleuve est large d'une soixantaine de mètres et un courant rapide le parcourt d'un long frisson tumultueux. La rive ennemie, escarpée, domine l'eau d'un à-pic de deux à trois mètres. Au-delà, on aperçoit un terrain assez boisé, avec des clairières et des massifs touffus. Un véritable pays d'embuscade. Sur la droite, la terre semble plus basse, marécageuse avec quelques bosquets de chênes isolés. C'est l'objectif désigné. Le Hauptsturmführer Bluhm va devoir y installer sa compagnie, prête à repousser toute contre-attaque. Sans appuis des pièces de PAK, ce sera difficile, surtout si les Soviétiques engagent des blindés.

Un ordre bref et les sections se lancent l'une après l'autre dans le gué. Le courant semble très fort. Un arbre aux racines dénudées est fouetté par les eaux, juste au bord du passage. Les grenadiers s'élancent sous la protection des canons des Panzers.

Les Russes restent totalement invisibles. Le paysage semble d'un grand calme. Le seul bruit est celui du bruissement de l'eau rapide. Les premiers groupes de *Nordland* entrent dans le Belaja. Les hommes sont aussitôt saisis par le froid et le courant. Très rapidement, l'eau arrive aux genoux, à la ceinture, à la poitrine. Elle frappe brutalement. Elle est vraiment froide à vous couper le souffle. Sous les bottes, on sent rouler des cailloux. Quelques camarades doivent se tenir par la main pour ne pas être emportés. Tous gardent un bras libre pour brandir leur arme au-dessus de leur tête.

Soudain, un coup de canon. C'est un des Panzers de soutien qui vient de tirer. L'obus passe par-dessus la rivière où pataugent les grenadiers. Une explosion sur la rive, toute proche maintenant. Les Russes ripostent. Des éclats fusent dans tous les sens. Un des chefs de groupe d'assaut est touché. Deux camarades le ramènent vers la rive amie. On ne voit toujours pas d'où partent les coups. Il devient de plus en plus urgent de se sortir de ce piège. Les S.S. se rapprochent le plus vite possible de la berge ennemie. L'eau diminue, le courant faiblit. Les voici arrivés.

Scandinaves et Allemands doivent se hisser sur la terre gluante, en s'aidant des racines ou en se faisant la courte échelle. Déjà, les premiers sont arrivés sur la berge et mettent aussitôt une mitrailleuse en batterie, pour couvrir leurs camarades qui continuent à passer le gué. Aussitôt, les hommes vident l'eau de leurs bottes et se regroupent pour élargir en éventail la tête de pont. Les groupes d'assaut s'enfoncent dans les sous-bois.

Très rapidement, les éclaireurs reçoivent l'ordre de s'arrêter et de s'installer en une série de petits postes. Va-t-on rester là toute la nuit? Il commence à faire froid depuis la tombée du jour. Transis, les S.S. grelottent dans leurs uniformes trempés. Il règne une atmosphère étrange, menaçante. On croit entendre des craquements de branches. des pas, des bruits de voix Illusion? Depuis le passage de la rivière, toute la forêt semble hostile.

Le Hauptsturmführer Bluhm décide de trouver un terrain

plus dégagé et de déplacer la tête de pont vers la droite. Il donne ses ordres rapidement.

Les volontaires germaniques se mettent en marche dans le crépuscule. Avec l'arrivée de la nuit, dans ce terrain inconnu et boisé, il doit être facile de se perdre. Enfin, voici la lisière, puis une sorte de grande prairie, parsemée de quelques chênes isolés. Le vent fait frissonner les feuilles. On ne voit plus grand-chose. On distingue tout juste, très vaguement, les maisons d'un village.

La compagnie s'arrête. Des coups de fusil claquent aussitôt. Une mitrailleuse se met à tirer. C'est un avion russe qui surgit, tout proche, dans le crépuscule, survole les S.S. de *Nordland,* puis disparaît très rapidement derrière un bois.

Après cette alerte, les hommes du Hauptsturmführer Bluhm reçoivent l'ordre de s'installer. La compagnie forme un demi-cercle, appuyé à la rivière. Il va faire très froid cette nuit; août annonce déjà l'automne. Quelques débrouillards trouvent de la paille. Pour manger, il n'y a dans les musettes que quelques quignons de pain trempés par le passage de la Belaja.

Dans un sourd grondement de moteur, les Panzers franchissent lentement le gué. A leur tour, ils arrivent sur la rive ennemie et s'installent pour la nuit. Les autres compagnies du bataillon Polewacz doivent franchir à leur tour le fleuve dans le noir. Des sentinelles veillent. Les mitrailleurs ont installé leur pièce derrière des souches d'arbres. Les grenadiers vont pouvoir dormir quelques heures à leur poste de combat, enroulés dans leur toile de tente. Ils sont toujours aussi trempés et la paille humide ne protège guère du froid. Quelques-uns fument une dernière cigarette entre leurs mains fermées pour ne pas laisser filtrer la moindre lueur.

La nuit sera calme. Seul incident, un camion russe égaré arrive dans les lignes des volontaires germaniques de la tête de pont. Il est salué de quelques coups de feu. Puis tout redevient silencieux. La nuit sera glaciale et l'aube à peine moins froide.

Peu à peu, le soleil s'affirme. Il faut reprendre la route vers Maïkop, Touapse et la mer Noire.

16.

Dans son avance vers Maïkop, la division *Wiking* est précédée d'une compagnie de la plus étrange des unités de l'armée allemande : le régiment *Brandenburg.* Servent dans ses rangs des Allemands originaires de l'étranger et des volontaires européens ayant choisi le camp du Reich. Ceux qui se battent dans le Kouban se sont embarqués à bord de véhicules russes. Ils portent, par-dessus leur uniforme de la Wehrmacht, des capotes de l'armée soviétique et arborent calots ou casques à étoile rouge.

Cette compagnie très spéciale prend l'allure d'une colonne russe en retraite. Elle a l'ordre de traverser le village de Pcheskaja et d'occuper un pont de chemin de fer d'importance capitale sur la ligne d'Armavir à Touapse. Les éléments avancés de la division *Wiking* suivront juste derrière, pour occuper la ville et soutenir la compagnie de Brandebourgeois.

Dans la journée, il fait maintenant très chaud, plus de 40° à l'ombre par moments. La poussière, détrempée par la sueur, devient une véritable boue qui colle sur les visages comme un masque.

La colonne « russe » roule à vive allure. Sans être arrêtée, elle pénètre dans les lignes soviétiques, arrive jusqu'à des positions d'artillerie. Les Brandebourgeois simulent la terreur. Beaucoup parlent russe et ils hurlent à pleins poumons avec des mines effrayées :

— *Tanki! Tanki!*

Les faux fuyards savent que la panique se communique comme le feu à une traînée de poudre. Ils voient avec un plaisir bien dissimulé leurs « camarades » déménager. Les artilleurs attellent leurs pièces et les chevaux, fouettés à grands cris, partent à toute allure. Les véhicules à moteur prennent eux aussi le chemin de la fuite. Officiers et commissaires se précipitent pour essayer d'enrayer ce brusque mouvement de panique. Ils tentent de calmer les Brandebourgeois, mais ceux-ci leur répondent en russe et commencent à les insulter. Et puis ils crient, à pleins poumons.

— Sauve qui peut!

Les gradés soviétiques ne sont pas assez nombreux pour pouvoir enrayer ce flot de fuyards qui déferlent et ils se laissent emporter à leur tour.

Voici la colonne dans Pcheskaja. Les Allemands habillés en Russes se trouvent nez à nez avec toute une batterie d'artillerie qui gagne les lignes. Cette fois, il n'est plus question de lui faire rebrousser chemin par des cris. Ce sont les fusils et les mitrailleuses qui entrent en jeu. Stupéfaits d'être mitraillés par ceux qu'ils prennent pour des compatriotes, les artilleurs, tirés à quelques mètres par les Brandebourgeois, subissent des pertes terribles. Les rescapés abandonnent leurs canons et essaient de se cacher dans les maisons de la bourgade.

Voici maintenant l'objectif, le pont de chemin de fer. Les sentinelles ne s'étonnent pas de voir une compagnie d'infanterie russe descendre des camions et occuper les deux extrémités du pont. Soudain, ces soldats soviétiques enlèvent leurs capotes et apparaissent en uniforme de la Wehrmacht. Il est trop tard pour réagir. Le pont est tenu par les Brandebourgeois. Dans quelques dizaines de minutes, vont arriver les premiers Panzers de la division *Wiking*, avec les grenadiers de *Nordland* accrochés aux tourelles...

Le raid sur Pcheskaja a parfaitement réussi. On ne compte que quelques blessés, dont le Commandeur de la division lui-même. Le Gruppenführer Steiner a été touché par un tir de mortiers qui a causé de surcroît quelques dégâts à la carrosserie de sa voiture de commandement. Les mortiers lourds de 280 d'une compagnie de Nebelwerfer ont riposté aussitôt et nettoyé les rives de la Belaja, où se groupaient encore autour de leurs pièces quelques Soviétiques obstinés.

L'opération des Brandebourgeois et des volontaires germaniques apparaît comme un succès complet qui ouvre la route de Maïkop.

Le Standartenführer Gille, qui commande l'avant-garde de la division, tient bien en main la bourgade de Pcheskaja. De partout, arrivent des prisonniers qui sont dirigés vers l'arrière. Les armes s'entassent dans des camions. Des pièces d'artillerie, abandonnées, gisent par dizaines le long des routes.

Le Gruppenführer Steiner pousse les unités de la division *Wiking* à poursuivre l'attaque. Le *Kampfgruppe* de Jürgen Wagner arrive à son tour dans Pcheskaja, où il découvre un grand désordre de vainqueurs et de vaincus au hasard des rues. Les prisonniers et leurs gardiens grillent quelques cigarettes. Mais la seule chose qui compte en ce moment pour les S.S. c'est de faire le plein d'essence et de repartir, cap sur la mer Noire.

Le *Kampfgruppe* commandé par le Standartenführer Gille fonce sur la route de Touapse. On laissera aux Panzers de la Wehrmacht le soin de prendre Maïkop. Ce qui compte, c'est de fermer la boucle et d'atteindre le rivage.

La formation de tête comprend les blindés de Mühlenkamp, les grenadiers du bataillon de choc Dieckmann et les artilleurs d'un des trois groupes de la division. La colonne progresse à travers bois. Objectif Hadychenskaja, à mi-chemin sur la route de Maïkop à Touapse. Là, on ne sera plus qu'à une cinquantaine de kilomètres de la mer.

Les véhicules des volontaires germaniques roulent à travers la célèbre région pétrolière d'entre Kouban et Caucase. On aperçoit les échafaudages des puits, sur les collines.

L'or noir fait rêver. Surtout les stratèges du grand état-major de la Wehrmacht qui constituent un « commando » de pétroliers, formé en toute hâte avec des ingénieurs et des techniciens. Ils doivent marcher au même rythme que les troupes d'assaut et occuper les gisements avant que les Soviétiques n'aient eu le temps de les mettre hors d'usage. Quelques S.S. leur serviront d'escorte.

Cette singulière unité, où dominent les civils, s'aventure dans une région inconnue autrement que par les cartes. On ne sait trop où se trouvent les amis ou les adversaires. Dans ce tourbillon, les aventures les plus exaltantes sont possibles. Les plus sanglantes aussi.

Le commando tombe dans une embuscade et sera anéanti avant d'avoir réussi à remplir sa mission. L'or noir ne coulera pas de sitôt pour les forces du Reich.

Les troupes régulières vont avoir un peu plus de chance. Le 14 août 1942, le bataillon Dieckmann parvient à s'emparer de la raffinerie de pétrole de Mouk et s'y installe en hérisson. Les S.S. sont très en avant de leurs camarades et se trouvent totalement isolés. Si les Russes contre-attaquent, ce sera dur de tenir. Mais les renforts sont annoncés. Doivent arriver, « dès que possible », le 2e bataillon de *Germania,* celui du Sturmbannführer Jörchel, avec le colonel Rossmann qui commande une redoutable unité de mortiers lourds.

Les Soviétiques tentent alors une manœuvre de la dernière chance. Ils se heurtent aux avant-gardes du bataillon Jörchel, qui viennent justement de s'arrêter pour une pause. Tout de suite, le combat devient aussi violent que confus.

Prévenu, le chef du *Kampgruppe,* le Standartenführer Jürgen Wagner, lance tout le monde dont il dispose pour secourir son bataillon sévèrement accroché. Il n'est pas commode de faire déboucher cet assaut qui répond à la contre-attaque russe. Il faudrait de l'artillerie pour dégager les S.S. cloués au sol. Le colonel Rossmann intervient alors avec ses énormes mortiers de 210.

Les Soviétiques viennent de lancer dans la bataille tout un corps de cavalerie qui charge, sabre au clair, avec un courage qui stupéfie les volontaires germaniques. Dans une situation désespérée, les Russes se font tuer en se lançant, poitrine nue, contre les mitrailleuses qui tirent bande sur bande. Les canons des pièces sont brûlants et il faut les changer sous un déluge de torpilles de mortiers.

Les Soviétiques se révèlent, une fois de plus, de redoutables artilleurs. Tout le sol tremble à chaque coup d'arrivée. Les S.S. ne peuvent que se terrer en attendant la fin de l'orage mortel. Tout se réglera avec du gros calibre : mortiers contre mortiers.

Sur la grande route de Maïkop à Touapse, les grenadiers de Jörchel s'accrochent au terrain et subissent les assauts sans reculer. Eux aussi attendent la contre-attaque allemande. Elle va déboucher après une rude préparation de mortiers et de lance-fusées sur les bois où se terrent les Soviétiques.

Les hommes de la division *Wiking* parviennent à briser la contre-attaque soviétique et s'emparent de Tverskaja, qui restait un des derniers villages de la région encore aux mains de leurs adversaires.

Pendant ce temps, le bataillon finlandais de la division entre à Kubanskaja. Steiner décide alors de lui confier une nouvelle mission et d'envoyer les volontaires finnois à l'assaut du village de Linejuaja.

Les grenadiers grimpent sur les Panzers de Mühlenkamp qui s'élancent à travers le paysage chaotique pour les conduire à l'assaut. Les S.S. finnois sont de redoutables guerriers qui n'ont qu'une hâte : en venir au corps à corps et terminer le combat au couteau.

Des unités de cavalerie de la garde rouge envoyées au combat entre Maïkop et Touapse, il ne restera bientôt que quelques escadrons isolés et errants. Les Soviétiques décident alors de se réfugier dans les bois, où ils sont matraqués par les artilleurs de la division *Wiking* qui tirent avec des obus fusants qui explosent en atteignant les branches.

Ce bombardement n'est plus que l'ultime fracas de la bataille. Désormais, la lutte se termine dans ce secteur.

La route du Caucase est ouverte.

Les Soviétiques résistent avec acharnement et essaient encore de barrer la route de la mer Noire. Ils occupent les derniers contreforts montagneux avant le rivage et s'accrochent au terrain avec une énergie farouche. Ils ont fait sauter les ponts, ils ont miné les routes, ils se retranchent dans les forêts. Touapse sera défendu jusqu'au dernier homme.

Pour les déloger, le commandement allemand décide d'engager des chasseurs de montagne, presque tous bavarois ou autrichiens. En attendant ces montagnards, ce sont les volontaires germaniques de la division *Wiking* qui doivent tenir la région et protéger les puits de pétrole autour de Maïkop.

Le Gruppenführer Steiner est fort soucieux et il fait part de ses inquiétudes à un nouvel officier de son état-major, le Sturmbannführer danois Engelhardt-Ranzow :

— La division, déjà affaiblie par les combats de cet été, doit tenir un secteur énorme : plus de cent kilomètres de rayon!

Heureusement, le régiment *Westland*, enfin motorisé, arrive en renfort et va participer à cette dispersion en de multiples petits postes perdus dans la montagne. Chaque village, isolé, doit devenir une forteresse. Toute la région grouille d'unités russes qui ont été disloquées lors des derniers combats, mais essaient de se reconstituer à l'abri des couverts et des ravins.

Le Standartenführer von Scholz répartit dans la montagne ses trois bataillons du régiment *Nordland*, Le bataillon Polewacz se trouvera près d'Absheronskaja et le bataillon Stoffers rejoindra Kabardinskaja. Quant au bataillon finlandais du Sturmbannführer Collani, il prendra position entre Linejuaja et Tverskaja.

Le bataillon de choc Dieckmann de *Germania* s'installe près de Mouk où il doit, aussitôt, affronter un ennemi très mordant, qui tente avec l'énergie du désespoir de barrer la route de Touapse.

Les pionniers et les hommes du groupe de reconnaissance se sont installés dans le district de Neftnaja. C'est un village industriel, avec des derricks, des usines, des ateliers. Toute la région sent le pétrole. Les bâtiments ont été sabotés avant le départ des troupes soviétiques et la plupart des ouvriers — réputés parmi les plus communistes de toute l'U.R.S.S. — ont abandonné leurs cités pour prendre le maquis. Ils doivent maintenant errer dans les bois avec les éléments soviétiques isolés qui ne vont pas cesser de harceler les troupes allemandes pour essayer de bloquer l'offensive vers la mer Noire.

Le Standartenführer Wagner et l'état-major de *Germania* se sont installés dans un village caucasien, à Samurskaja. Là, il n'y a pas d'ouvriers, mais des paysans qui vivent comme leurs ancêtres et semblent fort indifférents à la politique. Ils se préoccupent surtout de sauvegarder leurs traditions et l'on trouve même chez eux quelques vieux Cosaques qui acceptent de servir d'instructeurs aux S.S. et leur apprendre comment progresser en forêt.

Le paysage devient de plus en plus chaotique et hostile. Les volontaires germaniques songent avec nostalgie aux vastes champs de blé et de tabac de la région du Kouban. Ici, même la nature se ferme devant l'envahisseur. Le paysage au relief tourmenté disparaît sous d'épaisses forêts où il règne une pénombre moite. On ne peut imaginer meilleur refuge pour des unités ennemies. L'air devient pesant. Les hommes étouffent, titubent de fatigue et de torpeur. Les yeux se ferment, la nuque devient lourde, les jambes s'engourdissent. Allemands, Scandinaves, Néerlandais, ruisselants de sueur sous la veste de drap et la blouse de camouflage bariolée, découvrent un pays inconnu et inquiétant.

Il a fallu laisser les véhicules dans la vallée, et les unités de la division *Wiking* se diluent dans la montagne. Les sections partent à pied occuper des villages perchés dans les nuages. Les mouches bourdonnent autour des colonnes qui grimpent par des pistes poussiéreuses et ravinées.

Pour les grenadiers, la route est pénible. Pour les hommes de la section lourde qui doivent transporter quatre mitrailleuses lourdes et quatre mortiers de 80, elle devient vite infernale, même si les fardeaux sont répartis entre les servants.

Au tube et au bipied du mortier, s'ajoute une plaque de base qui pèse plus de vingt kilos. Derrière les trois servants de la pièce, s'essoufflent les pourvoyeurs qui se coltinent les obus dans des lourdes caisses grises.

Chez les mitrailleurs, c'est le tireur qui porte la pièce sur l'épaule. Derrière lui, marche le chargeur qui peine sous le poids de l'affût. Puis viennent les trois pourvoyeurs avec les caissettes métalliques contenant les bandes de cartouches.

La dure montée vers les villages des sommets devient un épouvantable calvaire. A chaque tournant du chemin, il semble que le but s'éloigne davantage. La soif dessèche les gorges. On entend des respirations sifflantes, des jurons quand un des porteurs bute contre une pierre, une sorte de grand halètement de fatigue où se mêlent les souffles de plus en plus oppressés de toute la section lourde.

Arrivés au sommet, il faut se mettre au travail sans souffler pour creuser des emplacements de combat. Dans ce terrain boisé, les champs de tir devant les pièces ne dépassent pas une centaine de mètres. En quelques bonds, l'ennemi peut débouler sur les positions aménagées à la hâte.

Dans le fond de la vallée, on devine les quelques bâtiments blancs d'un kolkhoze, entourés de petits champs et de barrières de bois. Au-delà, sur l'autre pente, à moins d'un kilomètre, commence le pays ennemi. Personne ne sait au juste où se trouvent les positions soviétiques, Une seule chose est certaine : ils doivent se terrer dans ces bois, en face, invisibles sous les couverts bourdonnants de moustiques.

Les S.S. aménagent fébrilement des emplacements de combat. Seuls, les cuistots ont été dispensés de corvée. Il faut creuser des fosses de deux mètres de diamètre et d'un mètre de profondeur pour les mortiers de 80 qui se trouvent juste derrière les positions de grenadiers, prêts à les soutenir à la première attaque. Les chefs de pièce repèrent leurs objectifs et expédient quelques obus pour vérifier leurs visées.

Après avoir tiré une demi-douzaine d'obus d'essai, les servants nettoient leur pièce avec un écouvillon et la recouvrent d'une bâche. Ils peuvent songer à se construire un abri, bien enterré et recouvert d'une toiture de rondins.

Les gradés installent leur poste de commandement dans des masures de la montagne, tandis que les mitrailleurs tirent aussi quelques cartouches pour régler leurs pièces.

La vie s'organise rapidement dans les positions de la montagne. Un volontaire danois, coiffeur dans le civil, installe son « salon » dans les ruines d'une baraque, puis commence à manier ciseaux et tondeuse.

La nuit approche. Il va faire très sombre sous les bois qui bruissent de mille bruits inquiétants. Les hommes des postes d'écoute semblent particulièrement nerveux pour cette première nuit dans la montagne. A l'aube, des patrouilles de grenadiers sont envoyées en reconnaissance sous la protection des armes lourdes. Deux heures plus tard, les hommes sont de retour. Le chef de la patrouille rend compte :

— Les Russes sont juste en face, sur la prochaine crête. Ils se fortifient.

Les S.S. en font autant dans tous les postes, dispersés dans la montagne à plusieurs kilomètres les uns des autres.

Pendant que les volontaires germaniques remuent la terre, torse nu, et creusent tranchées et abris, l'agent de liaison de la section passe de l'un à l'autre. Il doit distribuer des cachets contre la malaria. La quinine fait partie du ravitaillement quotidien. Au début, les hommes jetaient ces cachets amers. Mais depuis que la division a été obligée d'évacuer quelques malades grelottants de mauvaise fièvre, leurs camarades avalent sans tricher la pilule quotidienne.

La première journée sur les positions de la montagne passe vite. Dès la tombée de la nuit, les hommes se succèdent pour prendre leur tour de garde dans les petits postes d'écoute en avant des tranchées de leurs camarades, parfois à plus d'une centaine de mètres en direction de l'ennemi. Il n'y a qu'un mince croissant de lune et tout le paysage montagneux prend des allures fantasmagoriques. Les buissons et les arbres, fouettés par une brise aigre, s'agitent comme des fantômes, dans un bruissement insolite de branches et de feuilles. L'obscurité amplifie le moindre bruit.

Le manque d'effectif est tel que l'agent de liaison Tieke a été quand même désigné pour aller veiller à partir de minuit dans un des postes d'écoute. Ses yeux s'habituent lentement à la nuit. Il repère un buisson, la courbe d'un champ qui dégringole vers la vallée, quelques arbres. Il est armé de son fusil, d'un pistolet lance-fusées et de quelques grenades offensives. Soudain, il entend un bruit. Mais cela vient de derrière lui. Qu'est-ce qui se passe dans les lignes allemandes? Quelle menace? Tieke distingue un souffle puissant et régulier. Soudain, il réalise qu'une des sentinelles affectées à la garde d'un poste de mitrailleuse lourde a dû s'endormir et ronfle come un bienheureux. A voix basse, Tieke l'appelle et l'injurie :

— Tu es un salaud de dormir quand tu es de garde!

— Moi? feint de s'étonner l'autre. Mais je ne dormais pas...

— Menteur. Et puis tu es trop bête. S'endormir ici. Mais les Russes nous feraient prisonniers sans même qu'on s'en rende compte.

D'ailleurs, n'est-ce pas leur intention? Eux aussi doivent lancer des patrouilles. Ils connaissent bien le terrain. D'ailleurs, les voilà! Tieke entend du bruit, il distingue une forme qui sort d'un buisson et s'approche. Alors, l'agent de liaison n'hésite pas et tire une fusée éclairante. Il aperçoit alors, juste devant son trou, brusquement illuminé par la lueur aveuglante du phosphore, un malheureux chien errant...

A deux heures du matin, un camarade vient relever Tieke, qui regagne son abri, un peu ennuyé d'avoir tiré une fusée pour si peu. A l'aube, on enverra quand même une patrouille reconnaître le terrain. Ce kolkhoze dans la vallée ne laisse pas d'être inquiétant, avec ses maisons qui peuvent servir de cachettes. La patrouille est partie depuis quelques dizaines de minutes, quand des bruits de tir retentissent. On entend des coups de fusil, puis des rafales de pistolets mitrailleurs. Quelques éclatements de grenade. Ça accroche sec! Les patrouilleurs ne tardent pas à rejoindre la position tenue par leurs camarades, en traînant avec eux un blessé grave.

— Les Russes étaient dans le kolkhoze. On s'est fait allumer dès qu'on a mis le nez dedans.

— On va se venger, promet le chef de section, l'Oberscharführer Skorpil.

Il devine que des patrouilles ennemies se rendent dans les maisons et les champs de la vallée pour y chercher de l'eau et surtout des melons. Alors, l'adjudant ordonne à quelques-uns de ses hommes d'aller poser des mines piégées aux portes et aux fenêtres du kolkhoze. Puis il fait caler des mitrailleuses lourdes, prêts à tirer, même dans le noir, sur les objectifs que ses chefs de pièce repèrent dans la vallée.

— Il ne reste plus qu'à attendre la nuit, conclut Skorpil, un Viennois méticuleux.

Le sous-officier a installé son poste de commandement dans une masure en ruine, juste derrière les positions tenues par sa section. Mais il n'a pas l'intention de beaucoup dormir et a fait doubler les sentinelles de veille aux mitrailleuses.

Vers minuit, on entend dans le kolkhoze une série de détonations. Brutales. On distingue même la lueur des explosions.

— Les mines! hurle l'adjudant qui ordonne aussitôt à ses mitrailleurs d'ouvrir le feu.

A l'aube, la patrouille du régiment *Nordland* ne découvrira aucun cadavre ennemi, mais seulement la trace des explosions et des flaques de sang qui vont rapidement sécher avec l'implacable soleil de ce mois d'août caucasien.

Tandis que les unités de la Waffen S.S. continuent à tenir les postes isolés, en attendant d'être relevés par les chasseurs de montagne de la Wehrmacht, les combats continuent durement sur la route de Maïkop à Touapse, où Soviétiques et Allemands s'affrontent dans des luttes à mort. Tenir ce pays est vital pour l'issue même de la guerre. On se bat pour le blé du Kouban et pour les puits de pétrole de Maïkop, Groznyï ou Bakou Les canons se déchaînent et le fracas des explosions se répercute dans les vallées. Les Stukas piquent vers les sommets tenus par les dernières résistances soviétiques. Les Panzers s'impatientent et font gronder leurs moteurs.

Le mauvais temps arrive vite, avec l'approche de l'automne. Il pleut. Toute la montagne se voile de brume. La guerre dans cette région de pics rocheux et boisés devient chaque jour plus pénible. Troupes régulières et partisans soviétiques ne cessent de lancer des attaques contre les postes isolés et les convois de ravitaillement.

Dans les états-majors, le vent n'est plus à l'optimisme. La grande offensive dont on rêvait tant pendant le terrible hiver 41-42 s'enlise. Dans d'autres secteurs du front, la situation est encore plus difficile. La division *Wiking* va être retirée du secteur occidental du Caucase pour gagner la région orientale, là où doit se poursuivre à tout prix l'offensive de la dernière chance vers la mer Caspienne.

Les volontaires germaniques seront engagés sur le Terek. Là, leurs camarades de la Ire armée blindée mènent une dure attaque en direction de la région prétrolifère de Groznyï.

La division *Wiking* se met en marche le 16 septembre 1942, en laissant derrière elle le régiment *Germania* du Standartenführer Jürgen Wagner, qui doit continuer à tenir un secteur défensif dans la région de Samurskaja.

Il faudra quatre jours à la division *Wiking* pour atteindre son nouveau secteur. Désormais, les volontaires germaniques arrivent dans une étrange région. Ce n'est pas encore l'Asie, mais ce n'est déjà plus l'Europe. Les voici à la frontière de deux mondes. Ils découvrent les étranges tribus caucasiennes. Tchétchènes et Tcherkesses ont été naguère soumis par les tsars qui ont envoyé des Cosaques du Terek pour mater les rébellions des montagnards irréductibles. Les Soviets ont continué la même politique coloniale, allant jusqu'à déporter vers d'autres régions de leur immense empire les indigènes par tribus entières. Aussi, les

Allemands reçoivent l'ordre de jouer les libérateurs, même si les hommes et les femmes qu'ils rencontrent le long des pistes ne correspondent guère à l'idéal raciste du IIIe Reich. Mais les Caucasiens constituent une « carte politique » que, pour une fois d'accord, tous les services civils et militaires des territoires occupés de l'Est sont décidés à jouer.

Les hommes de la division *Wiking* progressent au milieu d'un paysage de plus en plus grandiose. Partout, des fleurs immenses où les espèces tropicales croisent leurs couleurs et leurs parfums. Les camions roulent dans une sorte de paradis où règne encore un printemps d'autant plus éclatant qu'il va d'un jour à l'autre entrer en agonie.

Tout apparaît à une autre dimension que dans les Alpes familières. Ici, pas de vallées ni de lacs, mais des hauteurs abruptes, déchiquetées, hostiles. Paysage chaotique de falaises, de gorges, de torrents. On entend sans cesse le bruit des cascades qui grondent à travers toute la montagne.

Le roi de la montagne, c'est le Terek. Un fleuve rapide, méchant, boueux, qui va donner son nom à tout un pays.

La seule route de pénétration part de Rostov, traverse Armavir, puis la région de Groznyï, avant d'arriver à Bakou, sur la mer Caspienne. Elle suit les contreforts septentrionaux du colossal massif montagneux : 1 200 kilomètres de long sur 130 de large! La chaîne du Caucase est dominée par les 5 633 mètres de l'Elbrouz, dont le sommet blanc hante les imaginations.

Le Gruppenführer Steiner précède sa division et arrive le premier, avec quelques officiers de son état-major, à Pjatigorsk où se trouve le poste de commandement de la Ire armée, blindée, à laquelle la division *Wiking* se trouve désormais rattachée. Il y sera reçu par le chef d'état-major, le général Faeckenstedt.

— Nous devons d'abord atteindre Groznyï, annonce le représentant de la Wehrmacht.

— Cela me semble aussi facile que de traverser les Alpes, rétorque Steiner, qui ne s'est jamais départi de son franc-parler, surtout dans les bureaux d'un état-major de la Wehrmacht.

Et le Commandeur de la division des volontaires germaniques ajoute aussitôt :

— Seulement, en plus, nous n'aurons ni routes ni voies

ferrées. Cela va poser de terribles problèmes de ravitaillement.

— J'en ai déjà avisé nos supérieurs, rétorque Faekenstedt. Mais l'ordre a été maintenu. Alors, il faut l'exécuter. Voici les deux seules routes possibles.

Le général montre sur la carte les routes « ossétique » et « grusinienne ». La première mène à Alagir et fait 185 kilomètres de long. Il faut passer un col à 2 800 mètres, alors que l'automne arrive.

— Ce n'est pas une route, observe Steiner. Tout au plus une espèce de piste pour les troupes de montagne. Sur la voie « ossétique », on pourra tout juste utiliser quelques véhicules légers.

— Alors, les véhicules lourds prendront la route « grusinienne ». Les cols n'ont que 2 400 mètres.

Ce dernier itinéraire, un peu plus long, atteint 217 kilomètres et permet d'arriver à Tiflis, capitale de la Géorgie. Mais cette « route » n'en est pas moins un itinéraire épouvantable, qui longe des précipices et multiplie les ponts et les tunnels. Quelques hommes décidés peuvent y arrêter toute une armée.

Alors, le Gruppenführer Steiner éclate :

— Tout cela est de la folie! Et même si c'était possible en été, la mauvaise saison qui arrive maintenant va nous paralyser.

Le général Faeckenstedt regarde son collègue de la Waffen S.S. d'un œil glacial.

— Vous ne pensez pas que nous nous en sommes déjà aperçus? Il y a longtemps que nous avons dit notre façon de penser au grand état-major et émis toutes nos réserves sur le succès de cette entreprise.

— Et alors?

— Personne n'a voulu en tenir compte.

— Alors, le maréchal von Kleist n'a qu'à poser la question de confiance et agiter la menace de sa démission.

— En laissant sa Ire armée blindée dans un tel pétrin? Non, Steiner. Il se sent responsable de tout. Il sait que nous avons confiance en lui. Et nous nous en sortirons ensemble.

C'est au tour du Commandeur de toiser Faeckenstedt d'un œil glacial. Décidément, il ne comprend pas très bien ses camarades de la Wehrmacht qui restent toujours prisonniers de la discipline la plus aveugle. Lui, Steiner, il a toujours été un non conformiste et un frondeur. C'est parce qu'il se sentait une sorte de franc-tireur, en marge du carcan de la très traditionnelle

Reichswehr, qu'il a été un des tout premiers officiers de carrière à entrer dans les *Verfügungstruppen* qui devaient donner naissance à la Waffen S.S.

Puisque von Kleist reste, Steiner reste avec lui. Pas question de démissionner. Et l'entrevue entre le chef de la division *Wiking* et son supérieur de la 1re armée blindée sera des plus cordiales.

— Je me souviens de vos hommes lors des combats d'Ouman et de Rostov, lui lance d'emblée von Kleist. Je me réjouis de les voir arriver dans mon secteur.

Quelques heures plus tard, les officiers de l'état-major mettent leurs camarades de la Waffen S.S. au courant de la situation. Les forces du Reich essaient vainement de franchir le Terek à Prochladnaja comme à Mosdok. Mais les Soviétiques se défendent avec acharnement.

— Ils ont tout lancé dans la bataille. Même des troupes de police du N.K.V.D., tous les élèves d'une école de sous-officiers et des bataillons de femmes.

Il n'y a encore qu'une petite tête de pont de cinq kilomètres de profondeur à peine sur la rive méridionale du Terek.

Une Panzerdivision a réussi à conquérir quelques hauteurs. La division d'infanterie qui suivait a été incapable de « donner de l'air » à la tête de pont. Les soldats de la Wehrmacht sont coincés en bordures des terres hautes de Mosdok. Les deux divisions ont subi de lourdes pertes. Il n'y a plus qu'à peine le tiers des combattants encore valides.

Quand les régiments *Westland* et *Nordland* arrivent par chemin de fer dans le secteur du Terek, avec le bataillon Panzer Mühlenkamp et quelques autres unités de la division *Wiking*, la situation est très grave. Il faut à tout prix forcer le passage vers Groznyï, Bakou et la mer Caspienne. Faire sauter le verrou soviétique au sud de Mosdok est d'une importance vitale pour toute la suite de la campagne du Caucase. Certes la ville elle-même, sur le Terek, important nœud routier et ferroviaire, se trouve entre les mains des troupes allemandes. Seulement, la résistance est devenue telle qu'il est impossible de pousser plus loin.

La division *Wiking* reçoit l'ordre d'emporter la décision. Les volontaires germaniques devront attaquer dans une large vallée, entre deux chaînes de montagne où s'accrochent les villes de Malgobek au nord et de Sagopchine au sud.

But de l'offensive : la route « grusinienne », par laquelle les

Soviétiques reçoivent d'Iran le matériel de guerre que leur expédient les Américains, leurs alliés. Jamais itinéraire ne mérita mieux le nom de route stratégique que cette piste incertaine qui serpente de col en col, à travers l'Arménie et la Géorgie, vers l'immense Empire russe où se joue en ce moment même, à Stalingrad sur la Volga, l'issue de la Seconde Guerre mondiale.

Les volontaires germaniques vont se trouver au cœur même d'une bataille gigantesque, dans cette vallée du Caucase qui va devenir pour eux la vallée du destin.

17.

Pour forcer la résistance soviétique au sud de Mosdok et du Terek, en cette fin de septembre 1942, le Gruppenführer Steiner dispose seulement des deux régiments d'infanterie *Westland* et *Nordland.* Jürgen Wagner et les hommes du régiment *Germania* n'ont pas encore rejoint leurs camarades et ne pourront être engagés que dans quelques jours.

L'opération doit commencer par un vaste mouvement tournant pour assaillir cette véritable forteresse montagnarde par l'ouest, et non par le nord. Cette opération sera d'autant moins facile que les contreforts du massif sont truffés d'ouvrages défensifs et de tranchées profondes.

Un adversaire si fortement retranché ne peut être délogé que par l'intervention massive des Stukas. En entendant ce vrombissement qui semble emplir tout le ciel d'un bruit infernal, les grenadiers retrouvent avec une joie farouche les bombardiers en piqué de la Luftwaffe, qui leur ont naguère permis de remporter la bataille pour Rostov.

Les Panzers attendent la fin de l'attaque aérienne. Dans ce terrain impossible, ils ne peuvent pas grand-chose, malgré leurs canons et leurs chenilles. Quand viendra l'ordre d'attaque, tout va reposer sur les fantassins qui vont emporter la décision dans le corps à corps final.

Pour les armées du Sud, la bataille est très dure du Caucase à la Volga. Aussi, les Stukas se voient très vite appelés en renfort dans un autre secteur où les combats prennent soudain une dimension fantastique. Ils quittent Mosdok pour voler, piquer, frapper au-dessus de Touapse sur la mer Noire et surtout. très loin vers le nord-est, au-dessus de Stalingrad sur la Volga. Là, on assiste à une lutte titanesque. Qui s'emparera de l'immense cité industrielle qui porte le nom du maître de l'Union soviétique risque fort d'être le vainqueur de la guerre à l'Est. Alors, sur le front du Caucase, le général d'aviation von Richthofen peut seulement envoyer quelques vieux appareils. Les Heinkels prennent la relève des Stukas, au moment même où la division *Wiking* reçoit l'ordre de prendre l'offensive.

Le Commandeur a décidé de ruser et de surprendre l'ennemi en empruntant la vallée du Kourp. Large de trois kilomètres, elle permet une manœuvre hardie, mais il faudra d'abord enlever d'assaut deux tranchées antichars, puis affronter une brigade soviétique, soutenue par une division entière. Celle-ci a pris position dans les hauteurs de Malgobek au nord et de Sagopchine au sud, retranchée sur les pentes d'une région au relief tourmenté, dont les sommets culminent entre cinq cents et sept cents mètres.

Le front d'attaque apparaît très large à Steiner : pas moins de sept kilomètres entre Malgobek et Sagopchine. Et il faudra s'enfoncer d'une bonne demi-douzaine de kilomètres dans le dispositif ennemi pour atteindre la route « grusinienne », but final de l'opération.

Jamais peut-être les Soviétiques n'auront eu autant l'avantage du terrain et ils dominent totalement la situation. Les déloger des pentes va être terrible. Et sans tenir les premiers contreforts de la montagne, jamais les Panzers et les fantassins d'accompagnement ne pourront déboucher dans la vallée.

Le Gruppenführer Steiner, décidé à faire sauter sans tarder le verrou soviétique qui barre la route de Groznyï et de la mer Caspienne, donne ses derniers ordres :

— La division se divise en quatre colonnes parallèles. Nous progresserons d'ouest en est, en suivant la vallée. *Nordland* attaquera vers Malgobek de part et d'autre du Kourp et essaiera d'établir deux points d'appui de chaque côté du fleuve, à la hauteur des tranchées antichars. Le bataillon blindé devra pratiquer une tête de pont dans la défense ennemie et déboucher dans la vallée avec ses Panzers. *Westland* travaillera en liaison avec nos blindés et tentera de neutraliser l'ennemi dans la bourgade de Sagopchine. Quant aux sapeurs de Schäfer, ils progresseront le long du Kourp.

C'est un plan en apparence facile sur le papier, et les flèches qui zèbrent la carte s'enfoncent profondément dans le dispositif ennemi. Sur le terrain, l'opération s'annonce bien plus difficile que ne l'ont prévu le Sturmbannführer Reichel et les autres officiers de l'état-major de la division *Wiking*.

Le régiment *Nordland* doit attaquer le premier. Le Standartenführer von Scholz divise ses forces. Au nord de la vallée du Kourp, sur les hauteurs où se trouve la ville industrielle de Malgobek, vont progresser les grenadiers du 1er bataillon de Polewacz et du 3e de Plöw. Au sud, ce seront les volontaires du 2e bataillon Stoffers qui devront briser les défenses soviétiques.

Le but de l'attaque de *Nordland* n'est pas tant d'occuper du terrain que de couvrir l'avance ultérieure du bataillon blindé Mühlenkamp et des grenadiers de *Westland*, à qui revient la mission de la percée finale dans la vallée pour s'emparer de Sagopchine et contrôler, à la fin de l'attaque, la route « grusinienne ».

Dans la nuit du 25 au 26 septembre, Allemands et Scandinaves gagnent leurs positions de départ, avec leur paquetage d'assaut.

Le 1er bataillon du Sturmbannführer Polewac se met en route dans les ténèbres. Ses grenadiers doivent occuper les premiers contreforts de la montagne pour soutenir leurs camarades qui doivent progresser dans la vallée du Kourp. Il ne faut pas moins de deux ou trois heures de marche pour atteindre les positions de départ. Il fait nuit noire. Personne n'a pu reconnaître le terrain, et les sections vont donner l'assaut à l'aveuglette. Seule certitude : les Russes sont nombreux et bien retranchés.

Le Hauptsturmführer Bluhm chef de la 3e compagnie, a rassemblé ses chefs de section pour leur donner ses derniers ordres. Dès que la nuit s'éclaircit un peu à l'approche de l'aube, il se dirige avec eux vers une hauteur pour observer le terrain où l'on va se battre dans quelques dizaines de minutes.

— Tout est clair? demande Bluhm.

— Tout est clair, Hauptsturmführer.

Ce qui est une façon de parler, car il fait encore très sombre. Seuls, les sommets des montagnes se détachent sur le ciel. En dessous, face aux grenadiers blottis dans leurs trous, les ténèbres règnent encore sur le pays de la peur et de la mort les hommes serrent leur fusil à s'en rompre les doigts. Au ceinturon, quelques grenades à main qui tout à l'heure vont secouer les avant-postes ennemis.

Le jour se lève lentement. En cette fin de septembre, il fait déjà froid. De lourdes écharpes de brume s'attardent dans la vallée. Il n'est pas encore cinq heures quand l'artillerie allemande ouvre le feu. Les volontaires germaniques entendent très distinctement les obus mais qui passent en rasant leur tête. Ils se tassent encore davantage dans leur tanière. Maintenant, dans quelques dizaines de minutes, ils vont recevoir l'ordre d'assaut. Commencera alors la grande inconnue de la bataille.

Les gradés essaient de rassurer leurs hommes :

— Après une telle préparation d'artillerie, il ne reste plus un Russe debout!

— Debout, peut-être pas, lance un Berlinois! Mais couchés et nous tirant dessus, il ne doit pas en manquer.

Les hommes du régiment *Nordland* devinent que leurs adversaires sont solidement enterrés et que le bombardement n'a fait surtout que de remuer beaucoup de terre. Dès que les derniers obus auront éclaté, les Soviétiques sortiront de leurs abris et ils seront là, l'arme au poing, pour défendre le verrou du Caucase.

Les volontaires germaniques qui attendent l'ordre d'attaque ne peuvent empêcher leur cœur de battre soudain à un rythme de plus en plus accéléré, à mesure que l'aube blanchit et qu'ils distinguent les reliefs chaotiques d'un paysage hostile.

Le fracas de l'artillerie cesse aussi brusquement qu'il s'était déchaîné. Chacun sait ce que cela signifie.

— En avant!

Les hommes de *Nordland* bondissent hors de leurs trous. Norvégiens, Danois, Finlandais, Suédois, Allemands, une poignée de Suisses, ils entrent tous dans la bataille. Leur chef, le Standartenführer von Scholz, le « Vieux Fritz », sait que la partie sera dure et il attend avec inquiétude les premières nouvelles de ses compagnies lancées dans la fournaise.

Les grenadiers de la 3ᵉ se trouvent en quelques bonds sous le feu de l'ennemi. Alors, les hommes se dispersent sur le terrain et retrouvent les gestes élémentaires tant de fois répétés :

courir, se jeter à terre, ramper, bondir, sauter, courir... A terre à nouveau. Et à nouveau en avant. Quelques-uns, déjà, ne se relèvent plus. Les balles sifflent dans les champs de maïs. Il semble que toute la montagne en face s'illumine de la lueur de départ des coups de fusil. Les mitrailleuses Maxim des Russes tirent bande sur bande à une cadence infernale. Des hommes tombent dans les sillons. Sanglante moisson.

L'un des premiers, le Hauptsturmführer Bluhm s'écroule, la gorge traversée d'une balle. Il est mortellement blessé. Puis c'est au tour de Handke, le chef de la 1re section, d'être frappé juste après son capitaine. Puis tombe encore un chef de section, le vieil adjudant-chef Noack. Privés de gradés, les unités de la 3e compagnie flottent un peu. L'Oberscharführer Skorpil, de la section lourde, tente de soutenir ses camarades de tout le feu de ses armes automatiques et de ses mortiers. Mais chaque pièce se trouve vite repérée. L'adjudant reçoit une balle en plein cœur alors qu'il essaie de corriger le tir d'une de ses mitrailleuses qui tire trop haut et cause plus de peur que de mal dans les tranchées russes. Le premier tireur danois Johannsen est grièvement blessé d'une balle en pleine tête. Son camarade le petit Norvégien Arne, va le récupérer sous le feu et le traîne vers l'arrière. Il arrive près des mortiers où le Rottenführer Hermsen vient de recevoir une balle dans le ventre. Tout va mal chez les volontaires germaniques. Le feu ennemi ne fait qu'augmenter.

L'attaque n'a pas commencé depuis une demi-heure que près de la moitié des hommes sont hors de combat. La plupart des gradés sont tombés les premiers et les grenadiers, couchés dans les maïs, sont cloués au sol, abasourdis par la brutale riposte des Russes bien installés dans leurs positions de la montagne.

La situation est aussi grave à la 1re compagnie voisine qu'à la 3e. Là aussi, le chef est tombé, frappé à mort dès le début. Et c'est tout aussi terrible au bataillon de Plöw qu'à celui de Polewacz. L'attaque du régiment *Nordland* semble un échec, stupide et sanglant.

En vain, le Standartenführer von Scholz passe-t-il de l'un à l'autre de ses deux bataillons engagés. Le colonel autrichien n'arrive pas à faire sauter les défenses ennemies. Et il sait que toute l'attaque du bataillon blindé et du régiment *Westland* dépend du succès initial de cette offensive : Allemands, Flamands et Hollandais attendent que leurs camarades aient occupé les premières hauteurs pour se lancer à l'assaut dans la vallée, le long du fleuve Kourp.

« Le Vieux Fritz » essaie de relancer à tout prix l'attaque de son 1er bataillon. Il expédie un de ses officiers d'ordonnance prendre le commandement de la 3e compagnie privée de chef. Mais ce gradé est blessé avant même d'avoir rejoint les grenadiers bloqués sous le feu dans les champs de maïs.

Les hommes de la compagnie lourde de *Nordland* ont réussi à s'établir sur les hauteurs et parviennent enfin à soutenir l'ensemble de l'attaque.

L'Obersturmführer Thöny, officier adjoint du régiment envoyé à la rescousse, arrive à arracher les hommes de la 3e compagnie de leur torpeur et les relance à l'assaut. En quelques bonds, ils franchissent un fossé, remontent une pente, arrivent aux tranchées des tireurs d'élite soviétiques et les attaquent à la grenade.

Le premier objectif est atteint. Trempés de sueur, la langue râpeuse, le cœur battant à se rompre, les hommes de la 3e compagnie s'installent sur la position qu'ils viennent d'enlever dans cet ultime assaut. Avec eux, le chef de *Nordland* lui-même. Le « Vieux Fritz » a tenu à participer à l'engagement au milieu de ses grenadiers.

De la position conquise, on aperçoit les maisons de Malgobek et l'on distingue les installations pétrolières.

— Le plus dur est fait! lance le colonel autrichien.

Ses deux bataillons du flanc septentrional de la vallée ont enfin réussi leur attaque. Sur les contreforts méridionaux, ce sont les grenadiers du bataillon Stoffers qui s'emparent au pistolet mitrailleur et à la grenade des fossés antichars qui barraient la route de la vallée.

Le Standartenführer von Scholz peut annoncer au Commandeur de la division que *Nordland* a rempli sa mission. Les Panzers du bataillon Mühlenkamp et les grenadiers de *Westland* vont pouvoir maintenant mener l'attaque principale. Tout s'est déroulé selon le plan prévu par le Gruppenführer Steiner, mais les pertes ont dépassé tout ce que l'état-major pouvait craindre.

Vers midi, après l'attaque, quelques volontaires germaniques vont relever les cadavres de leurs camarades tombés en donnant l'assaut aux positions russes de la montagne. Les morts sont enterrés dans un des champs d'un kolkhoze, tout auprès du fossé antichar qu'ils avaient mission de conquérir. Autant la nuit a été froide, autant le soleil est devenu torride depuis l'aube. Enveloppés dans leur toile de tente, les corps pèsent lourds et tous restent soilencieux pendant que l'adjudant de compagnie dirige la rapide inhumation. Comme tant de fois depuis le début de la campagne, des pelletées de terre tombent sur les cadavres disloqués.

Pendant la cérémonie, une batterie de FLAK toute voisine ouvre le feu brusquement. Un avion russe rôde dans le secteur. On aperçoit nettement les balles traçantes. L'appareil semble touché. Il perd de la hauteur. Puis un épais nuage de fumée noire jaillit du moteur. L'appareil va finalement s'écraser dans un champ, où il explose avec une sourde déflagration et une brutale gerbe de flammes.

Sur les tombes, les dernières pelletées de terre fraîche forment des petits monticules où l'on va planter quelques branches disposées en forme de flèche : il y a rarement des croix dans la Waffen S.S.

Sous les bombardements de l'artillerie russe, les hommes du régiment *Nordland* creusent des tranchées sur les contreforts de la montagne. Ils dominent la vallée du Kourp, où leurs camarades de *Westland* et du bataillon de chars doivent maintenant engager l'essentiel du combat.

La force de frappe de l'attaque principale est constituée par le bataillon de Panzers de la division. Le Sturmbannführer Mühlenkamp, qui a reçu le renfort d'une compagnie de chasseurs de chars sur blindés automoteurs placée sous les ordres du Hauptsturmführer Oeck, sait que la première difficulté sera de franchir le redoutable fossé antichar qui barre l'entrée de la vallée. Il n'aura pas trop de l'aide des fantassins allemands et néerlandais de *Westland* pour neutraliser les défenses russes de ce secteur et combler le fossé. Aux premières lueurs de l'aube, tamisées par un épais brouillard, le commandeur du bataillon de chars donne ses ordres :

— Première vague : la 1re compagnie de l'Obersturmführer Schnabel, renforcée par deux pelotons de la 3e compagnie. Deuxième vague : la 2e compagnie de l'Obersturmführer Flügel, avec un peloton de la 3e compagnie. Le Hauptsturmführer

Darges commandera cette deuxième formation, prête à intervenir à tout moment.

Cela fait environ vingt-cinq Panzers dans la première vague et vingt et un dans la seconde. De quoi sérieusement malmener la défense soviétique. Mais il faut d'abord franchir le barrage avant de pouvoir se déployer dans la vallée.

Le brouillard est toujours aussi épais et risque de considérablement entraver l'opération. On ne voit absolument pas les lignes de crêtes qui dominent au sud et au nord la vallée du Kourp. Mais ce brouillard profite aux Allemands dont les Panzers vont pouvoir avancer sans être repérés. Les blindés arrivent à se glisser jusqu'au fossé antichar sans trop de mal. Puis, à dix heures du matin, Mühlenkamp lance l'ordre d'attaquer.

Les Panzers se mettent en marche dans un grondement de moteurs et se déploient dans la vallée. Les chars roulent, s'arrêtent pour tirer, repartent. Les avant-postes de l'infanterie soviétique sont durement pris à partie. Les explosions se succèdent. Les nids de mitrailleuses sont détruits les uns après les autres. Les canons russes de PAK, repérés, sautent dans de grandes gerbes de flammes et de terre.

Dans le sillage des Panzers, s'élancent les grenadiers du 1er bataillon de *Westland*, que commande le Sturmbannführer von Hadeln. Il reste encore beaucoup de fantassins soviétiques isolés qui se battent avec un sombre courage. Les volontaires germaniques, engagés dans la vallée, sont durement accrochés. Beaucoup tombent en traversant la première tranchée. De l'arrière, l'artillerie russe se déchaîne. Canons de campagne et « orgues de Staline » essaient de briser l'attaque. Allemands et Néerlandais bondissent au milieu des explosions. La terre tremble. Des éclats d'acier tranchants comme des rasoirs sifflent de toutes parts. Quelques blindés russes entrent à leur tour dans la bataille et tentent de contrecarrer la ruée des Panzers de Mühlenkamp.

Le peloton de l'Utersturmführer Wilde, de la 1re compagnie, réussit à franchir l'obstacle le premier. Il se heurte à une forte résistance, pièces antichars et mitrailleuses essaient de tenir le verrou à l'entrée de la vallée. Mais le premier élan des Panzers semble irrésistible. Sans se soucier des balles et des éclats qui ricochent contre les blindages, Wilde donne l'ordre de foncer vers l'est et d'établir une tête de pont. Peu lui importe de laisser derrière lui des éléments russes. Ils seront nettoyés par les autres pelotons de la compagnie Schnabel.

Le nouvel objectif de la 1re compagnie, une fois franchi l'obstacle antichar, est un repli de terrain qui court, face à la ligne d'attaque, du nord au sud. Ce serait une excellente base de départ pour une nouvelle progression vers les objectifs fixés à une demi-douzaine de kilomètres plus loin, au fond de la vallée du Kourp. Mais la défense soviétique s'étage en profondeur, beaucoup plus solide encore que ne le prévoyait le commandement. Les Panzers, stoppés par le feu ennemi, sont obligés de chercher un refuge dans un creux, avant même d'avoir pu atteindre le repli de terrain situé plus à l'est. Il y a pire : le brouillard se dissipe brusquement.

Tout le paysage ne tarde pas à s'éclairer d'un superbe soleil qui illumine la vallée et permet aux Soviétiques, installés sur les hauteurs, de prendre à partie, comme sur un terrain de manœuvre, la cinquantaine de Panzers de la division *Wiking* massés dans la vallée. Les défenseurs peuvent à nouveau totalement utiliser l'avantage du terrain et les blindés allemands sont voués, tôt ou tard, à la destruction. La situation devient de plus en plus critique de minute en minute.

Le Sturmbannführer Mühlenkamp estime son attaque trop engagée pour reculer. C'est vers l'avant qu'il espère trouver un abri. Si sa première vague de chars est stoppée, alors que la deuxième, placée en soutien, intervienne et bouscule les défenses russes. Il ordonne par radio à son chef, le Hauptsturmführer Darges, de foncer à son tour.

C'est un ordre qu'il ne faut pas répéter deux fois à ce capitaine de trente ans qui ne cache pas son ambition. Darges lance sa vingtaine de Panzers à l'assaut et réussit à bousculer les défenses russes. Son camarade Schnabel a vu la manœuvre et peut reprendre à son tour la progression. Sortis du brouillard, les chars roulent dans la vallée, plein est. C'est une véritable course entre Darges et Schnabel. Le lieutenant dépasse le capitaine. Voici de nouveau Schnabel en tête. Mühlenkamp se réjouit. Ses équipages de Panzers ont tous compris que la vitesse était leur alliée.

A la fin de l'après-midi, les chars de la division *Wiking* ont réussi à atteindre une position située à deux kilomètres environ au sud-ouest de Malgobek. Ils cherchent une protection contre les coups, toujours aussi violents, des canons antichars et des grosses pièces de campagne de l'artillerie soviétique qui tirent sans arrêt. Les Russes ne semblent pas regarder à la consommation en munitions.

Tout est en train de se jouer dans cette vallée, dominée par les villes de montagne de Malgobek et de Sagopchine, où la résistance ne faiblit pas, malgré les attaques des fantassins de *Nordland* et de *Westland*, accrochés sur les pentes qu'ils tentent d'escalader pour l'ultime corps à corps.

Au soir du 26 septembre, l'attaque des chars a certes progressé vers l'est de quatre ou cinq kilomètres, mais tous les objectifs sont loin d'être atteints. Les fantassins d'accompagnement du bataillon von Hadeln de *Westland* ont été si violemment pris à partie par les canons, les mortiers et les mitrailleuses russes, que ce sont les équipages des chars eux-mêmes qui en ont été réduits, comme souvent, à s'occuper eux-mêmes de leur protection rapprochée. Les radios se sont longuement battu avec les mitrailleuses de bord pour réduire les îlots de résistance ennemie. La percée des Panzers a bousculé les défenses, mais ne les a pas toutes anéanties. Aussi, les blindés sont-ils soudain pris à partie, à quelques dizaines de mètres de distance, par des soldats soviétiques décidés à se battre jusqu'au bout et dont le sacrifice va encore retarder l'avance allemande.

Après un long crépuscule, la nuit finit par tomber. Les fantassins russes, dispersés dans leurs trous et leurs tranchées, risquent de s'enhardir et de tenter des coups de main contre les Panzers immobilisés. L'Obersturmführer Flügel, qui commande la 2e compagnie depuis la mort de son camarade von Staden, décide d'envoyer quelques chars pour protéger le commandeur Mühlenkamp et son état-major de combat, toujours au cœur de l'action, entre les deux vagues de l'assaut blindé de son bataillon.

La nuit parfois s'illumine des éclairs des balles traçantes. Il fait froid et humide. Quand se lève le jour gris du 27 septembre, la situation n'apparaît guère meilleure. Les Panzers de la division *Wiking* sont toujours immobilisés dans la vallée. Toute la journée, ils vont subir des attaques de flanc, surtout dans le secteur de Sagopchine, où les grenadiers allemands et néerlandais de *Westland* se battent durement.

Le IIe bataillon de *Westland* reçoit à son tour l'ordre d'attaque. A sa tête, le Sturmbannführer Steinert. Il entraîne ses compagnies à l'assaut, quand il tombe, grièvement blessé. Autour de lui, gisent la plupart de ses officiers, hors de combat. Un des survivants, le Hauptsturmführer Bäurle, chef de la 1re compagnie du régiment, prend sur le terrain le commandement du bataillon Steinert et parvient à rassembler les rescapés pour les entraîner de nouveau vers l'avant. Partout, gisent des morts et des blessés. Des dizaines et des dizaines de volontaires germaniques sont tombés en quelques minutes.

Un terrible vrombissement remplit le ciel, comme si les Russes voulaient répondre au grondement des Panzers dans la vallée. Chasseurs et bombardiers entrent dans la bataille, puis attaquent les chars et les grenadiers de la division *Wiking*. Les Soviétiques utilisent des appareils américains qui surprennent leurs adversaires. Voici à nouveau les assaillants cloués au sol. L'assaut semble brisé.

Mühlenkamp et von Hadeln renoncent à attaquer Sagopchine de front et vont essayer un mouvement tournant par le sud. Les grenadiers grimpent sur la plage arrière des Panzers et s'accrochent à la tourelle. Les lourdes machines semblent tanguer dans les champs de maïs. Les deux chefs de bataillon ne peuvent que répéter sans cesse le même ordre :

— Vite! Plus vite!

Les chars roulent, écrasent sur leur passage les barrières et les arbres, défoncent les premières maisons de Sagopchine, bousculent les éléments d'infanterie soviétique accrochés à leurs tranchées. La ruée des blindés de Mühlenkamp semble irrésistible. Quelques Panzers sont détruits et s'arrêtent brusquement. Des flammes jaillissent. L'air sent l'essence brûlée. Mais rien de peut freiner l'assaut. Les grenadiers de von Hadeln bondissent à terre, engagent le combat au pistolet mitrailleur, à la grenade, à la baïonnette. C'est une ruée sauvage, comme une coulée de lave brûlante. Ni repos ni pitié. Les maisons de cette agglomération en terrasses sont enlevées l'une après l'autre et aussitôt transformées en fortins pour parer à toute contre-attaque ennemie. Les grenadiers sont épuisés, mais ils tiennent maintenant solidement la bourgade de montagne qui commande toute la vallée du Kourp.

Toute la journée, les Soviétiques vont lancer des contre-attaques pour essayer de reprendre le terrain perdu. On se bat au corps à corps dans les masures et les jardins. Un déluge d'obus tombe sur le village. Mais Allemands et Néerlandais tiennent les ruines, ruisselants de sueur, couverts de poussière, noirs comme des charbonniers, avec des tenues déchirées et des pansements sanglants. Au milieu de leurs morts et de leurs blessés, ils s'accrochent aux dernières maisons de Sagopchine.

Comme renforts, voici les sapeurs du bataillon Schäfer. Ils progressent le long de la rivière et finissent par s'installer « en hérisson » sur la rive méridionale du Kourp, comme un îlot partout assiégé par l'incendie qui fait rage. En face, un bataillon soviétique lance assaut sur assaut pour essayer de déloger les sapeurs de la division *Wiking* qui se battent dans la grande tradition du génie d'assaut, aussi durement que n'importe quelle unité de grenadiers.

La situation s'aggrave d'heure en heure. L'artillerie russe semble posséder d'inépuisables réserves de munitions. Couvrant le fracas des canons, on entend entre des salves, le terrible sifflement des « orgues de Staline ».

Ce qui préoccupe le commandeur de la division *Wiking*, ce n'est plus maintenant le secteur tenu par *Westland*, mais celui de *Nordland* devant Malgobek. Les trois bataillons du Standartenführer von Scholz se trouvent toujours sur les contreforts de la montagne et incapables de progresser vers les sommets. Ils ne parviennent plus à sortir de leurs tranchées et de leurs trous pour grignoter encore un peu de terrain.

Une brigade blindée soviétique a réussi à se rassembler et décide de lancer une contre-attaque dans la vallée pour repousser leurs adversaires.

Brusquement, les grenadiers de *Nordland* voient surgir de la brume matinale les blindés soviétiques qui débouchent à vive allure et roulent vers leur position de toute la puissance de leurs moteurs. Les chars broient déjà les avant-postes sous leurs chenilles. Les balles des fusils et des mitrailleuses ricochent contre les blindages. Les quelques canons de PAK sont vite surclassés.

Les grenadiers seront sauvés par l'intervention de quelques Panzers du bataillon Mühlenkamp. Les blindés allemands contre-attaquent avant même que la brume ne se soit dissipée. Une rapide bataille de chars se livre dans la vallée.

Les Panzers, roulant à toute allure, affrontent les chars russes qui arrivent. En quelques instants, les deux colonnes sont enchevêtrées et de multiples duels isolés s'engagent. L'infanterie d'accompagnement russe est alors prise à partie par les volontaires germaniques qui bondissent de leurs trous et profitent du désarroi de l'adversaire surpris par la brusque charge des blindés de Mühlenkamp. On se bat dans la brume pendant d'interminables minutes. Les Russes abandonnent leur contre-attaque, mais se retirent pour s'établir en hâte sur une position défensive improvisée qu'ils ne quitteront plus. Les Panzers ont brisé leur contre-attaque, mais n'arrivent pas à faire sauter le verrou que les Soviétiques ont réussi à tirer une fois encore.

Le sacrifice des blindés russes dans la vallée a permis aux défenseurs des positions de la montagne de se fortifier encore. Tous les assauts allemands échouent l'un après l'autre. Si les Panzers veulent échapper au piège, ils doivent se retirer et abandonner la vallée du Kourp.

Maintenant, la situation se stabilise une fois encore. Les hommes du régiment *Nordland* fortifient les positions qu'ils ont manqué de perdre à l'aube.

Le lendemain, pour la première fois depuis le début de la bataille, des patrouilles de *Westland* et de *Nordland* vont réussir à établir leur liaison.

Le 28 septembre à l'aube, il règne à nouveau un épais brouillard dont le Sturmbannführer Mühlenkamp est bien décidé à profiter. Le commandeur du bataillon blindé lance à l'attaque le Hauptsturmführer Darges avec un peloton de sa compagnie et toute la 2e compagnie de l'Obersturmführer Flügel. Cela ne fait qu'une vingtaine de Panzers, mais ils savent manœuvrer. Ils s'infiltrent encore plus loin dans la vallée, contournent Sagopchine par l'est et s'efforcent de faire tomber la localité qui constitue le pivot de toute la résistance au sud de la vallée du Kourp. Le brouillard s'avère le plus précieux des alliés. Darges et Flügel surgissent brusquement et profitent de la surprise pour percer les positions russes.

Dans un raid à la hussarde, les Panzers parviennent à atteindre la route militaire « grusinienne » qui arrive de Tiflis et d'Ordjonikidzé jusqu'à Mosdok sur le Terek. C'est pour les Soviétiques une des artères vitales qui leur permet d'acheminer le matériel américain en provenance d'Iran.

La route est barrée. Pas pour longtemps, car les Russes contre-attaquent furieusement pour faire sauter le bouchon. A la tombée de la nuit, Darges et Flügel devront abandonner le terrain conquis. Avec leur deux dizaines de chars, ils percent les défenses tendues dans leur dos et rejoignent les lignes allemandes dans la vallée du Kourp.

Au cours de l'action, Darges a été sérieusement blessé et son raid n'a été qu'un feu de paille. Rien ne sera possible tant que les fantassins de *Westland* et de *Nordland* ne se seront pas emparés de toutes les hauteurs. On se bat dans une telle confusion que l'aviation et l'artillerie russes bombardent des positions qu'elles croient déjà enlevées par les fantassins de la division *Wiking*.

Pendant que la 2e compagnie de Panzers réussit son raid sur la route de Tiflis à Mosdok, la 1re compagnie de l'Obersturmführer Schnabel combat durement dans la vallée. Les Panzers, pourtant dispersés et camouflés dans la plaine, sont tirés comme à l'exercice. Très vite, les pertes sont lourdes. Le commandant de compagnie Schnabel est tué, ainsi qu'un de ses chefs de peloton, l'Untersturmführer Kolodzi, dont le char a eu sa tourelle littéralement arrachée par un obus. Les deux autres chefs de peloton, l'Untersturmführer Hübner et son camarade Wilde, celui qui a mené le premier assaut sur Rostov, puis l'avant-veille sur le fossé antichar qui barrait la vallée, sont grièvement blessés et évacués.

L'unité a perdu dans cette journée du 28 septembre tous ses cadres, du commandant de compagnie aux trois chefs de peloton. Jamais les hommes des Panzers n'ont encore rencontré une résistance aussi acharnée. Le Sturmbannführer Mühlenkamp a quitté quelques instants son char de commandement pour mieux se rendre compte de la situation. Il voit brusquement son Panzer exploser à quelques mètres de lui, touché de plein fouet par un obus. Viennent d'être tués à ses côtés le sous-lieutenant Köhntop, chef des transmissions du bataillon, et les deux jeunes aspirants Pinnow et Graebert, qui venaient tout juste de sortir de l'école des Junkers de Bad Tölz.

Bien soutenus par leurs artilleurs. les fantassins russes lancent assaut sur assaut. A chaque fois. malgré les pertes. ils arrivent à progresser et à grignoter un peu les positions tenues par les volontaires germaniques.

Il ne reste plus. comme unités disponibles pour mener une nouvelle attaque. que les derniers Panzers du bataillon de chars Mühlenkamp et les grenadiers épuisés du bataillon von Hadeln. qui forme. depuis le début du combat. la troupe de choc de *Westland.*

— Ils feront mouvement dès la tombée de la nuit. décide Steiner. Ils doivent reculer. car les voilà trop avancés dans le dispositif ennemi.

— Où voulez-vous les placer maintenant, Gruppenführer? demande Reichel, le chef d'état-major.

— Juste entre *Westland* et *Nordland.*

Comme beaucoup de chefs. le Commandeur vit dans la hantise de posséder un front rectiligne. Il veut « aligner » ses unités. Si ce n'est pas possible vers l'avant, que ce soit alors vers l'arrière. Mais pas de « poche » qui risque souvent de se terminer tragiquement.

Finalement. les blindés de Mühlenkamp gagnent l'abri d'une « balka » et s'installent en réserve offensive de la division, derrière les lignes tenues par les grenadiers.

Cette bataille de Malgobek provoque une véritable hécatombe parmi les équipages et les chars du bataillon Panzer de Mühlenkamp. On compte des dizaines d'hommes hors de combat et de nombreux blindés détruits. La plupart de ceux qui pourront ensuite rejoindre l'arrière sont endommagés. Jour et nuit. les hommes de l'atelier de réparation, dirigés par l'Untersturmführer Weise. ingénieur du bataillon. vont travailler pour en remettre un certain nombre en état de rouler et de combattre. Mais, il ne faut pas le cacher. cet engagement dans la vallée du Kourp est un échec sanglant pour le bataillon de chars de la division *Wiking,* qui perd ainsi une grosse partie de sa force de frappe.

Après dix semaines de percée vers l'Est, dans le Caucase, la progression est pratiquement stoppée. A la veille de la mauvaise saison, c'est une catastrophe.

Ce qui inquiète le plus tous les officiers de la division *Wiking*, c'est sans doute la nouvelle attitude des soldats soviétiques. Les Allemands ont trouvé en face d'eux un adversaire au moral élevé, très bien équipé de chars lourds, d'avions de combat, de canons et d'« orgues de Staline ». La résistance a été non seulement courageuse et acharnée, mais aussi fort bien conduite. les Russes ont toujours fait preuve d'esprit de sacrifice. Maintenant, ils savent en plus faire la guerre. Et ils sont ravitaillés par deux routes militaires, où ne cessent de rouler les convois de matériel américain.

La division *Wiking* doit renoncer à l'attaque, inutile tant que le reste de l'armée blindée de von Kleist n'a pas réussi à déboucher dans les autres secteurs du front. Les volontaires germaniques occupent désormais des positions défensives au sud de Malgobek.

Tout ce réajustement du front exige une mise en place très délicate, sous le feu de l'ennemi. Le front sera enfin stabilisé à l'aube du 1er octobre. Pas pour longtemps.

Le Gruppenführer Steiner est forcé d'en convenir : on est en train d'assister à un irrésistible retournement de la situation militaire. Dans le Caucase, les Soviétiques ont réussi à bloquer l'offensive sur la mer Caspienne et l'embouchure de la Volga. Certes, les forces allemandes ont atteint Stalingrad en septembre 1942. Mais est-ce une victoire ou bien un piège? L'approche inexorable de la mauvaise saison annonce un drame. Dans ce massif montagneux du Caucase, au pied de sommets qui culminent à plus de cinq mille mètres, cet hiver ne pourra être que catastrophique.

Quatrième partie

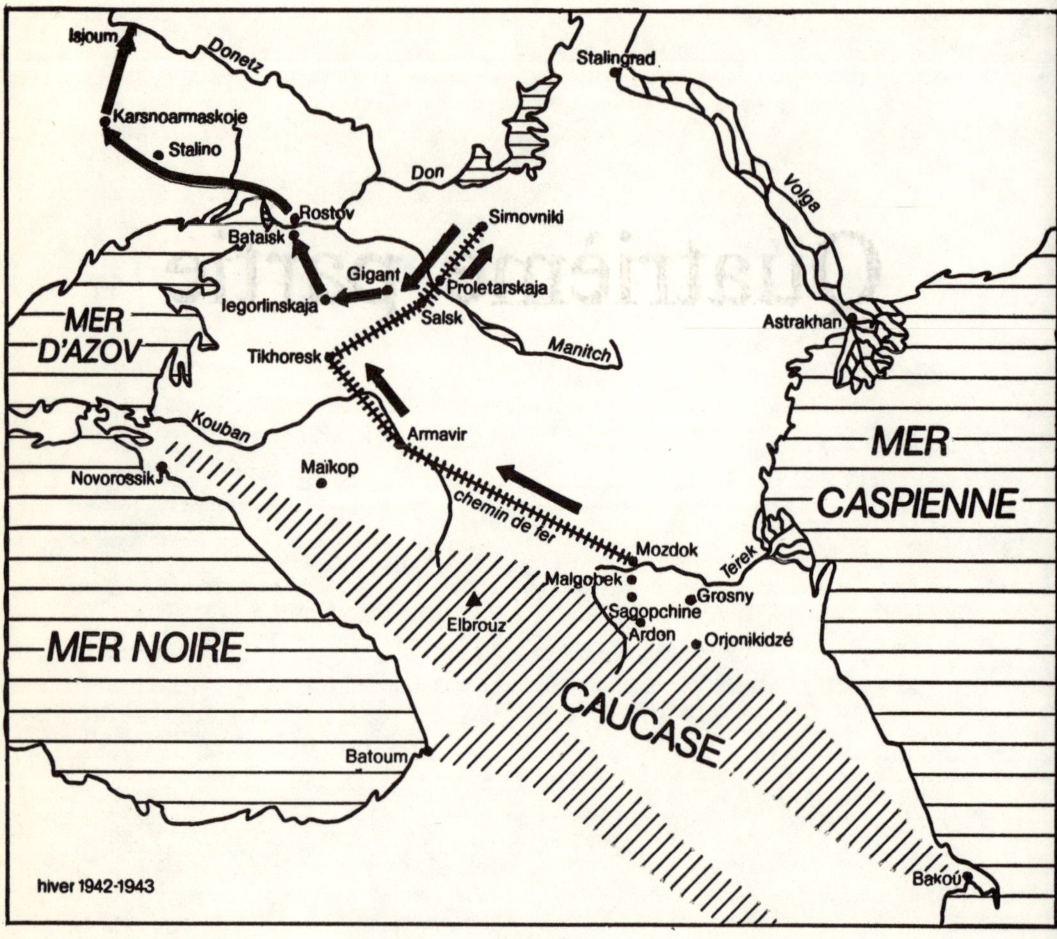
Isjoum
Donetz
Karsnoarmaskoje
Stalino
Stalingrad
Don
Volga
Rostov
Simovniki
Bataisk
Gigant
Proletarskaja
Iegorlinskaja
Salsk
MER D'AZOV
Manitch
Astrakhan
Tikhoresk
Kouban
Armavir
MER CASPIENNE
Novorossik
Maïkop
chemin de fer
Mozdok
Terek
Malgobek
Grosny
Sagopchine
Elbrouz
Ardon
Orjonikidzé
MER NOIRE
CAUCASE
Batoum
hiver 1942-1943
Bakoú

18.

A la fin du mois de septembre 1942, l'attaque entre Malgobek et Sagopchine apparaît comme un échec évident. Le général von Kleist a pu tout au plus établir un solide bastion de départ, qu'occupe désormais la division *Wiking*.

Le commandement du corps d'armée va estimer que les hommes de la Waffen S.S. sont encore trop avancés dans les lignes ennemies. Il faut à nouveau « aligner » le front, cette fois par une offensive.

Le Gruppenführer Steiner se montre assez réticent devant les chances de cette opération. Il ne peut s'empêcher de faire observer tous les risques qu'elle présente.

— D'abord, dit-il à son chef, je n'ai pas assez de troupes.

— Vous recevrez des renforts.

— Et lesquels, Herr Generaloberst?

— Mais tout simplement le troisième régiment d'infanterie de votre division, *Germania*, qui n'a pas été engagé jusqu'ici dans cette bataille.

Le Standartenführer Wagner et ses trois bataillons de grenadiers doivent en principe arriver dès le lendemain, venant de la région occidentale du Caucase.

Cette fois, l'offensive doit reprendre vers Groznyï. Une fois conquise cette zone pétrolière, le général von Kleist ne désespère pas de poursuivre son avance vers l'est et d'atteindre les rivages de la mer Caspienne, en logeant les contreforts septentrionaux du Caucase.

Le régiment *Germania* arrive, avec ses deux premiers bataillons commandés par les Sturmbannführers Dieckmann et Jörchel. Avec eux, un groupe d'artillerie de la division.

L'offensive est prévue pour le 5 octobre. Pour appuyer les grenadiers, le Commandeur leur a envoyé ce qui reste de deux compagnies de Panzers réduites de moitié après une semaine de combat. L'objectif apparaît impressionnant : trois chaînes de montagne à enlever d'assaut!

Les deux autres régiments de la division participeront aussi à l'opération : *Nordland* en assurant la sécurité vers le sud et *Westland* en se tenant en réserve, prêt à intervenir. Le détachement de reconnaissance de la division s'installe lui aussi à l'ouest de Sagopchine en protection sur les lisières méridionales de l'offensive.

Dans l'après-midi du 4 octobre, les chefs se sont réunis au poste de commandement du Standartenführer Jürgen Wagner. Le commandeur de *Germania* a tenu à ce que même les chefs de petites unités de son régiment soient présents. On discutera très avant dans la nuit pour fixer tous les détails de l'opération.

Il est tout juste quatre heures et demie du matin quand commence l'attaque sur Malgobek. En tête de *Germania,* la compagnie du Hauptsturmführer Hans Dorr, qui vient de recevoir quelques jours auparavant la croix de chevalier de la Croix de fer pour les combats du Kouban. Les chefs des unités de grenadiers sont montés sur les blindés et vont agir en étroite liaison avec leurs camarades des pelotons de Panzers. Une vingtaine de chars participent à l'action. Les Stukas, dès qu'il fera jour, doivent à leur tour appuyer l'offensive. C'est une manœuvre très classique. L'ennemi se défend avec acharnement. Les Soviétiques ne peuvent pas grand-chose contre une telle concentration de feu.

Les deux bataillons de choc arrivent vers onze heures devant les premières maisons de Malgobek. Mais ils sont stoppés. Même les Panzers ne peuvent les dégager, tant les Russes se sont solidement retranchés. Alors, le commandement décide de faire intervenir les Stukas. Ils sont une vingtaine de bombardiers en piqué à surgir du ciel une demi-heure plus tard. Ils soutiennent l'assaut des grenadiers de *Germania* qui s'élancent en bonds rapides vers les positions russes dévastées. Quelques tireurs isolés brûlent leurs dernières cartouches sans parvenir à enrayer cette attaque irrésistible.

A deux heures de l'après-midi, Malgobek est entre les mains des hommes du régiment de Jürgen Wagner. Les deux bataillons de *Germania* ont réussi là où tous leurs camarades de la division *Wiking* avaient échoué depuis plusieurs jours. Mais les brancardiers ont ramassé une trentaine de morts et plus de deux cents blessés.

Après la prise de l'agglomération de Malgobek, les Soviétiques déclenchent une contre-attaque sur la route « grusinienne » pour essayer d'enfoncer le flanc septentrional du régiment *Germania.* Mais les autres unités de la division *Wiking* ne tardent pas à intervenir pour stabiliser la situation.

Le 6 octobre, l'attaque des volontaires germaniques reprend. Il règne sur toute cette région montagneuse une brume épaisse qui déforme le paysage et donne un aspect fantomatique aux silhouettes des adversaires qui ne s'aperçoivent qu'à quelques mètres, avant d'en venir au corps à corps. Après des efforts acharnés, les hommes du Standartenführer Wagner parviennent à s'emparer des dernières maisons à l'est de Malgobek et à pousser encore leurs avant-gardes à près d'un kilomètre au-delà de l'agglomération. Vers trois heures de l'après-midi, le grand dépôt de pétrole tombe entre les mains de la division *Wiking.* Il n'est pas possible cependant de pousser plus loin l'offensive.

Les volontaires germaniques ont tout juste réussi à atteindre la route « grusinienne » et à intercepter quelques convois de matériel américain que les États-Unis envoient à l'Union soviétique par le golfe Persique et l'Iran. Le Caucase est devenu une des plaques tournantes essentielles d'une guerre de plus en plus mondiale.

Ici, au carrefour de l'Asie et l'Europe, est en train de se jouer le sort du conflit. C'est une tragique histoire de sang et de pétrole. Jamais peut-être les deux grands adversaires n'auront montré un tel acharnement.

Désormais, dès le 8 octobre 1942, le front se stabilise.

Dans les deux camps, on reste sur ses positions et on creuse fébrilement des tranchées. Immobiles, les pelotons de chars s'embusquent pour se battre comme des unités d'artillerie en soutien des avant-postes.

Les hommes s'imaginent que le front va rester immobile jusqu'à l'hiver et qu'ils seront encore pour Noël dans ces tranchées des contreforts septentrionaux du Caucase.

Il faut creuser, aménager des positions, les couvrir de rondins ou de planches. On manque de bois et tout est bon à récupérer.

Une nuit, deux hommes d'une compagnie de combat de *Nordland* sont de corvée pour aller chercher du ravitaillement à l'arrière des premières lignes. Ils distinguent sur le bord du chemin dans la pénombre une grande caisse de bois.

— Cela serait bien utile dans notre abri.

— Alors, on l'emporte.

Ils imaginent déjà que le bois va servir pour renforcer la toiture. Avec l'artillerie et les « orgues de Staline », on n'a jamais assez de terre au-dessus de sa tête. Mais la nature de cette caisse abandonnée au bord d'une piste les intrigue.

— Qu'est-ce qu'il peut y avoir dedans?

— Peut-être du ravito? Ou des vêtements d'hiver.

— On l'ouvre.

Ils posent leurs gamelles de ravitaillement sur le sol et soulèvent prudemment le couvercle de la caisse. Il fait si noir qu'ils ne peuvent rien voir et commencent à fouiller avec leurs mains.

— C'est peut-être des vêtements. Je sens quelque chose de doux comme de l'ouate.

— On s'en fout. Il faut l'emporter.

La route est bien longue jusqu'au fortin où s'est enterré le petit groupe de combat auquel appartiennent les deux S.S. Alors, ils vont chercher en renfort quatre camarades.

— Venez vite. On a trouvé une caisse. Sûrement quelque chose d'intéressant. Et l'on a bien besoin de bois.

L'un d'eux, méfiant, a pris une lampe de poche. En donnant un peu de lumière, ils s'aperçoivent qu'ils ont transporté pendant des centaines de mètres... un cadavre dans son cercueil. C'est un homme d'une autre compagnie dont le corps devait être emmené de nuit vers l'arrière pour y être enterré.

— Tu m'avais dit que tu sentais de l'ouate.

— Je croyais... C'était sans doute les cheveux du copain.

Tous ceux qui ont participé à cette macabre découverte râlent contre les deux ravitailleurs. Il faut à nouveau retransporter la caisse et son macabre chargement sur des centaines de mètres pour la rapporter là où elle a été trouvée.

— Et, dans tout ça, on va encore bouffer la soupe froide, bougonnent les volontaires germaniques.

Personne, à la 3e compagnie, ne se vantera de cette sinistre aventure et elle restera un secret jalousement gardé jusqu'à ce que l'agent de liaison Wilhelm Tieke la révèle dans son livre de souvenir sur la division *Wiking*.

Depuis le 9 octobre, le IIIe bataillon du régiment *Nordland*, entièrement composé de Finlandais, sous les ordres du Sturmbannführer Hans Collani, attaque une hauteur, la cote 701.

L'Obersturmführer Tauno Pohjanlehto, originaire de Sunila, participe à l'assaut avec la 9e compagnie. Cette montagne au-dessus de Malgobek est si sévèrement défendue que les Finlandais se battent depuis huit jours sans parvenir à progresser. Les volontaires de ce bataillon se sont déjà battus sur le Terek et dans les premiers contreforts du Caucase. Et beaucoup d'entre eux sont des vétérans de la guerre d'hiver 39-40. Pourtant, aucun n'a encore connu un tel enfer. Les hommes des groupes d'assaut sont cloués au sol sur leurs positions de départ. Les compagnies de grenadiers ont été terriblement éprouvées depuis leur arrivée sur le front. A la 9e, on ne compte plus que quelques dizaines de combattants. On a même été obligés de réunir la 10e et la 11e compagnie pour arriver à une unité d'à peine quarante hommes — tout juste de la force normale d'une section... Seule la 12e compagnie, celle des mitrailleuses lourdes et des mortiers, mérite encore son nom.

Dans la nuit du 15 au 16 octobre, les volontaires finlandais se trouvent blottis dans leurs positions de départ, au pied de la cote 711, à quelques dizaines de mètres en dessous des tranchées soviétiques. Avec quelques-uns de ses hommes, l'Obersturmführer Pohjanlehto s'est réfugié dans un abri russe qu'ils ont découvert abandonné aux avant-postes ennemis. Les hommes sont affamés et répugnants de saleté. Depuis plus d'une semaine, ils se sont battus avec un farouche acharnement. Cela fait quelques siècles que Finnois et Russes accumulent une haine farouche. Et c'est dans le Caucase qu'ils se retrouvent à nouveau face à face pour un nouvel épisode du duel séculaire. Un homme apparaît dans l'ouverture de la porte. Le lieutenant finlandais reconnaît la silhouette massive de son chef de bataillon, le Sturmbannführer Collani. Il ordonne d'allumer une bougie. On se serre pour faire place au nouveau venu. Personne n'a rien à lui offrir à manger et cela serait pourtant respecter la vieille tradition d'hospitalité de la forêt finnoise. Juste une bouteille de vin rouge que l'on se passe à la ronde après avoir bu une gorgée, pas plus.

— Comment ça va? demande Collani après un long silence.

— Comme ça peut aller la veille d'une attaque, Sturmbannführer.

Tous restent à nouveau silencieux. Soudain, l'un des Finlandais fait remarquer :

— Ce bunker n'est pas bien grand. Et pourtant deux compagnies y tiennent à l'aise.

Cette évocation des pertes subies par le bataillon, au lieu d'attrister les hommes, déchaîne les rires. Les Finlandais n'ont jamais cessé de surprendre leurs camarades allemands. Depuis le début de la campagne à l'Est, ils ont perdu les trois quarts des leurs, tués, blessés ou malades, et les voilà qui se tordent comme des gamins pour une mauvaise plaisanterie.

— Parmi ceux qui restent ici, nous allons former un groupe d'assaut. J'en prendrai moi-même le commandement, annonce l'Obersturmführer Pohjanlehto.

L'attaque sera soutenue par la compagnie lourde commandée par l'Obersturmführer Mühlinghaus. On espère aussi le renfort d'une compagnie de blindés.

— Ce sera une attaque-surprise, ajoute Collani. Donc, pas de préparation d'artillerie. Si nous échouons. il n'y aura pas d'autre tentative et le bataillon finlandais n'aura pas réussi à remplir sa mission.

— C'est bien compris, Sturmbannführer, intervient Tauno Pohjanlehto. C'est notre dernière chance. Maintenant, après tout ce que nous avons connu, nous n'avons plus rien à perdre... Il y aura peut-être quand même quelques survivants. Qui sait?

Les sombres paroles du jeune lieutenant, au lieu de provoquer une brusque poussée de mélancolie, engendrent un nouvel accès de rire. Puis un des Finlandais se met à lancer le fameux *Chant* du Diable. C'est à qui gueulera le plus fort « *Ha! Ha! Ha!* ». Même les Russes doivent entendre.

Emporté par l'ambiance, l'Obersturmführer Mühlinghaus se met alors à réciter *en français* un poème militaire : *La Trompette de Vionville...*

Personne ne dormira beaucoup cette nuit-là dans le bunker occupé par les volontaires finlandais.

Au matin, un épais brouillard règne dans la vallée et sur les pentes de la cote 701. Les hommes du groupe d'assaut s'équipent rapidement. Ils bondissent silencieusement vers les lignes russes. En quelques minutes, ils arrivent aux premières tranchées ennemies. Les Soviétiques sont totalement surpris par cette brusque attaque sans aucune préparation d'artillerie. Les Finlandais s'installent en vainqueurs dans les premiers trous qu'ils viennent de conquérir. Mais ils ne doivent pas songer à prendre quelque repos. Le plus difficile reste à faire.

— En avant! crie l'Obersturmführer Tauno Pohjanlehto.

Ses hommes le suivent, comme enlevés dans un seul bond silencieux. Le brouillard est toujours aussi épais. Les grenadiers grimpent rapidement la pente. Mais plus ils s'avancent et plus la défense russe se durcit. Tireurs d'élite et mitrailleurs guettent les assaillants et les accueillent par un feu d'enfer.

Maintenant que l'effet de surprise est passé, l'artillerie allemande entre en action. Les premiers obus tombent sur la hauteur. Les canons soviétiques ne tardent pas à riposter, mais ils ignorent que les Finlandais sont infiltrés aussi loin dans leur dispositif, et ils tirent trop long. Derrière les assaillants, les explosions forment comme un véritable mur d'acier qui les sépare de leurs camarades.

Dans la vallée, les Panzers de la division *Wiking* ouvrent le feu à leur tour. Le sommet de 701 semble exploser sous les obus. Mais les fantassins russes ne seront pas faciles à déloger de leurs trous. Sans arrêt, les balles des mitraillettes et des mitraillettes russes sifflent aux oreilles des Finlandais. Parfois, l'un d'eux s'écroule, mais ses camarades continuent à ramper vers le sommet et délogent leurs adversaires à la grenade. Jamais ils n'auront connu un combat aussi impitoyable.

Voici les Finlandais exactement au milieu de la position

soviétique. Mais, cette fois, il semble impossible de poursuivre plus avant. Que peuvent quelques dizaines d'hommes contre un adversaire bien armé, bien enterré et résolu par surcroît à se battre jusqu'à sa dernière cartouche? Le lieutenant finlandais se demande s'il ne va pas échouer tout près du but.

— Les Panzers! Ils arrivent! Les voilà!

Ses hommes hurlent de joie. Mais ils ne sont que deux blindés à essayer de rejoindre les survivants du bataillon Collani. Les chars sont aussitôt pris à partie par un feu d'enfer. Les canons russes de PAK tirent depuis le sommet de la cote 701, et les Panzers doivent rapidement abandonner une partie trop inégale pour se réfugier dans un repli de terrain. Ce ne peut être qu'à l'infanterie d'emporter l'ultime décision. Les grenadiers semblent de plus en plus en mauvaise posture. Un obus éclate au milieu des volontaires du groupe Pyyhtiäs. Plusieurs hommes sont tués ou blessés. Le Sturmmann Kesti vole en l'air, complètement disloqué. Tout près de l'officier finlandais qui commande l'assaut, un gradé allemand, l'Unterscharführer Metz, essaie de ramasser une grenade que les Russes viennent d'envoyer. Mais au moment où il se penche, il est touché au bras. Il lâche la grenade qui explose juste entre ses jambes. Criblé d'éclats, le sergent meurt quelques instants plus tard.

Un autre Unterscharführer, un Finnois celui-là, Miettinen, bondit vers les positions russes d'un saut prodigieux. Mais il reçoit une balle dans le ventre à bout portant au moment où il arrive au corps à corps. Tout en tombant, il vide son chargeur de pistolet mitrailleur dans la tranchée ennemie. Puis il roule sur les cadavres des Soviétiques qu'il vient de tuer de sa dernière rafale.

L'Obersturmführer Pohjanlehto regarde autour de lui. Son front brûle, ses tempes bourdonnent, sa gorge se serre. Il n'aperçoit autour de lui que des hommes touchés ou paralysés par le feu et la peur. Il imagine déjà l'échec de cet ultime assaut. Partout sifflent des balles ennemies. Le lieutenant finlandais et son agent de liaison Sakari se laissent tomber dans un trou d'obus pour trouver quelque protection. Les balles continuent à siffler, à moins de cinquante centimètres au-dessus de leur tête. Mais là, du moins, les deux hommes peuvent-ils respirer et reprendre leurs esprits. Devant eux, à quelques mètres, on devine un soldat soviétique dans son trou. Pohjanlehto découvre à quelques mètres de lui une grosse mitraillette à chargeur circulaire posée sur le rebord de la tranchée ennemie. Il attend quelques instants, le cœur serré comme par un étau. Enfin, le Russe bouge. L'officier aperçoit sa casquette à étoile rouge et tire à bout portant tout un chargeur de pistolet mitrailleur. Le Finlandais bondit sur son adversaire. Ce n'est plus qu'un cadavre. Sa coiffure a glissé sur sa face ensanglantée. On aperçoit un crâne luisant.

— C'est un Mongol! dit seulement le lieutenant à son agent de liaison. En avant!

Les deux hommes bondissent. En quelques mètres, ils arrivent sur la crête de la cote 701. Quelques survivants du bataillon finlandais les ont rejoints. Ils détruisent à la grenade trois canons de PAK soviétiques.

— Maintenant, nos Panzers peuvent avancer, constate simplement Pohjanlehto.

Les blindés grimpent la pente dans un grand halètement de moteurs. Les chenilles mordent le sol en faisant jaillir des mottes de terre grasse. Avec les chars, s'avance l'Obersturmführer Mühlinghaus. Il apporte des munitions : chargeurs de pistolets mitrailleurs et grenades à main. Choqués, les premiers prisonniers russes sortent de leurs trous, les mains en l'air. Les Finlandais s'emparent d'un matériel considérable : pièces de PAK, canons lourds d'infanterie, mitrailleuses lourdes, armes individuelles. Ils ne sont plus qu'une demi-douzaine d'hommes, épuisés mais vainqueurs.

Les survivants du bataillon finlandais ôtent leurs casques et essuient leur front trempé de sueur. D'une main tremblante, ils allument la première cigarette.

Le lieutenant Pohjanlehto se dirige vers le cadavre de son adjudant de compagnie, l'Unterscharführer Sahlmann, tombé en plein assaut en disant aux volontaires finnois :

— Regardez donc comment meurent les jeunes Allemands...

Le lendemain matin, les Soviétiques contre-attaquent et essaient de reprendre la cote 701. Mais les Panzers de la division *Wiking* les attendent et mettent hors de combat trois T.34 en quelques minutes.

Parmi les tués, deux lieutenants allemands, l'Obersturmführer Pallesche, chef de la 10e compagnie, et Mühlinghaus, chef de la 12e. Ils seront enterrés avec leurs camarades finlandais, sur cette côte 711, conquise de vive force par leur troupe d'assaut

Les rescapés du bataillon Collani vont maintenant servir d'infanterie d'accompagnement aux Panzers de la division

Wiking. Ils participent à toutes les opérations qui vont impitoyablement briser les contre-attaques russes. Trois ou quatre fois par jour, ils doivent repousser de durs assauts soutenus par des chars. Contre les blindés, les canons de FLAK et de PAK de la division *Wiking* se révèlent redoutables. Partout, sur les pentes des premiers contreforts de la montagne de Malgobek gisent des carcasses de chars détruits. Puis le paysage guerrier soudain s'apaise, comme si les Soviétiques renonçaient à reprendre les positions enlevées par les Finlandais.

Le front se stabilise avec l'approche de la mauvaise saison. Maintenant, dans leurs abris, les volontaires germaniques trouvent même le temps de jouer aux cartes. Sur des poêles de fortune, ils font griller quelques tranches de pain. Les nuits deviennent glaciales et les veilles épuisantes. Des souris trottinent par milliers, qui viennent tenir compagnie aux soldats et voler leur maigre ravitaillement. Puis les poux réapparaissent. Ils attaquent sans répit. Bientôt, à force de se gratter, les hommes sont couverts de plaies purulentes. Plus personne n'a fait la moindre toilette depuis bien longtemps. Tous les combattants des premières lignes sont d'une saleté repoussante, le visage couvert de croûtes et rongé de barbes hirsutes. Ils vont rester un mois sans se laver, jusqu'à l'arrivée d'un camion-douche sur les arrières du front. La vie des tranchées s'organise.

Le 20 octobre, le Gruppenführer Steiner est convoqué à Pjatigorsk pour une conférence d'état-major. Le Commandeur de la division *Wiking* est bien décidé à conserver une attitude réservée devant la poursuite éventuelle de l'offensive. Ses volontaires germaniques sont très éprouvés. Le général von Kleist entre tout à fait dans ses vues. On parlera surtout, lors de cette réunion, de la situation à Stalingrad, où toute une armée allemande a réussi à s'accrocher à la Volga, mais menace de se trouver encerclée. Le chef d'état-major, le général Zeitzler, se montre pourtant fort optimiste sur l'évolution des combats.

La situation, pour l'instant, semble plus inquiétante sur le front du Terek. Deux divisions blindées de la Wehrmacht et deux divisions de montagne roumaines se trouvent en fâcheuse posture dans la région d'Ordjonikidzé. En butte à de sévères contre-attaques soviétiques, elles ne peuvent plus se dégager.

— Ce sera à la division *Wiking* d'intervenir dans ce secteur, décide von Kleist. Tout le front du Terek est menacé et je ne vois que vous pour essayer de rétablir la situation et dégager le corps blindé du général von Mackensen.

Il est aussitôt décidé qu'une division d'infanterie de la Wehrmacht amenée en toute hâte de Crimée par avion relèvera l'unité des volontaires germaniques qui doit partir au plus vite pour tenter d'établir un barrage sur la route « ossétique » entre Fiagdon et Alagir.

Tous ces mouvements d'unités prennent du temps. Et la mauvaise saison arrive très vite. Le 11 novembre, tombe la première neige de l'hiver 42-43. Le terrain est transformé en marécage glacial. De nouveau, les chemins deviennent des fondrières impraticables. Les convois s'enlisent. Les motocyclistes doivent enlever la fange à chaque arrêt avec leur baïonnette. Puis, de guerre lasse, ils démontent leurs garde-boue et repartent pour quelques kilomètres, crottés jusqu'au casque. Les chauffeurs jurent. Les embrayages hurlent. Les roues patinent. Les soldats sautent à bas des camions et s'affairent au milieu des gerbes de boue liquide. La division *Viking* s'étire sur des routes impossibles, dans un terrain montagneux, cinglée par des rafales de vent glacial et de neige fondue.

Le Gruppenführer Steiner a réparti ses forces, selon son habitude, entre plusieurs *Kampfgruppen* dont il a confié le commandement à des chefs de confiance.

Dès le 16 novembre, arrivent, près d'Alagir, le bataillon Stoffers de *Nordland*, l'unité de chars de Mühlenkamp renforcée et le groupe d'artillerie Bülher. Ils se lancent immédiatement à l'assaut, pour essayer de dégager les unités de la Wehrmacht encerclées dans la région de Diesel.

Les assiégés reprennent confiance à l'arrivée de ces renforts et participent à la contre-attaque. Après des jours et des jours de bataille, le commandement arrive enfin à briser l'assaut soviétique et à établir tant bien que mal un front défensif. La 23e division blindée, enfin libérée, peut rejoindre le secteur de

Stalingrad, tandis que la division *Wiking* s'installe entre la haute montagne et Samankul, par Fiagdon et Ardon, avec à ses côtés le 13e Panzerdivision de la Wehrmacht avec laquelle les volontaires germaniques de la Waffen S.S. ont déjà combattu durant les mois précédents. Sur les montagnes du haut Caucase, en protection de cette ligne de front, prennent aussi position dans des conditions difficiles deux divisions de chasseurs de montagne. Le front du Terek semble à nouveau verrouillé à l'approche de l'hiver. La guerre de position recommence, monotone, épuisante et dangereuse.

Les Soviétiques ne renoncent pas et, par des routes impossibles, tentent de réussir dans le Caucase ce qu'ils viennent d'accomplir à Stalingrad. La Ire armée blindée de von Kleist est menacée d'encerclement. De longues colonnes ennemies franchissent les chaînes montagneuses du Caucase et tentent de s'infiltrer dans les vallées.

Au nord du front d'Alagir, les Soviétiques attaquent vers Ardon. Les hommes de la 13e Panzerdivision subissent tous les jours des assauts furieux. Le secteur tenu par les volontaires de la division *Wiking* est à peine moins exposé.

Lors de la manœuvre pour dégager leurs camarades de la Wehrmacht, les S.S. ont occupé quelques tranchées dont ils ont chassé les Russes. Il faut maintenant, par un temps épouvantable, travailler pour les retourner vers les nouvelles positions de l'adversaire. Les chefs de compagnie et de bataillon s'installent dans les bunkers abandonnés par leurs adversaires. Une nouvelle vie commence. Les deux adversaires sont tout proches les uns des autres. Dans certaines positions, il n'y a pas cinquante mètres entre les avant-postes allemands et soviétiques. Tout le paysage — une sorte de plateau désolé — est dominé par les hautes montagnes du Caucase central, depuis longtemps couvertes de neige.

L'activité ennemie se résume aux quelques coups de feu, isolés mais terriblement efficaces, des tireurs d'élite qui guettent leur proie pendant des heures. Chaque balle frappe souvent mortellement. Dans les deux camps, on devient prudent et on se terre. C'est la guerre des combattants invisibles. Tous les mouvements se font de nuit. Ni les canons ni les chars ne peuvent désormais soutenir les positions des grenadiers perdus dans la montagne. Les pièces de campagne russes et les « orgues de Staline » dominent les tranchées tenues par les hommes de la division

Wiking. Les journées sont ponctuées de tirs de harcèlement qui mettent les nerfs à vif. Il fait de plus en plus froid. Les poux attaquent nuit et jour. La dysenterie ronge les entrailles. La saleté et la pourriture envahissent les abris et les tranchées humides. La terre suinte l'ordure et la peur.

Jamais les hommes de l'infanterie ne se sont sentis aussi isolés, rendus aux conditions d'un combat primitif qui évoque les plus sauvages empoignades des tranchées de la Première Guerre mondiale.

Parfois, un porteur de ravitaillement russe s'égare et arrive dans les lignes allemandes, avec ses gamelles. Jamais les deux adversaires n'auront vécu aussi près les uns des autres partageant les mêmes angoisses et les mêmes souffrances. De petites attaques brèves et brutales viennent rompre la monotonie des journées et des nuits. On se bat durement dans le secteur tenu par le bataillon de choc de la division que commande le Sturmbannführer Dieckmann.

Personne, dans les deux camps, ne peut tirer sur les avant-postes ennemis, tant les positions des deux adversaires sont proches les unes des autres. Ce sont surtout les mortiers qui se livrent alors des duels impitoyables pendant des heures entières.

On parle des premières permissions pour Noël. Le chef de pièce Rudi Leitner a déjà son papier en poche. Il partira à la maison le lendemain soir. En attendant, il essaie de faire taire avec son mortier une pièce russe. Les obus se croisent et éclatent dans les deux camps. Dans son trou d'observateur, le sergent guide le pointage. Il devine qu'il s'agit d'un duel à mort. Chacun des adversaires est décidé à avoir la peau de l'autre. Les obus explosent. Soudain, après une nouvelle déflagration, la voix du chef de pièce se tait. Ses camarades rampent vers son trou. Un obus est tombé en plein dedans et le corps de Rudi Leitner gît, le torse déchiqueté par les éclats. Il est mort, sa permission en poche.

Un matin, en pleine brume, on entend des éclatements de grenades et des rafales de pistolets mitrailleurs. Puis tout se calme très vite. Les S.S. bondissent des abris et se précipitent vers l'avant-poste où a eu lieu le brusque accrochage. Ils découvrent, grièvement blessé, l'homme de garde : Hans Schweintzer, un jeune Tyrolien de dix-huit ans, arrivé quelques semaines auparavant comme volontaire à la division *Wiking.* Il était de garde près d'une mitrailleuse lourde à moins de cent mètres des lignes soviétiques quand il a soudain aperçu une demi-douzaine de silhouettes surgir de la brume et se précipiter sur sa position. Une première rafale de pistolet mitrailleur lui a frôlé le visage. Il a aussitôt réagi en envoyant vers l'ennemi toutes les grenades qu'il avait disposées près de sa pièce. Les Russes se jettent à terre. L'attaque semble brisée. Et au moment où Schweintzer risque un œil pour voir où en est l'adversaire, il reçoit une balle en pleine tête. Ses camarades repoussent la contre-attaque. L'infirmier soigne le blessé qui ne peut être évacué de jour. Il faudra attendre la nuit et on apprendra que le jeune Tyrolien n'a pas survécu.

Le Gruppenführer Steiner profite de cette stabilisation du front pour remanier le commandement de la division.

Promu Obersturmbannführer, Polewacz quitte le commandement de son bataillon de *Nordland* pour prendre la tête du régiment *Westland* où il remplace le commandeur Geissler, évacué sanitaire. Quant à son bataillon, il sera désormais commandé par le Sturmbannführer Lohmann.

S'il n'y a rien de changé à *Germania,* toujours commandé par Jürgen Wagner, *Nordland* perd son chef. Le Standartenführer von Scholz est remplacé par l'Obersturmbannführer Jörchel, un des chefs de bataillon de *Germania.* Le « Vieux Fritz » ne quitte pas sans regret son régiment. Mais il ne tardera pas à en récupérer les survivants dans quelques mois, quand il deviendra commandeur de la nouvelle division *Nordland,* la onzième de la Waffen S.S.

Les Russes continuent de lancer des attaques sur les positions tenues par les volontaires germaniques. Mais toutes ces opérations de la guerre de tranchées ne parviennent ni d'un côté ni de l'autre à modifier la ligne du front. Chaque bataillon défend son secteur avec un acharnement farouche. Celui de Lohmann continue à mériter sa réputation d'unité de choc de la division, en brisant tous les assauts. Le groupe de reconnaissance du Sturmbannführer Paetsch se trouve, lui aussi, à dure épreuve. Ses hommes ont abandonné leurs motocyclettes et leurs automitrailleuses pour se battre dans la boue et la neige comme des grenadiers.

A partir du 19 novembre, ce ne seront pendant plus d'un mois qu'attaques et contre-attaques, bombardements et patrouilles, accrochages et harcèlements.

L'offensive soviétique vers Alagir est brisée et les chars russes ne peuvent déboucher dans ce terrain chaotique. Seule, une meute de blindés de la Garde rouge parviennent à ouvrir une brèche de plusieurs kilomètres, puis à détruire quelques Panzers et quelques canons allemands. C'est peu, au bout de cinq jours de combats acharnés et des pertes importantes. Le commandement soviétique n'insiste pas et renonce à l'attaque frontale pour tenter de reprendre des mouvements tournants, en essayant d'enfoncer le front là où il est tenu par des unités de l'armée roumaine, moins aguerries que les forces du Reich.

L'offensive reprendra le 27 novembre. Les hommes de la division *Wiking* laissent leurs adversaires approcher jusqu'à cent mètres de leurs tranchées, puis ouvrent un feu d'enfer. Un seul groupe de deux mortiers tire en quelques minutes cent vingt obus! Une fois de plus, l'attaque est brisée, après des combats qui vont durer plus de quatre jours, jusqu'au 30 novembre.

Une nouvelle offensive soviétique est lancée le 4 décembre, alors que le froid devient de plus en plus vif dans ce secteur montagneux du Caucase. Cette attaque va durer jusqu'au 9. Encore une semaine infernale. Le front se fige à nouveau. Les Russes semblent décidés à souffler quelques jours..., peut-être jusqu'à Noël.

Le 23 décembre, le commandement allemand décide enfin de raccourcir le front et de choisir une nouvelle ligne de résistance. Les forces du Reich quittent la région d'Ardon, Alagir et Digora, pour gagner le secteur d'Elchtovo et de Tchikola. Le décrochage s'effectue par un temps épouvantable. Les hommes de la division *Wiking* abandonnent ces tranchées de la région d'Ordjonikidzé où ils ont tant souffert depuis des semaines et des semaines. Les volontaires germaniques font retraite de position en position. Chaque nuit on s'installe sur une nouvelle ligne de défense, plus en arrière, et chaque matin on déménage pour se replier encore davantage.

Le général von Kleist est devenu le commandant en chef des groupes d'armées opérant dans le Caucase, et c'est le général von

Mackensen qui lui succède à la tête de la Ire armée blindée. Il faut à tout prix éviter le même sort que celui de la VIe armée de von Paulus bloquée à Stalingrad, où les forces allemandes sont vouées à une inéluctable agonie.

Le Gruppenführer Steiner succède provisoirement à von Mackensen à la tête du 3e corps blindé. Son remplaçant au commandement de la division *Wiking* sera l'Oberführer Herbert Gille, jusqu'ici chef du régiment d'artillerie et qui a su montrer à plusieurs reprises, en menant au combat un *Kampfgruppe*, qu'il sait manœuvrer des compagnies de Panzers et des bataillons de grenadiers aussi bien que ses batteries de canons de campagne.

On se bat durement dans la vallée de la Tchikola, où les unités roumaines sont débordées par une brusque offensive soviétique. Le commandement allemand expédie ce qu'il peut pour essayer de colmater la brèche. Une compagnie de Feldgendarmes contre-attaque, soutenue par quelques canons d'assaut. Les Allemands parviennent à dégager leurs alliés encerclés et à les ramener dans les lignes amies. Mais le village de Tchikola se trouve rapidement attaqué. La Werhmacht appelle en renfort la Waffen S.S. Il n'y a dans la division *Wiking* qu'une seule unité disponible, mais déjà très éprouvée : le bataillon de volontaires finlandais.

Le Sturmbannführer Collani est lancé dans la bataille avec quelques centaines d'hommes. Il aura avec lui une poignée de grenadiers de *Nordland*, deux canons d'infanterie, deux automitrailleuses, deux canons de FLAK et quelques obusiers légers. Ce *Kampfgruppe* rejoint à marche forcée le secteur où les Roumains se trouvent encerclés, avec un bataillon de volontaires géorgiens ex-citoyens soviétiques. Les Finlandais, dans une de ces charges folles qui a fait leur popularité dans toute la division *Wiking*, traversent en trombe le village de Tchikola, attaquent un régiment de la Garde rouge dans la foulée et le mettent en déroute. Les derniers combats se sont déroulés au corps à corps. C'est au couteau que les Finnois et les Russes ont réglé une fois encore leur séculaire querelle.

Dès le 22 décembre, la fameuse route « ossétique » est abandonnée et toutes les unités allemandes de ce secteur sont ramenées vers l'arrière. La division *Wiking* va alors quitter le cadre du 3e corps blindé pour être dirigée par voie ferrée vers un autre secteur du front.

A l'état-major, la nouvelle est officielle et le Gruppenführer Steiner l'annonce aux officiers qui l'entourent :

— Nous partons pour dégager Stalingrad!

Mais il est déjà trop tard.

La division, ramenée à l'arrière du front, s'embarque dans des convois de chemin de fer qui traversent la steppe des Kalmouks. Tout le paysage est couvert de neige. Il fait un froid glacial. Dans les wagons, quelques hommes ont réussi à trouver des petits sapins qu'ils entourent de guirlandes de papier multicolores. On allume quelques rares bougies dont la flamme tremble dans les courants d'air. C'est en train que sera fêté pour beaucoup d'unités de la division la nuit de Noël 1942. Des chants s'élèvent. Qui ne serait mélancoliques ce soir? Voici dix-huit mois que l'on se bat et la victoire, si évidente naguère, semble de plus en plus incertaine. L'échec subi dans les montagnes du Caucase est tragique, quoi que puisse clamer la propagande. Et les camarades de Stalingrad sont encore plus mal lotis. Va-t-on arriver à temps pour les délivrer? Les volontaires germaniques doivent être engagés dans le cadre de la IVe armée blindée au général Hoth.

Arrivé à Remontnaja, au sud de Stalingrad, il faut se rendre à l'évidence. Il est trop tard pour une contre-attaque vers la Volga. Au contraire, ce sont les Russes qui viennent d'enfoncer toute une armée roumaine et se ruent dans la brèche ouverte sur le flanc méridional du front. Les forces du Reich engagées dans le Caucase risquent d'être encerclées. Il faut abandonner les hautes montagnes couvertes de neige et de glace où s'est joué le sort de la guerre tout autant que sur la Volga.

L'échec de l'offensive vers la mer Caspienne risque d'avoir des conséquences catastrophiques pour l'issue de la guerre. Bientôt, ce seront les puits de pétrole qu'il faudra abandonner. Et la fabuleuse jonction avec l'*Afrikakorps* de Rommel, quelque part vers l'Iran, n'est plus qu'un rêve fracassé. Un mirage dans le désert. Depuis quelques jours, il fait vraiment très froid. Le blizzard souffle, et d'énormes congères de neige obstruent les routes et les voies ferrées.

Les unités se retirent du Caucase en bon ordre. Derrière eux, quelques sections de sapeurs ferment la marche et vont occuper les Soviétiques, le temps que leurs camarades abandonnent leurs positions. Sur la route, des poteaux indicateurs marquent la direction de l'Ouest. Avec ce froid, le ciel d'hiver est d'une étonnante clarté et d'un bleu très pur.

Tout va mal dans le secteur Sud du front de l'Est. Les forces du Reich sont passées de l'offensive à la défensive. Puis de la défensive à la retraite. Maintenant, une course de vitesse s'engage pour essayer de rejoindre Rostov et l'embouchure du Don sur la mer d'Azov.

19.

Les convois de la division *Wiking* roulent à travers l'immense paysage couvert de neige. Le Junker Roger Windels, se trouve, la veille de Noël, dans un wagon de chemin de fer, avec quelques Flamands et Hollandais de son groupe de combat. Ils appartiennent tous au 2e bataillon de *Westland,* dont le chef, le Sturmbannführer Steinert, a été tué dans le Caucase.

A chaque halte, l'aspirant flamand et ses camarades aperçoivent sur le ballast, déguenillés dans la neige, des soldats sans armes. Ce sont des Hongrois et surtout des Roumains débandés qui ne pensent plus qu'à retrouver leur foyer et leur famille. Ils paraissent encore plus désespérés quand approche cette nuit de Noël qu'ils vont passer, solitaires et vaincus, si loin de leur patrie. Pour les volontaires, le spectacle de ces hommes qu'un ordre de mobilisation a envoyés jusqu'au fond noir de la Russie, sur les bords de la Volga, serait déprimant s'ils n'étaient pas depuis des mois habitués à accueillir la guerre comme elle vient. Cela aussi, « c'est dans le contrat », de souffrir, de se battre et de mourir en silence. Eux, les S.S. germaniques de la division *Wiking,* personne ne les forçait à se lancer dans cette aventure.

Le voyage en train semble interminable. Les heures succèdent aux heures et les kilomètres aux kilomètres, dans un froid de plus en plus glacial. Le convoi finit par s'arrêter dans un paysage désolé où l'on aperçoit une gare isolée, comme perdue dans l'immense steppe couverte de neige. Puis voici une petite ville dont les Thiois déchiffrent le nom : Simovniki.

Ordre de descendre des wagons. Les S.S. tapent du pied sur le quai pour essayer de se réchauffer. Après avoir récupéré les sacs et les armes dans le wagon, ils attendent, cinglés par le vent glacé, de nouveaux ordres. Attendre, toujours attendre. Le col de la capote relevé, les mains au fond des poches, la tête entourée d'une écharpe ou d'un passe-montagne, ils piétinent dans la neige fondue. Après le trajet en chemin de fer, les voici devenus à nouveau fantassins. Une colonne se forme pour gagner à pied les cantonnements. A moins que ce ne soit des positions de combat en rase campagne. Finiront-ils leur nuit de Noël autour d'un poêle dans une isba ou au contraire dans un trou creusé en hâte dans la neige et le sol gelé? Aux questions de ses hommes, le Junker Windels ne peut répondre que le classique :

— Je ne sais pas... Vous verrez bien.

Les gradés n'ont pas pour le moment plus de renseignements que les grenadiers. Ils remarquent seulement qu'il n'y a pas beaucoup de troupes dans Simovniki et que la bourgade ne ressemble pas du tout à une confortable ville d'étape de l'arrière. Pas de files d'attente de soldats devant les restaurants ou les cinémas. On cherche en vain la pancarte du *Soldatenheim.* La Wehrmacht ne se manifeste que par quelques rares patrouilles et par des chars lourds. Ce sont les fameux « Tigres » que les volontaires germaniques voient pour la première fois. Ils sont rangés le long des maisons, l'un derrière l'autre, et ne semblent pas avoir été encore engagés. Ils arrivent donc directement des usines allemandes et constituent vraiment le plus utile de tous les cadeaux de Noël...

Non loin, en plein champ, se trouve un aérodrome de campagne que les hommes du génie ont aménagé sous les tempêtes de neige. Sur les pistes à peu près dégagées, stationnent, prêts à l'envol, une vingtaine d'avions de bombardement d'assaut en piqué Stukas. C'est un spectacle au moins aussi rassurant que celui des Panzers. Après la grande retraite du Caucase et l'encerclement de Stalingrad, la Wehrmacht se prépare à la riposte. L'organisation est en train de triompher de plusieurs semaines de recul et de pagaille.

Dans le village de Simovniki, se trouvait autrefois l'état-major de l'armée blindée du général Hoth, mais tout le monde a déménagé en catastrophe ce matin. Il ne reste plus que quelques paperasses, que disperse le vent aigre, et un seul gradé, l'officier de renseignements chargé de passer les consignes aux nouveaux arrivés. Pour les accueillir, il ne trouve qu'une phrase :

— Les Russes seront bientôt là!

Les volontaires germaniques profitent des dernières heures d'un jour pâlichon pour s'installer fébrilement. Ils creusent à grand-peine quelques trous dans le sol gelé. Les compagnies de grenadiers, réduites à des effectifs squelettiques, seront soutenues par une batterie d'artillerie de la division *Wiking* et quelques pièces de 88 de la Wehrmacht, que leurs servants savent utiliser aussi bien en PAK qu'en FLAK.

Des positions défensives sont creusées tout le long de l'unique route qui traverse l'interminable village. L'état-major a déménagé si rapidement que toutes les installations téléphoniques sont restées en place. Au moins, on ne perdra pas la liaison entre les petits groupes de défenseurs.

Le Junker Windels et ses hommes arrivent enfin à un cantonnement. Le jeune aspirant flamand installe ses grenadiers sur de la paille et désigne le premier homme de garde pour la nuit. Ce sera un Hollandais du nom de Van Veet. Les hommes se serrent pour se réchauffer et bavardent. De quoi pourraient-ils parler, si ce n'est de la nuit de Noël au pays? Comme les basses provinces au bord de la mer du Nord paraissent lointaines ce soir. On entend le blizzard qui souffle dans les rues de Simovniki et secouent les toitures.

A la tempête de neige, succède soudain une tempête de feu. On tire dehors. Les rêves cassent net. Chacun bondit sur son arme. Un bruit de moteur. Ce sont des chars qui dans un grand bruit de patins sur la neige gelée avancent vers les isbas où s'entassent les grenadiers. On entend quelques balles siffler dans la nuit. Mais tout cela reste confus, un peu irréel. En quelques secondes, tous les volontaires germaniques sont prêts au combat. Allemands et Néerlandais attendent les ordres de leurs chefs. Un agent de liaison arrive en courant pour prévenir le Junker Windels :

— Les Soviets attaquent avec des chars et de l'infanterie!

— Où sont-ils?

— Certains arrivent déjà dans le village.

Des explosions. Les Soviétiques ont attaqué le champ d'aviation et sont en train de détruire les Stukas, qui s'enflamment les uns après les autres. Les réservoirs d'essence sautent avec de sourdes déflagrations. Le bruit des chars se rapproche. Dans quelques instants, ils seront là, écrasant tout sur leur passage :

— Où sont nos Panzers?

— Les « Tigres » sont là. Mais impossible de trouver les équipages.

On ne sait même pas si cette formation de chars lourds se trouve déjà entre les mains d'une unité régulière ou s'ils n'étaient qu'en dépôt à Simovniki et ont été surpris par la brusque attaque des Soviétiques.

— Dehors! Vite! On y va! hurle l'aspirant à ses Thiois qui giclent dans la rue.

Quelques secondes plus tard, les voici couchés dans la boue et dans la neige fondue, essayant de comprendre ce qui se passe. Un char qui leur paraît énorme surgit soudain du coin de la rue et avance vers eux. On entend des coups de canon et on distingue très bien dans la nuit la flamme qui sort du tube. Un Hollandais se lève et se précipite. Va-t-il essayer de faire sauter le T.34 avec une mine magnétique?

Windels et ses hommes ont pris position tant bien que mal derrière le mur d'une maison en ruine. Ils tirent un peu au hasard sur des ombres qui s'agitent autour du char ennemi. Les fantassins russes sont déjà là, entourant le blindé qui couvre l'assaut soviétique du feu de son canon et de sa mitrailleuse de bord.

Les Russes, maintenant, s'arrêtent dans l'obscurité. Ils semblent un peu désorientés de n'avoir pas encore réussi à repérer leurs adversaires. A tout hasard, ils envoient quelques projectiles dans une maison à demi écroulée qui leur paraît suspecte. A quelques mètres d'eux, les Néerlandais voient surgir de hautes flammes. Les Soviétiques s'approchent. Amis et ennemis sont désormais si près que les voici emmêlés sans que personne puisse s'y retrouver. Dans quelques secondes, ce sera le corps à corps où les fantassins russes, plus nombreux, auront forcément le dessus.

La nuit de Noël devient une nuit d'enfer. Il n'y a plus qu'une solution :

— On décroche! ordonne Windels.

Ses hommes quittent leurs abris et s'enfuient à toutes jambes, incapables de faire face au char et aux innombrables fantassins qui l'entourent. Ils sautent par-dessus le corps des camarades morts gisant au milieu de la rue. Ils ne s'arrêtent même pas pour ramasser les armes abandonnées près des cadavres. Une seule idée : sauver leur peau. Échapper à ce village où grouillent les assaillants. Il semble y en avoir partout. L'aspirant lance deux grenades à main dans une maison et en déloge les Russes qui s'y étaient déjà installés. Le jeune Flamand rameute les hommes de sa section, plus ou moins débandés. Leur chef vient d'être tué. Le Junker prend le commandement. Il essaie de récupérer tout le monde.

— Où est Van Veet?

— Ici.

Le Hollandais, laissé tout à l'heure en sentinelle à l'extérieur de l'isba, a été blessé d'une balle dans le bras. Sa manche ruisselle de sang. On lui pose un garrot. Il s'en sortira. Finalement, le groupe de combat se reconstitue à peu près au complet. Un seul souci : faire face aux Russes qui vont poursuivre leur avance.

Deux chars T.34 ont traversé toute la position tenue par la compagnie de volontaires germaniques et poursuivent leur avance, sans trop se soucier de ceux qu'ils laissent derrière eux, fantassins soviétiques et grenadiers allemands, confondus dans une confusion grandissante. Sans l'appui des chars, les hommes ne peuvent pas grand-chose.

Les S.S. n'ont eu que le temps de sauter hors de la route des deux blindés qui laissent dans la nuit le sillage de leurs chenilles profondément marqué dans la neige sale.

Il faut abandonner les blessés qui ne peuvent marcher et contre-attaquer au plus vite si l'on ne veut pas être submergé. Les canons et les mortiers soviétiques entrent en action. Ils ont dû préparer leurs tirs depuis longtemps et bombardent sévèrement la bourgade de Simovniki. De nouvelles maisons s'embrasent, éclairant tout le paysage de lueurs sinistres. Le reflet des flammes danse sur la neige et y allume des traînées de sang écarlate.

De tous côtés, les grenadiers de *Westland* se précipitent pour reprendre le terrain perdu. Flamands et Hollandais veulent se venger de cette attaque qui a gâché leur nuit de Noël. Les Russes décrochent à leur tour, en abandonnant leurs blessés. Les quelques chars soviétiques immobilisés dans le village ne sont plus que des épaves rougeoyantes. Les obus des redoutables 88 et des pièces de PAK ont eu raison des T.34. Autour des carcasses d'acier crevées d'impacts, gisent des cadavres en uniforme brun, taches sombres sur la neige.

Soudain, des maisons en ruine, surgissent des femmes et des enfants. Les civils russes, surpris par l'attaque, se sont abrités comme ils l'ont pu, sous les tables et les lits. Ils claquent des dents de terreur. Quelques-uns sont blessés. La bataille terminée, ils tremblent toujours, mais se calment peu à peu. Dans Simovniki, ce n'est plus qu'un spectacle d'horreur. Partout des corps. Soviétiques, Allemands, Néerlandais, confondus dans l'immobilité de la mort et du gel. Au-delà des dernières maisons, de nombreux cadavres gisent dans la neige. Dans la section du Junker Windels, on compte deux tués et huit blessés, dont plusieurs très gravement.

Alors que se lève une aube grise et sale dont la lueur indistincte tire de l'ombre un spectacle de désolation, un des volontaires flamands dit seulement, en regardant les corps étendus qui surgissent des ténèbres, comme écrasés par le poids de la mort :

— A qui le tour, maintenant?

La IVe armée blindée a vainement tenté de dégager Stalingrad. Maintenant elle doit se retirer, pour éviter à son tour l'encerclement. Après la bataille — perdue — sur la Volga, commence la bataille — hasardeuse — sur le Don. Les troupes allemandes se retirent vers Rostov par un froid terrible, cinglées par le vent et la neige, dans un paysage de cauchemar où émergent de l'immensité blanche les pauvres toitures de quelques rares villages. Les masures brûlent avec de grands panaches de fumée.

A chaque halte, il faut se former « en hérisson » et attendre les attaques d'un ennemi invisible, mais partout présent.

Vouée à une mission de sacrifice, la division *Wiking* forme l'arrière-garde de ces troupes en retraite. Il n'y a plus de front. Rien qu'une immense brèche par où s'engouffrent le vent furieux et les chars T.34. D'un instant à l'autre, les Russes peuvent surgir, fantômes blancs aux mitrailleuses précises.

La colonne détruite dans la nuit de Noël n'était que l'avant-garde d'une importante force soviétique. Plusieurs divisions arrivent rapidement et attaquent Simovniki sur un front de trois kilomètres de large. Des fantassins, appuyés par des blindés, se lancent à l'assaut, soutenu par des pièces d'artillerie. Grenadiers, artilleurs et sapeurs de la Waffen S.S. ou de la Wehrmacht résistent à cette ruée sans céder de terrain.

Les grenadiers de *Westland* vont tenir jusqu'au bout. Parmi eux, quelques hommes des unités de transport, réquisitionnés au dernier moment pour participer au combat. Ces tringlots vont se battre avec ce sombre acharnement que tous montrent à la division depuis la retraite du Caucase.

Le commandement s'aperçoit que les défenseurs de ce point d'appui vont être débordés par les ailes et encerclés. Il ordonne le décrochage. Les défenseurs de Simovniki profitent de la nuit du Nouvel An pour abandonner le village. Le thermomètre est tombé à — 30°.

Dans la nuit du Nouvel An 1943, les Finlandais du Sturmbannführer Collani, rattachés au régiment *Nordland*, se trouvent installés dans une position défensive quand un ordre de l'état-major arrive chez leur commandeur.

— Enfin, Hirt, dit-il à son adjoint, voici l'ordre de décrocher. Un peu plus, nous étions pris au piège.

Le Hauptsturmführer Hirt et son chef se mettent aussitôt au travail pour établir l'ordre de départ. Cela fait plusieurs jours qu'ils s'attendaient à ce mouvement, rendu indispensable par la pression des Soviétiques.

— Dès la nuit tombée, décide Collani, nous installerons les armes lourdes sur une nouvelle position en retrait.

Pendant ce temps, les véhicules de ravitaillement et tous les camions de transport du bataillon prennent la piste et rejoignent la bourgade de Lesken, sur le fleuve du même nom.

Dans l'interminable et glaciale nuit de janvier, les trois compagnies de grenadiers, tout l'effectif rassemblé sur pied de guerre, ont l'ordre de décrocher à une heure d'intervalle. D'abord la 9e avec l'Obersturmführer Ertel, puis la 10e avec Porsch, et enfin la 11e avec Deck.

Ces trois unités, déjà très éprouvées, s'installent dans les ténèbres sur des positions défensives plus ou moins improvisées, à quelques kilomètres plus à l'ouest

— On y verra plus clair avec le jour, remarque Collani en haussant les épaules.

Il n'y a plus qu'à attendre l'aurore, qui tarde à venir en cette mauvaise saison. Le bataillon a resserré son dispositif avant un nouveau décrochage vers Lesken, où l'on se regroupera. Mais il doit bien constater que les emplacements de combat sont loin de former une ligne de front continue. Les liaisons n'arrivent pas à se prendre et il existe une brèche entre la 9e compagnie et sa voisine, la 11e.

— Ne nous plaignons pas trop, fait remarquer Collani à Hirt. Nous occupons des hauteurs et, si le jour veut bien se lever, nous aurons un bel observatoire.

En ce 1er janvier 1943, les volontaires finnois, après avoir marché la plus grande partie de la nuit, s'installent et se reposent sur leurs nouvelles positions. Malgré le froid, quelques-uns sommeillent, tandis que leurs camarades font chauffer du chocolat dans leurs gamelles. L'Obersturmführer Ertel et ses hommes de la 9e compagnie occupent une hauteur, couvertes de champs de maïs enneigés à l'est de la rivière Lesken. Karl Heinz Ertel, un Westphalien qui avait juste vingt ans en 1939, est un officier de réserve formé à la dure expérience du front. Son adjoint, le lieutenant finnois Lauri Sartio, part en reconnaissance à la tête de quelques patrouilleurs, avant le lever du jour. Profitant de la brume matinale, ses hommes se glissent vers le village de Chasnidon. Il faut attendre son retour avant de savoir ce qui se passe dans le secteur. Autant profiter du soleil matinal et du chocolat brûlant.

Voici enfin Sartio revenu sur les positions de la 9e compagnie. Toujours aussi calme. Cet Obersturmführer aime faire la guerre comme un coureur des bois. On dirait toujours qu'il se bat pour son compte, en franc-tireur.

— Alors? lui demande Ertel.

— Les Russes sont là. Ils sont arrivés dans la bourgade vers sept heures du matin.

Le chef de la 9e compagnie décide aussitôt de prendre une liaison avec son camarade Deck qui commande la 11e.

— Je ne connais pas le coin, lui dit-il. Ce serait mieux que nous avancions ensemble vers Lesken.

Les deux officiers conviennent rapidement d'un rendez-vous à la corne d'un bois. Pour tous les gradés, c'est la même hantise : ne pas se laisser prendre au piège. Des unités soviétiques lancées à la poursuite déferlent de partout. Les uns progressent de Chasnidon vers Tolsgoun. Les autres empruntent les vallées du Bol-Kossolokoun et du Lesken. Leur avance évoque quelque irrésistible raz de marée. Mais les Russes semblent si certains de leur victoire qu'ils commettent l'imprudence de trop se concentrer.

Dès huit heures moins le quart, les armes lourdes du bataillon, mitrailleuses et mortiers de la 12e compagnie que commande le Hauptsturmführer finlandais Ladau, arrivent à prendre sous leur tir un important rassemblement d'environ un demi-millier d'hommes. Sitôt repérés, les Russes sont sérieusement pris à partie par un feu serré. Ils courent dans tous les sens pour chercher un abri. Ertel et Deck suivent l'engagement à la jumelle et se réjouissent de voir ainsi stoppés pour quelques heures leurs poursuivants. Ils vont avoir le temps maintenant de se donner un peu d'air.

Au début de l'après-midi, c'est au tour de l'Obersturmführer Porsch et de son adjoint finnois Pohjanlehto de signaler qu'ils aperçoivent une concentration de troupes soviétiques devant leurs positions, sur l'aile droite du bataillon.

A nouveau, Collani fait intervenir ses armes lourdes. Il faut briser l'attaque soviétique avant l'arrivée de la nuit et dégoûter les éventuels poursuivants.

Un bruit de moteurs. Les hommes de l'unité de protection du poste de commandement sautent sur leurs armes. Mais ce sont des véhicules blindés allemands qui surgissent du brouillard. L'Obersturmführer Hirt va aux nouvelles et peut bientôt annoncer à Collani que la liaison est prise avec les automitrailleuses de l'unité de reconnaissance d'une Panzerdivision de la Wehrmacht.

— Ils ont des ordres pour nous, Sturmbannführer.

Collani s'attend à ce qui va lui être demandé : à partir de quinze heures trente, son bataillon de volontaires finnois forme l'arrière-garde. Désormais, il n'y a plus personne entre les Soviétiques et ses hommes. Il s'agit de rompre le contact et de ne pas se laisser encercler, quoi qu'il arrive.

— On décroche dans une demi-heure, annonce-t-il à Hirt. Faites prévenir les chefs de compagnie.

Il est exactement quatre heures de l'après-midi quand toutes les unités de combat du bataillon Collani décrochent et se dirigent à pied vers Lesken, où ils doivent retrouver les camions.

Mitrailleurs et servants de mortiers de la 12ᵉ lourdement chargés de leur matériel, ouvriront la marche et parviendront au but sans incident. Derrière eux, les grenadiers de la 10ᵉ, puis de la 11ᵉ compagnie se dirigent à leur tour vers le lieu de rassemblement.

Puis vient la 9ᵉ de l'Obersturmführer Ertel.

La nuit ne va pas tarder à tomber, en cette si courte journée du 1ᵉʳ janvier. La nouvelle année commence d'une manière sinistre. Ertel presse le mouvement. Il a hâte de retrouver son camarade Deck, qui connaît bien le pays, au lieu de rendez-vous donné ce matin.

Le ciel passe du gris sombre au noir. Bientôt, on n'y voit plus rien. Voici une corne de bois. C'est là. Enfin, peut-être... Des patrouilleurs viennent rendre compte à leur chef :

— Il n'y a personne.

Ertel réfléchit rapidement. S'est-il égaré? Ou bien Deck n'a-t-il pas eu le temps de l'attendre? Inutile de perdre du temps. Son camarade est sûrement devant, un peu plus loin vers l'ouest, marchant vers Lesken. Il n'y a pas à hésiter.

— On y va, lance Ertel.

Le jeune lieutenant de vingt-deux ans ne cache pas sa hâte d'arriver à Lesken. C'est dans cette bourgade, à huit heures du soir, que les hommes des compagnies de combat du bataillon finlandais doivent retrouver les camions qui vont les emmener un peu plus loin vers l'ouest.

Le rendez-vous est manqué. Mais l'ordre reste le même. Direction Lesken, et le plus vite possible.

Les volontaires finnois sentent le danger et leur chef n'a pas besoin de les houspiller pour leur faire presser le pas. Il fait nuit noire. Et rien ne ressemble plus à un bois qu'un autre bois.

D'après la carte, un chemin rural doit conduire, par une large courbe, vers le sud-ouest, jusqu'au seul pont qui permet de franchir la rivière Lesken. Encore faut-il trouver ce chemin. Et rien ne ressemble plus à une piste qu'une autre piste.

Et puis Ertel se méfie d'instinct de tout itinéraire qui figure sur une carte. Rien ne dit que des unités soviétiques n'ont pas réussi à les précéder et sont en train de tendre une embuscade. Alors, le lieutenant n'hésite plus. Il décide de couper à travers la campagne et de conduire la marche de la 9ᵉ compagnie à la boussole. En pleine nuit, c'est un peu une folie. Mais tout plutôt que de se risquer sur un chemin qui ne lui dit rien qui vaille.

Le terrain n'est pas facile. La région est vallonnée et boisée. Et surtout elle est traversée par le Lesken qu'il va falloir franchir sur ce maudit pont, le seul passage possible. Plus que jamais, il importe de faire vite. On a marché la nuit dernière, on ne s'est guère reposé de la journée. On marchera encore cette nuit-là. Quand un piège se referme, ce n'est pas le moment de traîner.

Ruisselants de sueur et titubants de fatigue, les Finlandais suivent leur chef. Une fois pour toutes, ils ont remis leur sort entre ce grand Westphalien de vingt-deux ans, maigre et long comme un échalas. Ertel ne pense plus qu'à une seule chose : ne pas perdre son axe de marche. Un nom sans arrêt bourdonne dans sa tête : Lesken...

Peu à peu, les bois semblent moins denses. Le chef de la 9e compagnie espère bien se trouver dans la bonne direction. Mais il ne connaît pas du tout le pays et se sent perdu. Il ne peut se fier qu'à la minuscule lueur phosphorescente de sa boussole qui tremble au creux de sa main. Jamais il n'a senti une telle responsabilité peser sur ses épaules. Il entend le grand bruissement de sa compagnie en marche. Les volontaires finnois ont compris que la partie serait rude et ont évité de trop se charger. Ils ne portent que leurs armes et les munitions.

Le ciel se fait un peu plus clair au fur et à mesure que la nuit s'établit. On distingue les cimes des arbres qui frissonnent. Tout est silencieux. Ertel a l'impression que ses hommes et lui marchent depuis très longtemps. Il regarde sa montre. Il n'est tout juste que dix-neuf heures quinze. Dans trois quarts d'heure, il faudrait être arrivé aux camions.

Le lieutenant allonge encore le pas.

— Obersturmführer, vous entendez?

Oui, Ertel entend. Il entend même trop bien. C'est le bruit familier des moteurs Diesel des camions. Ils tournent déjà, prêts à emporter leur chargement de rescapés du Caucase. Mais ce bruit vient de loin, de très loin. C'est tout au fond de la vallée. Là-bas. Et il n'y a plus que trois quarts d'heure avant le moment fixé pour l'embarquement. Le chef de la 9e compagnie a l'impression qu'il n'arrivera jamais à temps. Le voici quand même avec ses hommes au bord de la rivière.

La berge apparaît très escarpée. On entend le grondement sauvage, comme un torrent qui dévale de la montagne. En prêtant l'oreille, on peut encore entendre le ronflement des moteurs. La bourgade de Lesken doit être par là. Mais comment se repérer dans la nuit? Tous les bruits maintenant se couvrent et se confondent. Le cours d'eau semble remplir tout le paysage de son grand fracas de cailloux roulés par le courant.

Ertel, plus il y réfléchit, est bien certain maintenant que la bourgade qu'il devine dans les ténèbres est bien Lesken. Il est à peu près sûr de son axe de marche. D'ailleurs, il entend ce bruit de moteurs. Tout va bien, le but maintenant est proche. La 9e compagnie va se sortir de ce mauvais pas. Encore un peu de courage pour se traîner sur cette piste perdue. Mais le ciel se voile de nuages sombres. Tout devient plus noir que jamais.

En bas des rives escarpées, dans une véritable gorge, on entend, de plus en plus fort, gronder les eaux tumultueuses du Lesken. L'Obersturmführer Etel, pour la première fois, se sent envahi par le désespoir. Il pense qu'il n'arrivera plus à rejoindre à temps le reste du bataillon. Il ne sera pas le premier, hélas! sur qui s'abattra une semblable tragédie. Il arrive qu'une unité disparaisse ainsi au cours d'une retraite et se fonde dans l'immensité hostile, perdue corps et biens, comme un navire qui sombre sans témoins.

Tout risque de se jouer en quelques minutes, maintenant. Ertel se ressaisit. Seule l'action peut vaincre la peur qui l'étreint. Le jeune lieutenant appelle l'Oberscharführer Spöck. Cet adjudant, originaire de Styrie, est un vrai montagnard comme beaucoup d'Autrichiens.

— Il faut que tu descendes jusqu'à la rivière, lui dit Ertel. Trouve un passage. Tout dépend de toi.

— Je vais essayer, Obersturmführer, dit seulement Spöck.

Il se dirige vers le bord de la falaise et disparaît dans le noir. Tous les Finlandais essaient de distinguer sa silhouette. Mais on entend seulement le bruit de quelques pierres qui roulent sous le clous de ses bottes. D'interminables minutes se passent. Enfin, l'adjudant réapparaît.

— Tu as trouvé un passage? demande Ertel.

— Ce n'est pas merveilleux, mais on devrait y arriver, dit simplement Spöck.

Les grenadiers finnois vont jouer les chasseurs de montagne. Aucun n'est très expérimenté, mais ils savent que c'est une question de vie ou de mort pour la 9e compagnie. S'aidant les uns les autres, ils descendent le long de la falaise. Jamais ils ne se sont livrés à de telles acrobaties. Soudain, une prise cède et un mitrailleur chargé de sa pièce dégringole dans le noir. Il se retrouve cinq mètres plus bas. Complètement « sonné » et totalement aveuglé, mais sans rien de cassé. Ses camarades le prennent par le bras et le réconfortent. Les uns après les autres, les volontaires finnois arrivent sur les bords du Lesken. Ils se rassemblent dans l'obscurité, sans trop savoir comment ils vont pouvoir poursuivre leur chemin.

On entend de plus en plus distinctement tourner les moteurs des camions. Leurs camarades des autres compagnies du bataillon ne sont pas loin maintenant; mais de l'autre côté du cours d'eau. La rivière est large d'une bonne trentaine de mètres et, en ce début de nuit du 1er janvier, la traverser semble irréalisable.

L'Obersturmführer Ertel appelle son camarade finnois Lauri Sartio :

— Tu prends la tête de la compagnie.

— Et toi?

— Je vais passer la rivière avec quelques volontaires. Il faut absolument rejoindre les camions pour leur dire de nous attendre.

Karl Heinz Ertel cherche vainement un pont, même un gué lui suffirait. Mais comment le trouver dans cette nuit noire? Il n'y a qu'une solution : se jeter à l'eau. Heureusement, le Lesken, à cet endroit, n'est pas très profond. L'eau est absolument glaciale. Le courant est encore plus violent que ne le pensait Ertel. Non sans mal, le lieutenant parvient sur l'autre rive. Selon ses ordres, seuls quelques volontaires de son groupe de commandement l'ont suivi.

Le chef de la 9e compagnie aperçoit la silhouette d'un bâtiment. Il s'agit sans doute d'un moulin bâti au bord d'un canal. Le jeune officier pense qu'il est sur la bonne voie. Il faut absolument que le reste de sa compagnie puisse le suivre. Tant pis, les Finlandais, guidé par leur compatriote Sartio, se mettent à l'eau les uns après les autres pour traverser, en dépit du courant. S'entraidant et malgré quelques chutes, ils finissent par tous traverser.

Mais il reste le canal. Là, le cours d'eau est beaucoup plus étroit, mais très profond. Impossible de passer à pied. Il faut absolument construire un pont. Ertel rassemble ses hommes et cherche désespérément une solution. Il expédie des patrouilleurs à la recherche de matériel. Enfin l'un d'eux, après avoir fouillé dans les ruines et aux environs du moulin, peut annoncer triomphalement :

— Obersturmführer, j'ai trouvé des troncs d'arbre et des madriers.

En quelques minutes, une passerelle légère est construite et lancée sur le canal. Les volontaires finnois passent l'un après l'autre sur l'autre rive.

Maintenant voici toute la 9e compagnie, au complet, sur la bonne route pour rejoindre la bourgade de Lesken. Ertel et Sartio emmènent leurs hommes à toute allure. Rapidement, ils parviennent à des avant-postes. Ce sont les derniers éléments de sécurité du bataillon. Très nerveux, les guetteurs s'attendaient à tout instant à voir surgir les Soviétiques. Quand on lance les mots de passe et que les camarades répondent en langue finnoise, alors c'est le soulagement des deux côtés. La 9e compagnie a réussi à rejoindre le bataillon Collani, sans perdre un seul homme.

Il est près de neuf heures du soir quand l'Obersturmführer Ertel se présente au poste de commandement. Son chef, déjà prêt au départ, le regarde comme un véritable revenant.

— Je vous croyais perdu, dit seulement Collani.

— Moi aussi, Sturmbannführer.

— Tout le monde est là?

— 9e compagnie au complet.

— Alors, on décroche tout de suite.

Trempés et transis, les hommes de la 9e grimpent dans les camions. Malgré le froid glacial, ils ne tardent pas à s'endormir tant ils sont épuisés, ballottant les uns contre les autres au hasard des cahots de la route.

Pendant toute la nuit du 1er au 2 janvier, les véhicules du régiment *Nordland* vont rouler vers le nord-ouest. Il est près de trois heures du matin quand les camions du bataillon finnois entrent dans la ville de Baksan. Les voici désormais sortis de la zone immédiate des combats, pour rejoindre le corps d'armée blindé dont dépend la division *Wiking*.

Il reste quelques heures pour répartir les hommes dans les cantonnements. Les Finlandais pensent surtout à leurs uniformes trempés et raidis par le gel. Ils savent bien que cette halte ne sera que de courte durée. Pendant toute la fin de la nuit et presque toute la journée, ils se pressent autour de maigres feux, tendant leurs guenilles au bout de branches pour essayer de les faire sécher. Ils titubent de fatigue et tombent de sommeil.

Dès le lendemain, la retraite continuera. Le bataillon Collani finit par arriver, après quatre jours de route, dans la ville de Vorochilovsk, qui s'appelait naguère, du temps des tsars Stavropol.

C'est une gigantesque ville d'étape avec des états-majors, des magasins, des cinémas, des hôpitaux, des centraux de transmis sions. Aussi trouve-t-on dans les rues de nombreuses auxiliaires féminines, infirmières ou téléphonistes. Au sortir de l'enfer du Caucase, les Finlandais découvrent avec stupéfaction une ville de l'arrière qui leur semble un vrai paradis, peuplé de jolies filles. Les volontaires finnois ne tardent pas à faire de nombreuses conquêtes; leurs petites amies les emmènent au cinéma, où l'on projette un film avec la célèbre vedette Zarah Leander. Il se nomme *Le Grand Amour*. Et la chanson du film devient vite célèbre chez les garçons du bataillon Collani : « *Es geht alles vorüber...* »

« Tout passe... » On ne pourrait rêver meilleure devise au sortir de cette aventure dramatique. Ils oublient déjà la grande marche de Chasnidon à Lesken. Dans quelques jours, les camions-citernes vont arriver avec l'essence, et la retraite vers l'Ouest pourra reprendre. C'est le 10 janvier, vers midi que le bataillon finnois de *Nordland* rejoint enfin le reste de la division *Wiking*. Il est alors placé en réserve.

La longue route qui a mené les volontaires finnois du Terek au Manitch est terminée. En ce début d'année 1943, dans les bourrasques de neige, les Finlandais gagnent la région de Proletarskaja. Le plus dur n'est peut-être pas encore fait

20.

Dans toutes les unités de la division *Wiking*, l'arrivée de l'année 1943 est marquée par de durs combats défensifs. Le Gruppenführer Steiner organise une ligne de résistance sur la rivière Manitch et regroupe ses forces à l'abri de cette fragile barrière.

Pendant ce temps, dans la ville de Rostov, les services de l'arrière semblent ignorer le danger qui menace d'emporter tout le front Sud. Les salles de spectacle sont ouvertes et des soldats allemands, roumains et italiens ont fêté joyeusement le nouvel an, comme si rien ne se passait. Un jeune officier de la division *Wiking*, l'Untersturmführer Lüers, revient de permission. Il est stupéfait du spectacle qu'il découvre et décide de réagir. Ce simple sous-lieutenant s'instaure chef de la police militaire, récupère quelques permissionnaires qui reviennent comme lui du pays et expédie des patrouilles dans tous les cinémas et les brasseries de la ville. Les officiers de la Wehrmacht essaient de décourager Lüers, mais il s'obstine et parvient à récupérer exactement deux cent quatre-vingt-seize hommes au moment où un des derniers trains s'ébranle vers l'Est incertain.

Les permissionnaires de la division *Wiking* sont montés dans les wagons en chantant, à la grande stupéfaction de tous les planqués qui traînent dans cette ville d'étape. Cet ultime renfort rejoint la division en pleine bataille et les permissionnaires sont aussitôt répartis entre les unités de combat, après avoir reçu des équipements d'hiver : bottes de feutre, moufles et anoraks fourrés. Le climat est encore plus terrible que l'ennemi.

Dans la retraite du Caucase, les sapeurs se battent aussi durement que les grenadiers. Depuis le début de la campagne à l'Est, ils se sont d'ailleurs toujours trouvés en première ligne, pour franchir les rivières, attaquer les chars à la mine magnétique, faire sauter des bunkers. Aussi, le bataillon du génie d'assaut est-il célèbre dans toute la division *Wiking.* Quant à son chef, on le trouve toujours là où ses hommes manient l'explosif, sous le feu ennemi. L'Obersturmbannführer Max Schäfer, originaire de Karlsruhe, a célébré ses trente-six ans par un des jours les plus froids de janvier 1943, au milieu de ses sapeurs emportés dans la grande tourmente blanche. Plus que nul autre, ce lieutenant-colonel a compris la rigoureuse mécanique de la retraite. Qu'une unité décroche trop tôt, et les Soviétiques peuvent prendre tous leurs camarades au piège; qu'ils décrochent trop tard, alors les retardataires sont voués à la capture. Nul plus que Schäfer n'est capable de régler ce mouvement d'horlogerie « à la minute ».

Quand arrive leur tour, ses sapeurs s'accrochent à leurs trous pour retarder la ruée des Soviétiques lancés à la poursuite des troupes en retraite. Les fantassins russes sont précédés de meutes de T. 34 qui bousculent toutes les défenses, écrasant sous leurs chenilles les positions creusées dans le sol gelé. Les toits de rondins s'écroulent sur les défenseurs. Les hommes, dispersés sur la neige, sont vite repérés et pris à partie par les mitrailleuses de bord. Chaque attaque se termine par un massacre. Contre les chars, les pionniers des compagnies de génie du bataillon Schäfer n'ont aucun canon capable de percer les blindages. Alors, ils attaquent les T. 34 « à la main », allant poser des mines sous les chenilles ou plaquant des charges creuses magnétiques contre la tourelle. Ce sont là des acrobaties dangereuses. Il faut essayer de progresser dans les angles morts, tandis que les camarades prennent à partie les fantassins des unités d'accompagnement. Laisser approcher le char à quelques mètres, bondir de son trou, sauter sur la plate-forme, accrocher l'explosif, se laisser rouler à terre quelques secondes avant la déflagration, tel est le jeu terrible, où les meilleurs laissent souvent leur vie après quelques victoires. Parfois, les sapeurs ne peuvent bondir à terre et sautent avec leur victime. On retrouve leur cadavre disloqué dans la neige, à quelques mètres du T. 34

immobile d'où s'échappe un lourd panache de fumée noire.

Quand ses hommes attaquent les chars, leur chef se rend lui-même jusqu'aux premières lignes — cette suite de petits postes perdus dans l'immensité blanche, totalement isolés les uns des autres. Max Schäfer surgit brusquement à bord de sa petite voiture tout-terrain. Il donne ses ordres, recueille les blessés, rassure les survivants :

— Tenez encore un peu. On s'en sortira!

Avec Max Schäfer, que toute la division *Wiking* surnomme « Mäcki », on s'en sort toujours, même dans les situations les plus impossibles. Alors on décroche à toute allure pour aller organiser une nouvelle position défensive à quelques kilomètres plus loin vers l'ouest.

La longue marche vers Rostov continue, chaque jour plus épuisante et plus sanglante. Les colonnes de la division laissent derrière elles des épaves et des cadavres. Mais les survivants continuent à se battre, jour et nuit.

Vers le milieu du mois de janvier 1943, deux compagnies du bataillon du génie de la division sont rassemblées dans une zone où les rescapés du Caucase vont pouvoir prendre quelques heures de repos. Pour la première fois depuis des semaines et des semaines, les voici à l'arrière. Nettoyage des armes, rassemblement du matériel, mines, explosifs, charges creuses, les pionniers font vite le compte. Ils avalent une soupe tiédasse, deux rondelles de saucisson, un petit cube de margarine. Puis ils vont, enfin, essayer de dormir un peu, serrés les uns contre les autres dans les isbas d'un village perdu dont les murs tremblent sous les bourrasques de neige. Les sentinelles écarquillent les yeux pour essayer d'apercevoir quelque chose dans cette tourmente. La nuit tombe vite sur le cantonnement que vient de quitter l'Obersturmbannführer Schäfer : le chef du bataillon du génie est parti en liaison à l'état-major de la division *Wiking*.

Au milieu de la nuit, éclatent des coups de feu.

— Les Russes! Alerte! Tout le monde dehors!

Les Soviétiques ont réussi à franchir à la faveur de la nuit et de la tourmente de neige ce qui restait des « lignes » allemandes. Ils se sont glissés à travers les petits postes des grenadiers perdus dans l'immensité. Et soudain les voici. Très vite, les deux chefs de compagnie comprennent qu'ils sont attaqués par des forces terriblement supérieures.

— Il y a au moins un régiment en facc!

Les sapeurs vont se battre à un contre dix. Et les fantassins soviétiques sont soutenus par le feu d'armes lourdes. On entend les explosions de départ des coups de mortier. Déjà, les premières torpilles éclatent dans le village. Les pionniers s'installent en hérisson et tiraillent à la lueur des incendies.

Vers l'ouest, par miracle, la route semble encore libre. Les Russes n'ont pas encore fermé l'encerclement. Quelques hommes des services sont envoyés pour demander de l'aide. Ils disparaissent dans la nuit. Il n'y a plus qu'à attendre.

Les sapeurs, tirés de leur premier sommeil, réalisent qu'ils sont en très mauvaise posture. Ils s'accrochent aux isbas en flammes et essaient de ne pas céder du terrain. Si leurs adversaires arrivent à prendre pied dans le village, les volontaires germaniques ne pourront pas tenir le choc dans le corps à corps. Que faire à un contre dix?

Les Russes se rapprochent. Maintenant on se bat à la grenade. Les deux adversaires ne sont plus qu'à quelques dizaines de mètres les uns des autres. Que les Soviétiques donnent l'assaut, et c'en est fini du bataillon du génie.

Soudain, un bruit de moteur. Il vient de l'ouest. Dans la nuit. surgit une petite voiture tout-terrain. Elle arrive en pleine bataille. A son bord, le chef des sapeurs. « Mäcki » arrive quand il le faut, en pleine bataille, juste quand tout paraît perdu. Ce véhicule qui arrive tranquillement en pleine tourmente de neige pour rejoindre le bataillon au plus dur de la bataille, cela semble incroyable. Mais, pour Schäfer, rien de plus naturel. Le voici à son poste de combat. Il donne ses ordres. Ils sont simples.

— Qu'avons-nous en face?

— Au moins un régiment, Obersturmbannführer.

— Des chars?

— Pas encore.

Le lieutenant-colonel n'hésite pas. A un contre dix. Peu importe du moment qu'il n'y a pas de blindés en face. On va se battre entre hommes, grenadiers contre fantassins. Au fusil, au couteau, à la grenade, à la baïonnette. Oui, pour Max Schäfer il n'y a qu'une solution et une seule :

— On contre-attaque!

Les survivants des deux compagnies ont compris que cette manœuvre désespérée reste leur dernière chance. Ceux qui ne tomberont pas s'en sortiront. Une fois encore. Cela sera seulement un peu plus dur que les autres fois.

Ils ne sont pas trois cents sapeurs qui vont brusquement se ruer en avant, en hurlant, en criant, en chantant. Jamais le génie d'assaut n'aura mérité si bien son nom. Au milieu de ses hommes, pistolet mitrailleur au poing, « Mäcki » qui mâchonne un cigare éteint.

L'affaire fera grand bruit. Car le rapport officiel annoncera sept cents soldats soviétiques tués et deux cents prisonniers. Sans parler des armes récupérées et du matériel détruit.

Pour l'Obersturmbannführer Schäfer, ce combat n'est qu'une des étapes de la retraite. Il sait que peut-être le plus dur reste à faire pour ses sapeurs : tenir les dernières défenses de la tête de pont devant Rostov pour permettre à toutes les unités de la division *Wiking* de passer le fleuve et d'échapper au piège. Alors, une nouvelle fois, les pionniers vont se transformer en fantassins. Ils occupent un front démesurément étendu. Chaque nuit, les Russes attaquent, profitant de la tourmente de neige. Chaque brèche dans la défense est aussitôt colmatée. La tête de pont tiendra jusqu'au bout. Schäfer rassemble les survivants de son bataillon et les lance une nouvelle fois dans une folle contre-attaque. Folie qui n'est que dangereuse sagesse. Attendre sur place, c'est se faire tuer. Attaquer, c'est surprendre l'ennemi et tenter l'ultime chance. Le chef des pionniers est le plus prudent des joueurs. Mais son jeu est le plus fou de tous. Quelques hommes s'opposent à la ruée de toute une armée certaine de sa victoire et qui veut faire de Rostov un second Stalingrad.

Et pourtant les vagues d'assaut se brisent et refluent. Les pionniers tiennent. Lentement, les colonnes de la division *Wiking,* sous la protection de leurs fusils et de leurs mines, échappent au piège [1].

Le 12 janvier, le régiment *Westland* perd son commandeur. L'Obersturmbannführer Harry Polewacz, un Berlinois qui allait avoir trente ans dans quelques semaines, est tué au cours d'un

1. Décoré de la croix de chevalier de la Croix de fer et promu Standartenführer, Max Schäfer quittera la division *Wiking* pour commander l'unité du génie du IIIe corps blindé germanique dans les pays baltes. Il s'y battra à la tête d'un *Kampfgruppe* et parviendra à échapper à l'encerclement de la poche de Courlande. Il recevra alors les feuilles de chêne.

combat d'arrière-garde. Il avait été naguère un des premiers engagés de la *Leibstandarte S.S. Adolf Hitler.* Chef de section en Pologne, chef de compagnie en Hollande et en France, chef de bataillon en Ukraine et dans le Caucase, où il servait depuis le début de la campagne au régiment *Nordland*, il est de ceux dont la mort frappe profondément les volontaires germaniques. Pour les Allemands et surtout pour les Danois comme pour les Norvégiens, il était le meilleur des chefs de bataillon du « Vieux Fritz » von Scholz. A côté de lui, tombe un des plus anciens officiers de toute la division *Wiking* : le Sturmbannführer von Hadeln, qui a toujours été à la tête du 1er bataillon du régiment *Westland*.

La mort de Polewacz, survenue en pleine retraite, alors que toute la division traverse des jours difficiles, est une véritable catastrophe. Pour le remplacer à la tête de son régiment, l'Oberführer Gille ne voit pas d'autre solution que de désigner son propre chef d'état-major : le Sturmbannführer Erwin Reichel deviendra donc le commandeur de *Westland*, pour le meilleur et pour le pire. Et, en ces jours terribles, c'est le pire qui paraît le plus certain.

A l'état-major de la division, un capitaine de trente ans, le Hauptsturmführer Manfred Schönfelder, remplace son camarade Reichel. Il ne quittera désormais plus ce poste jusqu'à la fin de la guerre et dirigera l'état-major des différents Commandeurs qui doivent succéder à Felix Steiner.

Les régiments de grenadiers, souvent réduits à l'effectif d'une grosse compagnie, se forment en hérisson dans des villages perdus pour couvrir la retraite. Comme *Westland* s'est battu à Simovniki et *Germania* à Baljabanov, *Nordland* s'installe en position défensive à Proletarskaja, sur le Manitch.

Le bataillon Lohmann s'est retranché le 13 janvier dans la bourgade de Krasnoje-Snamja. Dès l'aube du lendemain, les Soviétiques attaquent avec six chars T.34 que suivent des centaines de fantassins vêtus de houppelandes blanches. Les grenadiers n'ont pas d'armes contre les chars et doivent se réfugier dans les maisons, en laissant la rue aux blindés russes. Scandinaves et Allemands peuvent juste combattre l'infanterie dans les ruines et les jardins. Lohmann cède du terrain et recule jusqu'à la moitié de la bourgade, derrière un champ de mines improvisé.

Les chars se sont arrêtés. Quelques volontaires décident de les faire sauter avec des charges creuses. Un S.S. se glisse le long des maisons, bondit sur la plage arrière d'un TR.34 et plaque une mine contre la tourelle. Puis il saute à terre pour se mettre à l'abri. Mais les aimants ne tiennent pas et la charge creuse se décroche pour exploser, sans aucun résultat, sur la neige.

En reculant, les volontaires germaniques arrivent à l'ambulance du bataillon qui, de l'arrière, se retrouve soudain aux avant-postes.

— Il y a ici plein de camarades blessés! hurle le médecin. Vous ne pouvez pas les abandonner.

— Alors, on contre-attaque.

Et les hommes de *Nordland* reprennent à leurs adversaires quelques dizaines de mètres pour dégager l'ambulance.

Le Sturmbannführer Lohmann a la chance d'avoir encore un téléphone qui marche et il réclame sans cesse de l'aide au régiment :

— Je suis attaqué par les chars. Tenez, vous n'avez qu'à écouter!

Et Lohmann tend le combiné vers la fenêtre ouverte au moment même où un T.34 passe dans la rue...

Au bout du fil, le nouveau chef de *Nordland,* l'Obersturmbannführer Jörchel, est convaincu. Il expédie à toute allure les grenadiers du bataillon Stoffers vers Krasnoje-Snamja. Les renforts arrivent dans la nuit et participent aussitôt à une contre-attaque qui rejettent les fantassins russes hors du village.

Le lendemain, dès l'aube grise et froide, les T.34 reprennent l'attaque, et les grenadiers de Lohmann et de Stoffers sont à nouveau repoussés jusqu'au milieu du village. Alors arrivent en ultime renfort les Finlandais de Collani. Avec eux, quatre canons d'assaut qui vont peser d'un poids décisif dans la bataille. Avec ces pièces lourdes, on peut enfin se mesurer aux T.34. Une nouvelle contre-attaque permet de reprendre tout le village. Les Soviétiques déménagent si vite que l'un des chefs de pièce de *Nordland* va retrouver son mortier qu'il avait dû abandonner quelques heures auparavant.

Les Soviétiques ne se sont retirés que pour reprendre l'offensive quelques heures plus tard. Mais, cette fois, les volontaires germaniques sont soutenus par des canons d'assaut et Krasnoje-Snamja reste entre leurs mains..., jusqu'au prochain ordre de décrochage.

Dans la nuit du 19 janvier 1943, des éléments soviétiques s'aventurent sur la glace du fleuve Manitch et parviennent à s'infiltrer dans la bourgade de Jekaterinovka.

C'est là que se trouve le point de passage de la division *Wiking* qui doit se replier de la région de Proletarskaja. C'est une très grave nouvelle qu'apprend ainsi l'Oberführer Gille, le Commandeur par intérim de la division pendant la mutation provisoire de Felix Steiner à la tête d'un corps d'armée blindé.

— Nous risquons d'être coupé, annonce le colonel d'artillerie à son chef d'état-major, le Sturmbannführer Schönfelder. Il faut à tout prix maintenir le passage sur le Manitch.

Tout va se jouer sur l'itinéraire de Proletarskaja à la ville de Salsk, prochaine étape obligée du grand mouvement de retraite. Il faut à tout prix faire intervenir une unité pour nettoyer tout ce secteur.

— Je ne vois que les Finlandais pour faire ce travail, constate Schönfelder.

— Exactement, approuve son chef. Ils constituent notre dernière réserve disponible.

Le bataillon du Sturmbannführer Collani se trouve alors en réserve dans un secteur assez calme. C'est le moment ou jamais de le relancer dans la bataille. Le 1er bataillon de *Nordland,* du Sturmbannführer Lohmann, remplace donc sur leurs positions défensives les compagnies de combat de son camarade Collani. La relève a lieu en pleine nuit et les volontaires finnois quittent Proletarskaja pour Schlabijevka, où ils arrivent vers deux heures du matin. Les voici à pied d'œuvre pour la contre-attaque.

Dès l'aube, la 10e compagnie avec l'Obersturmführer Porsch et la 11e compagnie de son camarade Deck gagnent leurs emplacements de départ. Cette fois, la 9e, avec l'Obersturmführer Ertel, reste en réserve de bataillon, prête à soutenir l'assaut.

Dans Jekaterinovka, se trouvent rassemblés environ un millier de Russes, soutenus par des canons et des mortiers. Le Sturmbannführer Collani se doute que ses Finlandais vont avoir affaire à forte partie.

— Nous attaquerons à neuf heures précises, annonce-t-il à son adjoint Hirt.

A cette heure, le jour doit être à peu près levé. Collani ne dispose que de deux compagnies qu'il lance aussitôt à l'assaut. Il a réussi à obtenir quelques renforts : à gauche, la 10e compagnie de Porsch sera soutenue par un Panzer et deux canons d'assaut; à droite, la 11e de Deck bénéficiera de l'appui de deux Panzers, mais d'un seul canon d'assaut. Le commandement est de plus en plus pauvre en matériel blindé...

— Moteurs en route! En avant!

Entourant la demi-douzaine de blindés, les grenadiers finnois s'avancent vers Jekaterinovka, qui s'étire d'est en ouest le long d'une unique rue.

Les Finlandais savent que c'est à eux d'ouvrir la route non seulement au régiment *Nordland,* mais à toute la division *Wiking.* Ils doivent faire sauter le verrou qui ferme la route de Salsk, c'est-à-dire, au-delà, de Rostov.

Les volontaires finnois courent dans la neige, se couchent, tirent, repartent. Tout se passe bien. Malgré la longue marche depuis le Caucase, ils gardent un esprit offensif, presque sauvage, qui ne cesse de surprendre les Allemands. Point n'est besoin pour les gradés de les pousser en avant.

Au bout d'un quart d'heure de combat, bien appuyés par les canons des blindés, les premiers éclaireurs ont atteint le ruisseau qui sépare en deux la bourgade de Jekaterinovka. Mais le plus dur reste à faire. Il faut remonter vers le nord et s'emparer, l'une après l'autre, des maisons que tiennent solidement les fantassins soviétiques.

L'Obersturmführer Porsch et les hommes de sa 10e compagnie arrivent à franchir environ huit cents mètres sans trop de difficultés. Surpris, les Russes se replient. Mais ils n'abandonnent pas la partie. Au contraire, ils se ressaisissent et se barricadent dans les maisons. Il faut les déloger à la grenade. On se bat au corps à corps. Les Finnois sont décidés à en finir à la baïonnette et au couteau. Jamais Porsch ne les a vus aussi farouchement résolus. Le lieutenant aurait plutôt envie de les retenir dans leur progression irrésistible dans les jardins et les cours.

Peu avant dix heures du matin, la défense soviétique se renforce encore. Cette fois, les grenadiers de Porsch ne vont pas tarder à se trouver bloqués par un feu nourri. Le chef de la 10e compagnie essaie de se rendre compte de la situation. Le village de Jekaterinovka est maintenant à moitié enlevé d'assaut. Sur sa droite, la 11e compagnie de son camarade Deck arrive à sa hauteur. Tout irait bien si les Russes ne lançaient de nouveaux renforts dans la bataille. C'est vraiment un bon millier d'hommes auxquels les deux compagnies finnoises qui, réunies, ne rassemblent guère plus d'une centaine de combattants, s'affrontent désormais. Mortiers et canons prennent durement à partie les Finlandais du bataillon Collani.

Il est juste dix heures du matin quand l'Obersturmführer Porsch s'écroule, mortellement frappé d'une balle en pleine tête.

— Je prends le commandement, annonce l'Obersturmführer Pohjanlehto.

Le lieutenant finnois s'est taillé depuis le début de la campagne une rude réputation de patrouilleur et de combattant de choc. Personne n'a oublié la prise de la cote 701 lors des combats de Malgobeck. Et puis ses hommes ne sont pas fâchés d'être commandés par un de leurs compatriotes... Ils se ramassent sur eux-mêmes, attendant l'ordre de bondir à nouveau.

Sur leur droite, leurs camarades de la 11e compagnie sont aussi durement accrochés. La progression s'est arrêtée et sans cesse de nouveaux renforts soviétiques déboulent du kolkhoze tout proche. Les Russes essaient un mouvement tournant.

Le Sturmbannführer Collani comprend vite le danger et il expédie à la rescousse quelques sapeurs de sa compagnie lourde, la 12e. Il ne veut pas faire plus pour l'instant. Il tient à garder le plus possible d'hommes en réserve.

— Je ne sais pas trop comment ça va tourner, confie-t-il à son adjoint Hirt. Alors, gardons Ertel et ses grenadiers sous la main.

Les Finlandais de la 9e compagnie enragent de ne pas pouvoir donner un coup de main à leurs camarades durement accrochés dans Jekaterinovka.

D'interminables minutes se passent. L'assaut du bataillon Collani se trouve stoppé. Et soudain des cris retentissent : avec des « hourras », six cents Russes déboulent à la contre-attaque. C'est une manœuvre d'une terrible brutalité qui devrait logiquement bousculer les deux compagnies finnoises. C'est l'unité que commande Pohjanlehto qui se trouve la plus menacée. Le nouveau chef de la 10e compagnie ne se trouble pas pour autant. Il est bien persuadé que dans la tourmente un lieutenant finlandais peut faire aussi bien qu'un lieutenant allemand. L'Obersturmführer dit seulement à ses compatriotes :

— Laissons-les s'approcher. On va s'expliquer de près.

A bonne distance, des rafales de mitrailleuses couchent les Russes au sol. Mais ils sont si nombreux que quelques-uns arrivent à passer et se ruent sur les positions ennemies. Alors, c'est le corps à corps. Impitoyable. On s'explique au « pukko », le terrible couteau finnois. La contre-attaque semble brisée.

— A nous maintenant! crie Pohjanlehto.

Ses hommes foncent droit devant eux, comme des fous. Ils bousculent les fantassins et arrivent jusqu'à une position de mortiers lourds où ils s'installent après avoir réglé le sort des servants à la grenade et au couteau.

Les tubes sont aussitôt retournés pour soutenir les nouvelles lignes occupées par les S.S. finnois. La 11e compagnie de l'Obersturmführer Deck aligne le front à son tour. Les Soviétiques ne s'estiment pas battus pour autant et lancent de nouvelles réserves dans la bataille.

Avec les Finlandais, se trouve un officier observateur de la 12e batterie du régiment d'artillerie de la division *Wiking*. Des premières lignes, il parvient à régler le tir de ses obusiers. Les pièces se déchaînent et tirent sans arrêt. Les canons de PAK s'en mêlent. Et les mitrailleuses de la 10e et de la 11e compagnie sont si brûlantes qu'il faut changer de canon à toute vitesse.

Les Soviétiques encaissent durement. Mais chez les Finlandais les pertes son maintenant très lourdes. Le commandeur du bataillon se décide à envoyer des renforts. Il lance dans la bataille les derniers sapeurs de la 12e compagnie. Il est maintenant midi. On se bat sans un seul instant de repos depuis trois heures.

Pendant une demi-heure, les Russes vont encore attaquer les positions du bataillon avec leurs dernières forces disponibles. Pohjanlehto et Deck estiment à quatre cents fantassins le nombre des Russes qui attaquent les débris de leurs deux compagnies. Sans les six blindés qui les soutiennent depuis le matin, ils ne pourraient jamais tenir.

Cet ultime assaut ne s'arrête qu'à une heure moins le quart. Elle est brisée à grand-peine, et les Finlandais sont à bout de forces. A une heure de l'après-midi, arrive une section de sapeurs de la Wehrmacht. Pohjanlehto voit arriver ces Allemands avec satisfaction, car on compte dans les rangs déjà clairsemés des Finlandais neuf tués et une trentaine de blessés.

Jusqu'à la tombée de la nuit, les Russes vont enfin rester tranquilles. Le bilan de leur côté est effrayant : trois cents cadavres gisent devant les lignes finnoises et les deux compagnies du bataillon Collani ont réussi à faire plus de cent cinquante prisonniers. Ils ont aussi capturé une douzaine de fusils antichars, deux mitrailleuses lourdes, une demi-douzaine de mortiers et autant de fusils mitrailleurs.

La tombée de la nuit semble amener quelque répit. Mais les Soviétiques massent sans aucun doute de nouvelles troupes pour reprendre Jekaterinovka. Le Sturmbannführer Collani décide alors une contre-attaque qu'il mènera avec la 9e et la 11e compagnie, même si chacune d'elles se réduit à l'effectif d'une section forte d'une quarantaine de combattants seulement.

L'Obersturmführer Pohjanlehto, dès l'aube du 20 janvier, rassemble un groupe de choc : quelques hommes des deux compagnies de grenadiers et le groupe de sapeurs que commande un de ses compatriotes, l'Unterscharführer Toivo Vaino. Se joignent à eux l'infirmier Valtonen et deux agents de liaison : un Allemand et un Suédois de Finlande. En tout, cela ne fait qu'une douzaine d'hommes. Mais Pohjanlehto a toujours aimé « travailler » avec de minuscules équipes... Les canons du régiment d'artillerie soutiennent l'attaque. Il faut foncer sur un véritable glacis, en direction de la partie orientale du village de Jekaterinevka. Deux Panzers roulent sur la route. Parfois, ils s'arrêtent, pour tirer quelques obus. Dès les premières maisons, les Finlandais attaquent à la grenade. Ils n'ont que des armes légères à tir rapide : pistolets mitrailleurs et mitrailleuses. Ils comptent surtout sur l'effet de surprise. Les Soviétiques croyaient leurs adversaires terrés sur les positions où ils ont passé la nuit. Et ils les imaginaient sans doute très éprouvés par les attaques de la veille...

Brusquement, ils voient surgir une douzaine de démons finnois, comme des diables qui sortent d'une boîte. Les Russes sont de jeunes recrues, originaires pour la plupart de l'estuaire de la Volga et des rives de la mer Caspienne. Ils n'ont pas les réflexes des vieux combattants du front. Au lieu de sortir et de se battre dehors, ils essaient de trouver un refuge dans les maisons.

Mais les obus des Panzers font voler les torchis en éclats et détruisent tout.

Pohjanlehto mène l'assaut comme un forcené. Ses hommes apparaissent aussi excités que lui. Une bande de déments qui sautent de maison en maison, lançant leurs grenades, tirant, hurlant, chantant. Jamais les Finlandais n'ont été aussi fous. Oui, ils chantent :

Sama kaiku on askelten
kyllä vaistomme tuntee sen
kuinka jumpujen kätköstä, mullasta maan
isät katsovat pokiaan [1].

Plus ils foncent vite et plus ils ont des chances de l'emporter. Il ne faut pas laisser une minute, pas une seconde à l'ennemi pour se ressaisir. Courir, tirer, bondir, hurler! Ne se fier qu'à sa chance. Lancer toute sa vie dans la bataille. Ne pas même prendre le temps de s'étonner d'être encore vivant.

Pohjanlehto semble ne plus jamais pouvoir s'arrêter. Il hurle ses ordres. Toujours les mêmes :

— Plus loin! Plus vite!

Des Soviétiques sortent des caves et des maisons. Ils lèvent les bras. Ils se rendent. S'ils savaient qu'ils n'ont en face d'eux qu'une douzaine d'hommes! Mais ce sont des démons furieux qui sont en train de prendre Jekaterinovka.

Les Finlandais foncent sans se soucier de ceux qui ne suivent pas. Partis à douze, ils ne sont plus que six quand ils arrivent enfin au bout du village. A leur tête, l'Obersturmführer Pohjanlehto. Les autres sont morts ou blessés? Non, ils sont en train, placidement, de rassembler et de désarmer les prisonniers pour éviter à leurs camarades d'être pris à revers. Un Finlandais et un Allemand ont récupéré une mitrailleuse lourde et l'ont installée en position, pour réduire toute velléité de contre-attaque.

Le lieutenant finlandais a gagné son impossible pari. Il fait rapidement le compte de ses hommes. Il n'y a que quelques blessés légers parmi sa douzaine de risque-tout.

1. *Le même son résonne sous nos pas*
et à chaque pas nous le sentions :
nos pères qui reposent là-bas
sont aussi avec nous.

Jekaterinovka aux mains du bataillon finlandais, le chemin est ouvert pour une nouvelle étape dans la retraite de la division *Wiking.* L'encerclement a été évité de justesse.

Dans la nuit, les grenadiers de *Westland* de *Germania* et de *Nordland,* avec tous les services, franchissent l'unique pont du Manitch et se dirigent vers Salsk. Fantassins, artilleurs, motocyclistes, chasseurs de chars, pionniers, tous prennent la route de Rostov.

A l'arrière-garde, les deux bataillons Lohmann et Krügel de *Nordland* se sont installés en défensive pour permettre le décrochage de leurs camarades du bataillon Collani, qui tiennent encore en maîtres Jekaterinovka, conquis de haute lutte. Les Finlandais quitteront la bourgade les derniers. Ces diables d'hommes chantent encore dans la nuit froide de janvier :

Tapa tuttu jo taattojen,
nyt on hoidossa poikasten[1].

A la tête des rescapés de sa 10e compagnie, marche l'Obersturmführer Tauno Pohjanlehto. Désormais, ce sera un officier finnois qui va toujours commander cette 10e. Et quand il sera blessé, le 12 mars, un de ses compatriotes, Kauko Ingerö, lui succédera. Les Allemands ont trouvé plus farouches guerriers qu'eux...

1. *Ce que nos pères ont accompli autrefois,*
les fils à leur tour le feront aujourd'hui.

21.

La division *Wiking* continue à se replier vers l'Ouest. Son Commandeur Gille a l'ordre de défendre une tête de pont devant Rostov et de tenir libre le passage du Don. Les effectifs sont tombés au plus bas. Tués, blessés, disparus, malades se comptent par centaines. Les bataillons de grenadiers sont réduits à une petite compagnie de deux cents combattants environ. Certaines unités n'existent presque plus. Dans la 1re section de la 1re compagnie du bataillon de choc Dieckmann, par exemple, l'Untersturmführer Werner Meyer, un Poméranien de vingt-deux ans, au lieu de la cinquantaine d'hommes réglementaire, ne commande plus qu'à dix soldats épuisés : un Unterscharführer qui sera mortellement blessé au cours de la retraite d'une balle en pleine tête et neuf grenadiers groupés autour d'une unique mitrailleuse.

Germania, Westland et *Nordland* poursuivent leur grande marche vers le Don, retrouvant les lieux mêmes où ces trois régiments avaient combattu lors de l'offensive du printemps précédent. Mais, cette fois, c'est le terrible hiver et la division *Wiking* bat en retraite.

Toutes les unités naviguent dans un véritable désert de neige. Le paysage ressemble à un océan dont le vent sans cesse modifie les énormes vagues blanches. De temps à autre, on aperçoit la silhouette aux branches torturées de quelque arbre solitaire. Un repli de terrain dissimule les toits de quelque hameau, les dunes succèdent aux dunes, les « balkas » aux « balkas », les plaines aux plaines. On ne distingue même plus les routes et les pistes dans cette immensité. Plus une carte d'état-major n'est utilisable dans ce monde sans forme et sans couleur. Alors, dans cette immensité d'un gris sale, dans une brume continuelle, il faut se diriger à la boussole, comme des marins.

Pas moyen de trouver un abri. Les guetteurs gèlent dans leur trou. Le thermomètre chute à 40°. Par un doigt de gant déchiré, le froid entre comme une bête. L'homme ne sent rien d'abord. Les doigts deviennent blancs et durs comme de l'os; puis ils noircissent lentement. Il est trop tard. Quand on commence à les réchauffer, il se forme d'énormes cloques et tout commence à pourrir. Alors, ce sera l'évacuation, l'hôpital, l'amputation. Les blessés, les dents serrées, souffrent horriblement dans les traîneaux qui cahotent pendant des heures et des heures sur la neige glacée.

Il faut marcher interminablement pour trouver dans un hameau de l'arrière quelques camions dont les moteurs tournent sans cesse. Qu'ils s'arrêtent, et le gel fige tout; la mécanique devient un bloc de glace et il ne reste qu'à faire sauter le véhicule, pour qu'il ne tombe pas intact aux mains de l'ennemi. On peut en abandonner quelques-uns sans regret, tant les rescapés de cette longue marche sont peu nombreux, errants de points d'appui en points d'appui, ne s'arrêtant que pour se battre et mourir.

Les alliés, Italiens et Roumains, se débandent. Les Allemands battent en retraite. Les volontaires germaniques se font tuer sur place, s'ils en reçoivent l'ordre. Ils sont aussi volontaires pour l'ultime sacrifice dont personne ne saura jamais rien. Danois, Norvégiens, Suédois, Finlandais, Flamands, Suisses ou Hollandais se battent pour un mirage plus que pour une nation qui les ignore ou les hait. La division *Wiking* tout entière semble sombrer dans ce paysage de neige et de mort. Pour la première fois, depuis le début de la campagne sur le front de l'Est, les volontaires germaniques, la rage au cœur, doivent se résoudre à abandonner les corps de leurs camarades tués, sans même les enterrer.

Le vent ramène un peu de neige sur les cadavres abandonnés tandis que les survivants se hâtent vers un autre village, plus loin vers l'ouest.

Chaque étape est un combat. Ainsi, le 21 janvier, à la tombée de la nuit, le bataillon Lohmann de *Nordland* s'installe dans le village de Gigant. Son tour est venu de protéger le repli du restant de la division. Il faut faire front vers l'est et le nord.

Après une nuit glaciale dans les masures, les hommes de la 3e compagnie s'installent dans les ruines de ce gros bourg où passent la route de Salk à Rostov et la voie ferrée de Stalino à Rostov. Le plus urgent est de nettoyer les armes. Avec ce froid, les mitrailleuses ne cessent de s'enrayer. Il faut assez d'huile pour que le mécanisme fonctionne, mais pas trop, car elle gèle et bloque tout.

Scandinaves et Allemands construisent des petits blockhaus avec des machines agricoles sur lesquelles ils « maçonnent » des murs de neige vite transformée en glace. Derrière eux, dans le village, la silhouette d'un haut silo à blé et les cheminées de quelques usines.

La section lourde installe ses mortiers et ses mitrailleuses. Le poste de commandement sera dans une maison dont il reste par miracle le toit de tuiles. Un débrouillard déniche un poêle que l'on bourre aussitôt avec toute la paperasse abandonnée par les précédents occupants.

Les Soviétiques lancent la première attaque vers midi. On entend les coups de canon d'une pièce allemande de PAK qui s'en prend aux T.34. La 1re compagnie est accrochée sur la droite. Puis, vers deux heures de l'après-midi, c'est au tour de la 2e. Cela devient de plus en plus sérieux. On entend des coups de canon rageurs. Bientôt viendra le tour de la 3e. Avec une gigantesque déflagration, le silo, touché de plein fouet par un obus russe, explose et s'écroule. Gigant sera attaqué d'un instant à l'autre. L'artillerie russe frappe durement. Les tuiles du toit volent dans tous les sens, des madriers sont projetés en l'air et les murs se fissurent. Il n'y a plus un seul carreau aux fenêtres. Les fantassins soviétiques attendront toute la journée, confiants dans ce harcèlement de leurs artilleurs, et n'attaqueront qu'à la tombée de la nuit.

Les mitrailleuses de *Nordland* dévident bande sur bande. Cette fois, toutes les compagnies sont attaquées en même temps. Dans son poste de commandement de bataillon, le Sturmbannführer Lohmann demande par radio l'autorisation de décrocher.

— Pas encore, répond seulement l'Obersturmbannführer Jörchel qui remplace depuis le Caucase le « Vieux Fritz ».

Les Russes qui attaquent du nord et de l'est entament un grand mouvement pour couper au bataillon Lohmann la route de Rostov par l'ouest. Il faut à tout prix garder ouverte cette dernière possibilité de repli. Lohmann recule jusqu'au village voisin. Puis il reçoit à l'approche de la nuit l'ordre de battre en retraite. Les véhicules arrivent presque jusqu'aux positions des grenadiers. Depuis des semaines et des semaines, les chauffeurs accomplissent des exploits. Les agents de liaison courent dans tous les sens pour rameuter les sections et les groupes de combat. Les grenadiers se replient, tandis que les sapeurs posent des charges explosives pour faire sauter toutes les installations. Des incendies illuminent les ténèbres. Partout, retentit le fracas des déflagrations. Des morceaux de rail du chemin de fer volent dans tous les sens.

Le bataillon Lohmann décroche à toute allure. Chaque compagnie protège la suivante selon la tactique désormais bien au point. Les camions sont là, moteurs au ralenti.

— On enroule la ligne de front comme une femme qui enlève ses bas, remarque en plaisantant l'agent de liaison Tieke, qui a abandonné depuis quelques semaines sa motocyclette pour servir une mitrailleuse comme premier tireur.

Les Soviétiques surgissent, tirent quelques coups de feu en direction de la colonne qui disparaît dans un nuage de neige poudreuse, puis ils vont vite se fourrer au chaud dans les isbas abandonnées par leurs adversaires. Ce sera parfois pour y sauter sur des mines ou des grenades piégées.

Pendant des heures, les camions roulent sur de mauvaises pistes et à travers les champs couverts de neige. Un seul objectif : l'Ouest. On relèvera un autre bataillon à la prochaine halte. Lohmann va permettre cette fois à Collani et à ses Finlandais de décrocher à leur tour.

La nuit est très froide et le ciel s'illumine d'étoiles. Dans les camions, les hommes s'enveloppent dans leurs couvertures qu'ils tirent sur le visage. Ils tapent des pieds pour se réchauffer. Bientôt, la neige que font voler les véhicules et qu'emporte le vent les saupoudre. Ils deviennent blancs. Et la couverture se glace pour devenir dure comme du bois.

Le prochain point d'arrêt sera Jelina qui doit être défendue par le Ier bataillon Sitter de *Westland* et les bataillons

Lohmann et Collani de *Nordland*. Finlandais, Scandinaves, Néerlandais et Allemands sautent à bas des véhicules, puis gagnent leurs postes de combat sous les rafales de neige.

Le groupe de l'Unterscharführer Hollinger, qui ne comprend plus qu'une demi-douzaine d'hommes, s'installe dans la gare déserte, à cent cinquante mètres en avant du bourg. Il s'agit de servir de « brise-lames » à l'offensive soviétique. La ligne de défense principale est à près de deux cents mètres en arrière. La voie et la route sont parallèles, distantes d'une vingtaine de mètres l'une de l'autre. Une sentinelle commence à piétiner entre les bâtiments de la station et un hangar qui se trouve à proximité. Dès l'aube, les S.S. du groupe Hollinger placent une mitrailleuse sur la route et l'autre sur la voie ferrée. Les postes de tir sont renforcés avec des madriers et camouflés avec des plaques de neige. Les deux pièces sont orientées l'une sud-est et l'autre nord-ouest.

Un vrombissement de moteur sur la route. Ce sont trois éclaireurs qui partent avec une motocyclette et son side-car pour reconnaître le terrain vers l'est. Ils ne tardent pas à revenir et annoncent :

— Ils arrivent... Il y a plusieurs centaines d'hommes. Peut-être bien un millier... Avec des blindés.

Le sergent qui commande le petit avant-poste de la gare de Zelina s'exclame :

— Quelle merde! Et on n'a même pas une pièce de PAK!

Le chef de section, l'Untersturmführer Handke, arrive peu après. Il donne quelques consignes, puis promet d'envoyer, dès qu'il pourra, des charges creuses pour essayer de bloquer les blindés. La compagnie, qui ne groupe guère qu'une trentaine de combattants, n'a pour seul appui que deux petits canons de FLAK à quatre tubes de 20 — un peu légers contre les T. 34!

Le tireur et le pourvoyeur s'installent à leur pièce. Les deux servants de la mitrailleuse se protègent du froid avec un gros édredon déniché dans une isba et qu'ils ont étendu sur le sol gelé.

Le sergent Hollinger observe le paysage à la jumelle. La neige fausse toutes les distances. Il est debout, immobile dans la tourmente. Puis il se baisse et dit seulement :

— Regardez bien.

On aperçoit des Russes qui se rassemblent en face. Petites taches noires dans l'immensité blanche. Ils entourent trois chars, sans doute des T. 34.

— N'ouvrez le feu que lorsque vous verrez la fusée rouge, commande le chef de groupe.

— Bien compris, Unterscharführer.

Soudain, des cris retentissent. L'air froid porte bien les sons que le vent plaque en bourrasques contre les oreilles. Malgré les chiffons et les passe-montagnes, ils entendent les cris lancinants :

— Hourra! Hourra!

Les Russes s'élancent. Leur assaut démarre de loin. D'au moins quinze cents mètres. Mais ils se rapprochent. Mille mètres maintenant, huit cents, six cents.

— Hourra! Hourra!

On distingue fort bien à l'œil nu les assaillants. Certains n'ont même pas d'armes et ramasseront tout à l'heure celles des morts et des blessés. Cinq cents mètres. Quatre cents...

Enfin, la fusée monte dans le ciel et éclate

— Feu!

Mitrailleuses, fusils, canons à quatre tubes, tout cela tire en même temps dans la masse hurlante qui avance comme un mur sombre sur la neige.

— Hourra! Hourra!

Mais, à deux cents mètres des lignes tenues par les volontaires germaniques, l'assaut est brisé net. Les survivants refluent. Plus un cri. Des corps immobiles gisent sur la neige blanche. Mais voici déjà la deuxième vague d'assaut. D'autres fantassins russes se précipitent.

— Hourra! Hourra!

Ils seront stoppés là même où leurs camarades sont tombés. Un tel courage impressionne plus encore que leurs cris.

Le chargeur de la mitrailleuse qui tire près de la gare se met soudain à rire nerveusement. Il se tourne vers le tireur :

— Voici le premier acte terminé. Attendons le second.

Le second sera joué par les chars. Et alors il n'y en aura pas de troisième.

En attendant, il faut empêcher que les Russes couchés dans la plaine ne se relèvent. Déjà, on voit ramper d'étrange « cadavres », la mitraillette à chargeur circulaire au poing.

Entre deux assauts, les S.S. de l'avant-poste vont à tour de rôle se chauffer près du poêle de la gare. Ils rient en pensant à leurs adversaires toujours cloués dans la neige par le feu des armes automatiques.

Mais les mitrailleuses soviétiques répondent aux pièces allemandes. Deux observateurs du groupe Hollinger n'ont que le temps de descendre de la meule de foin d'où ils regardaient la plaine et faisaient un carton sur un Russe en train de... poser culotte à moins de trois cents mètres de leurs lignes.

Une demi-douzaine d'obus de mortiers arrivent tout d'un coup sur les positions de la gare de Zelina. Le tireur de la mitrailleuse est protégé par une traverse de chemin de fer qui a reçu tous les éclats à sa place. Mais là où se trouvait le chargeur tout à l'heure, il n'y a plus qu'un trou. Heureusement, l'autre a changé de place juste avant. La chance... Les mortiers russes vont continuer à tirer tout le court après-midi jusqu'à la tombée de la nuit. Leurs chars ne se mettront en marche que plus tard, au crépuscule. Peints en blanc, on les distingue mal dans la pénombre laiteuse. Un des T.34 escalade le remblai de chemin de fer, couvert par les deux autres qui restent sur la route.

L'Unterscharführer Hollinger a compris le danger. Il n'a rien pour résister aux chars. Alors, il crie :

— Blindés! On se replie jusqu'au village. On va s'installer dans la première maison sur la lisière.

La demi-douzaine d'hommes se replient en courant à toute allure. Dans ce jour qui tombe, les Russes les voient trop tard pour réagir. Le char s'avance sur la voie du chemin de fer, avec une grappe de fantassins accrochés à la tourelle.

Les S.S. courent de plus en plus vite. Le tireur d'une des deux mitrailleuses trébuche, laisse tomber son arme, puis perd sa botte de feutre. Il ne s'arrête pas, avec ce maudit char à moins de cinquante mètres dans son dos!

Soudain, on entend une explosion. Atteint par un obus venu d'on ne sait où, le char est touché. Une lueur rouge, aveuglante dans le crépuscule. Et volent dans l'air des plaques d'acier et des débris humains. Une épaisse fumée noire s'échappe de la carcasse du T.34. Ses munitions explosent. D'un seul coup au but, un 88 a réglé son compte au monstre d'acier. L'Unterscharführer Hollinger ne perd pas une seconde.

— On contre-attaque!

Les servants des deux pièces se précipitent en courant vers la gare.

Celui qui a laissé tomber sa mitrailleuse tout à l'heure dans la neige la récupère. Les voici à nouveau dans leurs trous. Le tireur remet sa botte qu'il a aussi ramassée au passage. Sur la voie ferrée, le char achève de brûler. Le sergent Hollinger réoccupe son avant-poste. Il demande des nouvelles des voisins. Plus loin, son camarade Müller, le chef de l'autre groupe de mitrailleuses, vient d'être tué au cours de la contre-attaque. Maintenant, la nuit est tout à fait tombée. Les hommes de garde entendent des bruits étranges. On rampe ou on marche sur la route. Les bruits se précisent.

Un des tireurs veut lâcher une rafale de mitrailleuse. Mais le mécanisme est figé par le gel. Rien à faire pour le débloquer. Alors il lance un peu au hasard trois grenades défensives dans le fossé de la route, en face de lui. Trois explosions. Des cris. Des gémissements. Des camarades se précipitent et tirent quelques coups de fusil. Les Russes n'étaient qu'à quelques mètres. L'Unterscharführer Hollinger arrive. Il ordonne au tireur :

— Va tout de suite dans la gare réparer ta mitrailleuse. On va en avoir besoin.

Un grondement sur la route. Le halètement des moteurs. Le bruit des patins sur la neige gelée. Les T.34! Mais non, le bruit vient de l'arrière. Ce sont des Panzers de la division *Wiking* qui viennent en renfort.

Ils ont surgi comme cela, tout d'un coup, des ténèbres.

— Ils arrivent tout droit du ciel, conclut le chargeur en s'adressant au tireur.

Une demi-heure plus tard, le groupe Hollinger reçoit l'ordre de quitter la gare de Zelina. Au village, les camions les attendent, moteurs en route. Le bataillon Lohmann décroche et va occuper une autre bourgade, plus loin vers l'ouest.

Le 24 et le 25 janvier, la division *Wiking* va livrer un nouveau combat défensif à Jegorliskaja. Cette fois, c'est le régiment *Germania* qui supporte le plus dur de l'attaque soviétique, qui déferle du Nord, tandis que *Westland* et *Nordland* gardent les flancs et appuient de leurs feux.

Jusqu'au 30 janvier, on se battra ensuite à Metchtincskaja. Les deux armées sont si étroitement proches l'une de l'autre, dans cette guerre de mouvement, qu'un jour une patrouille d'éclaireurs motocyclistes parviendra à s'emparer d'un canon russe et de ses servants égarés dans la tempête de neige Le plus extraordinaire est que la pièce était tractée par... des dromadaires. Lancés à la poursuite de l'envahisseur en retraite, les Soviétiques connaissent eux aussi les rigueurs de ce froid qui paralyse peu à peu tous les moteurs.

La division *Wiking* va combattre désormais au sud-est de Rostov. Grenadiers, sapeurs, artilleurs, équipages des chars, des canons d'assaut et des automitrailleuses, motocyclistes, les voici tous à bout de force.

Il y a exactement dix ans jour pour jour (30 janvier 1943) qu'Adolf Hitler devenait chancelier du Reich. Depuis, il a conquis presque toute l'Europe; maintenant, ses armées meurent à Stalingrad et refluent du Caucase.

Une petite gare, isolée en pleine campagne, se trouve à environ deux kilomètres au nord-est de la bourgade de Metchtineskaja. Il y a bien longtemps qu'aucun train n'y passe plus. Les rails disparaissent sous la neige. En ce 30 janvier, elle est tenue par ce qui reste de la 9e compagnie du bataillon finlandais, que commande l'Obersturmführer Ertel. Avec le jeune lieutenant westphalien, il ne reste plus guère qu'une trentaine de volontaires finnois. Mais les fils de la forêt sont heureux : par un coup d'audace qui ressemble à un coup de chance, ils ont réussi, au cours d'une patrouille, à capturer une dizaine de prisonniers, auxquels se sont ajoutés rapidement une vingtaine de déserteurs. Il semble que l'armée soviétique n'ait plus le même moral que dans les rudes semaines précédentes. Dans les deux camps, on souffre de la misère, du froid, de la peur. Les adversaires se cherchent un peu comme des fantômes, au hasard de la brume et des pistes incertaines.

Avec Ertel, se sont installés, autour de la gare déserte, les artilleurs d'une unité de 88 FLAK et ceux d'une batterie de campagne du régiment d'artillerie divisionnaire. Les autres compagnies de grenadiers finnois ne sont pas loin. Pohjanlehto, de la 10e, et Deck, de la 11e, doivent se trouver quelque part dans le vaste paysage hivernal, bien camouflés.

Au matin du 30 janvier, une patrouille réussit encore à faire une vingtaine de prisonniers. Décidément, la chance semble avec le bataillon Collani Vers midi, c'est toute une colonne soviétique qui s'approche des avant-postes tenus par les volontaires finnois. Les Russes ne semblent même pas se méfier et avancent tranquillement, comme si le pays était vide. Peut-être croient-ils que les Allemands ont décroché depuis longtemps. Le Sturmbannführer Collani espère les prendre au piège. Ses hommes ont l'ordre de se fondre dans la nature et de ne tirer qu'à l'ultime signal. Il faut avoir les nerfs solides pour laisser l'ennemi s'approcher et pénétrer jusqu'à l'intérieur du dispositif de défense du bataillon. Mais, couchés sur le sol, invisibles, l'arme au poing, les Finlandais ne bronchent pas. Dans quelques instants, ils vont prendre leur revanche.

Soudain, c'est l'assaut. Les S.S. finnois déboulent de tous les côtés. Les Soviétiques égarés se trouvent totalement cernés. Ils n'ont plus qu'à se rendre. On compte, une fois encore, une vingtaine de prisonniers au milieu des cadavres de leurs camarades couchés dans la neige par les rafales de mitrailleuses. Les Finlandais récupèrent une cinquantaine de fusils, un camion, cinq charrettes, sept chevaux et quatre... chameaux. Ce qu'ils apprécient le plus, c'est de découvrir dans les bagages de l'ennemi des boîtes de conserve *made in U.S.A.* Les volontaires finnois célèbrent cette petite victoire en ouvrant des boîtes de corned-beef et en mâchonnant du chewing-gum. Ils n'ont plus qu'à attendre, placidement, un nouvel ordre de retraite, puisque le front glisse irrésistiblement vers l'Ouest.

Le 31 janvier et le 1er février seront à peu près tranquilles dans le secteur tenu par le bataillon Collani. Mais tous devinent que ce n'est là que le calme précédant une nouvelle tempête.

Au matin du 2 février, des patrouilles assurent les liaisons entre les différents régiments de la division *Wiking*, qui s'efforcent d'établir quelque chose pouvant ressembler à une ligne de défense

L'attaque aura lieu dans cette journée du 2 février. Tout de suite très violente. *Germania* et *Nordland* doivent supporter le plus dur du choc. Les Finlandais de la 9e compagnie, celle de l'Obersturmführer Ertel, sont même lancés dans une contre-attaque.

Très rapidement, la situation devient de plus en plus critique dans le secteur de la 10e compagnie de l'Obersturmführer

Pohjanlehto, qui a été rattaché au bataillon Krügel de *Nordland*. Plus d'un millier de Russes attaquent, soutenus par une demi-douzaine de chars. Ils manœuvrent tant et si bien qu'ils parviennent à déborder les positions de *Nordland* et déboulent dans le dos des défenseurs.

Pohjanlehto ne voit d'autre solution que de se réfugier dans un kolkhoze, où il forme sa compagnie « en hérisson ». Les Finlandais vont se battre presque complètement encerclés.

Les Russes donnent le premier assaut à midi précis. Les attaques se poursuivront, sans arrêt, jusqu'à six heures du soir, au-delà même de la tombée de la nuit. Les assaillants sont sans doute des centaines. En face, dans le kolkhoze, il ne reste plus que trente-cinq combattants finnois. Une demi-douzaine d'hommes isolés ont disparu. Tués ou prisonniers. Jamais les Finlandais n'ont encore connu une situation aussi terrible. Plus tard, un des rescapés, Latva Panttila, écrira simplement : « Nous essayions de nous glisser devant les chars russes. Cette journée fut une des plus dures. Je ne tiens pas à en dire plus. »

Les volontaires finnois se battent dans Kagalnizkaja. Quand ils recevront l'ordre de rompre le combat, ils devront franchir un important cours d'eau. Il n'y a qu'un seul pont étroit, aux vues de l'ennemi.

En arrière, la 10ᵉ compagnie résiste encore. Les chars russes roulent au milieu des meules de foin et des isbas où se sont réfugiés les Finlandais. Pohjanlehto comprend qu'il ne pourra plus tenir bien longtemps. Il expédie un agent de liaison au bataillon. Il ne reçoit du Sturmbannführer Collani qu'une seule réponse :

« Je n'ai plus aucune réserve. Toutes les armes lourdes ont été déjà évacuées. Vous décrocherez à la faveur de la nuit. »

Il faut tenir. Non loin, se battent les grenadiers de la 11ᵉ compagnie avec l'Obersturmführer Deck, qui a récupéré un canon de PAK de la 12ᵉ compagnie lourde de son camarade Ladau. Mais ce ne sont que des combats retardateurs.

Tous les Finlandais attendent la chute du jour pour échapper au piège. Déjà, les camions et le matériel lourd a été replié sur Gavronov, un peu plus à l'ouest.

Le soir, le bataillon Collani abandonne enfin Kagalnizkaja. L'Obersturmführer Pohjanlehto a rendez-vous sur l'unique pont qui franchit le Kagalnik. Il fait embarquer la trentaine d'hommes qui lui restent dans trois camions, décroche en trombe et se dirige vers la rivière. Mais il est trop tard, le pont vient de sauter. Il ne retrouve sur la rive qu'un agent de liaison de sa compagnie, Liukonnen, qui arrive du poste de commandement de bataillon.

— Cela fait un temps fou que je vous attendais, Obersturmführer. Je devais vous passer l'itinéraire pour rejoindre le bataillon. Mais comment nous en sortir maintenant?

Le lieutenant finlandais rassure son compatriote :

— On y arrivera. Le plus dur était de décrocher du kolkhoze. Là-bas, on a laissé cinq camarades.

Le chef de la 10e compagnie ordonne à ses trois camions de suivre la rive. Il fait nuit, mais il pense avoir repéré un passage. Il guide le petit convoi jusqu'à un endroit où la rive est moins escarpée et ordonne au premier chauffeur de descendre la berge pour s'engager sur la glace du Kagalnik.

— Vous croyez que cela va tenir, Obersturmführer?

— Bien sûr.

Pohjanlehto n'en est pas si certain. Mais il n'y a pas d'autre moyen. Alors, on risque tout. Le premier véhicule, escorté par les grenadiers qui ont mis pied à terre, s'engage sur la glace. Elle tient. En quelques minutes, voici le camion sur l'autre rive. Les deux autres suivent.

Les volontaires finnois rejoignent Gavrilov où doit se former une nouvelle ligne de résistance.

Le 3 février, de durs combats reprennent dans la tête de pont tenue par la division *Wiking* et deux divisions d'infanterie de la Wehrmacht.

Les volontaires germaniques tiennent la route de Salsk à Rostov, véritable corridor de la grande retraite vers l'estuaire du Don. Les Soviétiques sont sur les talons des rescapés du Caucase, bien décidés à ne pas les laisser se reprendre.

Tandis que les grenadiers occupent des trous hâtivement creusés, les derniers Panzers du Sturmbannführer Mühlenkamp sont envoyés à d'incessantes contre-attaques. Les hommes des blindés se battent durement, pour essayer de colmater, l'une après l'autre, les brèches de ce front-passoire.

Les Finlandais sont dans leurs trous. Ertel à gauche et Deck à droite avec leurs « compagnies », une trentaine d'hommes chacun. On n'est plus très certain de la liaison avec les voisins. D'un côté, les Allemands d'une division de la Wehrmacht. De l'autre, des Scandinaves d'un autre bataillon de *Nordland*. Mais des brèches de plusieurs kilomètres s'ouvrent dans le dispositif. Pourvu que les Soviétiques ne soient pas trop mordants...

L'Obersturmführer Ertel reçoit un message de l'unité de la Wehrmacht voisine :

— Il y a dans nos lignes un homme de la Waffen S.S. qui arrive des positions russes. On croit comprendre qu'il a été fait prisonnier et s'est évadé.

— Avec les événements des derniers jours, cela n'a rien d'étonnant.

— Peut-être, mais ce qui est étonnant c'est qu'il parle une langue incompréhensible et ne fait que bredouiller un allemand auquel nous ne comprenons à peu près rien.

Karl Heinz Ertel ne peut guère cacher sa joie. Pour un peu, il hurlerait dans le téléphone de campagne. Il finit par dire à son interlocuteur :

— Vous ne savez donc pas que vous êtes à côté d'un bataillon de volontaires finnois!

— Ça, par exemple...

C'est ainsi que l'on récupère le volontaire Mansikka, fait prisonnier la veille lors des combats dans le kolkhoze de Kagalnizkaja. Ses compatriotes de la 9e compagnie lui font fête et l'expédient à la 10e, où il doit retrouver ses camarades et son chef, l'Obersturmführer Pohjanlehto.

— Décidément, conclut Ertel, nos braves Prussiens de l'unité voisine ne comprendront jamais rien à la division *Wiking* et à ses volontaires de huit nationalités.

La division *Wiking*, dès le lendemain, va se trouver à nouveau rassemblée. Aussitôt, l'Oberführer Gille répartit ses régiments sur de nouveaux secteurs de défense. Il faut tenir une ultime tête de pont, autour de Bataisk, avant de se replier, dans la nuit du 4 au 5 février, pour franchir le Don à Rostov.

Les Soviétiques ne semblent pas du tout décidés à laisser s'accomplir cette ultime opération de décrochage. Ils attaquent durement dans le secteur tenu par les Finlandais du bataillon Collani.

Cent cinquante soldats soviétiques réussissent, à la faveur de la brume matinale, à se glisser entre deux points d'appui. A l'aube du 4 février, ils attaquent la 11ᵉ compagnie finlandaise de l'Obersturmführer Deck. Quelques rapides contre-attaques les calment pour un moment. Mais avec quels effectifs dérisoires! Le lieutenant n'a plus que vingt hommes avec lui quand il parvient à prendre les assaillants de flanc par une rapide manœuvre. Il réussit à détruire trois canons antichars et à faire une cinquantaine de prisonniers. Et l'on compte une trentaine de cadavres sur la neige glacée.

A huit heures du matin, les Soviétiques attaquent encore, brusquement. Cette fois, ils ont avec eux sept blindés qui inquiètent bien plus Deck et ses volontaires finnois que quelques centaines de fantassins. Un canon de PAK réussit à détruire un T.34. Mais il en reste encore une demi-douzaine. Et peut-être d'autres derrière.

L'Obersturmführer Deck décide de se réfugier dans les bâtiments d'un kolkhoze et de s'y former en hérisson. Il n'a plus avec lui qu'une quinzaine d'hommes et estime, malgré tout son optimisme, que la situation devient totalement désespérée. Ses Finlandais n'ont plus qu'à vendre chèrement leur peau...

Non loin des survivants de la 11ᵉ compagnie, ceux de la 9ᵉ compagnie de l'Obersturmführer Ertel ne sont guère dans une situation plus enviable.

Ils entendent le grondement des chars et voient les fantassins russes attaquer sans cesse en vagues d'assaut de plus en plus nombreuses. Ertel n'a qu'une dernière mitrailleuse. Les Russes ne sont plus qu'à cinq ou six cents mètres. Le canon de la mitrailleuse, qui tire de courtes rafales, devient si brûlant que le lieutenant craint un enrayage. Mais il n'a plus le choix. Il faut stopper cette ruée qui va le submerger. Tout à coup, il aperçoit plusieurs chars qui avancent derrière les fantassins russes.

Ertel murmure à mi-voix :

— Cette fois, c'est fini.

La 9ᵉ compagnie ne peut se sortir de ce piège. Soudain, le lieutenant westphalien réalise que ce ne sont pas des blindés soviétiques, mais des Panzers allemands. Ils appartiennent au bataillon de chars de la division *Wiking!*

Le Sturmbannführer Mühlenkamp a réussi, avec des Panzers IV et des canons d'assaut, à s'infiltrer dans le dispositif ennemi et à prendre par-derrière la vague d'assaut russe. En quelques minutes, trois chars T.34 sont détruits. Les trois autres décrochent à toute allure et retournent vers l'arrière chercher un refuge. Mais il reste les fantassins soviétiquess, dispersés dans la nature. Les malheureux, isolés en rase campagne, sont pris à partie par les armes du bord. Les mitrailleuses des Panzers tirent sans arrêt. Les Russes ne trouvent, sur le sol gelé, ni un fossé ni un trou pour s'abriter. Ils sont totalement sans défense devant les blindés. Ils ne peuvent rien faire d'autre que se faire courageusement massacrer. Ils vont mourir déchiquetés par les balles de mitrailleuses ou écrasés par les chenilles des Panzers.

Avant neuf heures du matin, l'assaut est brisé devant les positions tenues par les compagnies Ertel et Deck. Les Finlandais ont assisté à un spectacle d'horreur qu'ils ne sont pas près d'oublier. On comptera trois cents cadavres horriblement mutilés dans la plaine devant eux. Les Russes, totalement surpris par les Panzers de Mühlenkamp, ont connu, pendant quelques interminables minutes, l'enfer absolu. Ce ne sont pas les volontaires finnois qui vont les plaindre. Mais tous ressentent une sorte de terreur primitive devant ce brutal passage de la mort. Ils avaient cru leur dernier instant venu et les voilà toujours vivants, certains maintenant de bientôt recevoir l'ordre de décrocher pour rejoindre Rostov et le Don.

22.

La guerre que mène, pendant ces premiers jours de février 1943, la division *Wiking* se fractionne en une série de petits engagements individuels. Autour d'une mitrailleuse, une poignée de volontaires tirent leurs dernières cartouches. Parfois, un agent de liaison parvient jusqu'à eux et leur apporte l'ordre de repli. Mais souvent on ne saura jamais ce que sont devenus ces minuscules arrière-gardes, dévorés à jamais par la nuit et l'oubli. A chaque étape, après le compte des morts laissés sur place et des blessés évacués par side-cars jusqu'aux ambulances de campagne, on raye des effectifs les disparus. Allemands, Scandinaves, Néerlandais, ils seront des centaines à ne jamais parvenir jusqu'à cet immense fleuve Don qu'ils ont couvert de leurs corps

La division *Wiking* se trouve parmi les dernières unités qui tiennent la tête de pont de Rostov. Conserver libres quelques points de passage sur le Don devient un impératif capital pour toutes les forces du Reich du secteur Sud. L'ultime barrière avant le fleuve gelé est établie avec les débris des régiments *Germania, Westland* et *Nordland.* Bien souvent, les grenadiers doivent tenir, isolés dans la neige, sans blindés, sans pièces de PAK, sans canons. Tout le matériel lourd a reçu l'ordre de franchir le Don pour échapper à l'encerclement. Alors, dans les villages assiégés par les colonnes d'assaut soviétiques lancées à la poursuite de toute une armée en retraite, il ne reste plus que des hommes seuls avec leurs fusils et leurs grenades, leurs mitrailleuses et leurs mines. Parfois, quelques mortiers viennent les appuyer, envoyant leurs dernières torpilles sur ces fantassins surgis de la nuit qui avancer en scandant leurs « hourras » autour des lourds chars T.34.

Le 4 février, les volontaires germaniques, non sans avoir laissé quelques éléments retardateurs à Novo-Bataisk, décrochent en direction de Rostov. Un terrible vent d'est souffle, de plus en plus glacial, sur la plaine désolée. Les yeux pleurent et les larmes gèlent sur les joues rongées de barbe sale.

Pour ce dernier bond en arrière, l'inquiétude devient grande de manquer de carburant. Sans essence, camions et tracteurs vont s'immobiliser dans la tourmente. Et les Soviétiques talonnent de si près les rescapés du Caucase que tout arrêt signifie désormais la capture ou la mort.

Les Feldgendarmes essaient de mettre un peu d'ordre dans une pagaille qui va grandissant. Certains gradés comme l'Obersturmführer Jahnke, officier adjoint du 1er groupe d'artillerie de la division *Wiking,* sont renvoyés vers le front avec un camion pour essayer de récupérer des fûts d'essence dans des véhicules de ravitaillement abandonnés lors de la retraite... En se dirigeant vers l'est, Jahnke croise les convois qui se replient devant les Russes. Il règne une atmosphère d'angoisse, presque de déroute. Les routes sont tellement encombrées que les camions roulent dans les champs gelés, au milieu des épaves d'une armée en retraite. Partout des positions abandonnées, des bagages, des véhicules incendiés. Et bientôt, derrière les dernières colonnes de fuyards, il n'y a plus rien que la plaine immense et les derniers grenadiers laissés en couverture, tremblant de froid et de peur dans leurs trous pour donner à leurs camarades quelques heures de répit.

Dans la soirée du 4 février 1943, les grenadiers de la division *Wiking* abandonnent leurs dernières positions sur la rive orientale du Don. Désormais, l'aventure du Caucase est terminée.

Les derniers à décrocher sont les S.S. finlandais du bataillon Collani. Avec eux deux compagnies de fantassins de la Wehrmacht et une unique pièce de 88.

L'armée allemande maintient encore, pour quelques heures une petite tête de pont dans la région de Bataisk. Mais elle doi être abandonnée d'un instant à l'autre

Dans la ville de Rostov, tous les services de l'armée allemande et des troupes alliées ne songent plus qu'à se replier en toute hâte vers l'ouest. Il règne une véritable atmosphère de déroute, presque de panique. Dans les rues, on brûle des tas d'archives, comme des feuilles mortes. Le vent rabat une fumée noire et puante qui prend à la gorge. Des papiers, à demi enflammés, voltigent.

Dans la gare de Bataisk, les trains s'entassent. On ne sait même plus si tous pourront partir. Les locomotives manquent. Des sentinelles battent la semelle près des tas de charbon et des châteaux d'eau. La gare et les quais grouillent de troupes. Quelques officiers s'efforcent de mettre un peu d'ordre. La lourde machine militaire reprend ses droits. Le poids de la discipline fait son œuvre. On n'entend pas un cri, pas même un murmure. Seuls les bruits de milliers de bottes qui pataugent dans la neige fondue. Et parfois le choc métallique d'une crosse de fusil contre un fourreau de baïonnette ou un quart de bidon. Les hommes sont transis et apeurés.

Priorité absolue pour les convois de blessés. Le train-hôpital de la division *Wiking* reste pourtant coincé entre des wagons de marchandises et des plates-formes chargées de matériel. Il faut le dégager, l'accrocher à une loco, l'expédier très loin vers l'ouest, au-delà du Mious, avec son équipage de moribonds et de délirants. Visions de cauchemar. Les blessés gisent sur des litières de paille poissées de sang, réclamant sans cesse à boire avec des regards brûlants de fièvre. On entend le bruit des moteurs d'avion, puis, presque tout de suite, les explosions. L'aviation soviétique attaque la gare. La FLAK riposte. Les coups de départ claquent sèchement. Mais les bombes continuent à tomber.

— Roulez! Mais roulez donc! hurlent tous les blessés.

Le train-hôpital reste désespérément immobile, offert aux bombes, au milieu des convois chargés de munitions. Une immense panique s'empare des hommes hors de combat qui se sentent cloués sur leurs grabats de paille, livrés sans recours aux éclats d'acier et de bois. Le bruit des avions décroît. Les appareils ennemis s'éloignent. Mais ils reviendront. Tôt ou tard.

— Qu'attendez-vous? hurlent à nouveau les blessés comme si

les mécaniciens pouvaient les entendre. Roulez! Roulez! En avant!

Finalement, ils ressentent un grand frémissement. Le convoi s'ébranle lentement, très lentement, dans le grincement de tous ses essieux. Un lourd nuage de vapeur roule ses volutes grises qui se tordent longtemps dans l'air glacé, alors même que le convoi a disparu au bout du quai.

Un infirmier ouvre la portière d'un wagon pour jeter sur la voie le contenu d'un pot plein d'urine. Un courant d'air glacé vient gifler les blessés. Par l'ouverture entrent quelques flocons de neige. Dans ce wagon, il n'y a qu'un seul infirmier et ce sont les blessés légers qui doivent l'aider pour soulager leurs camarades. On entend sans arrêt des gémissements et même des hurlements.

A Taganrog, les grands blessés seront descendus du train et évacués par des avions sanitaires qui parviennent à se poser sur les pistes enneigées des aérodromes de campagne.

Le train-hôpital continue de rouler vers l'Ouest et la patrie.

Les blessés de la retraite du Caucase vont maintenant gagner les hôpitaux de la Pologne ou du Reich. Dans chaque wagon, un vieux poêle, chargé jusqu'à la gueule, apporte enfin un peu de chaleur. Des infirmières ont pris en charge le convoi. Beaucoup sont, elles aussi, des volontaires germaniques danoises, norvégiennes, hollandaises ou flamandes. Les yeux rougis par le manque de sommeil, elles vont et viennent entre les brancards entassés les uns au-dessus des autres dans une ignoble puanteur, parlant à leurs compatriotes blessés dans la langue de leur si lointaine patrie.

Six mois après avoir franchi le Don au cours de l'offensive de l'été 1942, les volontaires de la division *Wiking* repassent à l'ouest du fleuve. Danois, Norvégiens, Suédois, Finlandais, Suisses, Hollandais, Flamands, Allemands de l'étranger et du Reich, ils ont vécu toutes les illusions de la ruée sur le Caucase. Ils n'ont pas atteint la mer Caspienne et c'est en vaincus qu'ils franchissent le Don. Leurs chefs disent parfois :

— Nous reviendrons.

Mais ils n'en croient rien. Désormais, c'est dans le bassin du Donetz qu'il faut se battre. Rostov n'a pas été un second

Stalingrad et la Ire armée blindée du général von Mackensen a échappé au piège. Tant de sacrifices et tant de victoires locales n'empêchent pas que les forces du Reich viennent de subir une terrible défaite dans le secteur Sud du front de l'Est.

Par le dernier train de ses volontaires germaniques blessés évacués vers l'Ouest, le Gruppenführer Steiner rejoint l'aérodrome où l'attend un avion qui doit le conduire en Prusse-Orientale. Le Commandeur de la division *Wiking* a reçu l'ordre de se rendre au grand quartier général du Führer.

Dans l'appareil, secoué par le mauvais temps et les trous d'air, il a tout le temps de songer à l'aventure qu'il vient de vivre depuis plus de deux ans, où il a commandé, à l'entraînement et dans la bataille, la plus singulière division de la Waffen S.S. Felix Steiner devine que l'on va lui annoncer une promotion et lui confier une nouvelle mission.

Quand il arrive dans le village de baraques de bois qui constitue l'état-major des forces armées du Reich et porte le nom de *Wolfschanze*, le « Repaire du Loup », le Commandeur de la division *Wiking* est surpris par une animation extraordinaire. Des officiers de liaison des différentes armes se hâtent dans tous les sens, portant des rouleaux de cartes ou des serviettes de documents. Aviateurs, marins ou membres de l'armée de terre, tous ont une caractéristique rigoureusement commune : un visage soucieux. Le même pli d'amertume semble barrer uniformément tous les fronts. Tous les visages sont gris, tirés de fatigue. Les regards, inquiets et fuyants, ne trompent pas Steiner qui devine rapidement que les nouvelles de tous les secteurs du front de l'Est sont mauvaises. En ce 5 février 1943, le même nom sonne toujours comme un glas dans toutes les conversations : Stalingrad. La ville a capitulé depuis une semaine. Avec le maréchal Paulus, vingt-quatre généraux et une centaine de milliers de soldats sont désormais prisonniers des Russes. C'est le plus grand drame vécu par l'armée allemande depuis 1941.

Le Gruppenführer Steiner rencontre le général des troupes de montagne Lanz, qui attend, lui aussi, de recevoir une nouvelle mission. Il lui reviendra la charge de recueillir tout le groupe d'armées du Don, obligé à une retraite précipitée devant la pression soviétique.

— Cela sera dur, car tout le front n'est plus qu'une passoire, mais je vais recevoir le renfort du S.S. Panzer-Korps.

Pour la première fois depuis le début de la guerre, trois divisions blindées de la Waffen S.S., *Leibstandarte Adolf Hitler, Das Reich* et *Totenkopf* vont être engagées ensemble, dans la région de Kharkov, pour tenter de stabiliser le front avant de passer à la contre-attaque. A leur tête, un général que Felix Steiner connaît bien : l'Obergruppenführer Paul Hausser, borgne depuis une grave blessure reçue pendant l'hiver 1941 devant Moscou et qui porte désormais une coquille noire sur son orbite vide, comme quelque chef pirate des Caraïbes.

Steiner et Lanz attendent d'être reçus par le chef d'état-major général. Ils n'auront avec lui qu'une rapide conversation, car, décidément, tout le monde semble fort pressé et inquiet au grand quartier général du Führer ce matin-là. Les deux généraux, qui combattent en première ligne depuis le début de la campagne, ne sont pas hommes à se leurrer sur la gravité de la situation et à essayer de rassurer ces messieurs de l'état-major.

— Il est trop tard pour une contre-offensive à l'est du Donetz, déclare d'emblée Lanz.

— On pourrait tout juste essayer d'arrêter les Russes sur la ligne du Donetz, ajoute Steiner.

— Le mieux serait encore de se battre entre le Donetz et le Dniepr, conclut Lanz.

Puis les deux chef se taisent. Ils savent qu'ils entrent dans un domaine particulier où les bruits du front ne peuvent arriver que très atténués. Ici, tout se passe sur des cartes, loin des hommes qui souffrent et qui meurent; les soldats ne sont plus que des chiffres que l'on additionne : tués, blessés, disparus, effectifs disponibles... Mais comment comptabiliser la fatigue, le froid, la faim, l'angoisse? Steiner et Lanz ne trouvent plus rien à dire. Eux encore, ils ont réussi à se sortir du piège. Alors qu'à Stalingrad...

Stalingrad. Stalingrad. Le nom même de la Volga évoque la rive de l'enfer. Quelque glacial séjour des morts. Milliers et milliers de cadavres figés à jamais par le gel et sur qui tourbillonnent des flocons de neige.

Les deux généraux se dirigent vers l'antichambre de la salle des cartes où se tient la conférence quotidienne autour du Führer. Il est près de onze heures du soir. Des aides de camp et des officiers d'ordonnance, assis sur des bancs de bois comme des écoliers, attendent que leurs chefs sortent de la pièce voisine où Adolf Hitler doit discourir au milieu des généraux et des diplomates. Il est onze heures du soir quand les participants à la conférence sortent les uns après les autres. Le dernier est le conseiller de légation, baron von Steengracht qui connaît fort bien Steiner.

— Vous êtes attendu par le Führer, lui dit-il. Je vais vous annoncer.

A ce moment, Adolf Hitler lui-même rouvre la porte d'un geste un peu mécanique. Il fixe Felix Steiner droit dans les yeux et lui dit de sa voix rauque aux sonorités autrichiennes :

— Si vous voulez bien entrer.

Le Commandeur de la division *Wiking* s'est figé dans un impeccable salut, le bras tendu. Il fait quelques pas, pénètre dans la salle. C'est une grande pièce dont les murs, simples planches de sapin à peine équarries, sont couverts de cartes d'état-major. Du côté de la fenêtre, éclairée à cette heure par un projecteur, une grande table sur des trétaux. Là encore des cartes à demi déroulées, des crayons de couleur, des loupes, enfin tout l'attirail du travail d'état-major.

Le Führer, revêtu de son éternel uniforme, pantalon noir et vareuse feldgrau, a les traits tirés. Il commence une nouvelle nuit de travail. Ses yeux bleu sombre luisent d'une lueur étrange. Dans les ténèbres qui se sont appesantis sur son quartier général de Prusse-Orientale, il fait songer à un étrange oiseau de nuit qui ne pourrait plus jamais trouver le sommeil. Il regarde toujours Steiner. Un des aides de camp, le général Schmundt, vieux fidèle qui sera grièvement brûlé dix-huit mois plus tard lors de l'attentat du 20 juillet, apporte une petite boîte de moleskine noire. Le Führer la prend d'un geste sec, l'ouvre, la tend à Steiner. Sur l'écrin de satin, brillent les feuilles de chêne d'argent d'un nouveau grade dans l'ordre de la Croix de fer. Steiner a gagné cette décoration dans les derniers jours de l'année 1942.

L'entretien commence par une petite cérémonie Le Führer prononce les paroles rituelles, auxquelles il ajoute quelques félicitations forcément banales. Steiner sent bien que son chef est ailleurs, hanté plus que nul autre par ce désastre de

Stalingrad dont il sait bien que l'histoire le rendra plus que nul autre responsable. Maintenant, la bataille est perdue. Il reste à faire front. Contre-attaquer, remporter la seconde manche. Déjà, de nouveaux noms de villes russes le hantent : Kharkov et Koursk. C'est en Ukraine qu'il veut frapper dès le retour du printemps.

Le Führer annonce alors à Steiner qu'il va lui confier, à l'égal du vieil Hausser, un nouveau corps blindé de la Waffen S.S.

— Il faudra prendre avec vous quelques-uns des meilleurs éléments de la division *Wiking.*

Et puis il ajoute brusquement :

— Avez-vous dîné?

Steiner lui répond affirmativement. Mais Hitler ne semble même pas l'entendre et lui dit seulement :

— Vous me tiendrez compagnie.

Un officier d'ordonnance dispose une table ronde au milieu de la salle des cartes. Le général Schmundt s'est retiré. Hitler et Steiner sont seuls avec les serveurs qui vont et viennent, apportant une espèce de potage, quelques légumes, des gâteaux disparaissant sous de la crème fouettée. La bouche pleine, le maître du Reich s'est lancé dans un de ses habituels monologues. Bien sûr, il ne parle que de Stalingrad, puisqu'il ne pense qu'à Stalingrad...

— Je ne pouvais quand même pas prévoir que les Roumains allaient s'effondrer aussi vite. Certes, j'avais un corps d'armée blindé en réserve, mais il est arrivé trop tard. Je pensais pourtant être tranquille sur tout le secteur du sud du front. N'étions-nous pas arrivés à la Volga?

Il répète encore une fois, comme en rêvant, ses yeux perdus vers quelque horizon invisible :

— La Volga.

Felix Steiner se tait et écoute. Jusque-là, il n'a que rarement rencontré son Führer et ce ne fut jamais pour parler de la situation militaire. Il ne connaît pas les usages de l'état-major. Et puis il n'est qu'un général de division, pas très haut dans la hiérarchie de la fantastique puissance militaire du IIIe Reich. Soldat du front, il ignore tout des habitudes du grand quartier général. Si le Führer l'interroge, il lui répondra directement, sincèrement, brutalement même, à sa manière. Il n'a jamais jusqu'ici caché la vérité à ses supérieurs. Steiner est totalement dépourvu de tout instinct de flatterie. Ce Prussien des marches de l'Est est au fond naïf jusqu'à la maladresse. Aucune diplomatie méridionale chez lui. Dans le service, il peut être glacial comme un iceberg. C'est maintenant à son tour de parler. Pourquoi dirait-il autre chose que ce qu'ils constataient peu auparavant, le général Lanz et lui, quand ils attendaient tous deux d'être reçus?

— Je ne crois pas que l'on puisse encore sauver la Donbass. D'ailleurs, toute cette région, devenue champ de bataille, ne pourra plus rien produire. Non, il est trop tard.

— Alors? interroge brusquement Hitler.

— Alors, il faudrait essayer de tenir sur le Donetz. Peut-être même un peu plus à l'ouest. L'essentiel est de verrouiller définitivement le front Sud.

— Sur le Donetz! Vous n'y songez pas. Je veux et je peux tenir encore le Donbass. Les raisons économiques sont évidentes. Nous avons besoin de cette région. Cette fantastique réserve de cent milliards de tonnes de houille. N'oubliez pas aussi, Steiner, que tout notre prestige en dépend.

Le vieux rêve des conquérants... Mais c'est s'enliser dans les immensités hostiles des territoires de l'Est. Un tel plan, pour le Commandeur de la division *Wiking*, apparaît tout simplement impossible. Pourquoi ne le dirait-il pas? Est-il encore temps de dissiper les folles illusions?

— Même si nous essayons de garder le Donbass, affirme Steiner, il faut s'attendre à se battre, tôt ou tard, sur le Donetz. Ce sera seulement là où nous pourrons établir une ligne de résistance.

Hitler ne dit plus rien pendant quelques instants. Il regarde fixement Steiner de son regard bleu sombre. Le commandeur de la division *Wiking* est frappé par son teint cireux. Tout le visage du Führer semble chiffonné sous la mèche de cheveux qui barre le front soucieux. Steiner continue :

— Il faut nous fortifier sur le Donetz. Et même sur le Dniepr. Nous avons en son temps construit un *Westwall*. Il faut désormais songer à un *Ostwall*.

Le Gruppenführer développe ses idées sur les travaux de fortification. Il est assez surpris que son Führer le laisse parler sans manifester la moindre impatience ni la moindre objection. Ce n'est pas si souvent qu'un de ses généraux ose lui tenir tête et contredire ses idées stratégiques. Steiner s'enhardit encore :

— Si nous ne disposons pas d'autres forces, il faudrait

transporter dans la région à l'ouest du Dniepr des unités actuellement à l'instruction sur le territoire du Reich. Elles seraient fort utiles là-bas pour occuper le pays, construire des fortifications, affirmer notre présence à l'Est. Et elles pourraient sans mal continuer à s'entraîner sur le terrain même où elles auraient peut-être à se battre un jour...

Hitler ne répond pas. Il reste totalement impassible. Puis, d'un geste bref, il signifie à Steiner que l'entretien est terminé. Le Commandeur de la division *Wiking* n'a guère d'illusions : ses conseils ne seront pas écoutés, du moins aura-t-il eu le courage de les formuler. C'est un courage assez rare au grand quartier général.

Hitler se lève et dit, comme s'il voulait s'excuser :

— J'ai encore beaucoup à travailler cette nuit.

Le lendemain, le Gruppenführer Steiner quitte la Prusse Orientale et s'envole pour Saporoje, d'où il doit se rendre sur les positions du Mious pour y retrouver les unités de sa division *Wiking* rescapées de Rostov. Dans l'avion, il essaie de sommeiller. Mais il ne peut s'empêcher de penser sans cesse à l'entretien de la veille. Il a trouvé Hitler fatigué et vieilli. Mais son énergie, son acharnement au travail, sa confiance même ne semblent pas ébranlés. Il reste l'homme qui passe des nuits entières à travailler sur les cartes et croit encore dans la victoire à l'issue de cette guerre gigantesque. Justement, il travaille trop sur les cartes et ne prend plus le temps d'aller voir les soldats du front, comme il l'avait fait en Pologne ou en France. Il ignore tout de leurs souffrances et de leurs pertes terribles. Sait-il que les compagnies de combat n'ont même plus l'effectif d'une section, que les survivants de deux étés et de deux hivers sont totalement épuisés au seuil de cette année 1943? Sait-il, se demande Steiner, que la Wehrmacht est démoralisée et la Waffen S.S. épuisée? D'ailleurs, que connaît le Führer du nouveau visage de cette Waffen S.S. qui n'est plus seulement une troupe de choc, mais aussi l'esquisse d'une armée européenne?

C'est cela, finalement, qui, de tout l'entretien, irrite peut-être le plus le Commandeur de la division *Wiking*. Pas une seule fois, le Führer ne lui a demandé comment se comportaient les volontaires germaniques. Adolf Hitler voulait-il ignorer ces

Danois, ces Norvégiens, ces Suédois, ces Hollandais, ces Flamands, ces Suisses, ces Finlandais, qui avaient quitté leur patrie sans y être le moins du monde obligés et qui lui avaient librement prêté le serment de se conduire en soldats fidèles et braves? Cette véritable révolution, le Führer semblait n'en rien connaître et n'en rien comprendre. Peut-être n'étaient-ils à ces yeux, ces soldats perdus, que des mercenaires. Ou bien les considérait-il, ni plus ni moins, que comme des Allemands. Ce n'était pas cela l'idée même qui animait la division *Wiking* et donnait à tous le courage de souffrir et la force de mourir.

Pour le Führer, désormais, depuis septembre 1939, seule la situation militaire importait. La politique ne signifiait plus rien. Le stratège éclipsait, totalement, le partisan. Steiner, officier de carrière jusqu'au bout des ongles, ne s'en serait peut-être pas soucié s'il n'était effrayé justement par les erreurs stratégiques de celui qui prétendait assumer seul la responsabilité du commandement suprême.

Au moment même où l'avion du Commandeur de la division *Wiking* volait vers l'Ukraine méridionale, un autre appareil se posait près du grand quartier général de Prusse-Orientale. En cette journée du 6 février, le maréchal von Manstein était attendu pour faire un exposé général de la situation dans le secteur Sud. Mais ce haut dignitaire ne serait sans doute pas plus compris que ne l'avait été un simple général de division de la Waffen S.S. Adolf Hitler s'obstinait au seuil de cette année 1943 : il semblait plus décidé que jamais à jouer une gigantesque et désespérée partie de tout ou rien.

23.

Après avoir traversé Rostov — les hommes sont tellement épuisés qu'ils dormaient dans les camions et ne s'étaient aperçus de rien —, les rescapés de la division *Wiking* se rassemblent dans la région de Soultan-Saly à partir du 5 février 1943. Pendant deux jours, les volontaires germaniques vont pouvoir dormir, se laver, nettoyer les armes, repriser leurs uniformes, reprendre l'allure d'une troupe certes affaiblie, mais encore prête à combattre.

Dans la nuit du 8 février, les sous-officiers passent dans les cantonnements pour éveiller leurs hommes :

— Réveillez-vous! Debout! On embarque dans les camions et on part.

Pour où? Nul ne le sait. Deux jours de repos ont suffi pour remettre la division sur pied. Beaucoup croient que les volontaires germaniques, tellement éprouvés par les combats du Caucase, vont regagner leur patrie. Mais ils ignorent la gravité de la situation générale sur le front de l'Est. Déferlant depuis Stalingrad, les Soviétiques menacent maintenant l'Ukraine! Leurs avant-gardes blindées foncent vers Dniepropetrovsk et Kharkov. Après la Volga et le Don, c'est le bassin du Donetz et même du Dniepr qui sont menacés.

Alors le commandement lance toutes les unités dans la bataille. Même les plus petites et même les plus épuisées. Au matin, les hommes de la division *Wiking* constatent avec stupéfaction qu'ils se retrouvent dans une bourgade qu'ils connaissent bien : Alexejevka.

Ils descendent des camions. Des cuisines roulantes sont arrivées. On leur sert un « jus » brûlant.

— En route!

Il n'est pas question de traîner. Tout se déroule à l'allure d'un film brusquement accéléré. Les images grises et noires se succèdent. Les camions passent auprès des positions que la division a occupées l'hiver dernier sur le Mious. Le film semble revenir en arrière. Même paysage de neige et même vent glacé qui dessine devant les bouches des nuages de respiration. Paysage connu. Souffrance ravivée. Décor revenu. Intact. Voici les tombes du cimetière militaire d'Ousbenskaja. Là, dorment sous le signe d'une grande roue solaire les morts de la division, tombés lors du premier hiver.

Les camions continuent de rouler dans le paysage familier. Les villages se succèdent, monotones et déserts, le long de la route verglacée. Les convois se dirigent maintenant vers Stalino.

Près d'Amvrosievka, au matin du 8 février, un officier de forte taille, massif dans sa lourde capote de cuir gris, attend le passage des camions, debout dans sa voiture de commandement à la capote déchirée. C'est le Gruppenführer Felix Steiner qui vient pour quelques semaines reprendre la tête de sa division.

Le Commandeur réunit aussitôt les officiers de son état-major et leur donne des nouvelles de la situation. Elle est catastrophique :

— Les Russes sont en train de traverser le Donetz au confluent du Dniepr. Ils menacent désormais la ville d'Isjoum. Nous allons rejoindre la Ire armée blindée pour participer à la contre-attaque.

Et le Commandeur ajoute à mi-voix, ses yeux clairs perdus vers quelque lointain invisible :

— Ce sera dur. Très dur, même.

Le télégramme est daté du 10 février 1943 et il émane du général von Mackensen qui commande la Ire armée blindée :

« Une force ennemie puissante, le groupe blindé Popov, a franchi le Donetz près d'Isjoum et se dirige vers le sud en direction de Krasno-Armaiskoje. La mission de la division *Wiking* est d'arrêter et de détruire ce groupe blindé Popov. »

La division des volontaires germaniques reste la seule réserve dont puisse disposer pour l'instant le commandement des forces du Reich dans le sud du front de l'Est. La situation devient de plus en plus grave. La manœuvre soviétique est claire : il s'agit de couper la Ire armée blindée entre Rostov et Taganrog, de repousser les envahisseurs jusqu'à la mer d'Azov et de les anéantir sur le rivage.

Arrivée à Stalino, la division *Wiking* reçoit de nouveaux ordres par radio. L'état-major doit gagner Selidovka et pousser ses régiments à la contre-attaque en direction de Krasno-Armaiskoje et de Grichino.

Les camions roulent le plus vite possible sur les routes encombrées de congères de plusieurs mètres de haut. Il faut parfois s'arrêter pour dégager le passage à grands coups de pelle. Les tracteurs d'artillerie et les blindés grondent d'impatience. Tout ce qui reste de forces vives à la division va être engagé maintenant dans les heures qui viennent.

Les hommes ignorent totalement où se trouvent les Russes. Le paysage semble étrangement silencieux sous un ciel très clair. La neige étouffe tous les bruits. Les villages traversés en trombe semblent dormir. On ne voit personne. Ni amis ni ennemis. Parfois, seul avec sa machine, un motocycliste de la circulation routiere qui se gèle à un carrefour.

On entend alors, très loin vers le nord, un grondement sourd. Le canon.

Les pièces de PAK et de FLAK s'installent en protection, tandis que les grenadiers se portent encore en avant. Puis les camions s'arrêtent. Les ordres claquent.

— A terre!

Les fantassins sautent des véhicules, se chargent de leurs armes et de leur paquetage de combat. Puis ils se dirigent, en longues colonnes blanches, à travers la plaine. Ils vont se mettre en place avant le crépuscule et creuser des trous à la hâte. Pendant que les sentinelles veillent auprès des mitrailleuses, dans la nuit glaciale, leurs camarades se relaient pour passer quelques heures dans le confort relatif, mais pouilleux, d'isbas ou de hangars isolés.

Les quelques jeunes volontaires arrivés en renfort depuis la fin des opérations du Caucase découvrent les premiers gestes de la vie en campagne et ses premières misères : le froid, la faim, la crasse et ce manque de sommeil qui leur brûle les paupières. D'une heure à l'autre, ils vont connaître l'épreuve du feu. Ces jeunes grenadiers de dix-sept ou dix-huit ans s'efforcent de « crâner », mais leur attitude n'impressionne guère les anciens qui savent que les nouveaux venus sont rongés d'angoisse devant l'inconnu des combats.

Tous subissent cette espèce de torpeur de l'hiver russe. Avant d'entrer dans l'enfer de la bataille, c'est tout le paysage qui semble figé, pareil à quelque irréel décor de théâtre. Les collines et les « balkas » surgissent peu dans l'aube sale, et une impression d'immense solitude s'impose d'abord. Quand les premiers coups de canon de cette glaciale journée du dimanche 14 février 1943 déchirent le silence, il fait froid et sec.

Sur les arrières des positions tenues par les grenadiers, les batteries d'artillerie se déchaînent. Le contact est pris avec le groupe blindé Popov dont les premiers éléments viennent d'être repérés. Les obus tombent sur les maisons de Krasno-Armaiskoje. Dans quelques heures, la contre-attaque va commencer.

— En avant!

Les premiers, les grenadiers de *Nordland* bondissent dans les champs de neige devant eux, franchissent d'un élan la voie ferrée, s'engagent vers la bourgade où quelques toitures flambent avec de grands panaches de fumée. Les Soviétiques n'ont pas été longs à se ressaisir et tentent d'établir un barrage avec leurs mortiers lourds. Les premières torpilles arrivent et soulèvent de gigantesques geysers de neige et de terre. Des éclats sifflent dans tous les sens. Très vite, les pertes sont lourdes parmi les assaillants.

En quelques minutes, l'Obersturmführer Brönner, chef de la 3e compagnie de *Nordland,* est gravement touché. Dans sa compagnie, comme dans la plupart de celles qui donnent l'assaut Krasno-Armojykoje, tous les officiers et presque tous les sous-officiers sont hors de combat.

En s'avançant à la rencontre de l'ennemi, les volontaires germaniques croisent des colonnes de soldats italiens fuyant Selidovka d'où ils viennent d'être chassés par les avant-gardes soviétiques.

Les pièces de PAK et de FLAK sont mises en batteries, tandis que les éclaireurs de *Nordland* sont envoyés en reconnaissance.

L'Obersturmbannführer Jörchel, commandeur du régiment, mène lui-même l'avant-garde.

Il réussit à prendre les Russes de vitesse, s'empare de la cote 180, une hauteur importante d'où l'on aperçoit vers le nord les colonnes de blindés russes en pleine offensive. Un message radio. et tous les canons disponibles entrent en action.

Le lieutenant-colonel pousse aussitôt un de ses bataillons vers Gubin, y devance les Soviétiques et en fait sa base pour toutes les opérations qu'il va maintenant lancer vers le nord.

Au matin du 12 février, les grenadiers de *Nordland* tiennent solidement les voies d'accès vers Selidovka et vont bloquer pendant toute la journée les attaques vers le sud. Dans la nuit, le Sturmbannführer Schäfer, le chef des sapeurs de la division, forme un *Kampfgruppe* avec tout ce qui lui reste d'hommes, puis va bloquer la route et la voie de chemin de fer au sud-ouest de Krasno-Armaiskoje. A l'ouest, ce sont les automitrailleuses du groupe de reconnaissance avec le Sturmbannführer Paetsch qui vont également contrôler les issues de la bourgade où l'avant-garde du groupe blindé Popov se voit menacée d'encerclement.

Toute la nuit, retentit du bruit des convois en marche. Voici maintenant le Sturmbannführer Reichel qui emmène les grenadiers de *Westland* pour boucler par l'est toute retraite aux Soviétiques. Il occupe dans la nuit la bourgade de Rovny. C'est une belle manœuvre tactique, exécutée en pleine nuit et par des pistes que la neige rend incertaines. Quant au Standartenführer Jürgen Wagner, avec *Germania*, il déborde aussi les positions ennemies par l'ouest et s'installe à Grichino en attendant de se lancer à la poursuite.

Les artilleurs de l'Oberführer Gille soutiendront l'opération de leurs tirs et ils ouvrent le feu à l'aube du 14 février. L'ordre est de ne pas économiser les munitions pour faire croire aux Soviétiques qu'ils ont en face d'eux plusieurs unités d'artillerie.

La ruse réussira si bien que le chef du groupe blindé Popov enverra un message de détresse, croyant être attaqué non pas par une, mais par cinq divisions S.S.! Blindées de surcroît. Ce qui ne l'empêche pas de terminer son appel à l'aide d'un « Vive Staline! », qui indique sans ambages la résolution de se battre jusqu'au bout.

Les grenadiers de *Nordland* poursuivent l'investissement de Goubin et contrôlent les voies de chemin de fer. Les Soviétiques contre-attaquent avec des blindés, mais ils trouvent en face d'eux les Finlandais du bataillon Collani.

Les volontaires finnois se sont retranchés dans les maisons et ils sont bien équipés de « Panzerfauste » pour lutter contre les chars. Ils ont aussi pour les soutenir des canons d'infanterie et des pièces de PAK. Les fantassins russes qui accompagnent les chars en arrivent au corps à corps. Avec les Finlandais, ils se heurtent à des adversaires impitoyables.

Le 13 dans l'après-midi, une demi-douzaine de blindés du groupe Popov tentent de faire demi-tour pour attaquer Rovny et percer vers l'est. Ils sont chargés de fantassins qui s'accrochent à la tourelle et se préparent à sauter à terre pour livrer un rapide combat d'infanterie en arrivant sur les positions allemandes.

Les grenadiers de *Westland* ont verrouillé le piège et ils sont soutenus par des pièces de 88 FLAK qui se révèlent une fois encore les plus redoutables adversaires des T.34. A chaque explosion, des morceaux de métal volent en l'air avec des corps disloqués. L'attaque-suicide tourne à la boucherie.

Quelques chanceux parviennent à s'échapper vers Krasno-Armaiskoje. Mais il reste sur les terrains des cadavres, des blessés et quelques rares fantassins indemnes, rapidement faits prisonniers. Allemands et Néerlandais sont stupéfaits de trouver en face d'eux des gaillards superbement habillés et armés. Ils appartiennent à une unité blindée d'élite de la Garde et témoignent par leur seule allure de la fantastique puissance qu'est en train de constituer l'armée soviétique au seuil de cette année 1943.

Un rapide interrogatoire permet d'apprendre que cent vingt blindés se trouvent encore dispersés dans les rues et les cours d'usines de la ville assiégée. Mais ils ont déjà beaucoup souffert des bombardements de l'artillerie et ne savent plus comment échapper à ses coups. Le pilonnage mené par les batteries de l'Oberführer Gille se révèle aussi efficace que le souhaitait Steiner en donnant ses ordres.

Le Commandeur sent que la situation tourne d'heure en heure en sa faveur.

— Même si les Russes vont encore se défendre, leur offensive est brisée. C'est nous qui reprenons l'initiative, annonce-t-il à son chef d'état-major Manfred Schröder.

L'importance de cette contre-attaque menée par la division

Wiking, on la connaît bien en haut lieu, puisque le 19 février un message du Führer qualifie cette bataille dans le secteur Sud de « combat d'importance mondiale ». Le texte se termine par un appel à l'esprit de sacrifice. On devine en filigrane la hantise d'un second Stalingrad.

Très rapidement, l'attaque des blindés soviétiques a été brisée et la division *Wiking* s'empare de Krasno-Armaiskoje. C'est la ruée sur la cité assiégée. *Germania* attaque de l'ouest, *Westland* de l'est et *Nordland* du sud. La plupart des soldats soviétiques pris au piège dans la ville tomberont dans les combats de rue acharnés. Seuls le général Popov et quelques éléments de son corps blindé parviendront à s'échapper au dernier moment par l'ultime route de repli : celle du nord. Quatre-vingts blindés détruits seront retrouvés dans les ruines de la ville. Les hommes de la division *Wiking* ont mis hors de combat trois brigades blindées, une brigade motorisée et une brigade de skieurs. Les prisonniers se comptent par centaines. Les pertes des deux côtés sont très lourdes. Cette victoire de Krasno-Armaiskoje et de Grichino, les volontaires germaniques l'ont très chèrement payée.

La bataille contre le groupe blindé Popov est terminée. La division *Wiking* poursuit sa route. En tête, roulent les Panzers du bataillon blindé du Sturmbannführer Mühlenkamp. Les volontaires germaniques rejoignent Alexandrovka.

Dans la steppe ukrainienne, c'est de nouveau la guerre de mouvement. L'ennemi est invisible. Le Gruppenführer Steiner lance des reconnaissances profondes pour essayer de localiser les colonnes soviétiques manœuvrant dans l'immense espace couvert de neige à perte de vue.

Le Sturmbannführer Schäfer, le chef du génie d'assaut de la division, constitue de nouveau un *Kampfgruppe* avec ses sapeurs et quelques artilleurs de FLAK. Ils localisent quelques éléments soviétiques le 23 février. Le lendemain, des grenadiers de *Nordland,* roulant en avant-garde, traversent la bourgade de Bogdanovka. Des coups de canon retentissent et les obus commencent à exploser au milieu de la colonne. Scandinaves et Allemands sautent à terre, puis cherchent un refuge dans les isbas. Ils ne tardent pas à entendre le bruit effrayant des moteurs des chars russes. Les T.34 attaquent. Sans arme antichar, on ne peut rester sur place. Alors, il faut décrocher. Le plus vite possible. Le chef du détachement a repéré un bois et ordonne d'aller y chercher un refuge.

— Organisez-vous sur les lisières.

Sitôt à l'abri, l'Obersturmbannführer Jörchel décide de se donner un peu d'air et d'envoyer un de ses bataillons en reconnaissance vers l'ouest. C'est le IIe de Krügel. Les grenadiers se heurtent tout de suite aux blindés russes. Ils subissent des pertes sérieuses et doivent refluer vers le village de Bogdanovka. Ils s'y retranchent comme ils peuvent et essaient de faire front. Mais, sans renforts, ils sont voués à l'anéantissement.

A nouveau, des coups de canon. Mais, cette fois, ce sont des pièces allemandes qui tirent. Deux douzaines de tubes d'un des groupes d'artillerie de l'Oberführer Gille interviennent avec une précision redoutable. Les salves vont voler la terre et la neige. Les Russes doivent décrocher devant ce barrage d'une rare violence. Quitte à vider les caissons, les artilleurs « mettent le paquet » et matraquent tout ce qui bouge dans le camp ennemi. A leur tour, les Soviétiques doivent s'installer en défensive près de Bogdanovka.

La division peut maintenant rejoindre le secteur qui lui est assigné dans la région de Suchoj-Torek. Le Gruppenführer Steiner lance maintenant *Germania* en avant-garde. Cependant très rapidement, le régiment du Sturmbannführer Jürgen Wagner se heurte à une nouvelle résistance. Les grenadiers parviennent à occuper une partie du village de Barvenkovo, mais ne peuvent pousser plus loin leur offensive. Voici toute l'unité prise sous le feu ennemi et incapable de progresser. En face, des positions fortifiées surplombent largement les compagnies de grenadiers. Alors, les hommes creusent leur trou dans la neige et se demandent avec quelque anxiété comment tout cela va se terminer.

Germania bloqué, le commandeur décide de pousser *West land* sur un autre itinéraire. Le Sturbannführer Reichel décide de prendre d'assaut le village de Ziglerovka. Mais, là encore les Soviétiques se sont solidement retranchés et accueillent les assaillants par un feu terrible. Voici de nouveau les volontaires germaniques arrêtés. Le Commandeur engage alors *Nordland* et prévoit un vaste mouvement tournant pour essayer de réduire les positions soviétiques. Les Panzers de la division seront engagés dans cette opération et vont appuyer les grenadiers.

La manœuvre réussit sans grande difficulté et au prix de pertes légères. Le Sturmbannführer Reichel, qui suit toute l'opération dont le premier but est de dégager son régiment, décide de pousser un de ses bataillons de *Westland* près d'Alexandrovka pour soutenir les unités de *Nordland* qui viennent à son aide. Il se porte lui-même vers les avant-postes pour surveiller l'opération.

Une explosion. Le poste de commandement du régiment est entouré d'un lourd nuage de poussière. Quand elle se dissipe, on s'aperçoit que le chef de *Westland* gît au milieu des officiers de son état-major, le visage ensanglanté. Le commandeur a été atteint d'un éclat d'obus à la tête et semble très gravement touché. Une ambulance le transporte à l'hôpital de Dniepropetrovsk. Quelques jours plus tard, Erwin Reichel va succomber à sa grave blessure.

Le Sturmbannführer August Dieckmann, le chef du célèbre bataillon de choc de *Germania*, le remplacera à la tête de *Westland*. Quant à *Nordland*, toujours commandé par l'Obersturmbannführer Jörchel, il poursuit sa manœuvre de dégagement. A la tombée du jour, les compagnies de combat de ce régiment s'installent au flanc de l'adversaire, dans la région du Souchov. Les Soviétiques essaient de profiter du crépuscule pour décrocher. Les blindés, sur lesquels ont pris place les fantassins, font mouvement vers le nord. Il s'agit bien plus de l'initiative de petites unités isolées que d'une manœuvre d'ensemble, tant les bombardements et les attaques ont désorganisé les forces soviétiques dans le secteur du Souchov-Torek.

Le Gruppenführer Steiner décide alors de lancer ses trois régiments à la poursuite. Il veut terminer cette campagne par un raid « à la hussarde » dans l'esprit des troupes de choc. L'opération s'engage en pleine nuit, dans des conditions assez acrobatiques.

L'aube surprend toutes les unités de la division *Wiking* en pleine offensive. Allemands, Scandinaves et Néerlandais poursuivent leur avance en direction de Kamychevicha. L'adversaire semble avoir à nouveau complètement disparu. Il n'y a plus devant les volontaires germaniques qu'une immense plaine blanche où la neige efface tous les reliefs. Ils finissent par atteindre, sans aucune résistance, la rive méridionale du

Donetz à l'ouest de la ville d'Isjoum, et s'y installent en défensive.

Désormais, le front de l'Est se trouve à nouveau verrouillé entre le Mious et le Donetz. La brèche qui a suivi le désastre de Stalingrad est colmatée.

Le 4 mars 1943, le Gruppenführer Steiner adresse un ordre du jour à sa division et se félicite des résultats obtenus :

« Aujourd'hui, nous sommes à nouveau sur le Donetz, le groupe blindé Popov est battu, deux armées soviétiques sont écrasées. » Et il ajoute : « Comme toujours, la division *Wiking* a fait son devoir. »

Mais cette unité de volontaires germaniques a subi des pertes tellement lourdes qu'elle n'est plus que l'ombre de ce qu'elle était au début de la campagne sur le front de l'Est. Elle peut tout juste désormais s'installer en défensive le long du grand fleuve, qui marque désormais le nouveau front. Les berges sont abruptes. En face, des bois épais empêchent toute vue. L'ensemble du paysage, en cette fin d'hiver, paraît mort et pourtant les Russes semblent partout, tant les tireurs d'élite foisonnent. Désormais, durant très longtemps, l'adversaire, ce sera l'inconnu.

Le front se fige pour quelques mois. Le calme semble revenu dans le groupe d'armées du Sud après la terrible tempête de l'hiver. Au 16 mars, Kharkov a été reprise. Puis c'est Bielgorod qui change de main à son tour. La contre-attaque allemande pousse partout jusqu'au Donetz, qui semble constituer dans ce secteur l'ultime frontière des conquêtes du Reich.

La situation, pour la première fois depuis bientôt deux ans, permet le 16 avril 1943 de retirer des premières lignes la division *Wiking*. Les volontaires germaniques, qui ne sont plus que quelques milliers de combattants, sont placés en réserve dans la région de Losovaja-Michailovka.

C'est là qu'ils vont apprendre une nouvelle qui va provoquer des commentaires passionnés : nommé à la tête du 3e corps germanique, qui doit regrouper trois divisions et s'inspirer de l'expérience de la *Wiking*, le Gruppenführer Felix Steiner quitte l'unité qu'il a créée et menée au combat. L'Oberführer Gille le remplace.

Tandis que des cadres et de nouveaux volontaires viennent

combler les vides, le régiment *Nordland* et le bataillon finlandais quittent eux aussi la division *Wiking*.

Les volontaires finnois, après avoir accompli, comme prévu avec le gouvernement de leur pays, deux années de service dans les rangs de la Waffen S.S., regagnent leur patrie. Après une dernière prise d'armes, leur bataillon sera dissous. Les rescapés des combats du Caucase et du Donbass seront démobilisés de l'armée allemande... pour être aussitôt remobilisés dans l'armée finlandaise, où ils se battront pendant encore plus d'un an, jusqu'à l'armistice avec l'Union soviétique.

Quant au régiment *Nordland*, il va former le noyau constitutif de la nouvelle division *Nordland*, dont les régiments d'infanterie, où les volontaires scandinaves sont nombreux, porteront les noms de *Danmark* et *Norge*. A la tête de cette division nordique, le Brigadeführer von Scholz. Le « Vieux Fritz » récupère avec joie quelques-uns de ses plus anciens volontaires danois et norvégiens, qu'il conduira au feu en Estonie jusqu'à sa mort au combat devant Narva, le 28 juillet 1944.

La division *Wiking*, en ce début de printemps 1943, regroupe environ quinze mille hommes, dont cinq cents officiers et trois mille sous-officiers. Cet effectif est d'un quart inférieur à ce qu'il était lors du début de la guerre sur le front de l'Est. Mais, selon le nouveau règlement, il n'y a plus que deux régiments d'infanterie au lieu de trois.

Germania se trouve toujours commandé par l'Oberführer Jürgen Wagner, qui a sous ses ordres trois nouveaux chefs de bataillon, tous anciens chefs de compagnie de combat au début de la campagne : Hans Dorr au 1er bataillon, Hans Juchem au 2e et Franz Hack au 3e.

L'Obersturmbannführer August Dieckmann a pris la tête de *Westland* depuis la mortelle blessure de son camarade Erwin Reichel. Ses deux chefs de bataillon ont aussi gagné leur promotion sur le terrain : Günther Sitter au 1er et Walter Schmidt au 2e. Quant au 3e bataillon, commandé par le Sturmbannführer Eberhardt, il est formé de volontaires baltes originaires d'Estonie. Ces Estoniens seront bientôt aussi célèbres dans toute la division *Wiking* que leurs frères de race finnois.

Dans toute la division, qui se prépare aux offensives de l'été, apparaissent de nouveaux chefs : au bataillon de chars, Mühlenkamp est remplacé par Köller. Eichhorn succède à Schäfer au bataillon du génie. Saalbach prend le groupe de reconnaissance à la place de Paetsch. Œck commande la PAK et Kurz la PAK.

Les jeunes volontaires allemands et germaniques ont été nombreux et ont permis de mettre sur pied une division à effectif complet. Le bataillon de chars devient régiment et désormais la division *Wiking* portera le titre de « Panzergrenadierdivision ». Elle gagne le secteur assigné pour participer à la grande bataille de chars qui se prépare dans la région de Koursk. Ce sera un échec, encore plus terrible peut-être pour les forces du Reich que Stalingrad. Désormais, la Panzerdivision *Wiking* ne connaîtra plus jamais la victoire, mais seulement le sacrifice. Son aventure, de combat en combat, jusqu'à l'inéluctable défaite, ce sera désormais celle des dernières cartouches...

ANNEXES

BIBLIOGRAPHIE

SUR LA DIVISION « WIKING »

STRASSNER Peter : *Europäische Freiwillige*, Munin Verlag, Osnabrück, 1968.

STEINER Felix : *Die Freiwilligen der Waffen SS*, Verlag K. W. Schütz, Preuss. Oldendorff, 1958.

STEINER Felix : *Die Armee der Geachteten*, Verlag K. W. Schütz, Preuss. Oldendorff, 1971.

TIEKE Wilhelm : *Ein ruheloser Marsch war unser Leben*, Munin Verlag Osnabrück, 1977.

TIEKE Wilhelm : *Das Finnische Freiwilligen-Bataillon der Waffen SS* Munin Verlag, Osnabrück, 1979.

Verweht sind die Spuren, Munin Verlag, Osnabrück, 1979.

SUR LES COMBATS D'UKRAINE ET DU CAUCASE

TIEKE Wilhelm : *Der Kaukasus und das öl*, Munin Verlag, Osnabrück, 1970.

CARELL Paul : *Opération Barbarossa*, Robert Laffont, 1964.

CARELL Paul : *Opération Terre brûlée*, Robert Laffont, 1968.

DEGRELLE Léon : *Front de l'Est, 1941-1945*, La Table Ronde, 1969.

SUR LA WAFFEN SS

STEIN George H. : *La Waffen SS*, Stock, 1966.

LANDEMER Henri : *Les Waffen SS*, André Balland, 1972.

Waffen SS im Bild, Plesse-Verlag, Göttingen, 1957.

Wenn alle Brüder schweigen, Munin Verlag, Osnabrück, 1973.

Vorwärtz- voran, voran! Druffel Verlag, Leoni am Starnberger See, s.d.
CERFF Carl : *Die Waffen SS im Wehrmachtbericht,* Munin Verlag, Osnabrück.
FEIST Uwe et HARMS Norman : *Waffen SS in action,* Squadron/signal Publications, Warren, Michigan, 1973.
HAUSSER Paul : *Waffen SS im Einsatz,* Plesse Verlag K. W. Schütz, Göttingen, 1953.
KLIETMANN : *Die Waffen SS* (Eine Dokumentation), Verlag « Der Freiwillige », Osnabrück, 1965.
KRAETSCHMER : *Der Ritterkreuzträger der Waffen SS,* Plesse Verlag, Göttingen, 1955.
SCHNEIDER Jost W. : *Verleihung Genehmigt! (Their Honor was Loyalty)* R. James Bender Publishing, San Jose, Californie, 1977.
BENDER R. J. et TAYLOR H. P. : *Uniforms, Organization and History of the Waffen SS,* volumes 1 et 2, R. J. Bender Publishing, San Jose, Californie, U.S.A. 1969 et 1971.
KEEHAN John : *Waffen SS, the asphalt soldiers,* The Pan Ballantine Illustrated History of World War II, 1970.
WALTHER Herbert : *Die Waffen SS,* Eine Bilddokumentation, L. B. Ahnert-Verlag, Echzell-Bisses, s.d.

SUR LES VOLONTAIRES GERMANIQUES

TAYLOR Hugh Page : *Uniforms of the SS,* Volume 2, *Germanische SS 1940 1945,* Historical Research Unit Publication, London, 1970.
BUSS Philip et MOLLO Andrew : *Hitler's germanic Legions,* Macdonald and James, London, 1978.
LITTLEJOHN David : *The patriotic Traitors,* William Heinemann, London, 1972.
LITTLEJOHN David : *Foreign Legions on the Third Reich,* R. James Bender, San Jose, Californie, 1979.
BERTIN Francis : *L'Europe de Hitler,* Tome I : *Les décombres des démocraties,* Librairie Française, 1976.
BOURGEOIS Daniel : *Le Troisième Reich et la Suisse,* A la Baconnière, Neuchatel, 1974.
GERARD-LIBOIS et GOTOVITCH José : *La Belgique occupée, l'An 40,* Crisp, Bruxelles, s.d.
Vlamingen aan het Oostfront, Etnika, Antwerpen, 1973.
Voor Führer, Volk en Vaderland Sneuvelde, Kruseman's, Den Haag, 1975.
HAYES Paul : *Quisling,* David and Charles, Plymouth, 1971.
HEWINS Ralph : *Quisling,* Druffel-Verlag, Leoni am Starneberger Scc, 1965.
LINDHOLM Sven Olov : *Svensk Frihetskamp,* Stockholm, 1943.
LUTZHOFT Hans-Jürgen : *Der nordische Gedanke in Deutschland 1920-1940.* Ernst Klett Verlag, Stuttgart, 1971.

JOURNAUX ET REVUES :

1. 1940-1945.

Foedre Landet (Danemark).
Germaneren (Norvège).
Storm SS (Pays-Bas).
De SS Man (Flandre).
Devenir (France).

2. Depuis la guerre :

Collection de *Wiking-Ruf*, mensuel (1951-1954).

ORDRE DE BATAILLE SIMPLIFIÉ
DE LA DIVISION « WIKING »
décembre 1940 — avril 1943

Commandeur : SS Gruppenführer et Generalleutnant der Waffen SS Steiner

ÉTAT-MAJOR

Chef d'État-major : Stubaf. Ecke (T.), puis Stubaf. Reichel, puis Stubaf. Schönfelder

Officier du Matériel : Hstuf. Reichel, puis Hstuf. Schönfelder, puis Hstuf. Büthe

Officier de Renseignements : Stubaf. Pætsch, puis Dr. Faly, puis Prof. Jankuhn

Officier d'Ordonnance du Commandeur : Hstuf. von Schalburg (Danois)

RÉGIMENT D'INFANTERIE « GERMANIA »

Commandeur : Staf. von Oberkamp, puis Staf. Jürgen Wagner

Ier Bataillon : Stubaf Dieckmann, puis Hstuf. Krocza, puis Hstuf. Dorr

IIe Bataillon : Stubaf Joerchel, puis Hstuf. May, puis Hstuf. Juchem

IIIe Bataillon : Stubaf. Braun, puis Hstuf. Schönfelder, puis Stubaf. Hack

RÉGIMENT D'INFANTERIE « WESTLAND »

Commandeur : Staf. Wackerle (T.), puis Ostubaf. Diebitsch, puis Staf. Phleps, puis Stubaf. Maack, puis Ostubaf. Geissler, puis Ostubaf. Polewacz (T.) puis Stubaf. Reichel (T.), puis Ostubaf. Dieckmann (T.)

Ier Bataillon : Stubaf. von Hadeln (T.), puis Hstuf. Sitter

IIe Bataillon : Stubaf. Koeller, puis Stubaf. Steinert (T.), puis Hstuf. Schmidt

IIIe Bataillon : Stubaf. Steinert

RÉGIMENT D'INFANTERIE « NORDLAND »

Commandeur : Staf. von Scholz (Le « Vieux Fritz ») puis Ostubaf. Joerchel

Ier Bataillon : Stubaf. Polewacz, puis Stubaf. Lohmann

IIe Bataillon : Stubaf. Stoffers, puis Stubaf. Krügel

IIIe Bataillon : Stubaf. Plöw

En 1942 le Bataillon finlandais (Stubaf. Collani) devient le III/« Nordland »

RÉGIMENT D'ARTILLERIE

Commandeur : Staf. Gille puis Ostubaf. Richter

Ier Groupe : Stubaf. Brasack, puis Stubaf. Fick, puis Stubaf. Bünning

IIe Groupe : Stubaf. Richter, puis Stubaf. Gattinger

IIIe Groupe : Stubaf. Schlamelcher, puis Stubaf. Bühler

IVe Groupe : Stubaf. Heldmann, puis Stubaf. Brasack

BATAILLON DE CHARS

Commandeur :

Stubaf. Mühlenkamp,

Adjoint : Hstuf. Darges

BATAILLON DU GÉNIE

Commandeur :

Stubaf Klein, puis Ostubaf. Schäfer

GROUPE DE RECONNAISSANCE

Commandeur :

Stubaf. von Reitzenstein, puis Stubaf. Paetsch

BATAILLON DE TRANSMISSIONS

Commandeur :

Stubaf. Kemper, puis Stubaf. Elmenreich

BATAILLON PAK

(anti-chars)

Commandeur :

Stubaf. Maack, puis Stubaf. Köller, puis Stubaf. Oeck

GROUPE FLAK

(anti-aérien)

Commandeur :

Stubaf Stoffers, puis Stubaf. Diebitsch, puis Stubaf Kurz

SERVICE SANITAIRE

Commandeur : Dr. Unbehaun, puis Dr. Schmück, puis Dr. Wille

UNITÉ DU TRAIN

Commandeur : Eggersdorf

SERVICE D'INTENDANCE

Commandeur : Meier

BATAILLON D'INSTRUCTION

Commandeur Sporn

LES GRADES DE LA WAFFEN SS

Grade armée française	*Grade Waffen SS*	*Abréviation*
Soldat de 2e classe	Grenadier	Gren.
Soldat de 1re classe	Obergrenadier	Ob. Gren.
Caporal	Sturmmann	Strmm.
Caporal-chef	Rottenführer	Rttf.
Sergent	Unterscharführer	Uscha.
Élève-officier (sergent)	Junker der Waffen SS	Ju. d. SS
Sergent-chef	Scharführer	Scha.
Élève-offic. (serg.-chef)	Standarten-Junker	Std. Ju.
Adjudant	Oberscharführer	Oscha.
Adjudant-chef	Hauptscharführer	Hscha.
(Sans correspondance)	Sturmscharführer	Stuscha.
Aspirant	Standarten-Oberjunker	Std. Ob. Ju.
Sous-lieutenant	Untersturmführer	Ustuf.
Lieutenant	Obersturmführer	Ostuf.
Capitaine	Hauptsturmführer	Hstuf.
Commandant	Sturmbannführer	Stubaf.
Lieutenant-colonel	Obersturmbannführer	Ostubar.
Colonel	Standartenführer	Staf.
Grade intermédiaire	Oberführer	Obf.
Général de brigade	Brigadeführer und Generalmajor der Waffen SS	Brigf
Général de division	Gruppenführer und Generalleutnant der Waffen SS	Gruf.
Génér. de corps d'armée	Obergruppenführer und General der Waffen SS	Ogruf.
Général d'armée	Oberstgruppenführer und Generaloberst der Waffen SS	Orstgruf.
Chef de la SS (Heinrich Himmler)	Reichsführer SS	RFSS

Achevé d'imprimer en novembre 1987
sur presse CAMERON
dans les ateliers de la S.E.P.C.
à Saint-Amand-Montrond (Cher)
pour le compte de la librairie Arthème Fayard
75, rue des Saints-Pères — 75006 Paris

35-05-6654-04

ISBN 2-213-00884-1

Dépôt légal : novembre 1987
N° d'Édition : 5929. N° d'Impression : 1444

Imprimé en France

35-6654-4

~~110~~
soldé
50